U0935359

珍藏本
纪念版

汉译世界学术名著丛书

内时间意识现象学

〔德〕埃德蒙德·胡塞尔 著

倪梁康 译

2017年·北京

Edmund Husserl
ZUR PHÄNOMENOLOGIE DES INNEREN ZEITBEWUSSTSEINS
(1893—1917)
Hrsg. von Rudolf Boehm.
DEN HAAG, MARTINUS NIJHOFF 1966
根据海牙马尔蒂米斯·内伊霍夫出版社《胡塞尔全集》第10卷
1966年德文考证版译出

汉译世界学术名著丛书
（120 年纪念版·珍藏本）
出 版 说 明

2017 年 2 月 11 日，商务印书馆迎来 120 岁的生日。120 年前，商务印书馆前贤怀揣文化救国的理想，抱持"昌明教育，开启民智"的使命，立足本土，放眼寰宇，以出版为津梁，沟通中西，为中国、为世界提供最富智慧的思想文化成果。无论世事白云苍狗，潮流左右激荡，甚至战火硝烟弥漫，始终践行学术报国之志，无改初心。

迻译世界各国学术名著，即其一端。早在 20 世纪初年便出版《原富》《天演论》等影响至今的代表性著作，1950 年代后更致力于外国哲学和社会科学经典的译介，及至 1980 年代，辑为"汉译世界学术名著丛书"，汇涓为流，蔚为大观。丛书自 1981 年开始出版，历时三十余年，迄今已推出七百种，是我国现代出版史上规模最大、最为重要的学术翻译工程。

丛书所选之书，立场观点不囿于一派，学科领域不限于一门，皆为文明开启以来，各时代、各国家、各民族的思想与文化精粹，代表着人类已经到达过的精神境界。丛书系统译介世界学术经典，引领时代思想,为本土原创学术的发展提供丰富的文化滋养,为推动中国现代学术和现代化进程做出了突出的贡献。

为纪念商务印书馆成立120周年,我们整体推出“汉译世界学术名著丛书”120年纪念版的珍藏本,寄望既利于文化积累,又便于研读查考,同时向长期支持丛书出版的译者、编者和读者致以敬意。

两甲子后的今天,商务印书馆又站在了一个新的历史时间节点上。我们不仅要铭记先辈的身影和足迹,更须让我们的步伐充满新的时代精神。这是商务人代代相传的事业,更是与国家和民族的命运始终紧密相连的事业。我们责无旁贷,必须做好我们这代人的传承与创造,让我们的努力和成果不仅凝聚成民族文化的记忆,还能成为后来人可以接续的事业。唯此,才能不负前贤,无愧来者。

商务印书馆编辑部

2017年10月

目　录

编者引论 …… 1

A　内时间意识现象学讲座

第一部分　1905年内时间意识现象学讲座 …… 37

引论 …… 37

第1节　对客观时间的排斥 …… 38

第2节　关于"时间起源"的问题 …… 43

第一章　布伦塔诺的时间起源学说 …… 45

第3节　原初的联想 …… 45

第4节　将来的获得与无限的时间 …… 49

第5节　由于时间特征而产生的表象变化 …… 49

第6节　批判 …… 51

第二章　时间意识分析 …… 57

第7节　解释:对时间客体的把握是瞬间的把握和延续的行为 … 57

第8节　内在时间客体以及它们的显现方式 …… 62

第9节　关于内在客体之显现的意识 …… 64

第10节　流逝现象的各个连续统。时间图式 …… 66

第11节　原印象与滞留的变异 …… 68

第 12 节　滞留作为特殊的意向性 …… 71
第 13 节　一个印象先行于每个滞留的必然性。滞留的明见性 …… 73
第 14 节　时间客体的再造(次生回忆) …… 75
第 15 节　再造的进行模式 …… 78
第 16 节　作为当下拥有的感知对立于滞留和再回忆 …… 79
第 17 节　感知作为自身给予的行为对立于再造 …… 82
第 18 节　对于有关延续与后继之意识的构造,再回忆所具有的意义 …… 84
第 19 节　滞留与再造的区别(原生的和次生的回忆或想象) …… 87
第 20 节　再造的“自由” …… 90
第 21 节　再造的各个清晰性层次 …… 91
第 22 节　再造的明见性 …… 92
第 23 节　被再造的现在与一个过去的相合。对想象与再回忆的区分 …… 94
第 24 节　再回忆中的前摄 …… 96
第 25 节　再回忆的双重意向性 …… 97
第 26 节　回忆与期待的各种区别 …… 99
第 27 节　回忆作为关于曾被感知的意识 …… 101
第 28 节　回忆与图像意识。回忆作为设定的再造 …… 103
第 29 节　当下回忆 …… 104
第 30 节　在滞留变化中对象意向的保持 …… 106
第 31 节　原印象与客观的、个体的时间点 …… 108
第 32 节　在对这一个客观时间构建上再造的参与 …… 115
第 33 节　几个先天的时间规律 …… 117

第三章　时间与时间客体的构造阶段 …………………… 119
第 34 节　构造阶段的划分 ………………………………… 119
第 35 节　被构造的统一与构造着的河流的区别 ………… 119
第 36 节　构造着时间的河流作为绝对的主体性 ………… 121
第 37 节　超越客体的显现作为被构造的统一 …………… 122
第 38 节　意识流的统一与同时和后继 ………………… 123
第 39 节　滞留的双重意向性与意识流的构造 ………… 127
第 40 节　被构造的内在内容 ……………………………… 131
第 41 节　内在内容的明见性。变化与不变 …………… 132
第 42 节　印象与再造 ……………………………………… 136
第 43 节　事物显现与事物的构造。被构造的立义与原立义 … 138
第 44 节　内感知与外感知 ………………………………… 143
第 45 节　非时间的超越之构造 ………………………… 145
第二部分　1905～1910 年间对时间意识分析的续加和补充 ……………………………………………… 147
附录一　原印象及其变异的连续统 ……………………… 147
附录二　当下化与想象。——印象与想象 ……………… 150
附录三　回忆与感知的关联意向。——时间意识的诸样式 …… 154
附录四　再回忆与时间客体和客观时间的构造 ………… 159
附录五　感知与被感知之物的同时性 …………………… 162
附录六　对绝对河流的把握。——四重意义上的感知 ………… 164
附录七　同时性的构造 …………………………………… 170
附录八　意识流的双重意向性 …………………………… 172
附录九　原意识与反思的可能性 ………………………… 175

附录十　时间的客体化和在时间中的事物性的东西的客体化 …… 178
附录十一　相即感知与不相即感知 …… 184
附录十二　内意识和对体验的把握 …… 188
附录十三　作为内在时间客体的自发统一的构造。——作为时间构形和绝对时间构造意识的判断 …… 193

B　表明此问题发展的增补文字

〈一　引入对“清新”回忆和“再”回忆的本质区别以及关于时间意识中的内容变化与立义区别〉…… 203
〈从大约 1893 至大约 1901 年〉
第 1 号　对一个持续较长的变化进程之统一的表象是如何成立的？〈直观与再现〉(约 1893 年) …… 203
第 2 号　时间感知的明见性、回忆等等。 …… 220
第 3 号　〈相即的期待。〉 …… 223
第 4 号　沉思。〈感知、回忆与期待。〉…… 223
第 5 号　〈作为简单行为的持续感知。〉(1898～1900 年) …… 225
第 6 号　〈布伦塔诺与记忆的明见性问题。〉 …… 227
第 7 号　直观、过去存在的明见性——对过去存在的单纯表象。〈对在原生回忆中的内容变动之假设的虚假必然性。〉…… 227
第 8 号　通过相似而完成的相即。——对一个对象的表象与对此对象之感知的表象。〈以“逐渐淡化”的方式还被意识到的东西作为此前被感知之物的图像类似代表。〉…… 230

第 9 号　争论。〈回忆的当下性，被回忆之物的过去存在。〉…… 232
第 10 号　在原初的过去意识与再回忆之间有一个本质区别，对此问题的老的和最初的观察。………………… 234
第 11 号　就时间客体的流逝部分而言，感知的瞬间相位具有想象的特征吗？ ………………………………… 236
第 12 号　〈时间意识的明见性。〉……………………………… 237
第 13 号　对一个时间性的东西的感知与对时间性的感知。 … 241
第 14 号　直接回忆是借助于直观变异而从感知中生成的，是否可以将直观变异理解为体现内容的一种单纯变动。（布伦塔诺在这里只能当作例子。）………… 242
第 15 号　时间与回忆。〈现在感知、回忆感知和想象式的回忆。将这些区别移置到统觉方式之中。〉（1901 年 12 月 20 日）………………………………………… 245
第 16 号　〈能够作为当下的而在感知中被给予的东西。〉……… 249
第 17 号　〈变异意识的问题。〉………………………………… 250
第 18 号　回忆的特征。——通过同一性完成的再现：这应当指什么？ ………………………………………… 251
〈二　对客观时间的排除，时间课题，客体化的现象学及其窘境〉……………………………………………… 261
〈1904 和 1905 年初〉
第 19 号　〈完全排除与客观时间相关的所有预设。〉（1904 年）……………………………………………… 261
第 20 号　〈对演替的感知是以感知的演替为前提的。〉（1904 年假期）……………………………………………… 263

第 21 号 〈根据对同一个演替的重复当下化而做出的认识。〉(1904 年) …… 267
第 22 号 相即回忆是否可能(或如何可能)?(1904 年长假期) …… 270
第 23 号 时间的统一性与时间的无限性。 …… 274
第 24 号 对一个个体(时间)客体的感知。〈在对时间之物感知的一个相位中,我们会找到先前相位的感知显现吗?〉(1904 年 9 月) …… 274
第 25 号 相即回忆。先前的感知。——对过去的感知,尝试〈窘境〉。〈为什么清新回忆不简单地就是持续的原初感知?〉 …… 278
第 26 号 论主要命题:感知包括了作为各自的、但不断变化的现在的"时间确定性",而原生回忆具有这个感知之持留的含义。 …… 281
第 27 号 〈一个纵观的尝试:基本的时间区别。自身在此与客体化。〉 …… 288
第 28 号 声音、时间客体和在时间意识流中时间客体的每个相位的同一性。 …… 293
第 29 号 迈农对被分配的和不被分配的对象的区分。(1905 年 1 月 7 日) …… 296
第 30 号 〈三重相位。〉 …… 310
第 31 号 图式。〈现在立义与延展感知。〉 …… 312
第 32 号 连续统。 …… 313
第 33 号 斯特恩—迈农讨论的结果 …… 314
第 34 号 〈关于一个相互接续序列的意识的问题。〉(1905

年 2 月） …………………………………………………… 317

〈三 关于个体化的西费尔德文稿〉………………………… 320

1905〈直至大约 1907 年〉

第 35 号 时间事物作为变化或不变的同一之物所具有的统一。（1905 年暑假） ………………………………… 320

第 36 号 〈关于〉西费尔德反思。〈时间对象的典型性、数学性和统一性。〉 …………………………………… 339

第 37 号 时间客体。 ……………………………………… 346

第 38 号 对整个西费尔德考察方式的异议。 ………… 353

〈四 论立义内容—立义范式的消融〉…………………… 358

〈从 1907 至 1909 年〉

第 39 号 感知中的时间（1907 年〈初〉） ………………… 358

第 40 号 客体性的各个阶段。 …………………………… 378

第 41 号 显现与时间。体验活动与体验。意识作为复数的意识体验在其中被体验到的体验活动。 ………… 380

第 42 号 明见性。 ………………………………………… 386

第 43 号 难题。 …………………………………………… 387

第 44 号 意识的时间形式。 ……………………………… 388

第 45 号 〈意识流的双重意向性。〉……………………… 390

第 46 号 〈将所有区别都归结为立义方式之做法的可疑性。〉 … 406

第 47 号 〈“内容因素”和“立义因素”与清新回忆的明见性。〉 … 407

第 48 号 原初的时间回移。 ……………………………… 415

第 49 号 〈我们在现在点上同时地具有一个原生内容的连续统并且还同时地具有一个“立义”连续统吗？〉 …… 416

第 50 号　原生的回忆变异。 ······························ 422

〈五　这项研究的首次结束〉······························ 433

1909 年〈初〉至 1911 年末

第 51 号　〈在现象学的基本考察中的时间问题〉(1909 年 5 月～6 月) ······························ 433

第 52 号　对各个进程或对各个个体(延续)对象的单纯表象。记忆感知的明见性。对被当下拥有之物的感知的明见性。(1909 年 8 月底) ························ 452

第 53 号　内意识的意向性。(1911 年 11 月 10 日～13 日) ······ 459

第 54 号　〈意识(流)、显现(内在客体)与对象。〉 ··············· 470

附　　录

引用文献索引······························ 489

概念译名索引······························ 493

译后记······························ 524

编者引论

在 1906 年 9 月 25 日的一则日记中，胡塞尔作了如下的笔记："我们不仅需要有对目的、路线、准则、方法的认识，以及需要有对其他认识与科学之执态的认识。我们也需要有实际的贯彻。我们必须踏上这些道路本身。我们必须一步一步地解决个别的问题。在这里首先需要一步一步地探讨理性现象学，并且在此基础上实际地澄清在两方面的原理和基本概念的形式中的逻辑理性与伦理理性。

这里的首要问题是一门感知、想象、时间、事物的现象学的问题。

在 1904/05 年冬季学期关于'主要部分'的讲座中，我提供了一个最初的、还极不完善的系统论述之设想。但此前就有一些误以为已经可以付印的、至少经过了纯粹加工的 1898 年论文，它们是我的这个讲座的基础，必须将它们再看一遍。必须把其中有用的东西取出来，其余的则抛开或撇开。此外还有一大批的附录，探讨的往往是难题。

与此相关，我也做过关于**注意力的现象学**的尝试，然而还是缺少一门空间现象学，尽管我在 1894 年就已经想启动它，并且做了各种尝试(但没什么可用的东西)……”①

紧接着,胡塞尔在另一处提到在他“准备最多的工作”中“有一个关于**感知**、**想象**、**时间**的非常全面的著作”。②

在那些“误以为已经可以付印的、至少经过了纯粹加工的1898年论文”中,即按胡塞尔在笔记中所说的构成1904/05年讲座之“基础”的论文中,包含着重要的残稿——这些论文大都是胡塞尔写在对开本上的手写文稿;③其中有几页是更早时期的关于时间问题的札记,胡塞尔在封面上作了如下的描述:“发生学方面的(在这些月刊论文之前所做的旧文章)约1893年”。④

① 埃德蒙德·胡塞尔,“私人札记”(Persönliche Aufzeichnung),瓦尔特·比梅尔(编),载《哲学与现象学研究》(*Philosophy and Phenomenological Research*),第16期,1956年,第298页。——一门“事物现象学”的问题在1904/05年冬季学期的讲座中基本上始终被放在一边;只是在1907年的夏季学期“出自现象学与理性批判的主要部分”的讲座——胡塞尔也将它称作“事物讲座”(Ding-Vorlesung)——中,这些问题才得到系统的处理。这个讲座的关于“现象学的观念”的前“五讲”由瓦尔特·比梅尔编辑,已经作为《胡塞尔全集》的第2卷出版;这个讲座随后的主要部分之手稿以F I 13的标号被保存在卢万胡塞尔文库中。——胡塞尔最初“关于空间的哲学尝试”产生于1886至1894年间,这些文字已有所散失,现被存放在K I 50的卷宗中。而后胡塞尔主要是在刚刚提到的1907年夏季学期讲座中,紧密结合事物构造问题对空间构造的问题进行了探讨。这个夏季学期讲座的文稿(FI13)也为埃迪·施泰因于1917年所做的一份“加工稿”提供了主要的文字基础,胡塞尔为此加工稿加了一个标题“系统的空间构造”。埃迪·施泰因的这份手稿现存于卢万胡塞尔文库,标号为M II 3V。(这份手稿以后作为“补充文字”发表在《胡塞尔全集》的第十六卷《事物与空间》中。——译者补注)

② 胡塞尔,“私人札记”,同上书,第299页。

③ 在K I 66中是“关于感知的旧文稿,1898年”,而在K I 65中是“感知,1898年9月”;在K I 63中是“注意力、兴趣,旧文稿,还是前现象学的”,大约产生于1897～1898年之间,而在K I 64中是“注意力,1898年9月12～18日”;在K I 67中是产生于同一时期的“想象、符号”,带有一直延续到1904年的一些附录。

④ K I 55。参见[本书]后面在标号为“一”(页137～151)的增补文字中所重现的这些文稿的部分以及文字考证的注释。

胡塞尔在1904/05年冬季学期所做的这个哥廷根讲座题为"现象学与认识论的主要部分"。正如完整的标题所示,这些讲座包含了以下四个主要部分:

一、"论感知";

二、"论注意力,特殊意指,等等";

三、"想象与图像意识";

四、"论时间现象学"。[①]

为了说明这些讲座的意图,这里有必要详细地重现胡塞尔对这些讲座所做的引论:

"我曾预告现在开始的这些讲座的课题是'现象学与认识论的主要部分'。开初时我所留意的仅仅是更高的智性行为,即所谓'判断理论'的领域。在与我的学生一起工作的同时,我考虑对在这些广泛而鲜为人知之区域中的那些根本还未得到表述的各种问题进行探讨,尝试进行解答,或至少与你们一起透彻地思考解答的可能性。但在对相关资料做预先处理的过程中,我很快便明察到,不仅是出于教学方面的原因,而且首先是出于实事方面的原因,我需要对素朴的、处于最底层的智性行为进行探讨。当然,我在这里所说的是那样一些现象,它们在感知、想象表象、图像表象、回忆[②]

① 在卢万胡塞尔文库中,这四个主要部分被保存在下列卷宗中:"论感知"(F I 9/3a)连同一个对此讲座的简短引论,保存在F I 9/4—48中;"论注意力,特殊意指,等等"(F I 9/68a),零碎地保存在A VI 8 I/23—24中;"想象与图像意识"(F I 8/1a),保存在F I 8/4—17中;"论时间现象学"(F I 6/2a),大部分保存在F I 6中,个别页张保存在F I 8/90—96中。(这些文稿以后在《胡塞尔全集》的第38卷《感知与注意力》与第23卷《想象、图像意识、回忆》中得以发表。这里的引文引自第38卷的第3～4页。——译者补注)

② 文稿中在"回忆"之后原初还跟有"期待"一词,但用三划重重地删除了。

这些较为含糊的标题下为人所知，但却仍然很少得到彻底的研究。只是在最近一段时期，我才猜测到并且有时是略微清晰地注意到：在这里需要进行如此大量的现象学工作，需要克服如此巨大的困难。而这里所涉及的是一种必须在最严肃的意义上称之为基础性的工作，这里所说的基础性，一方面是对于认识论而言，另一方面是对心理学而言。我在《逻辑研究》的第 2 卷[①]中已经告知了一些对与此相关问题之探讨的尚不完善的尝试。对这些问题进行探讨的最初启示是来自我的天才老师布伦塔诺，他于 80 年代中期便已在维也纳大学开设了一门使我无法忘怀的讲座'心理学与感性学的问题选要'，这个讲座在每周两小时的课程中完全致力于在与感知表象的比较中分析地澄清想象表象。固然，我在此后 10 年越来越纠缠于其中的自己的研究，在根本点上将我引向了其他的道路，而且主要是这些研究使我认识到，问题要比布伦塔诺当时所看到的还要复杂得多、困难得多。但我当时还无法系统地、完整地解决这些问题。它关系到现象学问题的内在交织，也关系到现象学问题的这样一种特性，即现象学问题是无法单独解决的，必须时而对这些问题、时而对那些问题加以促进，因为每个澄清这些问题的步骤都会回过来对其他问题做出昭示。新近在对我的旧设想的彻底审视中，我便以此方式发现了一些思想序列，它们在我的《逻辑研究》中并未得到应有的对待，我当时已经讨论过的一些本质难题，在我的这部著作中几乎没有被触及并且没有得到进一步的研讨。

① 《逻辑研究》，第二部分：《现象学与认识论研究》，第 1 版，哈雷（萨尔河畔），1901 年。

甚至整个**回忆**领域，因此还有**本原的时间直观现象学**的全部问题，在这部著作中都可以说是处于一种死寂的状态。我当时无法战胜这里所存在的异常的困难，它们也许是整个现象学中的最大困难，而由于我不想事先就束缚自己，因此我便宁可完全保持沉默。

就我至此为止所能做的判断来看，虽然这里所暗示的一门感知、想象表象、回忆与时间现象学的基本问题也为其他的研究者们一再地触及到，但却没有以任何方式得到解决。看起来在斯托特与霍奇森那里（这里撇开詹姆士不论，我曾读过他的东西并且受他启发很大）有一些与我的直观相近的东西。无论如何，这还不足以让我能够简单地去依据这些研究者，并随之而在已有的基础上继续建构。因此，看起来最好的做法是：我们在共同的工作中自己来详细地探讨相关的问题，我们尽我们之所能来追踪这些问题。只要允许，我们就至少要把困难与理解的可能性清楚地表述出来，我们始终要弄清，真正的问题何在，如何纯粹地把握它们，如何将它们一劳永逸地表述出来。在我作为作者保持了沉默的地方，作为教师我却可以作出陈述。最好是由我自己来说那些尚未解决、更多是在流动中被领悟到的事物。[①]”[②]

在胡塞尔的工作与反思中，感知、想象、时间这三个问题名称不断地结合在一起出现，至少一直延续到1906年所透露的一部“关于**感知**、**想象**、**时间**的非常全面的著作”的计划。然而，胡塞尔在1904/05年冬季学期的讲座稿中虽然给三个主要部分（关于感

① 后面两句在文稿中是被添加上去的。

② F I 9/4a—b。

知、注意力和想象)从头至尾加了页码(从“1”到“125”,带有几张夹页和其他差误),但在为第四个主要部分(关于时间意识)加页码时,他却是以“1”开始的。也许这种做法有其外在的、形式的原因。事实上,这份完整地——只有极少的遗漏——被保存下来的关于前三个主要部分的速记文稿具有一个密切相关地被编撰在一起的形式;然而我们不可能从这些被保存的速记页张中重构出那份文稿,即胡塞尔在1904/05年冬季学期讲座中用以探讨“时间现象学”的结尾一章所依据的文稿,[①]除非我们可以把一系列仅仅具有笔记和提示特征的页张、札记也算作是这个原初的讲座稿:所有这些页张和札记都不能提供一份前后连贯的文字。胡塞尔显然无法以结束对前三个主要部分之准备的方式来结束对讲座的结尾一章(关于时间意识)的准备——而且对前三个主要部分的准备也的确建立在更为全面的前研究(参见前面)的基础上。[②]

毫无疑问,“时间讲座”文稿之所以没有像前三个主要部分的文稿那样在其原初的形式中被保存下来,其首要的和直接的原因也应当在上述状况中寻找。胡塞尔在随后的时间里不仅在这些文稿中加入了附录和增补,而且他还将原初讲座稿中在内容上不足的、也包括只在形式上不足的部分排除出去,将它们抛开,并部分地用更缜密、更紧凑的阐述来取代它们,与此同时,他却显然没有

① 胡塞尔在1905年2月9日作了第三个主要部分的最后几讲中的一讲(参见F I 8/61);他自己把“时间讲座”的日期定在“1905年2月”(参见F I 6/2a)。

② 在这一卷中包含了所有可以用来尽可能完整重构胡塞尔1905年2月“时间讲座”原初文稿的要素和提示;参见后面“关于文字的构成”第385页及后页,尤其参见那里的“纵览”,第387页及后页。

去顾及那些被保存下来的旧札记与加进来的新札记之间在文本上的直接关联。在这些增补或替代原初讲座稿的札记中，有几个部分被加上了页码，有几个部分则只是简单地被夹在其中，它们的产生年代一直延续到1911年。[①]

保存下来的便是以此方式从1905年时间讲座原初文稿中形成的一捆页张，连同一些虽然在内容上、但并非直接在文字上相关的胡塞尔速记札记，这些札记产生于1905年，至少延续到1911年；[②]按照胡塞尔本人在这捆页张的封面上所作的标示，它们就是曾“交给施泰因小姐处理的文稿”。[③]

* * *

从1916至1918年，埃迪·施泰因曾在弗莱堡担任胡塞尔的助手。在此期间，她不仅受胡塞尔委托整理他的文稿以及处理其他事务，[④]而且除此之外，她还带着令人难忘的智慧、惊人的工作能力和值得赞叹的献身精神，努力通过一种“加工”来使胡塞尔的已有文稿更接近出版的可能。今天已经很难知晓，胡塞尔在这里

① 这个结果——估计自1917年以来便几乎没有变化过——以FI6卷宗的全部内容的形态保存下来；此外，在这个FI6卷宗的全部内容中也可以发现产生于1904年的准备性札记，可以在1905年的“时间讲座”中以及在其进一步的展开中看到对这些札记的运用；这个FI6卷宗的全部内容都在这一卷中被重构出来：或者是在主要文字的相关部分中（这里尤其需要比照文本考证方面的注释）；或者是在增补文字中；也可参见“关于原稿页码的说明”，后面第474页及后页。

② FI6卷宗中有一页含有一个出自1917年的札记；尤其参见对主要文字的第24节（第96页（边码[410]）及后页）的文字考证方面的注释。注释所指页码为原书页码，相应的本书页码则请参见边码，下同。——译者

③ FI6/2a。

④ 例如参照第163页、第171页和第174页后面注释中所标明的出版著作。

赋予他的女助手的究竟是完全确定的任务、确切的指示，还是扩展了的全权和任凭她决定的自由。然而，除了胡塞尔的现存文稿和零星笔记之外，埃迪·施泰因在那几年里给罗曼·英加尔登的信函还为我们提供了对此合作方式的一个相当清晰的观察，英加尔登最近将这些信函扼要地发表出来是一件值得感谢之举。[①]

埃迪·施泰因在1916年和1917年首先将胡塞尔的文稿加工成《观念》的第2卷和第3卷。[②] 1917年1月18日，她向英加尔登叙述说，她向胡塞尔“作了令他惊骇的描述：对《观念》的素材进行处理是如何艰难，以至于他再次表示完全同意将这个乐趣托付给我”。[③] 在1917年2月13日的信中，她以一种尽管带有些许戏谑、但却明示出此合作之整体风格的语气谈到，“我自己赋权给自己继续加工，没有遭遇异议”。[④] 1917年2月3日，她强调说，她所做的应当只是“为大师的工作提供一个基础”——“只是为了应对最糟糕的情况，即他根本不再进行修订”，她才自己“想到来做此事”：“当然，那样我就得准备进行多年的工作”。[⑤] 而后在1917年4月9日，她又写道，她很想在胡塞尔只是“通读”一遍她的加工后

① 罗曼·英加尔登，“埃迪·施泰因谈她作为胡塞尔助手的工作（特别从埃迪·施泰因的信中摘出，并附有一个评论和导引说明）”[Edith Stein on her Activity as an Assistant of Edmund Husserl (Extractes from the Letters of Edith Stein with a Commentary and Introduc-tory Remarks)]，《哲学与现象学研究》(*Philosophy and Phenomenological Research*)，第23卷(1962年)，第155～175页。

② 首次作为《纯粹现象学与现象学哲学的观念》第2卷和第3卷发表，玛丽·比梅尔编，《胡塞尔全集》，第4卷和第5卷，海牙，1952年。

③ 参见英加尔登，同上书，第162页。

④ 同上书，第163页。

⑤ 同上书，第164页。

就"将前两个部分发表在下一期的《年刊》上"。[①] ——对《观念》第2卷，埃迪·施泰因在1918年(或许在1919年还部分地)[②]进行了第二次加工。《观念》第2卷和第3卷的女编者玛丽·比梅尔在1952年初次出版这两卷时曾说明："埃迪·施泰因所作的……第一次加工更多是一次誊写，而这次〈第二次加工〉则作了重要的组合。在被使用的文稿上给出的日期一直追溯到1908年，最迟为1917年。"[③]"可以认为，胡塞尔挑选了一批文稿，托付给埃迪·施泰因使用"。[④]

1917年2月20日，埃迪·施泰因写信给英加尔登说，当她为一个月的休假而向胡塞尔告别时，胡塞尔"〈令她〉非常高兴地主动〈向她〉提出，把第六[逻辑]研究的草稿也给她带上"，[⑤]在接下来的时间里，她对这些草稿作了一些处理。

此后在1917年7月6日来了这样一个消息："最近一段时间我不断整理新的文稿，刚才还遇到'时间意识'的一组文稿。您最知道，这些问题是多么重要：对于构造学说和对于与柏格森的分歧，以及在我看来，对于与其他人的分歧，如纳托尔普。外在的状况是有些可悲的：自1903年起的笔记纸条。但我很有兴趣试一

① 参见英加尔登，同上书，第168页。

② 参见《观念》等等，第二卷，由玛丽·比梅尔编辑，《胡塞尔全集》，第4卷，第400页。

③ 同上。

④ 同上书，第XVII页。

⑤ 参见英加尔登，同上书，第166页。胡塞尔曾试图对《逻辑研究》第二部分的第六研究进行改写，对此可以参见英加尔登对埃迪·施泰因书信表述的说明，同上书，或者参见鲁道夫·波姆，"胡塞尔与古典观念论"(Husserl et l'idéalismus clsssque)，载《卢万哲学评论》(*Revue philosophique de Louvain*)，第57期(1959年)，第374页，注74。

试,是否可以对它们进行加工;至少它意味着向付印又迈进了一步,即使不知道是否以及何时会出版。这个发现重又给我的工作带来一些趣味,此前我曾近乎要决定在10月份放下我的公文包。现在重又让我觉得,我在这里所做的事情并不是无意义的。"①还在1917年8月7日她便写道:"上个月我对胡塞尔的时间笔记进行了加工,好东西,但还没有完全成熟"。② 看起来至少已经完成了第一次加工,因为埃迪·施泰因首先不再提到"时间笔记",相反她在1917年8月28日写道:"我现在处理他的空间构造的笔记,看看可以用它来做什么"。③ 而后她成功地引起胡塞尔对她的"时间笔记"之加工的兴趣:1917年9月8日,她在胡塞尔度夏的贝尔瑙发信说:"现在我在大师这里待三天,正在勤奋地探讨时间。"④

这个"加工"的结果应当就是1928年在胡塞尔的《哲学与现象学研究年刊》(第9卷)中由马丁·海德格尔编辑、以《埃德蒙德·胡塞尔的内时间意识现象学讲座》为题发表的东西。这部1928年的著作在内容上分为两个部分:"第一部分:1905年关于内时间意识的讲座","第二部分:1905～1910年对时间意识的分析的附加与增补"⑤。关于这个由十三个附录组成的第二部分,可说的东西不多:一方面是因为,除了唯一的一个附录以外,所有其他附录的

① 参见英加尔登,同上书,第171页及后页。

② 同上书,第173页。

③ 同上。——参见前面第XIII页、注释1。胡塞尔在埃迪·施泰因的文稿封面上将她对自己的"系统的空间—构造"研究的处理标识为"施泰因小姐对她所选择的文稿的誊写"(M III 3 V/1a)。

④ 参见英加尔登,同上书,第173页。

⑤ 参见后面在这一卷中未加改变而重现的标题,第3页和第99页。

底本都无法找到；另一方面是因为，在这里看起来的确放弃了任何方式的处理：这些文字似乎只是被誊写了下来，并且被不连贯地排列在一起。[①] 与此相反，对“第一部分”的内容则可以通过与全面保存下来的、并为加工提供了基础的胡塞尔文稿的比较而得到如下的确定：[②]

埃迪·施泰因谈到胡塞尔的“时间笔记”，谈到仅仅是“自1903年起的笔记纸条”。事实上，那个出自1905年2月、并在很大程度上受到相关编辑的“论时间现象学”的设想，构成了施泰因所说的“‘时间意识’的一组文稿”或胡塞尔所说的“交给施泰因小姐处理的文稿”的基础。相反，若将1928年著作的“第一部分”说成是“1905年关于内时间意识的讲座”，那么，这个说法很难被看做是确切的。这里需要立即再次着重强调：胡塞尔本人绝没有将原初的讲座稿弃之不顾。当然，除此之外还需注意的是，在他插入的或附加的后期札记中只有一小部分是单纯的“笔记纸条”，而更多的则是一些相互关联地得到阐述的分析。但这个“加工”的最终结果在于：在“引论”和第一部分所包含的45个章节中，只有“引论”和14个章节是完全地，此外还有其他4个章节是部分地回溯

① 参照后面“关于文本的构成”，第391页及后页。

② 参照后面“关于文本的构成”，第386页及以后各页，尤其是那里的“纵览二”，第389页及以后各页，以及具体参见对“第一部分”的“文本考证方面的注释”，第393页及以后各页。——我们的说明依据了对1928年付印的文字与保存下来的胡塞尔原稿所作的比较。埃迪·施泰因本人的手写加工部分并未存于卢万胡塞尔文库，似乎已经遗失。但所有迹象表明，在1928年付印的文字与在埃迪·施泰因提供的加工文字之间几乎没有值得一提的偏差；还可以继续参见本“引论”，尤其也可以参见后面“关于文本的构成”，第392页，注释1。

到 1905 年 2 月的讲座稿上;在 1928 年的著作中含有总共 82 个印张中的约 40 个印张。相反,在胡塞尔原初讲座稿的至少 62 个页张中,只有 37 个页张在 1928 年被付印的文字中被使用。即使在这些被使用页张的文字中也常常只采用了一些段落,或者说,常常有些部分被删除了。此外,对前面提到的胡塞尔 1905 年以后的那些札记的使用情况也是如此。首先,出自讲座稿的文字与出自此后时期的札记的文字在排列、顺序和关联上都完全没有变动。与此相反而无关大局的是这样一些情况:在胡塞尔的个别文稿上作过许多——大都是在内容上无足轻重的——改动;胡塞尔的一些阐述只是在最简练的总结中得以重现;看起来常常有一些简短的承接文字是由埃迪·施泰因编撰的,她也力图在术语上进行统一,并且将全部文字划分为各个章节与部分并起草了它们的标题。

因此,根据以上所述,不仅可以得出一个对于明察胡塞尔思路不无重要意义的说明:在 1928 年著作的"第一部分"文字中,只有一小部分的日期可以确定为 1905 年,而大部分的日期都应确定为 1907 年,直至 1911 年,甚至 1917 年。除此之外,还会有这样的问题提出来:1928 年所发表的"加工"结果在何种程度上可以真正地被看做是一个与胡塞尔自己意向完全相符的论述。但在试图回答这个问题之前,我们必须先结束这个关于 1928 年著作的产生史的报告。

* * *

1926 年 4 月,胡塞尔建议马丁·海德格尔来出版他的产生于哥廷根时期、已由埃迪·施泰因做了加工而准备好的关于"内时间意识现象学"的研究。[①] 胡塞尔与海德格尔当时在巴登黑森林者的托特瑙山度春季假期。借着一次拜访的机会,海德格尔向胡塞尔出示他几近完成的、将要题赠给胡塞尔的《存在与时间》文稿。[②]这是引发胡塞尔那个建议的直接原因。海德格尔接受了这个建议,并请胡塞尔理解,他只能在《存在与时间》出版后才能加以实施,而且他不能对胡塞尔的文稿进行仔细的钻研,因为他在这段时间里——直至1927年秋——都将在马堡大学承担独自代理哲学课程的重负。因此,胡塞尔也并未将自己的速记文稿(或者说,"交给施泰因小姐处理的文稿"),而是将埃迪·施泰因在1917年加工过的手抄稿托付给海德格尔,而海德格尔满足于对埃迪·施泰因文稿的仔细通读和在文本中的最微小干预,即便胡塞尔看起来并非不欢迎对文本做彻底的处理。[③] 这个文本在1928年完成,并于同年发表在《哲学与现象学研究年刊》,第9卷上,附有一个如下的"编者的前说明":

① 我们在这一章中的陈述——除了给明的其他来源之外——特别依据了取自海德格尔教授先生所做的回忆的资料。需要强调的是:常常有人表达过这类猜测,或者说,常常有流传甚广的假设:是海德格尔促使胡塞尔发表这部著作,或"获得"他的同意发表这部著作,这个猜测或假设是错误的。

② 发表在胡塞尔的《哲学与现象学研究年刊》,第8卷(1927年)上,第1～438页,以及特印本。

③ 1928年7月13日,胡塞尔在给罗曼·英加尔登的信中写道:"年刊第9卷,500页,即将完成。这卷里有我的《1905年内时间意识现象学讲座》,只是在风格上作了审校,由海德格尔编辑出版。我连校样都还未收到。"胡塞尔致罗曼·英加尔登信的原稿存于波兰科学院,英加尔登教授先生友好地将复印件提供给卢万胡塞尔文库使用。

编者的前说明

下面对“内时间意识现象学”所作的分析由两部分组成：第一部分包括1904/05年冬季学期的一个题为“现象学与认识论的主要部分”的四小时讲座的最后一部分。《逻辑研究》，第2卷(1901年)是以对认识的“更高”行为的解释为课题的，而在这个讲座中所探讨的则是“最底层的行为：感知、想象、图像意识、回忆、时间直观”。第二部分则产生于对讲座的补充以及直至1910年的新增补的研究。

关于时间意识还有进一步的研究，尤其是自1917年重又开始的、与个体化问题相关联的研究，它们将留待以后发表。

贯穿在此项研究之始终的课题，是纯粹感觉素材的时间构造和作为此构造之基础的“现象学时间”的自身构造。这里的关节点是对时间意识的意向特征的析出和对**意向性**一般的不断增强的根本澄清。仅这一点——撇开个别分析的特殊内容不论——就已经使得下列研究成为对在《逻辑研究》中首次进行的意向性之基本昭示的一个不可或缺的补充。即使在今日，意向性这个表述也仍然不是一个口令，而是一个中心**问题**的称号。

除了进行一些外部的、与风格无涉的修饰之外，这个文本维持了讲座的动态特征。为了有益于具体地验证理解力，也有意保留了对一些**重要**分析的重复，当然这些重复也是一再变换的。

章节的划分是由施泰因博士小姐在转抄速记稿的过程中

而加入的，部分地与作者所做的边注相衔接。

目录和概念索引是由兰德格雷贝博士先生制作的。

马堡，1928 年 4 月

马丁·海德格尔[①]

对这个为 1928 年著作之发表所作的“〈编者的〉前说明”的第一段，尤其是对前两句话，还需要再次回忆一下前面已就埃迪·施泰因的“加工”的“第一部分”与胡塞尔 1905 年 2 月讲座稿之间关系所必须作出的确定。另一方面，必定可以注意到，在海德格尔的“前说明”的第一段的提示与前述胡塞尔文稿中对其 1904/05 年“现象学与认识论的主要部分”讲座的引论性语句之间存在着相似性。[②] 也是基于其他更多的理由，我们不可避免地要产生出这样一种看法，即：海德格尔在其“前说明”的第一段、也包括第二段中的说明，同样还有他关于“讲座的特征”和埃迪·施泰因的单纯“转抄速记稿”的说法，都仅仅依据了胡塞尔的通报。[③] 无论如何，在 1928 年 4 月结束最终完成“前说明”之前，他曾将这篇文稿交给胡塞尔审核过。而胡塞尔那方面以后也在涉及 1928 年著作的内容时多次将其称之为“我的关于内时间意识现象学的讲座，由海德格

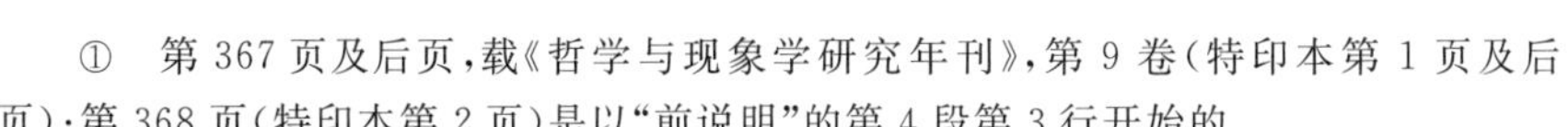

① 第 367 页及后页，载《哲学与现象学研究年刊》，第 9 卷(特印本第 1 页及后页)；第 368 页(特印本第 2 页)是以“前说明”的第 4 段第 3 行开始的。

② 参照前面第 XV 页。

③ “施泰因加工稿”产生时，海德格尔正在服兵役(1915～1918 年)，当时他还不认识埃迪·施泰因。

尔编辑出版”,[①]正如他在“施泰因加工稿”产生之前就已经在《观念》第1卷的一个脚注中所说明的那样:“笔者的〈与时间意识之谜〉相关的和久劳无益的努力在1905年从根本上告一段落,它们的结果在哥廷根大学讲座中得到了通报。”[②]

* * *

现在我们可以来尝试回答前面刚刚提出的问题,即:“施泰因加工稿”——亦即1928年发表的著作——与胡塞尔的意向是否一致。

首先要说的是,最后提到的“施泰因加工稿”得到了胡塞尔授权,这个事实是无可置疑的:胡塞尔促成了它的发表;他交给海德格尔出版的底本恰恰也就是埃迪·施泰因的手写加工稿;他以后多次诉诸于1928年的著作,将它当作一部他自己的著作。

此外,从埃迪·施泰因在给英加尔登的信中可以看出,原初是**她**主动提出“加工”的,尽管对这项工作,她是“自己赋权给自己……,没有遭遇异议”(参见前面)。而如果我们刚才记录了胡塞尔回忆中的某种日期上的推迟,那么我们也就必须要问:难道他从来就没有足够仔细地了解过埃迪·施泰因的加工,因而无法知道

---

① 《形式的与超越论的逻辑学》,载《哲学与现象学研究年刊》,第10卷(1929年)和特印本,第146页注1:“关于时间素材之构造的分析可以参见我的〈内时间意识现象学讲座〉,由M.海德格尔编辑出版。载于这个年刊的第9卷。”在此被引著作的其他两处,胡塞尔不再说“讲座”,而始终说“文章”;例如第237页注1:“即便是‘内在’领域也有其构造问题。例如参见在此哲学年刊第9卷中已引用过的文章”,以及第253页注1:“关于这个问题本身……参见已多次引用过的文章,载于这个年刊的第9卷。”

② 《胡塞尔全集》,第3卷,由瓦尔特·比梅尔编辑出版,第198页注1(在较早的版本中为第163页)。

在这个加工与他自己的札记之间存在一种至少不能说是毫无问题的关系吗？如果他不了解，那么这个作者赋权所具有的就只是一种道德价值。但如果他详尽地追踪了埃迪·施泰因的工作，那么就可以注意到，这种在视角方面的推后情况之所以可能，只会是因为他在埃迪·施泰因的阐述中丝毫也没有感觉到与他自己意向的偏离。因此，除了形式上作者赋权的问题之外，这另一个问题变得重要起来：在此案中，胡塞尔实际参与埃迪·施泰因工作的部分有多少。

通常是埃迪·施泰因向英加尔登抱怨，胡塞尔对她想要出版他的研究的努力之结果缺乏兴趣。在涉及对“时间笔记”的加工时，她没有作这类抱怨；相反，如前所述，她曾写道：“现在我在大师这里待三天，正在勤奋地探讨时间。”没有什么可以迫使我们去假定：这种探讨前后仅有这“三天”而已；反过来倒是可以猜测：在此合作之前，胡塞尔便已经研究了这份由埃迪·施泰因制定的文稿。事实上，在胡塞尔保存的、作为“施泰因加工稿”之基础的原本文稿中，也可以找到许多清楚的佐证，说明胡塞尔自己曾将这个加工与他自己的文稿做过比较。[①]这个比较有多深入？这个问题存而未决。

*　　　*　　　*

对提出问题的回答最终只能由这个新的版本自身来提供，它试图与这个被勾画的实际状态相符合。毋庸置疑，1928年的著作是经作者本人赋权的。考虑到这一点，它的文字在这个版本中被放置在前面（作为A部分），基本上是未加改动地得到重印。[②] 仅

---

① 对此更为详细的说明可以参见后面“关于文本的构成”，第392页注1。

② “内时间意识现象学讲座”的标题也被保留下来（参见后面第1页；也可参见前面第XXI页注5）。只是在这整卷书的标题中删去了“讲座”二字。

仅纠正了有些在对照原稿时明显可以认定的错误，撤回了一些加入到文稿文字中的显然多余并反会产生误导的干预。[①] 编者的各个注释以及一份详细的文本考证资料提供了对 1928 年第一次印刷与那些文稿之间关系的说明。

但另一方面，接下来（作为 B 部分）在本书中得以付印的是一些大都以速记方式记录下来的胡塞尔文稿的原本文字，完整地包括"'时间意识'的一组文稿"，即那批曾"交给施泰因小姐处理的文稿"，此外还有产生于 1893 年至 1911 年底这个时间段的原本文字，施泰因可能对这些文字并不知晓。[②] 这些原文的排列顺序尽可能地依照了它们写作时间的先后。[③] 而通过对这些被保存在文稿中并在本书中得到付印的原文的研究，我们还是可以觉察到，在 1928 年著作中所能得出的"施泰因加工稿"之结论与胡塞尔的特有思路以及他的最本己的问题域之间尚有一定的距离。当然，一篇公开发表的、试图引领读者的论文所具有的思路，必定会或可能会不同于思想者在能够对此作出教导性传诉之前所实际走过的思路。固然，埃迪·施泰因曾竭尽全力，尽可能将胡塞尔所获得的无疑义的研究结论公布于众，将这些结论仔细地分离于那些仍然还

① 除此之外也考虑到了在 1928 年著作中就已经附加的"纠误"表。对此还可以进一步参见后面"关于文本的构成"，第 385 页及后页。（"关于文本的构成"与"文本考证方面的注释"一起构成本卷的"文本考证附录"。这个附录没有收入中译本。——译者补注）

② 另一方面，有几个为埃迪·施泰因在她的加工稿"第一部分"中所用过的胡塞尔札记无法以其原初的形式重现，因为在卢万胡塞尔文库中没有这些文稿。它们可能主要是胡塞尔 1917 年的札记。

③ 参照后面"关于文本的构成"，第 443 页及后页。

是有问题的结论——这几乎不言自明的。然而埃迪·施泰因当时也根本不可能考虑像本书(B部分)所做的那样,以忠实于原稿的方式出版胡塞尔的文稿。甚至胡塞尔之所以在延迟十年之后才决定发表1917年的加工稿,有可能就是因为他明察到了在对一部——最终还有要由他本人来负责的——著作本身的要求上所存在的必要妥协。尽管如此,胡塞尔的札记是与其问题域相一致的,在经过埃迪·施泰因的集中和编辑之后,它们多方面地失去了其原初的语境,因而也丧失了它们的一些意义关联。一方面,在1928年的著作中,真正的问题没有得到完整的表达;另一方面,得到表达的内容则由于对这个问题域的疏忽而在某些方面变得抽象,最后,在这种抽象中便有可能形成一种无法理喻的杂乱无章。[①]

① 在对这个版本的初期准备过程中,笔者与当时索邦学院的助教亨利·迪索每隔一段时间都会有通信往来,他当时正在从事《内时间意识现象学讲座》(根据1928年的著作文本)的法文翻译。在对文本进行仔细研究的过程中,他遭遇到一些不确定的和杂乱无章的状况。在他向笔者指出这些状况后,笔者常常可以根据胡塞尔留存文稿的原初文字和上下文而向他作出澄清。有一次,在了解了1928年的著作与作为其基础的胡塞尔札记之间关系的最一般梗概之后,迪索在文本考证工作之前便作出了一个重构原初文本关联及其编年史的尝试,他的猜测后来几乎完全地被证明是确切的。带着他的这些经验和发现的印象,迪索得出了对1928年著作之价值的一个极为不利的判断,并且在埃迪·施泰因对其构形的贡献方面得出了一个走得相当远的结论。他并未向第三者隐瞒他的这个判断和他的这些推论,尽管他与笔者在这一点上是完全一致的,即:在本书编辑的前工作没有结束之前必须避免任何公开的表态。在迪索过早地去世之后,他的老师P.－M.舒尔教授在一篇缅怀文字和其他地方谈到了迪索在上述意义上向他做的一些口头通报。这重又促使罗曼·英加尔登教授发表了在此引论中多次被引述的文字(参见前面第XIX页注2),以便在不合理的指责面前保护埃迪·施泰因。事实上没有理由对埃迪·施泰因进行伤害性的指责,而且这也完全远离迪索的本意。但她的工作与胡塞尔的意向之间的关系是成问题的,这一点始终是显而易见的。

对此我们只还需要举一个例子来加以说明。这里要顺便提一下，至关重要的目光并不是对“施泰因加工稿”的批评目光，而必须是朝向实事本身的目光，但在这方面就应当给出胡塞尔本人的话语。我们将会详细地引用胡塞尔的文稿和著作——尽最大可能不做任何诠释。我们要选择一个宽泛的例子。

*　　　　*　　　　*

在胡塞尔《纯粹现象学与现象学哲学的观念》第1卷的第81节中可以读到：“时间……如在稍后的研究中将要指出的，是一个完全**被界定的问题域**的名称，而且这是一个极为困难的问题域。我们将指出，我们先前的论述在某种程度上对一整个的向度（Dimension）都保持了沉默，并且是必然地需要保持沉默，这样才能够不受迷惑地首先获取那些唯有在现象学观点中方可见的东西，获取那些在不考虑新向度的情况下构成了一个封闭研究域的东西。我们通过还原而得以析出的超越论的‘绝对’，实际上并不是最终的东西，它本身是一个在某个深层的和完全独特的意义上构造起自身的东西，而且它的原源泉是在一个最终的和真正的绝对者之中。”[①]任何一个在《观念》中进行的“排除”都没有像这个“排除”这样令人感到陌生：胡塞尔承认，“现象学的基本考察”[②]“对一整个的向度都保持了沉默”。什么样的向度？它试图论证一个“绝

① 《胡塞尔全集》，第3卷，第197页及后页（在较早的版本中为第162页及后页）。

② 如所周知，这是《观念》，第1卷，第2篇的标题，尤其是第81节的这个说明必定要涉及这个标题。

对的存在”——“意识”的存在[1]——，但它避免这个“最终的和真正的绝对者”的“向度”。它明确地和详尽地论证多重的“还原”，但却将最基本的向度默默地放在一边。而胡塞尔对此给出了什么样的理由呢？对那个原源泉向度的考察“保持了沉默，并且是必然地需要保持沉默，这样才能够不受迷惑地首先获取那些唯有在现象学观点中方可见的东西”。原来，并不是期望回溯到“最终的和真正的绝对者”的向度上，而是担心无法避免的迷惑？

在这里之所以担心受到迷惑，并不是因为这样的原因，例如作者尚未成功地回溯到那个基本向度中并且在其中确定方向；[2]相反，胡塞尔在这里随即便于一个脚注中谈及“时间意识之谜”：“笔者的相关的和久劳无益的努力在1905年从根本上告一段落，它们的结果在哥廷根大学讲座中得到了通报”。[3] 当然，以上所作的陈述以及在本卷中所通报的文字表明：“1905年”这个日期是在胡塞尔记忆中的一个距离远近方面的推迟之结果。“笔者的相关的和久劳无益的努力”是在约1909年才真正“从根本上告一段落”。但似乎也就是在这个时期已经宣告了胡塞尔的决定：在一个“纯粹现象学的一般引论”[4]中先绕开这里——在对时间意识之谜的研究中——所发现的东西。在预告为“认识现象学引论”的1909年夏

---

① 参见《观念》，第1卷，第49节。

② 不同于前面所重现的、在对1904/05年冬季学期讲座的引论性语句中为胡塞尔所描述的《逻辑研究》时期的状况：“我当时无法战胜这里所存在的异常的困难，它们也许是整个现象学中的最大困难，而由于我不想事先就束缚自己，因此我便宁可完全保持沉默”；参见前面第XVI页。

③ 第198页（在较早的版本中为第163页），注1。

④ 这是《观念》第1卷的标题。

季学期讲座中——《观念》的思路最初是在这里大致地采纳了在该书中所选择的阐述形态——，胡塞尔便已就有关时间意识被给予性的“客观有效”陈述之可能性说了这样的话：“可以肯定的是，它们〈这些陈述〉不能在一门现象学的开端上被作出。”[①]为什么不能？显而易见，令人不得不产生对那种迷惑之担心的并不是这个“向度”的模糊性，而更多是业已获得的对这个向度的明察。究竟是什么样的迷惑？迷惑的威胁究竟来自哪里？

前面所引的《观念》，第1卷，第81节的标题是“现象学时间与时间意识”，它隶属于该书的一个引向现象学“最重大问题”的篇章，即“**功能问题或意识对象的构造**问题”[②]。这一章的最后一节（第86节）便是全部用来讨论这些问题的，此前的第85节则引入了对感性原素（ὕλη）与意向立形（μορφή）的区分。[③] 而这一节是以一个提示开始的，可以猜测这个提示既说明了对时间意识之谜保持沉默的动机，也说明了对在前几节中保持沉默之承认的动机，一个对被担心的迷惑的提示：“我们还将进一步束缚在这个考察阶段上，不是下降到最终的、构造着所有体验时间性的意识之昏暗深处，而是如此地接受体验，一如它们作为统一的时间性进程在内在反思中所自身呈现出来的那样，在这个考察阶段上，我们必须区分：

① F I 17/42a。关于1909年夏季学期的《认识现象学引论》讲座可以参见后面第335页，注2。

② 第212页（在较早的版本中为第176页）。

③ 第207页（在较早的版本中为第171页）。

1. 所有那些在《逻辑研究》中被称作‘第一性〈原生〉[①]内容’的体验；

2. 自身含有意向性之特特性的体验或体验因素。”[②]

胡塞尔随即又再次强调：“无论如何，在整个现象学领域（即在应当持续坚持的被构造的时间性的阶段以内）中，**感性**原素（ὕλη）与**意向**立形（μορφή）所具有的这种奇特的双重性和统一性都起着一个主宰的作用。”[③]

因此，这个“最终的、构造着所有体验时间性的意识”的缄默向度显然就是那个感性与意向、原素与立形（或按《逻辑研究》的说法：“第一性〈原生〉内容”或“内容特征”与“行为”或“行为特征”，也叫做“立义（auffassen）”与“立义特征（Auffassungscharakter）”）的“奇特双重性”不再起“主宰作用”的向度，并且最终根本**不**再起任何可以比拟的作用的向度。与此相反，在“被构造的时间性的阶段”上，这个区分是不可或缺的和根本性的。因此，难道这个时间构造的缄默向度不仅仅是这个区分刚巧在其中失效的向度，而更多地是一个需要在其中寻找迷惑的原因，甚至寻找这个区分之消解的原因的向度？而且正是出于这个原因，胡塞尔才对这“ 整个的向度都保持了沉默”？

根据胡塞尔在 1929 年《形式的与超越论的逻辑学》一书的结

① “第一性”的德文原文是“primär”。在译者所译的《逻辑研究》中，这个词被译作“第一性的”，相对于“第二性的”（sekundär）；在这一卷中则为了与后面的正文统一而译作“原生的”，相对于“衍生的”（sekundär）。两个译名的意思是相等的。以下在“编者引论”中均以尖括号标出这个相等性。——译者

② 第 208 页（在较早的版本中为第 171 页及后页）。

③ 第 208 页及后页（在较早的版本中为第 172 页）。

尾一节(第 107 节 c)中的表述,这个猜测在所有方面都得到了证实:“在心理学和认识论中主宰着一切的素材—感觉主义(即便是在语词上反对它的人或在这个语词下面想象它的人,也大都还束缚在它之中)就在于,它用素材来建构意识生活,可以说是将意识生活建构为完成的对象。在这里,究竟是把这些素材看做分离的‘心理原子’,根据无法理解的事实规律以机械规律的方式来把或多或少能集合在一起的东西加以堆积;还是谈论整体和完形质性,认为整体要先于那些在它们之中不可区分之元素;或是在这个从一开始就存在的对象领域之内就**区分感性素材**与**作为另类素材的意向体验**,这实际上是完全**无关紧要的**。

我们并**非想要完全抛弃**最后那个划分。人们可以作为本我(ego)来应对作为内在经验对象的内在对象,即作为内在时间的对象,而这显然是现象学初学者的第一步。**在这个意义上**,我有意而明确地在我的《观念》一书中**排除了**内在时间意识的问题[①],并预示了一个对于此领域中的可能描述而言的相互关联的大问题域,而且也试图部分地加以处理。而后在**这个**领域中会必然地产生出作为本底区别的在**感性素材**与**意向功能**之间的区别”。[②]

这样就明确地证实了前面刚刚表述的关于在《观念》中“排除”时间构造向度之原因的猜测。胡塞尔甚至有胆识承认和批评:至

① 在这里(第 253 页,注 1)有一个脚注:“参见同上书〈即《观念》,第 1 卷〉,第 163 页〈即《胡塞尔全集》,第 3 卷,第 198 页〉,关于这些问题本身参见已多次引述的《年刊》第 9 卷上的文章。”

② 《形式的与超越论的逻辑学》,同上书,第 292 页及后页。除了最后一句中“感性素材”与“意向功能”这几个字上的重点号以外,其余的重点号均为笔者所加。

少连自己的《观念》一书都有植根在“主宰着一切的素材—感觉主义”中的假象。在《观念》中讨论的“大问题域”，乃是立足在对感性素材和意向体验之间的区分之上的，胡塞尔仅仅说是不要“**完全抛弃**”这个区分。而尽管在引文的最后一句中还提到“本底区别”，这句话也仍然不是在强调坚持这个区分之“本底性”的必然性，而是在澄清，在何种相对的意义上可以将这个区别看做是对一个特定的——不是根本的——领域而言看似“本底的”区别。胡塞尔——在被引证的《形式的与超越论的逻辑学》的这个脚注中——重又指点参阅“已多次引述的《年刊》第9卷上的文章”。

事实上，在1928年出版的《埃德蒙德·胡塞尔内时间意识现象学讲座》的最初几页上就可以找到这样一个简明扼要的注释：“因此，‘被感觉到’就是一种关系概念的指示。这个概念本身丝毫没有说明：被感觉到的东西(Empfundenes)是否是感性的东西(Sensuelles)，甚至是否是在感觉之物意义上内在的，换言之，这里并没有回答，被感觉到的东西本身是否已经构造出来，并且是否是一种完全不同于感觉之物的东西。——**但在这里最好是把这整个区别都搁在一边；并不是每个构造都具有立义内容—立义这个范式**”。① 在1928年发表的这个文本的上下文中，这个注释给人以很浓的附带性的感觉，它本身也许就“最好是被搁在一边”。我们

① 参见前面第7页注1；重点号为笔者所加。——没有找到这个被引用的注释的底稿，它无疑出自胡塞尔；它甚至有可能被胡塞尔视为对这个“加工”的“本底”指示，并且根本没有被采纳到这个加工本身中去。——也许这里需要强调：我们绝不是要声言，所有在1928年著作文本中做出的相对于胡塞尔文稿的改动都必定归结到埃迪·施泰因那里。

将会轻易地证明这一点。然而我们刚刚所涉及的这些胡塞尔的陈述却迫使我们领悟到:对这个“在感性素材与意向功能之间”看似的“本底区别”的连根拔出,乃是一个根本颠覆性的过程,这个区别不适合被用来“不受迷惑地获取”整个构造问题域的开端,即《观念》中所说的现象学的“最重大问题”的开端,甚至最终会使得这个开端从根本上显得可疑——如果在原初的时间意识现象上所关涉的不是某种边缘现象,而是最终的绝对被给予之物,那么在“立义内容—立义之范式”方面所关涉的也就不再是在各个不同标志中的一个标志,而实际上是胡塞尔的构造问题域原初植根于其中的那个基本区别。①

我们不得不详尽地引述《逻辑研究》来进行证明。第五研究——“关于意向体验及其‘内容’”——的第 14 节以最为透彻的方式阐述了这个“本底区别”的现象学意义:这个区别基本上是“在内容的此在与内容之间的区别,前者是指被意识到的,但本身未成

① 第一个估量到在上述胡塞尔注释中宣告出来的进程之总体影响的人可能是莫里斯·梅洛—庞蒂:“胡塞尔……长期以来根据立义—内容的范式而将意识或意义给予定义为‘赋予灵魂的立义(beseelende Auffassung)’。当他在《内时间意识现象学讲座》中认识到,这种功能是以另一种更深层的功能为前提的,在此更深的功能中,内容预先对立义构成自身,这时他也就迈出了关键性的一步。‘并不是每个构造都具有立义内容—立义这个范式’(《内时间意识现象学讲座》,第 5 页注 1)。”——《感知现象学》(Phénoménologie de la perception),巴黎,1945 年,第 178 页注 1。——在笔者的启发下,罗伯特·索科洛甫斯基新近出版的《胡塞尔构造概念的形成》(*The Formation of Husserl's Concept of Constitution*)[海牙,1964 年,“现象学丛书”(Phaenomenologica),第 18 卷]便以“立义内容—立义之范式”的开启与消融作为阐述胡塞尔构造问题域的主导性视角。也可参见鲁道夫·波姆:“两种观点:胡塞尔与尼采”(Deux points de vue: Husserl et Nietzsche),《哲学文库》(*Archivio di Filosofia*),1962 年,第 3 辑,第 360～362 页。

为感知客体的**感觉**,后者则是指**感知客体**。对声音例子的选择稍许掩盖了这个区别,但并未取消这个区别。……不同的人可以感觉到同一个东西,但却可以感知为完全不同的东西。我们自己就将相同的感觉内容这一次做这样的'**释义**'(deuten),另一次作那样的'**释义**'。……但是释义本身永远不能被还原为新的感觉的涌入,它是一个行为特征,是'意识'的一种方式,是'心绪'的一种方式:我们将它称作对有关对象的感知。……我认为,没有什么比在这里出现的内容与行为的区别更为明见的了,更特殊地说,没有什么比在体现性感觉意义上的感知内容与在立义性的意向意义上的感知行为之间的区别更为明见的了"。①

而后胡塞尔阐释说:"如果将感知与想象表象进行比较,并且再将这两者与借助物理图像(绘画、塑像等等)的表象进行比较,我们就会获得可以进一步说明这个区别,并且可以使各种不同的行为特征得以相互衬托的有益例证。但最有益的例证是由表达提供的。如果我们想象,例如,某些形态或阿拉伯图形首先纯粹美学地作用于我们,而后我们突然领悟到,它们可能是一些象征或文字符号。这里的区别何在?或者我们来看这样一种情况:某人关注地倾听一个他完全不懂的词,把它当作单纯的声音复合,同时丝毫不知这是一个词;我们再比较一下这个情况:以后,当他熟悉了这个词的含义时,他在一段对话中听懂了这个词,但并不带有〔对这个词的〕直观化。相对于那个无思想的语音而言,这个被理解的、但仅仅象征性地起作用的表达所多出的部分究竟在哪里?我们是简

① 《逻辑研究》,第2卷,1901年,第1版,第360~362页。

单地直观一个具体的 A,还是将它立义为‘一个随意的 A’的‘代表’,这里的区别何在? 在这些和无数类似的情况中,行为特征都发生了变异。所有逻辑区别,尤其是所有范畴形式都包含在意向意义上的逻辑行为之中。”①

行为特征被是指“释义”、“立义”或“统觉”的行为特征:“对我们来说,统觉就是在体验本身之中,在它的描述内容之中相对于感觉的粗躁此在而多出的部分(Überschuß);它是这样一个行为特征,这个行为特征可以说是赋予感觉以灵魂,并且使我们可以感知到这个或那个对象之物,例如看到这棵树,听到这个铃响,闻到这个花香等等……”

“从这些被考察的例子来看,我认为这也是明见的:事实上存在着本质不同的‘意识方式’,即本质不同的与对象之物的关系方式;在感知的情况中,在想象表象的情况中,在通常对塑像、绘画等等之立义意义上的图像表象情况中,还有在纯粹逻辑学意义上的表象情况中,**意向**的特征都是不同种类的特征。每一种逻辑不同的、在思想上表象一个对象的方式都有一个意向上的差异性与之相符合。”②

现在首先值得注意的是,这个在《逻辑研究》中所“认为”的“明见性”也充分地规定着胡塞尔 1905 年 2 月讲座中的时间意识问题

① 《逻辑研究》,第 2 卷,1901 年,第 1 版,第 362 页及后页。

② 《逻辑研究》,第 2 卷,第 363 页及后页。——此外,这些被引述的文字还清楚地指明:应当在哪里寻找并找到“有益的例子”来证明这个根本区分,它是现象学构造问题域的胡塞尔式“经典”开端的基础。——显然还要特别关注这样一个状况,即行为特征、立义、意向活动、意向对于胡塞尔来说原初就自身表明为“**释义**”(我们将会看到,也表明为“诠释”)。

的原则性开端。他批判地指出:“布伦塔诺没有区分行为和内容,或者说,没有区分行为、立义内容和被立义的对象。但我们必须要弄清楚:时间因素应当记在谁的账上……:这是一个什么样的因素?它究竟是作为一个本质上为行为特征所固有的差异而属于行为特征,还是属于立义内容,例如属于感性内容,倘若我们所观察的是在它的时间存在中的颜色、声音?根据布伦塔诺的学说,表象活动本身不可以再分异,在各个表象本身之间,除了它们的原生〈第一性〉内容之外,不存在其他的区别,这样就只剩下一种可能性:感知的原生〈第一性〉内容连续地与一批又一批的想象材料相衔接,这些想象材料是一些在质性上相同、只是在强度和充盈减弱了的内容……这些阐述在许多方面都不能使人满意”。[①] “即使布伦塔诺现在并未陷入这样一个错误,即以感觉主义的方式将所有体验都还原为单纯的原生〈第一性〉内容,即使布伦塔诺甚至是第一个认识到对原生〈第一性〉内容和行为特征之区分的人,他的时间理论仍然表明:他恰恰没有顾及到这些对其时间理论来说关键性的行为特征。”[②]而这里所引述的文字明显是立足于1905年2月讲座稿之上的,它们以此形式处在可以回溯到1917年埃迪·施泰因加工稿上的1928年的著作中——几页之后便是包含着前面所引的那个注释,它以这样一句话结束:“并不是每个构造都具有立义内容—立义这个范式。”[③]胡塞尔在这里赞同地将对“原生〈第

① 参见后面第52页(边码[380])。

② 参见后面第54页(边码[381])。

③ 仅这个例子——对此还可以添加更多的证明,如后面第XLI页上引述的第71页(边码[392])上的文字——便已经可以充分地说明前面所触及的“施泰因加工稿”与

一性〉内容和行为特征之本底区分”的发现归功于布伦塔诺，但批评他一方面没有将这个区分运用于时间意识的分析，另一方面只是把“时间因素”“记在”原生〈第一性〉内容的“账上”。当然，按照布伦塔诺的学说，“表象活动本身不可以再分异”，然而胡塞尔在《逻辑研究》中便已“认为这也是明见的：事实上存在着本质不同的‘**意识方式**’，即本质不同的与对象之物的关系方式”。

但几年之后胡塞尔便在一个单独的页张上做了题为“原初的时间回移”的笔记。我们有很大把握将它的日期确定在最早1907年、最迟1908年。它带有以下边注：“课题：‘再现’。对意识—存在者(Bewußtseins-seiende)的感性内容的‘体现、再现’。简言之，它们‘就在此，并且一旦在此，便是相应地如此这般被立义的’。”——这个笔记的内容如下：

“我们假定，红色显现出来。而它现在是刚刚曾在的(eben-gewesen)。还是直观性的。那么一个现时当下的红色这时可以继续维持，并且作为‘代表’起作用吗？用再现理论(Repräsen-

在胡塞尔文稿中可追溯的那些思路之间的关系。埃迪·施泰因试图在其加工稿——即1928年发表的稿子——的“第一部分”中将1905年2月“时间讲座”的阐述以一种提升的方式重现出来，即：将这些阐述提升到在1909～1911年期间为胡塞尔所达到的那些结论的层次上。为此目的，正如胡塞尔本人也已开始做的那样，埃迪·施泰因用稍后的札记——直至1917年——来取代原初讲座稿的重要部分，并且校正了——主要是在术语上——讲座稿的保留部分，最后将整篇文字在一个颠倒了顺序的联系中摆出来。然而，那些原则上立足于胡塞尔1905年立场的分析，那些产生于已然透露出这个立场的松动，但又原则上还在坚持它的窘迫的札记中的分析，最后还有那些在终于达到清晰性——并且作出或多或少坚定的阐述——的那个时刻所形成的分析——它们在埃迪·施泰因的加工稿中都始终没有得到清算，有时甚至是毫无关联地被放在一起。

tationstheorie)可以说得通吗？倘若一个红色**还**在此，与较早的红色在同一个意义上在此，那么这个红色就还在延续，最多是有所减弱，在充盈、强度上有所减少，如此等等。同样，如果我们在原初的时间回移中截取一个随意的相位，并且询问，若我们将此减弱视为一种'内容变动'，则'减弱着的内容'在这里如何可能是'代表'。

在最早的页张上曾讨论过这个难题。无论如何，这里有对我的原初看法、对我用被体验到的'内容'(例如感性内容)来操作并将它们看做是相应地如此这般被立义的再现理论的各种指责。一切都仅仅是立义的区别，它只是与其他被体验到的和在意识中存在的内容相衔接，并且给它'赋予灵魂'。但这样一种诠释有可能是完全站不住脚的，而特殊的任务就是要在这里创造出完全的清晰性"。①

毫无疑问，胡塞尔在这里作为他的"原初看法"、他的"再现理论"而加以描述，现在作为"完全站不住脚的"而加以拒绝的东西，实际上就是前面所引述的在《逻辑研究》中以及在1905年时间讲座的原初构想中主宰着的"看法"或"理论"，胡塞尔自己在前面的文字中用它来反对纳托尔普，在后面的文字中用它来反对布伦塔诺，而且此外也不言自明地首先用它来反对感觉主义。这里的本质在于：这个简短札记的第一段就已经以同样的方式既反对"一切

① 参见后面"表明此问题发展的增补文字(B)"，第48号文字，第318页及后页。重现这个札记的页张被放在FI6卷宗的第二个信封之前，这个信封所包含的虽然都是交给埃迪·施泰因处理的札记，但她在加工中没有对它们做任何使用；参照后面"关于文本的构成"，第386页注2。——关于"曾讨论过这个难题"的"最早的页张"，可以参照例如第46号文字，第310页及后页，以及在它之中所包含的对第15号文字(准确的日期定在1901年12月20日上)的回溯指明。

都仅仅是立义的区别”的命题，也反对“一切都仅仅是内容的区别”的命题，并且因此而宣告了对整个“立义内容—立义之范式”的放弃。我们在前面已经看到，胡塞尔在《形式的与超越论的逻辑学》中带有一个坚定的倾向：不仅将那种“把所有体验都还原为原生〈第一性〉内容”的做法，而且也将那种“区分感性素材与作为另类素材的意向体验”的做法看做是“主宰着一切的素材—感觉主义”的特征。

这个得以重现的札记所表达的也完全不是某个偶发的和暂时的怀疑与想法上的动摇。相反，它在胡塞尔那些年对时间问题的研究序列中——或者说，在固定下这些研究之进程的札记顺序中——具有一个明显的关键位置。例如我们只要提及一个与此札记直接相邻的另一札记[①]即可。这另一个札记的大部分也被收在埃迪·施泰因的加工稿中。[②] 根据1928年著作的文字，这另一个札记的内容如下：“滞留意识实项地含有关于声音、关于原生的声音回忆的过去意识，而且它不能被分解为被感觉到的声音和作为回忆的立义。就像想象—声音不是声音，而是对声音的想象一样，或者就像声音想象和声音感觉是原则上不同的东西，而不是仅仅受到不同解释、不同立义的同一个东西一样，原生直观地被回忆的声音**原则上**不同于被感知的声音，或者说，对声音的原生回忆（滞留）不同于对声音的感觉。”[③]

---

① 第47号文字，胡塞尔估计的日期为1909年，实际上几乎不会迟于1908年秋；第311～318页。

② 第12～13节，第71～75页（边码[392—395]）。

③ 参见后面第71页（边码[392]）；参照第312页。

但这里已不再需要其他的引证了，这里可以并且必须由在这一卷中首次发表的胡塞尔札记自己来说话了——从这些札记的关联中，那些已于1928年发表的文字也可以传诉出一个新的意义。

最后还需要指出胡塞尔从“立义内容—立义范式”的消融中**所得出**的并且要在此意义上来加以领悟的一个明察：“如果我们现在……考察**构造着的**现象，那么我们就会发现一条**河流**，而这河流的每个相位都是一个**映射的连续性**。但原则上这条河流的每个相位都不能扩展到一个连续的后继中，即不可能设想这个河流如此地得到改变，以至于这个相位自身伸展到它自身所带有的统一之中。完全相反，我们原则上必然发现一条持续‘变化’的河流。而这种变化的荒谬就在于，它完全就像它所流逝的那样流逝着，既不能‘更快地’，也不‘更慢地’流逝。而后，这里还缺少任何变化的客体；并且只要在每个客体中都有‘某物’在前行，那么这里所涉及的便不是进程。这里没有任何变化着的东西在此，因此也就不能有意义谈论某个延续的东西。即是说，在这里要想去寻找某个在一个延续中不变化的东西，乃是毫无意义的”。[①] 这些语句可以归结为一份约写于1911年的札记，本书的文字便是以这个札记结束的。[②] 但在此前不久，胡塞尔在一份可以确定写于1908年10月15日至1909年夏季学期之间的札记上写道：“难道荒谬就在于，时间流被看做是一种**客观的运动**？是的！另一方面，回忆却是某种本身具有**它的**现在的东西，而这同一个现在是一个类似声音的

① 参见后面第38页（边码[369]）；参照第120页（边码[429]）和根据1928年著作的附录六，尤其参照第165页（边码[464]）及后页。

② 参见第54号文字，第368～382页；相应的文字在第370页上。

东西。**不是**。根本的错误就藏于此。**意识样式的河流不是一个进程。现在—意识并非本身是现在的**。与现在—意识'一同'滞留的存在者不是'现在',**不是与现在同时的**,否则将毫无意义……

这是极为重要的实事,也许是整个现象学的最重要的实事"。[①]

*　　　　*　　　　*

笔者在此要真诚地感谢马丁·海德格尔教授先生和路德维希·兰德格雷贝教授先生提供了珍贵的信息,真诚地感谢马文·法伯教授先生友好地允准对《哲学与现象学研究》的引述,真诚地感谢 H. L. 梵·布雷达教授神甫、《胡塞尔全集》的负责者始终参与了这部著作的艰辛准备工作,以及伊索·凯恩[②]在阅读校样时提供了细心的帮助!但我最想要说的乃是对我过早去世的朋友亨利·迪索的一句痛苦而感激的缅怀之辞:他在我的工作的一开始便向我提出合理的问题,使我的工作必定受到这些问题的引导。

鲁道夫·波姆

卢万,1964 年 12 月

---

① 参见第 50 号文字,第 333 页及后页。——我们没有机会再谈论在这本书中发表的文字与出自同一时期的关于《现象学的观念》的"五篇讲座"之间的关系:尤其可以在以上阐述的视角下参照写于 1907 年 5 月 2 日的"思路"的第 11 页及后页(《胡塞尔全集》第 2 卷)。此外,这里有理由猜测:在第 67 页及以后各页上付印的第五讲座的文字是一个后补的,而且几乎不会在 1908 年之前得到过处理过文字。瓦尔特·比梅尔——他曾指出第五讲座的文字在内容上偏离于在"思路"中所给出的总结(参见他所编辑出版的这个版本的第 87 页)——也认为这个新的猜测值得考虑。

② 伊索·凯恩(Iso Kern),瑞士现象学家和汉学家。中文名为"耿宁"。——译者

A

内时间意识现象学讲座

第一部分　1905年 内时间意识现象学讲座[①] [368]

引　　论[②]

对时间意识的分析是描述心理学和认识论的一个古老的包袱。第一个深切地感受到这个巨大困难并为此而做出过近乎绝望努力的人是奥古斯丁。时至今日，每个想探讨时间问题的人都应当仔细地研读《忏悔录》第十一篇的第14章至第28章。因为，与这位伟大的、殚思竭虑的思想家相比，以知识为自豪的近代并没有能够在这些问题上做出更为辉煌、更为显著的进步。即使在今天，人们仍得赞同奥古斯丁之所说："没人问我，我还知道，若有人问我，我想向他说明时，便又茫然不知了（'Si neme a me quaerat,

① 这一部分的文字依据了埃迪·施泰因于1917年夏受作者委托并由作者协助、附加了作者1905～1917年的补充和修改记录而加工过的、并在1928年由马丁·海德格尔编辑出版的稿本。本卷的编者根据胡塞尔的原稿对这一部分的文字做了核对，并在一些地方作了修正。——编者

② 这个"引论"、随后的第1节至第6节以及第7节的第一段的文字，都立足于1905年讲座稿第"1"至"15"页张上的文字；参照后面"文本考证附录"中的文字考证说明。——编者（这个附录由两个部分组成："关于文本的构成"和"文本考证方面的注释"。它们没有收入中译本。以下均同，不再一一说明。——译者补注）

scio，si quaerenti explicare velim，nescio’）。”[①]

当然，我们所有人都知道，时间是什么；它是我们最熟悉的东西。但只要我们试图说明时间意识，试图确立客观时间和主观时间意识之间的合理关系，并且试图理解：时间的客观性，即个体的客观性一般，如何可能在主观的时间意识中构造出来，甚至只要我们试图对纯粹主观的时间意识、对时间体验的现象学内涵进行分析，我们就会纠缠到一堆最奇特的困难、矛盾、混乱中去。

对布伦塔诺的时间分析的阐述可以作为我们研究的出发点，
[369] 可惜他从未发表过这些时间分析，而只是在讲座中予以传布。马尔悌（Marty）曾在他70年代末出版的论述颜色感觉之发展的著述[②]中非常简短地阐述过布伦塔诺的这些分析，而施通普夫（Stumpf）在其声音心理学[③]中也提到过几句。

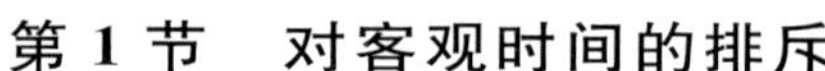

第1节 对客观时间的排斥

首先要作几点一般的说明。我们的意图在于对时间意识进行现象学的分析。正如在进行任何现象学分析一样，这里必须完全排除任何与客观时间有关的设想、确定、信念（排除所有对实存之物的超越预设）。从客观方面来看，与每个实在的存在和存在因素一样，每个体验都在一个唯一的客观时间中具有其位置——因而

① 奥古斯丁，《忏悔录》（*Confessiones*），第11篇，第14章。——编者

② 安东·马尔悌，《关于颜色感觉的历史发展问题》（*Die Frage nach der geschichtlichen Entwicklung des Farbensinnes*），维也纳，1879年，第41页及以后各页。——编者

③ 卡尔·施通普夫，《声音心理学》（*Tonpsychologie*），第2卷，莱比锡，1890年，第277页。——编者

对时间的感知体验和时间表象本身也是如此。也许有人会有兴趣去确定一个体验(包括一个构造时间的体验)的客观时间。此外,也许这是一项有趣的研究,即确定:一个在时间意识中被设定为客观时间的时间与现实的客观时间处于什么样的关系之中,对时间间隔的估计与客观现实的时间间隔是否相符,或者它们之间的差距有多大。但所有这些都不是现象学的任务。正如现实的事物、现实的世界不是现象学的素材一样,世界时间、实在时间、自然科学意义上的自然时间以及作为关于心灵的自然科学的心理学意义上的自然时间也不是现象学的素材。

诚然,如果我们谈的是对时间意识的分析,谈的是感知、回忆、期望的对象的时间特征,那么现在看上去就好像我们已经接受了客观的时间过程,而后基本上只去研究时间直观和本真时间认识的可能性的主观条件一样。但我们所接受的不是世界时间的实存,不是一个事物延续的实存,以及如此等等,而是显现的时间、显现的延续本身。但这却是绝对的被给予性,对它们的怀疑是完全无意义的。当然,我们以后还会接受一个存在着的时间,但这不是经验世界的时间,而是意识进程的**内在时间**。对一个声音过程的意识、对我刚听到的一个旋律的意识指明了一种相互跟随(Nacheinander),对此我们拥有明见性,而这种明见性使得任何一种怀疑和任何一种否认都显得毫无意义。

如果我们将时间与空间做一类比,那么我们就会更清楚地理解这种对客观时间的排除,因为在时间和空间之间有一些如此多地受到关注的重要相似性。在现象学被给予之物的领域中包含着空间意识,即“空间直观”作为感知和想象而进行于其中的那种体 [370]

验。我们睁开眼睛就可以看入到客观空间中去——就是说(正如反思的考察所表明的那样):我们具有视觉的感觉内容,它奠定了空间显现的基础,空间显现是指各种确定的、在空间中这样或那样被安置的事物的显现。如果我们从所有超越的意指中抽象出来,并且把感知显现还原为被给予的原生内容,那么这些内容就产生出视觉领域的连续统,这是一个拟—空间的连续统,但不是空间或空间中的一个面积:大致说来,这是一个双重的、连续的杂多性。我们可以在这里发现各种相互并列(Nebeneinander)、相互叠加(Übereinander)、相互蕴含(Ineinander)的关系,可以发现那些完全包围着这个领域的某一个部分的封闭界线,以及如此等等。但这些并不是客观空间的关系。如果我们说,视觉领域的一个点离开这个桌角一米,或者,这个点是在这张桌子旁边,在这张桌子上面等等,那么这种说法根本毫无意义。同样,事物显现现象当然也不具有一个空间位置或任何一种空间关系:房子—显现现象不会处在房子旁边、房子上面,不会离房子一米远,如此等等。

类似的情况也适用于时间。现象学的素材是时间立义(Zeitauffassung),是客观意义上的时间之物显现于其中的体验。现象学地看,被给予我们的还有体验因素,它们特殊地奠定了时间立义本身的基础,这些体验因素也就是一种可能是特殊时间性的立义内容(即被温和的天赋论称之为原初的时间之物的东西)。但在这些因素中没有任何东西是客观时间。现象学的分析不会给人们带来丝毫对客观时间的发现。"原初的时间域"不是客观时间的一部分,一个被体验到的现在,就其自身而论,不是客观时间的一个点,如此等等。客观空间、客观时间以及与它们一起的现实事物和过程的客观世界，所有这些都是超越。这里要说明的是，超越的空间和现实并不是一种在神秘意义上的超越，即作为“自在之物”的超越，而恰恰是指：现象空间、现象的时空现实、显现的空间形态、显现的时间形态是超越的。所有这些都不是体验。而在作为真正内在的体验中可以发现的那种秩序联系在经验的、客观的秩序中是 [371] 无法找到的，它们无法被纳入到经验的、客观的秩序中去。

这样一门空间之物的现象学还要研究定位素材（即天赋论在心理学的观点中所接受的那种定位素材），它们构成“视觉感觉领域”的内在秩序，也构成了“视觉感觉领域”本身。这些定位素材与显现着的客观地点的关系就像质性素材与显现着的客观质性的关系一样。如果在前一种情况中人们谈到定位符号，那么，在后一种情况中就应当谈质性符号。被感觉到的红色是一个现象学的素材，当它被某种立义功能赋予灵魂之后，它就展示出一种客观的质性；它本身不是一个质性。在本真意义上的质性，即显现着的事物的一个属性，并不是被感觉到的红色，而是被感知到的红色。被感觉到的红色只是模棱两可地意味着红色，因为红色是一个实在质性的名称。如果人们在涉及某些现象学的事件时谈到这个与那个的“相合”（Dek-kung），那么必须注意，被感觉到的红色只有通过立义才获得一种展示出事物质性的因素的价值，但就其自身来看却并不包含这样一种价值在自身之中，并且，展示之物和被展示之物的相合绝不是那种同一性意识意义上的相合，同一性意识的相关项所指的是“这同一个东西”。

如果我们把“被感觉到”称之为一个现象学的素材，它通过立义而使一个客观之物被意识为切身被给予的，也就是使一个客观

之物被客观地感知到，那么，我们在同样的意义上也划分“被感觉到的”时间性的东西和“被感知到的”时间性的东西。[①] 后者是指客观时间。但前者本身却不是客观时间（或在客观时间中的一个位置），而是现象学的素材，通过对这些素材的经验统摄，与客观时间的关系便被构造出来。时间素材，或者也可以说，时间符号，并不是时态（tempora）本身。客观时间属于经验对象的关系。“被
[372] 感觉到的”时间素材并不仅仅被感觉到，它们还带有立义特征，而在这些立义特征中又包含着某些要求和权利，即：它们要求、并且也有权对那些根据被感觉到的素材而显现出来的时间和时间状况进行测量，将它们这样或那样地置入到客观的秩序中去，区分这样或那样的虚假秩序和现实秩序。最后作为客观有效存在而构造出自身的就是这一个无限的、客观的时间，在这个时间中，所有事物和事件、物体和它们的物理属性、心灵和它们的心灵状况都具有各自的时间位置，这些位置可以通过测时器而得到确定。

或许这种客观确定的最后依据在于对各种时间素材之间的区别和关系的确定，甚或在于这些时间素材的直接相应性——在这里我们对此不做判断。但无论如何，例如，被感觉到的“同时”不是客观的同时性，被感觉到的现象学—时间间隔的相同性不是时间间隔的客观相同性，如此等等，被感觉到的绝对时间素材绝不是对

① 因此，“被感觉到”就是一种关系概念的指示。这个概念本身丝毫没有说明：被感觉到的东西（Empfundenes）是否是感性的东西（Sensuelles），甚至是否是在感觉之物意义上内在的，换言之，这里并没有回答，被感觉到的东西本身是否已经构造出来，并且是否是一种完全不同于感觉之物的东西。——但在这里最好是把这整个区别都放在一边；并不是每个构造都具有立义内容—立义这个范式。

客观时间的体验(这也对“现在”这个绝对的素材有效)。把握、而且是对一个内容的明见把握,亦即对一个内容如其所体验到的那样进行把握,这样的把握还不意味着在下列经验意义上对客观现实的把握,这个客观意义就是我们在谈论客观事物、事件、关系,谈论客观空间位置、时间位置,谈论客观现实的空间形态和时间形态等等时所指的那种意义。

让我们来看一段粉笔:我们闭上眼睛又睁开眼睛。这样我们便具有两个感知。我们说:我们两次看到同一段粉笔。我们在这里具有在时间上相互分离的内容,我们也直观到一个现象学的、时间性的相互离散(Auseinander),一个分离,但在对象上却没有分离,它是同一个:在对象上是延续,在现象上是变换。所以,在可以客观地确定一个共存的地方,我们也可以主观地感觉到一个时间的相继。被体验到的内容“被客观化了”,于是,客体便从被体验到的内容的材料中以立义的方式被构造出来。但对象不只是这些“内容”的相加或集合,内容并没有进入到对象中去,对象要比内容多,并且在某种程度上与内容不同。客观性属于“经验”并且属于经验的统一,属于自然的经验规律关系。从现象学上说:客观性并
不是在“原生的”(primär)内容中,而是在立义特征中以及在属于 [373]
这些特征之本质的规律性中构造起自身。认识的现象学正是在于,彻底地看透这一切并且使它们得到清晰的理解。

第 2 节　关于“时间起源”的问题

根据这些反思,我们也了解到现象学的(或者说,认识论的)起源问题与心理学的起源问题之间的差异,这里所说的起源是指所

有那些对经验来说构造性的概念的起源，也包括时间概念的起源。**认识论对经验可能性的询问也就是对经验本质的询问**；而要想阐明经验的现象学可能性，我们就必须回到现象学的素材上，在现象学上，被经验之物就是由这些素材所组成的。只要经验被“非本真的”和“本真的”对立所分裂，并且只要本真的经验，即直观的、最终相即的（adäquate）经验提供了评价经验的正确尺度，那么我们就尤其需要一门“本真”经验的现象学。

据此，关于时间本质的问题又回溯到**时间“起源”**的问题上。但这个**起源问题**是针对时间意识所具有的那种原始形态而发的，正是在这种原始形态中，时间之物的原始差异直观地、本真地作为所有与时间有关的明见性的本原来源构造起自身。这个起源问题不能与**心理学的起源问题**、**与经验论和天赋论**所争论的那个问题相混淆。后一个问题是关于**原初的感觉材料**的问题。人类个体甚至人类种族的**客观空间直观和时间直观便起源于这些感觉材料**。关于经验发生的问题对我们来说是无关紧要的，我们的兴趣在于体验的对象意义和实项内涵。心理学的统觉将体验理解为经验个人的、**心理物理主体**的心理状况，它规定着它们之间的关系，无论是纯粹心理学的关系，还是心理物理的关系；并且，它从**自然规律**上去探讨心理体验的生成、构形和变形，这种心理学统觉完全不同于**现象学的**统觉。我们并不将体验纳入到任何现实之中。我们所关涉的现实性是被意指的、被展示的、被直观的、被概念地思考的现实性。这在时间问题上就意味着：我们对时间**体验**感兴趣。这
[374] 些体验受到客观时间方面的规定，**它们隶属于事物世界和心理主体的世界**，并且在这个世界中具有其位置，具有其**有效性**，具有其

经验的存在和生成，但这些与我们无关，我们对此一无所知。相反，我们感兴趣的是，在这些体验中，客观时间的材料**被意指**。在现象学的领域中包含着这样一种描述，**即**：描述有关的行为在意指这个或那个“客观之物”，更确切地说，在现象学的领域中包含着这样一种指明，**即**：指明那些属于客观性的各种构造因素的先天真理。通过我们对时间意识的透彻研究，通过我们对时间意识的本质构造的揭示和对那些可能特属时间的、本身又实质性地包含着先天时间规律的立义内容和行为特征的展示，我们试图**澄清时间的先天**。当然，这里所说的时间规律是指这样一种不言自明的规律，即：确定的时间秩序是一个二维的无限序列，两段不同的时间永远不可能同时存在，它们之间的关系是一种不等边的[①]关系，存在着这样一种传递性（Transitivität），即在每一段时间中都包含着较早的时间和较迟的时间，如此等等。——这个一般性的引论就到此为止。

第一章　布伦塔诺的时间起源学说

第 3 节　原初的联想

我们现在要尝试着通过与布伦塔诺时间起源学说的联结来获得一条通向这些被提出的问题的通道。布伦塔诺相信，在原初的

① 这里的“不等边的”一词，德文原文是“ungleichseitig”，英译“nonreciprocal”。中译“不等边的”是原义，但并不是在空间几何学的意义上的不等边，而更多是指二维时间上“不等长”、“不重合”等等。——译者

联想中、在“直接的记忆表象，即一个按照一个毫无例外的规律而与各个感知表象不经任何中介地相衔接的记忆表象的形成”中[①]，已经找到了问题的答案。如果我们看见、听见或一般地感知到某物，那么，按照规律来看，被感知到的东西在一段时间里对我们来说都始终是当下的，尽管并非没有变异（modifizieren）。撇开其他的变化不论，如撇开时而以较小的程度、时而以较受关注的程度出现的强度与充盈（Fülle）的变化不论，始终还可以确定另一个尤为特殊的变化：这个以此方式留存在意识中的东西，对我们显现为一个或多或少过去的东西，一个仿佛是在时间上**回移**的东西。例如，
[375] 当一个旋律响起时，单个的声音并不会随着刺激的停止，或者说，不会随着由它引发的神经活动的停止而完全消失。当新的声音响起时，前行的声音并非无影无踪，否则我们就不能注意到相互跟随的声音的关系，我们在每一瞬间就会只具有一个声音，也可能在两个声音发出之间的间域时间（Zwischenzeit）中具有一个空乏的休止，但永远不可能有对一个旋律的表象。另一方面，声音表象在意识中的留存还不仅仅是这种状况。倘若它们始终没有变异的话，我们所具有的便不是一个旋律，而是一些同时发出的声音的和音了，甚至更多是一个不和谐的噪音了，一如我们同时敲响所有已经响过的声音时所听到的那样。每个声音感觉在那个使它得以产生的刺激消失后还从自身中唤起一个相似的、并带有一种时间规定性的表象，而这个时间规定性在继续变化，这是一种独特的变异，只有在这种变异出现时，对一个旋律的表象才会形成，在这个旋律

① 这段引文所依据的可能是弗兰茨·布伦塔诺一个讲座的纪录稿。——编者

中,单个的表象具有其特定的位置,并且具有其特定的时间量度。

因而这是一个普遍的规律:每个被给予的表象在本性上都会有一个连续的表象系列与之相联结,其中的每个表象都再造着(reproduzieren)先行的表象的内容,但却是以这样的方式:它始终把过去的因素附着在新的表象上。

这样一来,想象在这里便以独特的方式表明自己是原造性的(produktiv)。摆在我们面前的唯一情况就是:想象创造了一个实际上是新的表象因素,即时间因素。因而我们在想象领域发现了时间表象的起源。除布伦塔诺以外,心理学家们所做的寻找这个表象的本真源泉的努力都是徒劳的。其原因诚然在于一种易于理解的混淆,即对主观时间和客观时间的混淆,它使心理学的研究者们产生迷惘,并使他们根本看不见摆在这里的本真问题。许多人以为:对时间概念起源的问题的回答无非就是对我们的颜色、声音等等概念的起源的回答;我们怎样感觉一个颜色,我们也就怎样感觉颜色的延续;就像质性和强度一样,时间的延续也是感觉的一个内在因素。外部的刺激通过诸心理过程的形式而引发质性,通过 [376] 它们的活力而引发强度,通过它们的持续而引发主观被感觉到的延续。但这是一个显而易见的迷误。刺激在延续,这并不是说,感觉被延续地感觉到,而只是说,感觉也在延续。感觉的延续(Dauer)和延续的感觉,这是两回事。演替(Sukzession)的情况也是如此。感觉的演替与演替的感觉并非是同一个东西。

当然,对于那些想把延续和演替的表象回归为心理行为的延续和演替之事实的人,我们也必须做出这样的指责。但我们的反驳却是特别针对感觉进行的。

可以想象我们的感觉在延续，或者相互跟随，而我们对此却丝毫不知，因为我们的表象在自身中不含有一丁点时间规定性。例如，如果我们考察一个演替的情况并且假设：感觉随着导致它们出现的刺激而消失，那么，我们便在对时间流程毫无所知的情况下而具有诸感觉的演替。随着新感觉的出现，我们也就不再具有对早先感觉的曾在状态的回忆；我们在每个瞬间就都只有关于刚刚产生的感觉的意识，如此而已，别无他哉。然而，即便是已产生的感觉的持续也不会帮助我们形成对演替的表象。倘若在声音演替的情况下早先的声音得以如其所是地继续保留下来，与此同时又不断有新的声音响起，那么我们就在表象中具有各个声音的同时的总和，但却不具有各个声音的演替。这与所有这些声音都同时响起的情况没有什么区别。或者另举一例：倘若在运动的情况下，一个被运动的物体在其各个位置上毫无变化地在意识中被保持下来，那么我们就会觉得这个被穿越的空间是陆续地被充实的，但我们不会具有对一个运动的表象。对演替的表象之所以得以产生，仅仅是因为这个早先的感觉不是毫无变化地僵持在意识中，而是以独特的方式发生变异，并且是一个瞬间接着一个瞬间地连续发生变异。它在向想象过渡的过程中保留着那个始终变化的时间特征，因此这个内容便一瞬间、一瞬间地显现为一而再、再而三地后移了的。然而这个变异不再是感觉的事情，它不再是由刺激所导
[377] 致的。刺激产生出当下的感觉内容。刺激消失，感觉也就消失了。但感觉本身现在是创造性的：它产生出一个内容上相同或几乎相同的、并通过时间特征而得以丰富的想象表象。这个表象重又唤起一个始终与它相邻接的新表象，如此等等。这样一种联结，即一

个在时间上变异了的表象与被给予的表象的联结，被布伦塔诺称作“原初联想”。与其理论相一致，布伦塔诺最终否认了对演替和变化的感知。我们相信自己在听一个旋律，即是说，我们相信自己还在听刚刚过去的东西，然而这只是一种起因于原初联想之生动性的假象。

第4节　将来的获得与无限的时间

通过原初联想而产生的时间直观还不是对无限时间的直观。它经历了一个进一步的构形，并且不仅是就过去而言，通过将来的附加，它获得了一个全新的分支。在依据瞬间记忆之显现的情况下，想象在一个过程中构成对将来的表象，这个过程与我们在一定情况下跟随已知的关系和形式而做出对某些新的颜色种类和声音种类的表象的过程相似。我们可以在想象中将一段曾为我们在特定的音调中、根据完全特定的音类而听到过的旋律转用到其他的状况上。从已知的声音出发，我们完全有可能达到我们根本没有听到过的声音。与此相似，想象从过去出发而构成对将来的表象，即对期待中的将来的表象。以为想象不可能提供新的东西，以为想象仅仅在于对那些已经在感知中被给予的因素的重复，这是一种错误的见解。最后，就完整的时间表象和无限的时间表象而言，它与无限的数字序列、无限的空间以及如此等等一样，是一个概念表象的构成物。

第5节　由于时间特征而产生的表象变化 [378]

在布伦塔诺看来，在时间表象内部还需要注意到一个尤为重要的独特性。过去与将来的时间种类的独特性就在于：它们并不像其他附加的样式所做的那样，对它们与之相联结的感性表象的因素加以界定（determinieren），而是加以变衍（alterieren）。一个较强的 c 音**是**一个 c 音，一个较弱的 c 音也还是一个 c 音；相反，**一个曾在的 c 音不是**一个 c 音，一个曾在的红色不是一个红色。时间规定并不进行界定，它们本质上是在进行变衍，完全就像“被表象”、“被期望”等等规定所做的那样。一个被表象的塔勒、一个可能的塔勒不**是**一个塔勒[①]。唯有“现在”这个规定是个例外。现在所是的 A 也是一个现实的 A。当下并不进行变衍，但它另一方面也不进行界定。如果我把现在附加给对一个人的表象，那么这个人并不因此而获得一个新标记，或者说，在他身上不会因此而标出一个标记。在感知中并不会因为它将某物表象为现在的东西而在质性、强度和场所的规定性方面有所附加。变衍的时间谓项在布伦塔诺看来是非实在，唯有现在的规定是实在的。这里的奇特之处在于，这些非实在的时间规定连同一个它们通过无穷小的差异而与之相衔接的唯一现实实在的规定性，可以属于一个连续的序列。这样，现实的现在就一再地变为非实在的。如果要问：实在的东西如何能够通过变衍的时间规定的附加而逐渐成为非实在的，那么对此的回答只能是：每个在当下中发生的生成与消亡都有各种时间规定作为必然的结果与之相联结。因为，完全明见和不言

① 塔勒（Taler）是 18 世纪还在通用的德国银币。胡塞尔在这里之所以使用“塔勒”作比喻，是因为这个比喻最初源自康德（参照《纯粹理性批判》，A 599/B 627）。——译者

自明的是：一切在者（was ist），都会由于[①]它在（daß es ist）而成为**曾在的**（gewesen sein），而且都会由于它在而成为一个将来的曾在者（zukünfitig Gewesenes）。

第6节 批判

如果我们现在过渡到对上述理论的批判上去，那么我们首先必须探问：这门理论做出了什么贡献，以及它想要做出什么贡献？显然，它并不是在我们认为对现象学的时间意识分析而言所必需的基础上进行的：它的工作带有超越的前提，带有实存的（existierende）时间客体，这些客体发出刺激并且“引发”我们之中的感觉，如此等等。因此它是作为一种关于时间表象的心理学起源的理论出现的。但它同时也包含一些对关于客观时间性的意识可能性条件的认识论思考部分，这个意识本身显现为是时间性的，并且也应当能够显现为是时间性的。此外还有对时间述谓的独特性的分析，这些分析必定与心理学的和现象学的述谓相关联，但这些关系没有得到进一步的追究。 [379]

布伦塔诺谈到原初联想的规律，根据这个规律，各个感知都有对一个瞬间记忆的表象与之相衔接。这指的显然是一个在已有心理体验的基础上对心理体验进行新构建的心理学规律。这些体验是心理的，它们被客体化了，它们自己具有其时间，并且这里谈论的是它们的生成和被提出。这些都属于心理学的领域，并且不会

① “由于”一词，胡塞尔用的是转义了的德文短语“in Folge davon”，其直接的意思是“跟在……之后”。因此这里的句子也可以译作：“一切在者都会在它在之后而成为曾在，而且都会在它在之后而成为一个将来的曾在者。”——译者

在此引起我们的兴趣。然而在这些考察中隐含着一个现象学的内核，而下面的阐述所想坚持的仅仅是这个内核。持续、演替、各种变化**在显现着**。在这个显现中包含着什么？例如，在一个演替中显现出一个“现在”，并与此统一地显现出一个“过去”。意向地包含着当下的东西和过去的东西的意识统一是一个现象学的材料。现在的问题是：是否的确如布伦塔诺所声言的那样，过去的东西在这个意识中以想象的方式显现出来。

当布伦塔诺谈及对将来的获得时，他区分本原的时间直观和被扩展了的时间直观，前者在他看来是原初联想的创造物，后者产生于想象①，但不是原初联想。我们也可以说：与时间直观相对立的是非本真的时间表象，即对无限时间的表象，对无法直观地实现的诸时间和时间关系的表象。现在这里有一点十分醒目：布伦塔诺在他的时间直观理论中根本没有去顾及在这里凸显出来的时间感知与时间想象的区别，他是不可能忽略这个区别的。即使他拒绝这种对时间之物的感知的说法（作为过去和将来之分界的现在
[380] 点是一个例外），这个区别却是无法否认的，并且必须以某种方式得到澄清，它是关于对一个演替的感知以及关于对一个曾被感知过的演替的回忆（或者也可以说，对这样一个演替的单纯想象）的说法的基础。如果本原的时间直观已经是想象的创造物，那么，究竟是什么将这个对时间之物的想象区分于另一个想象，即一个较

① “想象”（Phantasie）在这里始终包括所有当下化的（vergegenwärtigend）行为，它并没有在与设定性的行为相对立的意义上被使用。（在胡塞尔的通常术语中，“想象”作为“不设定的行为”（中立化的行为）而构成“设定行为”（存在信仰的行为）的对立面。因此他在此处特别做出以上术语说明。——译者补注）

早过去的时间之物在其中被意识到的想象呢？这样一个较早过去的时间之物并不属于原初联想的领域，并不与瞬间感知共聚在一个意识中；相反，它倒是曾与一个过去的感知共聚在一个意识中。如果对一个昨天体验到的演替的当下化就意味着一个对昨天本原地被体验到的时间域的当下化，并且这个时间域已经自身展示为一个原初被联想的想象的连续统，那么，我们现在在这里所涉及的就只能是对想象的想象了。我们在这里遭遇到布伦塔诺理论的一个无法解决的困难，它使得他的本原时间意识分析的正确性受到质疑。[①] 他之所以无法克服这个困难，其原因不仅在于上述缺陷，而且还在于另一些缺陷。

布伦塔诺没有区分行为和内容，或者说，没有区分行为、立义内容和被立义的对象。但我们必须要弄清楚：时间因素应当记在谁的账上。如果原初的联想将诸表象的持续序列与各自的感知衔接在一起，并因此而产生出时间因素，那么我们就必须要问：这是一个什么样的因素？它究竟是作为一个本质上为行为特征所固有的差异而属于行为特征，还是属于立义内容，例如属于感性内容，倘若我们所观察的是在它的时间存在中的颜色、声音？根据布伦塔诺的学说，表象活动本身不可以再分异（Differenzierung），在各个表象本身之间，除了它们的原生内容[②]之外，不再有其他的区别，这样就只剩下一种可能性：感知的原生内容连续地与一批又一

① 与此相关的肯定性阐述参照第 19 节、第 87 页（边码[404]）及以后各页。

② “原生（primär）内容”与“次生（sekundär）内容”相对。前者是构成感知的实项内容，即感觉材料（Empfindungsdaten）；后者是构成想象的实项内容，即想象材料（Phantasmen）。——译者

批的想象材料相衔接，这些想象材料是一些在质性上相同、只是在强度和充盈上减弱了的内容。与此相似，想象附加了一个新的因
[381] 素，即时间因素。这些阐述在许多方面都不能使人满意。我们不仅在原生内容上，而且也在被立义的客体和立义的行为上发现时间特征、演替和延续。一个局限于单一层次的时间分析是不够的，毋宁说，它必须追究所有的构造层次。

但撇开所有这些超越的诠释不论，我们试着对内在内容作这样一种理解：应当将时间变异理解为一个与其他内容总和、与质性、强度等等相交织的因素的附加，即所谓时间因素的附加。一个被体验到的A音现在刚刚响完，它通过原初联想而被更新并连续地持有其内容。但这就意味着：A（至多可以把强度的减弱除外）根本没有过去，而是始终当下的。全部的区别就在于：联想也应当是创造性的，并附加了一个被称作“过去”的新因素。这个因素连续地发生渐次的变化，随变化的多少，A或多或少地成为过去。因此，只要过去还处在本原时间直观的领域内，它就必定同时也是当下。“过去”这个时间因素必定也在同一个意义上是一个当下的体验因素，就像我们现时地体验到的红色的因素——这是一个明显的背谬。

也许有人会指责说：A本身是过去的，但它在意识中借助于原初联想而是一个新的内容：A连同“过去”的特征。然而，如果一个相同的内容A始终还在意识中，即便是带有一个新的因素，那么，A就不是过去的，而是还延续着；故而它现在是当下的，并且始终是当下的，而这是连同新的因素“过去”，过去和当下成为一体。——但我们从何知道：一个A早先就曾在过，在这个当下的

A的此在之前就曾在过呢？我们从何得到过去的观念呢？一个A在意识中的当下存在并不能够通过与一个新的因素的联结——即便我们将这个因素称作“过去”——来说明这样一个超越的意识：A是过去的。它并不能够提供对此的丝毫表象：我现在在意识中所具有的作为A的东西连同其新的特征，是与某个现在不在意识中的，毋宁说是曾在意识中的东西相同一的。——这些现在被体验到的原初联想的因素究竟是什么？难道它们本身就是时间吗？这样我们就会遇到一个矛盾：所有这些因素现在都在此，包含在同一个对象意识中，因而它们是同时的。然而时间的相互跟随又排 [382] 除了同时的可能性。难道它们不是时间因素本身，而更多是时态符号(Temporalzeichen)吗？但我们以此而最初获得的仅仅是一个新的词，时间意识却并未因此得到分析，还没有说明，关于一个过去的意识如何根据这个符号而构造起自身，这些被体验到的因素在何种意义上、以何种方式、根据何种立义而起着不同于质性因素的作用，并且是如此地起作用，以至于这个应当是一个现在的意识的关系，恰恰根据一个非现在而得以成立。

那种把过去的东西当作一个非实项的、非实存的东西的企图，也是很成问题的。一个附加的心理因素并不能造出非实在性，并不能继续创造当下的实存。事实上，原初联想的整个领域都是一个当下的和实项的体验，属于这个领域的是通过原初联想而产生的本原时间因素的整个序列，连同从属于时间对象的其他因素。

因此，我们看到，如果一种时间意识分析只是想通过连续地渐次变化的新因素来说明直觉的时间片段，而这些新因素以某种方式将那些构造出在时间上定位了的对象之物的内容因素拼接起来，抑或融入到这些内容因素中，那么，这种时间分析是无法使用的。简言之：时间形式既不本身是时间内容，也不是以某种方式与时间内容相衔接的新内容的复合。即使布伦塔诺现在并未陷入这样一个错误，即以感觉主义的方式将所有体验都还原为单纯的原生内容，即使布伦塔诺甚至是第一个认识到原生内容和行为特征之区别的人，他的时间理论仍然表明：他恰恰没有顾及到这些对其时间理论来说关键性的行为特征。时间意识是如何可能的以及应当如何理解的问题，仍然没有得到解决。

第二章 时间意识分析

第7节 解释:对时间客体的把握是瞬间的把握和延续的行为

在布伦塔诺的学说中有一个思想在作为主导动机起作用,它源于赫尔巴特,为洛采所接受,在此后的整个时期都扮演着一个重要的角色;这个思想就在于:要想把握诸表象的一个序列(例如从 [383] a到b),这些表象必须是一个指涉性知识活动(beziehendes Wissen)的完全同时的客体,这个知识活动以全然不可分的方式将这些表象总括在一个唯一的和不可分的行为中。[①] 对一条路径、一个过渡、一个疏远的所有表象,简言之,所有包含着对多个因素的比较并表达着它们之间关系的表象,都只能被看做是一个无时间的、总括性的知识的产物。如果表象活动(Vorstellen)本身完全化解在时间的演替(Sukzession)之中,那么这一切就都是不可能的。[②] 在这种观点看来,这是一个明见的、完全无法回避的设定:

① 赫尔曼·洛采(Hermann Lotze),《形而上学——本体论、宇宙论和心理学三书》(*Metaphysik. Drei Bücher der Ontologie, Kosmologie und Psychologie*),莱比锡,1879年,第294页:"倘若对较后的b的表象事实上后随于对较先的a的表象,那么即便这个表象的变换已经发生,但对这个变换的表象却还没有发生;或许会有一个时间过程在此,但这个过程不会对任何人显现出来。把b意识为稍后的,进行这样一个比较重又需要以下的条件:a和b这两个表象是一个指涉性知识的完全同时的客体,这个知识以全然不可分的方式将这些表象总括在一个唯一的和不可分的行为中。"——编者

② 洛采,同上书,第295页:"所有对一条路径、一个疏远、一个过渡的表象,简言

对一个相位的直观是在一个现在中、在一个时间点上进行的。在它看来完全不言而喻的是：每个朝向一整体、朝向可区分因素的某种多(Vielheit)的意识，都在一个不可分的相位中包含着它的对象；无论一个意识在何时指向一个其部分是演替的整体，对这个整体的直观意识都只有在各个部分以代表的形式总聚(zusammentreten)为瞬间直观之统一的情况下才是可能的。W.斯特恩曾对这种"关于一个意识整体的瞬时性的教义"(用他的说法)提出过异议。[①]他认为，在有些情况中，立义是根据一个在时间上延展的意识内容才得以成立的[②]，并且伸展到一个相位(即所谓的"在场时间")之外[③]。因此，即便例如各个环节不是同时的，一个离散的演替也可以通过一条意识纽带、通过一个统一的立义行为而被聚合在一起[④]。许多相互接续的声音之所以有可能产生出一段旋律，

之，所有包含着对多个因素的比较并表达着它们之间关系的表象，因此都只能被看做是一个无时间的、总括性的知识的产物。如果表象本身完全化解在时间的演替之中，那么这一切就都是不可能的……"——编者

① 威廉·斯特恩(William Stern)，"心理的在场时间"(Psychische Präsenzzeit)，载《心理学与感官生理学杂志》，第8辑(1897年)，第325～349页："关于一个意识整体的瞬时性的教义或关于其各个环节的必然等时性的教义"这个表达可以参照第330页及后页。——也可以参照威廉·斯特恩，《变化立义的心理学》(*Psychologie der Veränderungsauffassung*)，布雷斯劳，1898年。——编者补注

② 斯特恩，"心理的在场时间"，同上书，第326页："根据一个在时间延展的意识内容立义才得以成立的情况。"——编者

③ 斯特恩，同上书，第327页："我把一个这样的心理行为能够伸展到的相位称作它的在场时间。"——编者

④ 斯特恩，同上书，第329页："但即使在演替的部分要素并不必须通过抽象才被创造出来，而是从一开始就现存的情况下(我们已经在前面提到对多音节语词的立义)，它们也那个通过一条意识纽带而被结合在一起，哪怕它们的演替是离散的。这条意识纽带就是后继的立义行为。"——编者

乃是因为心理进程的相互接续"直截了当地"("ohne weiteres")统合成一个总体构成物。它们在意识中是相互跟随的,但它们都处在同一个总体行为之内。例如我们并非一下子拥有那些声音,而且我们并非因为较早的声音一直延续到后面才听到这个旋律;相反,这些声音是借助于一个共同的作用、借助于立义形式(Auffassungsform)才构成一个演替的统一[①]。当然,这种立义形式是随着最后的声音才得以完成的,与此相符,对它的感知可以具有时间上演替的统一,同样也可以具有共存的统一,而且还有一种对同一 [384]
性、相同性、相似性、差异性的直接立义。"并不需要去人为地假定:始终是因为第一个声音的回忆图像与第二个声音并存,比较才得以成立;毋宁说,于在场时间内展开的整个意识内容都均匀地成为后随的相同性立义或差异性立义的基础"[②]。

① 斯特恩,同上书,第329页及后页:"四个相互接续的响声(Schälle)……自身展示为一个特定的旋律,这之所以可能,乃是因为这四个心理进程尽管不同时、却仍然直截了当地统合为一个总体图像。这四个环节在意识中虽然相互并列,却仍然是在同一个立义行为、同一个在场时间之内。我们并非一下子听到四个声音,也不是在听第四个声音的过程中由于第一、二、三个声音还在延续才在意识中拥有全组声音;相反,这四个声音恰恰是借助于一个共同的作用、借助于立义形式才构成一个演替的统一。"——编者

② 斯特恩,同上书,第337页及后页:"由于诸演替者(Sukzessiva)也完全能够像诸同时者(Simultanea)一样,于在场时间内构成一个统一的意识行为,所以在两者之间的明确区分就受到了相当大的弱化,某些在时间上相互跟随的意识内容能够像相互并列的意识内容一样,产生出完全相同的立义结果。这些只能通过眼睛的运动才能被释放出来的视野之现象,与那些借助于同时的印象才得以产生的视域的现象是完全同质的(homogen)。类似的情况在触觉的领域也得到了确立。

还有整整一个系列的更高立义形式,它们的形成并不依赖于是否有演替内容或同时内容存在,它们得以成立的前提仅仅在于:那些构造性的要素是一个统一的意识行为的各个部分。属于这种更高立义形式的有对同一性、相同性、相似性、差异性的立

[①]在这些阐述和在与此相关联的整个讨论中，妨碍人们对这些有争议问题作出澄清的是这样一个因素，即：没有做出我们在布伦塔诺那里业已确定的各种完全必要的区分。留待提出的问题在于：超越的时间客体在一个延续中延展自身，它们连续相同地（就像不变的事物）或不断变换地（例如事物的进程、运动、变化等等）充实着这个延续。我们应当如何理解对这些超越的时间客体的立义呢？这种客体是在内在材料和立义的杂多性中构造起自身的，而这些材料和立义本身是作为一种相互并列而进行的。有可能将这种相互并列进行的再现材料统一到一个现在瞬间之中吗？这时还会出现一个全新的问题：除了内在的和超越的“时间客体”以外，时间本身、客体的延续和相继又是如何构造起自身的呢？这些不同的描述方向（它们在这里只是仓促地被暗示并且需要进一步的区分）必须在分析时加以关注，尽管所有这些问题都密切相关并且每个都无法独立地得到解决。明见无疑的是，对一个时间客体的感知本身具有时间性，延续的感知是以感知的延续为前设的，对一个随意的时间形态的感知本身也具有其时间形态。而如果我们撇开所有的超越不论，那么对于感知及其所有现象学构造成分而言所留存下来的就是它的现象学的时间性，这个时间性属于它的不可扬弃的本质。由于客观时间性每一次都是现象学地构造起自

义。因此我们能够直接感知两个相互接续的声音的一致或差异，一如我们直接感知两个相邻的颜色平面的一致或差异；在这里也并不需要去人为地假定：始终是由于第一个声音的回忆图像与第二个声音并存，比较才得以成立；毋宁说，于在场时间之内展开的整个意识内容都均匀地成为后随的相同性立义或差异性立义的基础。”——编者

① 下面的第7节结尾段落文字部分地立足于两个属于1905年讲座稿第“52”和“53”页张上的文字。——编者

身，并且仅仅通过这种构造而作为客观性或客观性的因素显现给我们，因而一种现象学的时间分析若不顾及时间客体的构造就无法澄清时间的构造。我们所理解的**特殊意义上的时间客体**，不只是在时间之中的统一体，而且自身也包含着时间延展。如果一个声音响起，那么我的客体化的立义便可以使这个延续的和消失的声音成为对象，但却不是使这个声音的延续或在延续中的这个声音成为对象。这个延续中的声音本身是一个时间客体。这也适用 [385] 于一段旋律，适用于任何变化，但就任何持守本身来看也是如此。我们将以一段旋律或一段旋律的一个相关部分为例。起初事情看起来非常简单：我们听到这段旋律，也就是说，我们感知到它，因为听就是感知。在这个过程中，第一个声音响起，接着是第二声，而后是第三声，诸如此类。我们是否必须说：当第二声响起时，我听到了**它**，但我已经不再听到第一声，如此等等？因此我实际上听到的不是旋律，而只是单个的当下声音。这个旋律的流逝了的部分之所以对我来说是对象性的，乃是因为——人们趋向于这样说——我有回忆；而我之所以在各个声音到来时不会去预设，这就是**所有的**声音，乃是因为我有前瞻的期待。但这种解释并不能使我们满意，因为这里所说的一切也都可以转用到单个的声音上。每个声音自己也具有一个时间性的延展，在它响起时，我将它听做是现在的，但它在续响的时候具有一个始终新的现在，而各个前行的现在都转变为一个过去。因此，我所听到的每次都只是这个声音的现时阶段，而这整个延续的声音的客观性都是在一个行为的连续统中构造起自身，这个行为连续统有一部分是回忆，有最小的、点状的一部分是感知，其余的部分则是期待。这似乎又回到了

布伦塔诺的学说上。这里需要进行更为深入的分析。

第 8 节　内在时间客体以及它们的显现方式[①]

我们现在排斥所有超越的立义和设定，并把声音纯粹地当作原素素材（hyletisches Datum）[②]。它开始和停止，而整个延续的统一、它在其中开始和结束的整个过程的统一，都在结束之后“移向”越来越遥远的过去。在这个回坠（Zurücksinken）过程中，我还“持留住”它，还在一种“滞留”中拥有它，而只要这个滞留还在维续，这个声音就具有它的本己时间性，它就还是这同一个声音，它的延续就还是这同一个延续。我可以将注意力朝向它的被给予方式。它与它所充实的延续是在一种“诸方式”的连续性中、在一条“延续的河流”中被意识到的；而这条河流的一个点、一个相位（Phase）叫做“关于这个发出的声音的意识”，而在其中，这个声音
[386] 的延续的第一个时间点是以现在的方式被意识到的。这个声音被给予，这就是说，它是作为现在被意识到，但“只要”它的某一个相位被意识为现在（jetzt），它就被意识为现在。但是，如果某个时间阶段（与这个声音延续的一个时间点相符）是现时的现在（开始阶段除外），那么一个相位的连续统就被意识为“刚才”（Vorhin），而从开始点到现在点的时间延续的整个片段（Strecke）就都被意识

① 第 8 节至第 10 节的文字立足于 1911 年 11 月 10 日至 13 日的一个札记的文字，这个札记在后面的增补文字第 53 号中以其原初的形式得到完整的再现；尤其参照第 359 页的第 22 行至第 367 页的第 13 行。——编者

② “原素素材”（hyletisches Datum）是胡塞尔对“感性内容”的另一种表述。“原素素材”或“感性内容”“被立义”为某种东西，这样，客观的东西、超越的东西便穿越过它们而被意识到。——新编者注

为流逝了的延续，而这个延续的其余片段则尚未被意识到。在结束点上，这个点本身被意识为现在点，而整个延续被意识为已流逝了的（或者说，这已经处在一个不再是声音片段的新的时间片段的开始点上）。在这整个意识的流动“期间”，这同一个声音被意识为延续着的，被意识为现在延续着的。“此前”（如果它例如不是一个被期待的声音的话）它未被意识到。“此后”它在“滞留”中“还有”“一段时间”被意识为曾在的声音，它可以被抓住，并且可以在固定的目光中站住或停留。这个声音的整个延续片段或“这个”在其延展中的声音，都是作为某种可以说是死的东西、某种不再生动地创造着的东西而站立于此（dastehen），它是一个不为任何现在的创造点所激活的构成物，但却持久地变异着并回坠到“空乏”之中。这样，这整个片段的变异都类似于、本质上等同于这样一种变异，即在现时性时期，延续的流逝部分在意识向不断更新的创造的过渡中所经历的那种变异。

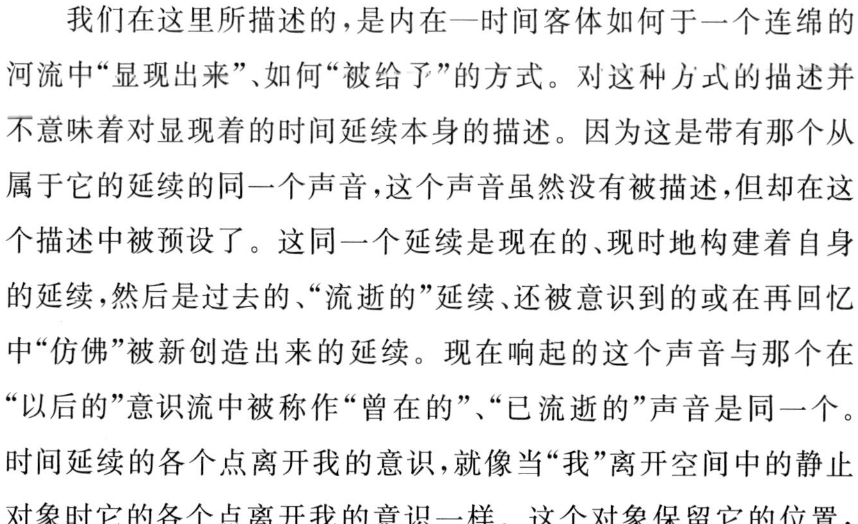

我们在这里所描述的，是内在—时间客体如何于一个连绵的河流中“显现出来”、如何“被给予”的方式。对这种方式的描述并不意味着对显现着的时间延续本身的描述。因为这是带有那个从属于它的延续的同一个声音，这个声音虽然没有被描述，但却在这个描述中被预设了。这同一个延续是现在的、现时地构建着自身的延续，然后是过去的、“流逝的”延续、还被意识到的或在再回忆中“仿佛”被新创造出来的延续。现在响起的这个声音与那个在“以后的”意识流中被称作“曾在的”、“已流逝的”声音是同一个。时间延续的各个点离开我的意识，就像当“我”离开空间中的静止对象时它的各个点离开我的意识一样。这个对象保留它的位置，同样，这个声音也保留它的时间，每个时间点都是不移动的，但它遁入到意识的远方，与创造着的现在的距离越来越远。这个声音本身是同一个声音，但那个“以此方式”显现着的声音则是一个越来越不同的声音。

[387] 第9节 关于内在客体之显现的意识

更确切地看，我们在这里还可以区分各种描述的方向：1. 我们可以对这个内在客体自身作出明见的陈述：它现在延续着，这个延续的某个部分已经流过去，在现在中被把握到的这个声音的延续点（当然也连同它的声音—内容）则不断地向过去回坠，并且不断有新的延续点进入现在，或者成为现在；已流逝的延续疏离开这个始终以某种方式被充实的现在点，移挪到越来越“远”的过去，如此等等。2. 但我们也可以谈论方式，即这个内在的声音之“显现”以及它的延续内容所具有的所有这些区别如何“被意识到”的方式。我们就这个延伸到现时的现在之中的声音延续来谈论感知，并且我们说，这个延续的声音是被感知到的，并且每一次从这个声音的延续展开中都只有这个在特征上被描述为现在的延续点才是完全本真地被感知到的。对于已流逝的片段，我们说，它是在滞留中被意识到的，而且，那些与现时的现在点距离最近的、无法明确划界的延续部分或延续相位是带着不断降低的清晰性而被意识到的；那些距离更为遥远的过去相位则完全是不清晰地、空乏地被意识到的。而在这个延续流逝之后也同样如此：随着临近现在点的距离的不同，离它最近的可能还有少许清晰性，而这个整体已经消失在昏暗之中，消失在一个空乏的滞留的意识之中，并且一旦这个

滞留终止，它就最终会完全消失（如果可以这样说的话）。[1]

我们于此而在清晰的领域中发现一种较大的明白性和相互离散性（Auseinandergehaltenheit）（并且它离现时的现在点越近也就越大）。但我们越是疏离现在，就有一个越来越大的流失性和聚合性（Zusammengerücktheit）宣示出来。只要我们反思地回溯一个分环节的进程的统一，我们就会观察到，这个进程的一个清晰部分在向过去回坠时会“缩拢”（zusammenzieht）自身——一种与空间透视相类似的（在本原的时间显现之中的）时间透视。当时间客体移向过去时，它便缩拢自身并且同时就变得昏暗起来。 [388]

现在需要进一步研究，我们在这里能够发现和描述为构造着时间的意识现象的东西究竟是什么，这里的构造着时间的意识，乃是指时间客体连同其时间规定性在其中构造起自身的那个意识。我们区分延续的、内在的客体以及在样态中（im Wie）的客体，即被意识为现时当下的或过去的客体。每个时间存在都在某一个流逝样式中以及在不断变化的流逝样式（Ablaufsmodus）中“显现出来”，而“这个在流逝样式中的客体”在这种变化中不断地变为另一个，然而我们却说，这个客体以及它的时间的每一点以及这个时间本身，都是同一个。我们不能把“在流逝样式中的客体”这个显现现象称为意识（就像我们不能把空间现象、处在这个或那个面的显现样态中的物体称为意识一样）。“意识”、“体验”是借助于一个显现而与它的客体发生关系的，而这个显现恰恰就是这个“在样态中

① 我们很容易将时间客体的这种显现方式和意识方式与一个空间事物在位置变换时的各种显现方式和被意识方式作比较；此外也很容易去探究空间事物（它们同时也是时间客体）在其中显现的“时间位置”。但我们暂且停留在内在的领域中。

的客体”处于其中的显现。显然我们必须认识到，“意向性”这个说法具有双重含义：这要看我们指的究竟是显现与显现者的关系，还是意识与“在样态中的显现者”(Erscheinende im Wie)这一方面，以及与绝然显现者(Erscheinende schlechthin)另一方面的关系。

第 10 节 流逝现象的各个连续统。时间图式①

对于那些构造内在时间客体的现象，我们现在宁可避免使用“显现”的说法；因为这些现象本身就是内在的客体并且是在完全另一种意义上的“显现”。我们在这里所说的是“流逝现象”，或者更好是说，“时间位置的样式”，并且就内在客体本身而言所说的是它们的“流逝特征”(例如，现在、过去)。关于流逝现象，我们知道，这是一个不断变化的连续统，它构成一个不可分割的统一，不可分割为各个能够自为存在的片段，并且不可划分为各个能够自为存在的相位，不可划分为各个连续的点。我们抽象地分离出来的那些部分只能存在于整个流逝之中，那些相位和流逝之连续的点也

[389] 是如此。我们也可以明见的方式就这种连续性说：它以某种方式就其形式而言是不变的。无法想象这些相位的连续性是这样一种连续统：它两次含有同一个相位模式，或者，它甚至展开地含有这个相位模式，使其超出一个完整的部分片段。就像每个时间点(以及每个时间片段)都可以说是“个体地”区别于任何其他的时间点，

① 这里列出的时间图式虽然与埃迪·施泰因加工、马丁·海德格尔编辑的《内时间意识现象学讲座》(1928 年)相符，但符号有所不同。上一个图式中的“A”原为“O”，“A′”原为“E′”。下一个图式中的上“A”原为“O”，下“A”原缺。很可能这里的下“A”是“A′”之误。——译者

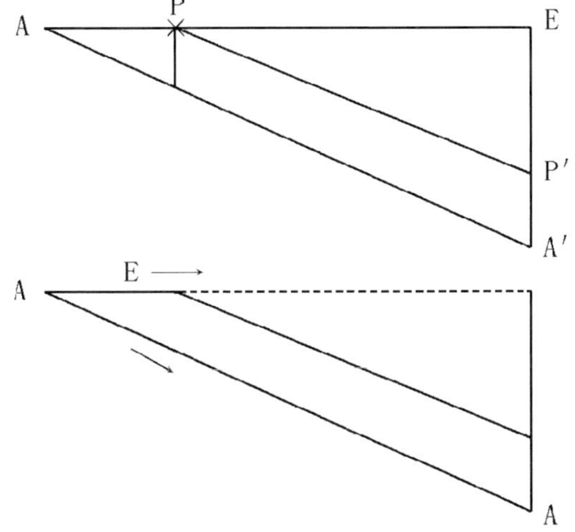

不能两次出现一样，也没有一个流逝样式可以两次出现。但我们这里还必须进行进一步的区分和更清晰的规定。我们首先强调，一个内在时间客体的流逝样式具有一个开端，可以说是具有一个起源点。这就是内在客体开始存在所具有的样式。它的特征就是现在。而后我们在流逝样式的持续前进中发现这样的奇特性：每个以后的流逝相位本身都是一个连续性，并且是一个持续延展着的连续性、一个由诸多过去组成的连续性。我们把客体延续的流逝样式之连续性与这个延续的每个点的流逝样式之连续性加以对置，这个客体延续不言自明地被包含在那些最初的流逝样式的连续性之中，也就是说，一个延续的客体的流逝连续性是一个连续统，它的各个相位就是客体延续的不同时间点的流逝样式的各个连续统。如果我们沿着这个具体的连续性行走，那么我们便是在持续变化中前进，在这些变化中持续变化着的是流逝样式，即相关时间点的流逝连续性。只要有一个新的现在出现，这个现在就转

变为过去，而且与此同时，前行点的诸多过去的整个流逝连续性都挪移“下去”，均衡地挪移到过去的深处。在我们所画的图表中，纵坐标的持续系列描绘出延续客体的流逝样式。它们从A(一个点)开始生长，直至一个特定的片段，这个片段的终点是最终的现在。
[390] 而后，流逝样式的系列凸显出来，它不再含有(这个延续的)现在，这个延续不再是现时的延续，而是过去的并且持续更深地沉入到过去之中的延续。因而这个图表提供了一个流逝样式之双重连续性的完整形象。

第11节 原印象与滞留的变异①

延续客体之“生产”(Erzeugung)得以开始的“起源点”是一个原印象。这个意识被包容在持续的变化之中：切身的声音—现在(即以意识的方式、在意识“之中”)不断地变化为一个过去，一再地有新的声音—现在(Ton-Jetzt)来接替那个过渡到变异之中的声音。但是，如果对声音—现在的意识、原印象过渡到滞留之中，那么这个滞留本身重又是一个现在、一个现时的此在者。它本身是现时的(但不是现时的声音)，同时它又是**关于**曾在的声音的滞留。一个意指的光束可以朝向现在，即朝向滞留，但它也可以朝向滞留地被意识之物，即朝向过去的声音。但意识的每个现时的现在都受变异法则的制约。它从一个滞留转变为另一个滞留，从不间断。

① 第11节第一段的文字立足于在1908年和1909年间产生的一个札记的文字，这个札记在后面的增补文字第50号中以其原初的形式得到完整的再现；尤其参照第326页的第9行至第327页的第21行。第11节第二段的文字立足于1905年的讲座稿第“35”页张上的文字。——编者

因而就形成一个滞留的不断连续，以至于每个以后的点对于以前的点来说都是滞留。而每个滞留都已经是连续统。声音响起，并且“它”不断地响下去。声音—现在变换为声音—曾在（Ton-Gewesen），**印象**意识流畅地向一再更新的**滞留**意识过渡。在沿着这条河流或随着这条河流行进的同时，我们具有一个始终属于起始点的滞留系列。然而，除此之外，这个系列的每个以前的点都**重又**在滞留的意义上作为一个现在而映射出来（abschatten）。这样，与每个这种滞留相衔接的是一个滞留变化的连续性，而这个连续性本身则重又是一个自身以滞留方式映射出来的现时性的点。这并不会导致简单的无穷倒退，因为每个滞留自身都是连续的变异，这种变异以映射序列的形式在自身中承载着过去的遗产。并不是说，只是在这河流的纵向方面，每个以前的滞留都被一个新的滞留所取代，即便从不间断。毋宁说，每个以后的滞留并不仅仅是从原印象中脱身出来的连续变异，而且也是这同一个起始点的所有以前的不断变异的连续变异。

至此为止，我们主要考察了对时间客体的感知或本原构造，并且试图分析地理解在它们之中被给予的时间意识。但关于时间性 [391]
的意识并不仅仅以这样一种形式进行。如果一个时间客体已经流逝，如果现时的延续已经过去，那么关于那个现已过去的客体的意识绝不会因此而消逝，尽管它现在已经不再作为感知意识起作用，或者也许更确切地说，不再作为印象意识起作用。（我们在这里与至此为止一样始终关注内在客体，它们实际上并不是在一个“感知”中构造自身。）与“印象”连续统相衔接的是原生的回忆（primäre Erinnerung），或如我们所说，是滞留。从根本上说，在至

此为止所考察的情况中，我们已经一并分析了这个意识。因为与现在相接的各个相位的连续性无非就是这样一个滞留，或者说，一个由滞留组成的连续性。在一个时间客体的感知情况中（对于现在的考察来说，我们采用的究竟是一个内在的客体还是一个超越的客体，这是无关紧要的），这个相位的连续性随时都限定在（terminieren）一个“现在立义”（Jetztauffassung）中，限定在一个某种“设定为现在”（Als-Jetzt-Setzung）意义上的感知中。在一个运动被感知的同时，每时每刻都有一个“把握为现在”（Als-Jetzt-Erfassen）在进行，这个运动的现在现时的相位便是在这个“把握”中构造起自身。但这种“现在立义”却可以说是由各个滞留组成的一个彗星尾的核心，它们与这个运动以前的现在点有关。但如果不再形成感知，我们不再看到运动，或者——倘若事关一段旋律——如果旋律已经奏完，接踵而至的是宁静，那么与最后一个相位相衔接的便不是感知的新相位，而是一个单纯的新鲜回忆的相位，而与这个相位相衔接的重又是一个这样的相位，如此等等。在此同时，有一个向过去的持续回移在进行，这个同样的连续性的复合体持续地经历着一个变异，直至消失；因为随着这个变异一同联手发生的是一种弱化（Schwächung），它最终在不被觉察性中完结。本原的时间领域显然是有限的，完全就像在感知的情况中一样。甚至在总体上可以斗胆声言：时间领域始终具有同样的延展。它可以说是穿越那个被感知和新鲜地被回忆的运动以及它们的客观时间而推延着，类似于视觉领域穿越客观空间的推延。①②

---

① 在图表中并没有顾及时间领域的有限性。在那里没有预定滞留的终结，而这样

第12节　滞留作为特殊的意向性[①] [392]

还需要进一步阐释:我们称作滞留变异的东西是何种类型的变异。

当本真的感知过渡为滞留时,人们谈及感觉内容的减弱(Abklingen)、退散(Verblassen)等等。但根据至此为止的论述可以明了:滞留的"内容"根本不是原初意义上的内容。当一个声音在减弱时,它自身首先带着特殊的充盈(强度)而被感觉到,而且与之相衔接的是一个强度的迅速削减。这个声音还在此,还被感觉到,但只是在余音中。这种真正的声音—感觉有别于在滞留中的声音因素。滞留的声音并不是当下的声音,而恰恰是在现在中"原生地被回忆的"声音:它在滞留意识中不是实项(reell)现存的。但从属于这个滞留意识的声音因素也不可能是另一个实项现存的声音,甚至也不是一个非常微弱的同样质性的(作为余音的)声音。一个当下的声音虽然可以使人回忆"**起**"一个过去的声音,可以展示它并将它图像化(verbildlichen);但这已经要以另一个过去表象

一种意识在观念上也是可能的:在这种意识中,所有的东西都始终以滞留的方式保留下来。

(接上页注)②　关于前面第11节可以参照附录一:"原印象及其变异的连续统",第147页(边码[450])及以后各页。

①　第12节至第13节的文字立足于一个札记的五个页张上,这个札记按照胡塞尔的回忆是在"席尔瓦普拉纳(瑞士东南部的一个疗养区。胡塞尔曾于1908年8月至9月初在此度假。——译者补注)或以后"产生的,即1909年或更迟,但实际上可能最迟不会超过1908年秋,这个札记在后面的增补文字第47号中以其原初的形式得到完整的再现;尤其参照第311页的第9行至第314页的第6行,以及第316页的第5行至第26行。——编者

为前提了。过去直观本身不可能是图像化。它是一个本原的意识。当然不应否认余音也是有的。但每当我们认识和区分它们时，我们都立即可以确定，例如它们不属于滞留本身，而是属于感知。小提琴声的余音恰恰是一个微弱、当下的小提琴声，并且绝然有别于这个刚刚曾在的响亮声音的滞留。余音本身，乃至所有那些从较强的感觉被给予性那里保留下来的后像，都与滞留的本质根本无关，更不能将它们看做是必然属于滞留之本质的东西。

但在时间直观的本质中或许包含着这样一个状况：它在其延续（我们可以反思地使它成为对象）的每个点上都是**关于刚刚曾在之物**的意识，而不仅仅是关于这个显现为延续着的对象之物的现在点的意识。而在这个意识中，这个刚刚曾在之物是在恰当的连续性中被意识到，并且是在每个相位中以特定的“显现方式”，连同“内容”与“立义”的各种区别而被意识到。我们注意一下刚刚响起的汽笛声：在每个点上都有一个延展（Extension）在此，而在每个延展中都有一个“显现”在此，这个显现在此延展的每个相位中都

[393] 具有它的质性因素以及它的立义因素。另一方面，这个质性因素不是实项的质性，不是现在实项地存在的声音，即是说，不是作为现在存在的声音，哪怕它可以被说成是内在的声音内容。现在意识的实项内涵有可能含有被感觉到的声音，这些声音而后在客体化的立义中可以称作被感知到的声音、被当下拥有的(gegenwärtigt)声音，但却绝不能称作过去。滞留意识实项地含有关于声音、原生的声音—回忆的过去意识，而且它不能被分解为被感觉到的声音和作为回忆的立义。就像一个想象—声音不是声音，而是对声音的想象一样，或者就像声音—想象和声音—感觉是

原则上不同的东西，而不是仅仅受到不同解释、不同立义的同一个东西一样，原生直观地被回忆的声音**原则上**不同于被感知的声音，或者说，对声音的原生回忆（滞留）不同于对声音的感觉。

第 13 节　一个印象先行于每个滞留的必然性。滞留的明见性

现在，有没有这样的法则：原生的回忆只有在与前行感觉或感知的连续衔接中才是可能的？每个滞留的相位只是作为相位才是可以想象的，就是说，它不能扩展为一个在其中所有相位都是同一的片段？人们会坚定地说：这是完全明见的。当然，习惯于把所有心理之物都当作单纯事实性来对待的经验心理学家会否认这一点。他会说，为什么就不能想象一个起始着的意识，它以一个清新的回忆开始，而在此之前却并不曾拥有一个感知？也许在实际过程中的确必须要先有感知，而后才能生产出清新的回忆。也许在实际过程中情况的确是这样的：一个人的意识只有在拥有感知之后才能拥有回忆，即使是原生的回忆；但是，相反的情况也是可以想象的呀。对于这样的心理学家，我们将教会他了解这样一种先天必然性，即：相应的感知或原印象先天必然地先行于滞留。人们首先必须坚持，一个相位只有作为相位才是可以想象的，它不具有延展的可能性。而现在相位只有作为一种滞留的连续性界限才是可想象的，就像每个滞留相位本身只有作为这样一个连续的点才是可想象的一样，并且对于时间意识的每个现在来说都是如此。然而至此，如果没有先行的相应感知，一个全部完成的滞留串（Se- [394]
rie）也应当是不可想象的。这就意味着，这个从属于一个现在的

滞留串自身就是一个界限,并且必然要发生变化;这个被回忆之物“不断地下坠到过去之中”,但还不只如此——它必然就是某种下坠着的东西,某种必然地允许一个明见的再回忆的东西,这种再回忆将它回引到一个再被给予的现在之上。

但人们现在可以说:我难道不可以拥有一个对A的回忆、哪怕是一个原生的回忆,而同时A却事实上根本没有发生过?当然可以。甚至还可以确认得更多些。我可以具有一个对A的感知,而实际上A却根本没有发生。我们以此并不是例如想声言,以下的事实是明见的:如果我们具有A的滞留(假定A是一个超越的客体),那么A必定是已经先行的;但我们的确是想声言这样一种明见性:如果我们具有A的滞留,那么A必定是已经被感知到的。无论它现在是否被原生地关注到,它都以被意识到的、即便是未被注意的或附带被注意的方式切身地站立在此。但如果这里所涉及的是一个内在的客体,那么以下情况便是有效的:当内在材料的一个序列、一个变换、一个变化“显现出来”时,它也是绝对确然的。同样,在一个超越的感知的范围内,这个本质上从属于其建构的内在序列是绝对确然的。[①] 有人想要对此作出证明:由于我不能用现在(即那个在现在中现存的回忆图像)来与已经不在了的非—现在作比较,因此我如何能够在现在中知道一个非—现在?这种论证是**根本错误的**。它给人的印象就好像是在回忆的本质中包含着这样的特征:在现在中现存的图像是为另一个与它相似的实事而预设

① 也可以参照第44节、第143页(边码[447])及以后各页上对内感知和外感知的区分。

的，并且我可以而且也必须像在图像表象那里一样作出比较。回忆或滞留不是图像意识，而是完全不同的东西。被回忆的东西当然现在不**存在**，否则它就不是曾在的东西，而是被当下拥有的东西了；而且在回忆（滞留）中，它并不是作为现在被给予，否则回忆或滞留也就不是回忆，而是感知了（或原一印象）了。对一个不再被感知的、仅只以滞留的方式被意识到的东西与某个在它以外的东西进行比较，这是根本没有意义的。正如我在感知中直观到现在存在，并且在扩展了的感知（就像它自身构造的那样）中直观到延续的存在，我也在回忆（只要它是原生的）中直观到过去的东西，它 [395]
在其中被给予，而过去之物的被给予性就是回忆。

如果我们现在重新接受这样一个问题：是否可以想象一个不是印象意识之继续的滞留意识，那么我们就必须说：这是不可能的，因为每个滞留自身都回指到一个印象之上，“过去”与“现在”是相互排斥的。同一个东西虽然可以在过去和现在存在，但只能通过这种方式：它在现在与过去之间延续。

第14节　时间客体的再造（次生回忆）

[①]我们将原生的回忆或滞留称之为一个彗星尾，它与各个感知相衔接。与之完全有别的是次生的回忆、再回忆。在原生回忆完结之后，有可能出现一个对那个运动、那个旋律的新回忆。对这个刚才已经暗示过的两者之间的区别还应当作详尽的揭示。如果

① 第14节第一段的文字立足于1905年讲座稿第“37”和“38”页张上的文字。——编者

与现时的感知相衔接的是滞留，无论是在这感知的流动期间，还是在其整个流程之后的连续统一中，那么人们首先会趋向于（就像布伦塔诺所做的那样）说：现时的感知是根据作为体现（Präsentation）的感觉而构造起自身的，原生的回忆是根据作为再现（Repräsentation）、作为当下化（Vergegenwärtigung）的想象而构造起自身的。现在，就像当下化直接与感知相衔接一样，与此完全相同，在不与感知相衔接的情况下，也可以有独立的当下化出现，而这就是次生的回忆。然而我们对此（正如我们在对布伦塔诺理论的批评中已经阐释过的那样）[①]抱有严重的顾虑。让我们先来看次生回忆的一个事例：我们譬如回忆一段我们刚刚在音乐会上听过的旋律。这时很明显，整个回忆现象**经过必要的修正**（mutatis mutandis）完全具有与对此旋律的感知相同的构造。它和感知一样具有一个优先点：与感知的现在点相符合的是一个回忆的现在点。我们在想象中穿越这个旋律，我们"仿佛"先听到第一个声音，而后是第二个声音，如此等等。每一次都有一个声音（或一

[396] 个声音相位）处在现在点中。但过去的点并没有从意识中被消除出去。随着对现在显现的、仿佛现在听到的声音的立义，原生的回忆融化在刚刚仿佛听到的声音以及对尚未出现的声音的期待（前摄）上。对于意识来说，现在点重又具有一个时间晕（Zeithof），它在回忆立义的连续性中进行，而对这个旋律的全部回忆就在于一个连续性，它是由这样一些时间晕的连续统所构成，或者说，由我们所描述的这种立义连续统所构成。但是，如果这个被当下化的

① 参照前面第 49 页（边码[378]）及以后各页。

旋律流逝，与这个仿佛听到的东西最后相衔接的就是一个滞留，这个仿佛听到的东西还继续回响着一会儿，一个立义连续性还在此存在着，但已不再作为被听到的连续性。这样，一切都与感知和原生回忆**相同**，而它本身却并不是感知和原生回忆。当我们在回忆或想象中让声音一个一个地奏响时，我们并不是真正地在听而且并没有真正地听到。在前面的[感知]情况中，这就意味着：我们真正在听，时间客体本身被感知到，旋律本身是感知的对象。同样，时间、时间规定、时间状况本身是被给予的、被感知到的。而这又意味着：在旋律消失之后，我们不再将它感知为当下的，但我们还在意识中拥有它，它不再是现在的旋律，但却是刚刚过去的旋律。它的刚刚过去不是一个单纯的意指，而是被给予的事实、自身被给予的事实，亦即“被感知的”事实。与此相对，在再回忆中，时间当下是被回忆的当下，是被当下化的当下；同样，过去也是被回忆的过去、被当下化的过去，但却不是真正被当下拥有的过去，不是被感知的、原生被给予的和被直观的过去。

另一方面，[①]再回忆本身是当下的，是本原地被构造的再回忆，并且此后是刚刚曾在的再回忆。它本身是在原素材和滞留的连续统中建造起自身，并且与此一致地构造起（或者毋宁说，再构起）一个内在的或超越的延续对象性（根据它的朝向的不同：或是内在的朝向，或是超越的朝向）。相反，滞留并不生产（既不本原地也不再造地生产）延续的对象性，而只是在意识中持留被生产物，

① 第14节结尾一段的文字以及第15节的文字根据胡塞尔的一个说明有可能立足于一个未被找到的“1917年关于回忆或演替意识的两难”的札记的文字。——编者

并给它加上“刚刚过去”的特征。[①]

[397] ## 第 15 节　再造的进行模式

再回忆可以出现在不同的进行形式(Vollzugsformen)中。或者,我们在一个素朴的抓取中进行再回忆,恰如一个回忆“出现”,而我们在一个目光束中看向被回忆之物,这时的被回忆之物是模糊的,或许它直观地带来了一个被偏好的瞬间相位,但却不是重复性的回忆。或者,我们真的是在进行一个再生产的、重复性的回忆。在这个回忆中,时间对象是在一个当下化的连续统中再次完整地建造起自身,我们仿佛是再一次感知到它,但也仅仅只是仿佛而已。这整个过程都是感知过程的当下化变异,连同所有相位和阶段,直至各个滞留,但所有这一切都带有再造性变异的标识。

这种素朴的观看和抓取,我们也可以直接根据滞留来进行。当一个处在滞留之统一之内的旋律已经流逝,而我们回顾(反思)一个片段,却并不再次生产它时,情况便是如此。这样一个行为对于每个逐步生成的东西,也包括在自发性步骤中,例如在思维自发性步骤中生成的东西来说,都是可能的。即使是思维对象性也是逐渐地被构造起来的。因此,我们似乎可以说:那些本原地在时间过程中以分环节、分相位构造的方式建造起来的对象性(作为连续地和多形态地联系在一起的和统一的行为的相关项),可以在一个回顾中如此地被把握,就好像它们是在一个时间点中的完成对象。

① 关于滞留和再造的进一步区别可以参照第 19 节、第 87 页(边码[404])及以后各页。

但这种被给予性而后会回指向另一个“原初的”被给予性。

对滞留的被给予者的观看或回顾——以及滞留本身——现在是在真正的再当下化中充实自身：这个作为刚刚曾在的被给予者表明自身是与再回忆之物相同一的。

如果我们将原生回忆和次生回忆与感知联系在一起，那么原生回忆和次生回忆之间的其他区别便会展现出来。

第16节 作为当下拥有的感知对立于滞留和再回忆①

诚然，“**感知**”这个说法还需要在这里得到一些澄清。在“对旋律的感知过程中”，我们区分**现在被给予的**声音和**已先行的**声音，[398]
我们将前者称作“被感知的声音”，将后者称作“不被感知的声音”。另一方面，我们把这**整个旋律**称作一个被感知的旋律，尽管只有现在点才是一个被感知的点。我们之所以这样做，乃是因为旋律的延展不仅是在一个感知的延展中一点一点地被给予，而且滞留意识的统一还将已流逝的声音本身“持留”(festhalten)在意识中，并且持续地制作出与这个统一的时间客体相关的、与旋律相关的意识的统一。像旋律这样一种客体性只能在这样一种形式中“被感知”、本原地自身被给予。这个被构造的、由现在意识和滞留意识所建造的行为②是**对时间客体的相即感知**。时间客体是含有时间

① 第16节至第17节的文字立足于1905年讲座稿第“38”至第“40”页张上的文字。——编者

② 关于作为原初时间意识中被构造的统一的行为参照第37节、第122页(边码[430])及后页。

区别的，而时间区别就是在这些行为中构造起来的，在原意识、滞留和前摄中。如果这个意指的意向是朝向旋律、朝向这整个客体的，那么我们所拥有的便不是感知。但如果它朝向一个自为的个别声音或一个自为的个别节拍，那么，只要这个被意指之物是被感知到的，我们便具有感知，只要它已经过去，我们便仅仅具有滞留。从客观角度看，这个节拍就不再显现为"当下的"，而是显现为"过去的"。但整个旋律则显现为是当下的，只要它还在响，只要那些从属于它的、在**一个**立义联系中被意指的声音还在响。只有在最后一个声音响过之后，这个旋律才是过去的。

根据先前的阐释我们必须说，这种相对化也转而适用于**个别的声音**。每个声音都是在声音—素材的连续性中构造起来的，并且每次只有一个点状的相位是作为现在而当下的，而其他的相位则是作为滞留的尾巴而与之衔接。但我们可以说：只要一个时间客体还在持续新出现的原印象中生产着自身，它便是被感知的（或以印象的方式被意识到的）。

而后我们把**过去**本身也称为**被感知的**。事实上，我们难道不会感知到这个过去的过程（Vergehen）吗？我们在上面所描述的情况中难道不是直接地意识到这个刚刚曾在的东西、这个在其自身被给予性中、在自身被给予的方式中的"刚刚过去"吗？显然，在
[399] 这里起作用的"感知"的意义与前面的感知的意义是不相合的。这里需要进行进一步的区分。如果我们在对一个时间客体的把握中区分感知意识和回忆（滞留）意识，那么与感知和原生回忆的对立相符合的便是在客体上的"现在当下"与"过去"的对立。时间客体的本质就在于，它们对其质料的扩展超越出一个时间片段，而这种

客体只能在那些正在构造着时间区别的行为中构造自身。但是，构造时间的行为是——而且本质上是——构造当下与过去的行为，它们具有那种“时间客体—感知”的类型，我们曾根据它们的奇特立义构造而对它们做过详细描述。时间客体必须构造自身。这就是说，一个要求自身给予一个时间客体的行为，必须自身包含“现在立义”、“过去立义”等等，并且是以原初构造的立义方式。

如果我们现在将感知的说法与时间客体出现时所带有的那些**被给予性区别**联系起来，那么感知的对立面就是这里出现的原生回忆和原生期待（滞留与前摄），同时感知与非—感知则连续地相互过渡。在这个对一个时间客体，例如对一段旋律的直接直观把握的意识中，被感知到的是这个现在被听到的节拍或声音或声音部分，而未被感知到的是这个瞬间作为过去而被直观到的东西。各个立义在这里连续地相互过渡，它们限定在一个立义中，这个立义构造着现在。但这个立义只是一个观念的极限。**上升的连续统是朝着一个观念的极限**而流逝的；就像红色—种类的连续统向着一个观念的、纯粹的红色在收敛（konvengieren）一样。但在这个情况中，我们并不具有个别的立义，即与那些**可以自为地被给予的**红色—微差相符合的立义，而是始终只是具有、并且按照事情的本质也只能具有立义的连续性，或者毋宁说，**一个唯一的、持续变异的**连续统。如果我们以某种方式将这个连续统划分为两个部分，那么包含现在的或有能力构造现在的那个部分就被凸显出来，并且它构造出“粗糙的”现在，而这个现在重又分解为一个较细致的现在和一个过去，如此继续地划分，不一而足。

因而感知是一个行为特征，它把行为特征的连续性总和起来，［400］

并且通过对那些观念界限的拥有得到凸显。如果没有这种观念的极限，这样的一个连续性就只是一个回忆。这样，感知（印象）在观念的意义上就会是构造着纯粹现在的意识相位，而回忆就会是任何一个其他的连续性相位。但这只是一个观念的界限，是某种抽象的东西，它不能自为存在。此外还要坚持一点，即使是这个观念的现在也并不是与非—现在有**天壤**之别，而是连续地与之相联接的。而与此相符的是从感知到原生回忆的连续过渡。

第 17 节 感知作为自身给予的行为对立于再造

感知或当下的自身给予的相关项是在被给予的过去之物中，相对于这种感知和当下的自身给予，现在又出现了一个新的对立：感知与再回忆、次生回忆之间的对立。在再回忆中有一个现在"显现给"我们，但它是在一个完全不同于现在在感知中显现的意义上"显现"出来。[①] 这个现在不是"被感知到的"，就是说，不是自身被给予的，而是被当下化的。它表象着一个没有被给予的现在。而且旋律的流逝在**再回忆**中同样也表象着一个"刚刚过去"，但它并不给出这个"刚刚过去"。即便在想象中，每个个体之物也是一个在时间上以某种方式延展的东西，也具有它的现在，它的此前和此后，但现在、此前和此后是一个单纯臆想的现在、此前和此后，这整个客体也是如此。这里的问题在于一个**完全不同的感知概念**。感知在这里是这样一种行为：它将某物作为它本身置

① 参照附录二："当下化与想象。——印象与想象"，第 150 页（边码[452]）及以后各页。

于眼前,它**原初地构造**客体。与感知相对立的是**当下化**,是再现(Repräsentation),它是这样一种行为:它不是将一个客体自身置于眼前,而是将客体**当下化**,它可以说是在图像中将客体置于眼前,即使并非以真正的图像意识的方式。在这里根本谈不上对感知与其对立面的连续中介。刚才所说的过去意识,即原生的过去 [401] 意识,并不是感知,因为感知被看做是本原地构造着现在的行为,但过去意识并不构造一个现在,毋宁说是构造着一个"刚刚曾在"、一个直观地先行于现在的东西。但如果我们将感知称作这样一种**行为**:它将**所有的"起源"**包含**在自身之中**,它**进行着本原**的**构造**,那么**原生的回忆**就是**感知**。因为只有在原生的回忆中,我们才**看到**过去的东西,只有在它之中,过去才构造起自身,并且不是以再现的方式,而是以体现的(Präsentation)方式。只有在原生回忆中,与现在相对立的刚刚曾在、此前才能直接地被直观到;原生回忆的本质就在于使这个新的和特殊的东西被原生地、直接地直观到,完全就像现在感知的本质在于使现在被直接地直观到一样。而再回忆以及想象的情况则相反,它提供给我们的是当下化,它**仿佛**是与创造时间的现在行为和过去行为完全相同的意识,**仿佛**是完全相同,但却仍然有所变异。被想象的现在表象着一个现在,但本身并不给予一个现在,被想象的此前与此后也只是表象着一个此前与此后,如此等等。

第 18 节 对于有关延续与后继之意识的构造，再回忆所具有的意义[①]

如果我们不去关注**延续着的对象性**的被给予性，而是去关注**延续**(Dauer)**与后继**(Folge)**本身**的被给予性，那么，原生回忆和次生回忆的构造意义就会表现为另外一种情况。

倘若我们假定，A 作为原印象出现并且延续了一阵子，而与某个发展阶段上的 A 的滞留相一致地出现了 B，并且它自身构造为延续着的 B。在这里，在这整个“过程”期间的意识就是对这个“挪移到过去之中”的 A 的意识，就是在这个被给予方式的河流中的 A 的意识，而且这是根据其从属于它的存在内涵的存在形式的“延续”而言，根据这个延续的所有的点而言。同样的情况也适用于 B 以及这两个延续的间距或它们的时间点。但这里还出现了一个新的东西：B **后继着** A，这里被给予的是两个延续着的材料的一个后继，它带有一个特定的时间形式，带有一个包容了相互跟随(Nacheinander)的时间片段。这个演替意识(Sukzessionsbewußtsein)是一个本原给予着的意识，它是对这个相继的“感知”。现在我们

[402] 来考察这个感知的再造变异，亦即考察再回忆。我“**重复**”**这个演替的意识**，我以回忆的方式将它当下化。我“**可以**”做此事，并且是“任意多次地”做。在我的“**自由**”领域中**先天地**包含着对于一个体验的当下化。(这个“我可以”是一个实践的“我可以”，而不是一个

① 第 18 节的文字——与第 14 节结尾一段的文字以及第 15 节的文字一样——有可能立足于一个“1917 年关于回忆或演替意识的两难”的札记的文字。——编者

“单纯的表象”)现在,对体验后继的当下化看起来又是如何的呢?在它的本质中包含着什么?人们首先会说:我先当下化A,然后当下化B;如果我原初具有的是A—B,那么我现在具有的就是A′—B′(如果这个标记[′]是指回忆)。但这是不能令人满意的,因为这将意味着,我现在具有一个回忆A′,并且“此后”又具有一个回忆B′,而且是在对这些回忆的后继的意识中。但这样的话,我就具有一个对这些回忆之后继的“感知”,而不是对此的回忆意识。因此我必定是通过(A—B)′来展示它的。这个意识实事上包含着一个A′、B′,但也包含着一个—′。当然,这个后继并不是一个第三者,这些符号的书写方式并不相继地标识出这个后继。至少我还可以写下这样的规律:

$$(A—B)' = A'—B'$$

它的意义在于:这里有一个对A和对B的回忆,但也有一个对“B后继着A”的变异意识。

如果我们现在探问对延续着的对象性——以及对这个延续本身——的一个后继的本原给予意识,那么我们会发现,滞留与再回忆必然属于这个意识。滞留构造着活的现在视域,我在滞留中具有一个对“刚刚过去”的意识,但在这里——例如在对刚刚听到的声音的持留中——本原地构造起来的只是现在相位的回移,或者说,是那个完成了构造并在这种完成性中不再进行构造、不再被感知的延续的回移。但在与这个回移的“结果”的“相合”中,我可以进行一个再生产。而后这个延续的过去便被给予我,恰恰是作为这个绝然延续的“再被给予性”。而在这里需要注意的是:只有过去的延续才能为我在重复的行为中“本原地”直观到、真正地直观到、为我所确认并且作为许多行为的同一客体而成为我的对象。
[403] 我可以追复地经验当下,但它不可能是再被给予的。如果我像我随时能做的那样回返到这同一个演替之上,并且将它确认为是同一个客体,那么我就在一个超越把握的(übergreifen)演替意识之统一中进行了一个关于再回忆体验的演替,即:

(A—B)—(A—B)′—(A—B)″……

问题是:这种确认看起来是怎样的?后继首先是各个体验的后继:第一个体验是从 A—B 的后继的本原构造,第二个是对这个后继的回忆,然后再又是同样的东西,如此等等。这整个后继是作为体现而本原地被给予的。但我可以从这个后继中获得一个回忆,而从这样的再回忆中又可获得一个这样的回忆,**以至无穷**。本质上不仅每个回忆都是在此意义上可迭复的(iterierbar),即:任意高的阶段都是可能的,而且一个"我能够"的领域也是可迭复的。原则上每个阶段都是一个自由的(它并不排除障碍)活动。

对此演替的第一个再回忆看起来是怎样的呢?

[(A—B)—(A—B)′]′

而后我可以根据前面的规律得出,在这里隐藏着(A—B)′和[(A—B)′],即二阶的回忆,并且是在相继中;当然也隐藏着对后继(—′)的回忆。如果我再次重复,那么我便具有更高的回忆变异并同时具有这样的意识:我多次相继地进行了一个重复的当下化。这类事情出现得极为寻常。我在桌子上敲两次,我将这个相继当下化,然后[①]我注意到,我首先以感知的方式所给予的是这个后

① 原文误为"denn",即"因为";现据全集本改为"dann",即"然后"。——译者

继，而后我才回忆；然后我注意到，我正好进行了这个注意，并且是作为我所能重复的这个系列中的第三个环节，如此等等。所有这一切在现象学的工作方法中都是极为寻常的。

在那些只能在演替中而不能在并存（Koexistenz）中被给予的相同（内容同一）客体的后继中，我们现在具有一种在意识的统一中的特殊相合：一个演替的相合。当然这不是一个确切的说法，因为这些客体是相互隔开的，是作为相继而被意识到的，是通过一个时间片段而被分离的。

然而，如果我们在相继中所具有的是带有相同凸显因素的不同客体，那么在某种程度上就有"各个相同性线条"从一个客体流向另一个客体；而在相似性的情况下则会是各个相似性线条。我 [404]
们在这里具有一个彼此相关性，它不是在关系考察中被构造出来的，它作为相同性直观和差异性直观的前提而处在所有"比较"与所有"思维"**之前**。实际上"可比较的"只有相似的东西，而"区别"预设了"相合"，也就是说，预设了那种对在过渡中（或在并存中）被联合起来的相同之物的真正统一（Einigung）。

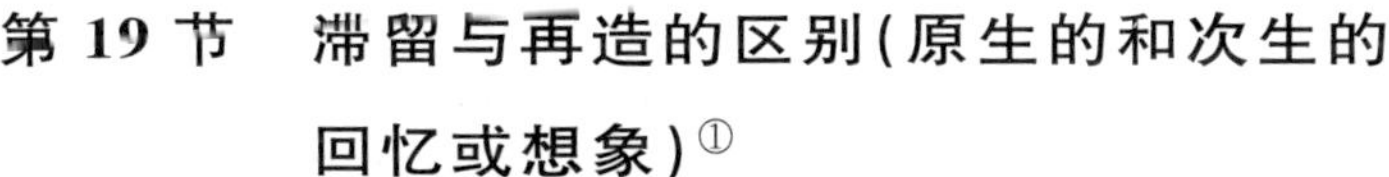

第 19 节　滞留与再造的区别（原生的和次生的回忆或想象）①

现在我们最终决定了我们对布伦塔诺学说，即对时间立义是处在想象领域之学说所持的态度。想象是一个具有当下化（再造）

① 第 19 节的文字立足于 1905 年讲座稿第"42"至第"44"页张上的文字。——编者

特征的意识。现在虽然有被当下化的时间,但这个时间必然地回指向原初被给予的时间,回指向不是想象的而是被体现的时间。当下化是原初给予的行为的对立面,从它那里不可能"产生出"任何表象。就是说,想象不是一个能够提供某种客体性或在客体性中将一个本质的和可能的特性作为自身被给予的而提供出来的意识。想象的本质恰恰就在于:不是自身被给予。甚至连想象的概念都并非产生于想象。因为,倘若我们自称原本被给予地拥有那个是想象的东西,那么尽管我们必定是在构建想象,但这个构建本身还不意味着被给予。我们自然要考察想象活动(Phantasieren),感知这个活动:就想象概念的构成而言,对想象的感知是原初地给予着的意识,在这个感知中我们直观到什么是想象,我们在自身被给予性的意识中把握到它。

只要对再当下化的回忆与延展着现在意识的原生回忆作一个关注的比较,我们就可以看到,在这两方面的体验之间有一个巨大的现象学区别。例如,我们听到了两个或三个声音,并且在时间延展的同时具有关于刚刚听到的声音的意识。这里会有两种情况出现:或者从那个构成一个时间客体之统一的声音构形中仍有一个环节现实地被感知为现在;或者这种情况不再发生,而是这个构成物只还以滞留的方式被意识到;明见无疑的是,无论出现以上哪一
[405] 种情况,这个意识本质上都是同一个。现在我们假定:当那个对刚刚听到声音或声音流程的连续意向还活跃的时候,这个声音或声音流程或许又被再造出来。我在内心中将我刚刚听到的并且我的注意力还在朝向的这个节奏再追复进行一次,以此我将它当下化。这里的区别是明摆着的:在当下化中我们再一次具有这个声音或

声音构形(Tongestalt),连同其全部的时间延展。被当下化的行为在时间上完全像早先的感知行为一样延展,前者再造着后者,它让声音阶段(Tonphase)与间歇逐个地流逝,与此同时也再造着那个我们选来做比较的原生回忆的时间阶段。它在这里并不是一个重复,而这里的区别并不仅仅在于:我们这一次是具有一个素朴的再造,另一次是具有一个对再造的再造。我们所发现的毋宁是内涵中的本底(radikal)区别。只要我们询问:是什么构成了在当下化中一个声音的响起与我们在想象中对此声音还仍然保存着的遗留意识之间的区别,那么这些本底区别就会显露出来。在"响起"(Erklingen)的同时被再造的声音是对响起的再造。在被再造的响起之后的遗留意识则不再是对响起的再造,而是对刚刚曾在、刚刚还被听到的响起的意识,并且这个意识表明自己完全不同于响起本身。例如,展示着诸声音的想象材料并不驻留在意识中,就好像在当下化中每个声音都作为一个同一固持的材料而是连续的一样。若如此,就根本不会形成一个直观的时间表象,不会形成在当下化中对一个时间客体的表象。被再造的声音消失了,它的材料不会再同一地留住并继续经历着对它的立义;相反,它以独特的方式发生变异,并论证着关于延续、变化、接随(Aufeinanderfolge)等等的当下化意识。

将一个本原的现在转变为一个**再造的**现在,这样一种意识变异完全不同于那种将现在——无论这个现在是本原的还是再造的——转变为**过去**的意识变异。后一种变异具有一种不断(stetige)映射的特征;正如现在不断地渐次变化为过去和更过去一样,直觉的时间意识也不断地渐次变化着。与此相反,我们却无

法谈论从感知到想象、从印象到再造的不断过渡。后一种区别是
[406] 一种分立的(diskreter)区别。因此我们必须说:我们称之为本原意识、印象或也称之为感知的东西,这是一个不断渐次变化的行为。每个具体的感知都蕴涵着这种渐次变化的一整个连续统。但是,这同一种渐次变化也恰恰为再造、想象意识所要求,只是以再造变异的方式来要求。对于两方面来说,体验的本质都在于:一个点状的相位永远不可能自为地存在。

当然,本原被给予的东西和再造性地被给予东西的这种渐次变化(如我们前面所见)已经涉及立义内容。感知建立在感觉上。感觉以体现的方式(präsentativ)作用于对象,它构成一个不断的连续统;与此相同,想象材料(Phantasma)也对一个想象客体的再现(Repräsentation)而言构成一个连续统。谁接受了在感觉和想象材料之间的本质区别,谁自然也就不会把这些对于刚刚过去的相位的立义内容说成是想象材料,因为它们恰恰会连续地过渡成为现在瞬间的立义内容。

第 20 节　再造的"自由"①

在本原的和被再造的"回坠"(Zurücksinken)之流逝中,有一些值得注意的差异性显露出来。在显现中的各个流逝样式的本原显现和结束是某种固定的东西,是通过"触发"(Affektion)而被意

① 第 20 节的文字立足于 1911 年 11 月 10 日至 13 日的一个札记的最后一个页张上的文字,第 8 节至第 10 节的文字也回溯到这个札记上。这个札记在后面的增补文字第 53 号中以其原初的形式得到完整的再现;尤其参照第 368 页的第 6 行至第 29 行。——编者

识到的东西，我们只能看向它（倘若我们真的实施观看的主动性的话）。相反，当下化则是某种自由的东西，它是一个自由的穿流，我们可以"更快地"或"更慢地"、更清楚明白地或更迷惘地、疾速地一口气或分步骤地以及如此等等地进行当下化。在这里，当下化本身是一个内意识的发生（Ereignis）并具有其现时的现在、其流逝样式等等。而在它现实地进行的同一个内在相位中，我们可以"自由地"处置被当下化的过程的较大和较小的块片连同其流逝样式，并因此而较快或较慢地将它经历一遍。在这里，这个相位的被当下化的各个点的相对流逝样式（在继续同一相合的前提下）始终保持不变。我所当下化的始终是同一个东西，始终是这个相位的流逝样式的同一个连续性，始终是在其样态（im Wie）中的它本身。[407]但如果我如此地一再回返到这同一个起点和各时间点的这同一个序列，那么这同一个起点本身就会越来越远地和不断地回坠。

第21节　再造的各个清晰性层次①

在这里，被当下化的东西以或多或少清晰的方式浮现出来，而不清晰性的各个样式关系到被当下化的整体以及它的意识样式。在一个时间客体的本原被给予性中我们也发现，它首先生动、清晰地显现出来，而后随着清晰性的减少而过渡为空乏。这些变异从属于流动。但在这些变异出现于流动的当下化中的同时，我们还会面临其他的"不清晰性"，即是说，"清晰的东西"（在最初的意义

① 第21节的文字立足于——与第14节结尾一段的文字以及第15节的文字一样——"1917年关于回忆或演替意识的两难"的札记的文字。——编者

上)不清晰了,就像透过一层面纱去看一样,亦即或多或少地不清晰了。因而不能将这些不清晰性和另一些不清晰性混为一谈。当下化的生动性和不生动性、清晰性和不清晰性的特殊样式并不属于被当下化的东西,或仅仅因为当下化的样态(Wie)才属于它。它们属于当下化的现时体验。

第 22 节　再造的明见性[①]

在原生的和次生的回忆方面也有一个值得注意的区别[②]。我们看到:我意向地意识到的东西,是绝对确定的。那么它与更为遥远的过去的关系又如何呢?当我回忆昨天所经历的东西时,我是在再造昨天所经历的进程,有可能是按照演替的所有步骤。在我进行回忆的同时,我具有一个后继(Folge)的意识:首先是有一个步骤被再造,而后在一定的后继中又有第二个步骤被再造,如此等等。但撇开这个明见地属于作为当下(gegenwärtig)体验进程的再造之后继不论,再造还展示了一个过去的时间进程。也许不仅是这个以回忆的方式成为当下的进程的个别步骤有可能偏离开过去进程的步骤(它们以前的进行并不像它们现在被当下化的那
[408] 样),而且实际的顺序也有可能不同于回忆着的顺序所以为的那样。因此这里很可能存有差误,而且是源于再造本身的差误。这些差误不能混同于那些对时间客体(即对超越的时间客体)之感知

① 第 22 节的文字立足于一个估计写于 1901 年以前的页张上的文字,这个记录在后面的增补文字第 2 号中以其原初的形式得到完整的再现;尤其参照第 152 页的第 19 行至第 154 页的第 10 行。——编者

② 参照第 72 页(边码[393])及以后各页。

也会屈就的差误。前面已经提到，这种情况会出现，并且在何种意义上出现：如果我本原地意识到一个时间的后继，那么这个时间后继就毫无疑问发生过，并正在发生。但这并不是说：一个——客观的——事件(Ereignis)现实地在我对它立义的意义上发生了。个别的立义有可能是错误的，即那些与现实不符的立义。而如果在时间的被回移状态中保留下来的是对被立义之物的对象性意向(根据它的构造性的内涵以及根据它与其他对象的关系)，那么这个差误就会贯穿在这个显现过程的整个时间立义中。但如果我们限制在展示着的"内容"或"显现"的后继上，那么就还有一个无疑的真理保留下来：一个进程成为被给予性，而且诸显现的后继已经发生，即便它也许并不是那个当时显现给我的诸事件的后继。

现在的问题是：这个时间意识的明见性是否能够在再造中得到保持。这种情况只有借助于再造性进程与一个滞留性进程的相合才是可能的。如果我具有c、d两个声音的后继，那么我可以在这个清新的回忆还存有时便重复这个后继。我带着这样的意识在内心中重复c、d，即：首先发生c，而后发生d。而在这"仍然生动的"同时，我可以用这种方式再进行下去，如此等等。我肯定能够以此方式而超越出原初的明见性领域。同时我们在这里看到：再回忆是以何种方式充实着自身。当我重复c、d时，这个对演替的再造性表象便在这个还刚刚生动的早先演替中得到充实。①

① 也可以反过来说：再造使单纯滞留性地被意识到的后继变为直观性的。

第23节 被再造的现在与一个过去的相合。对想象与再回忆的区分①

在我们相对于本原意识而突出了关于过去的再造意识之后，又会有进一步的问题产生出来。如果我再造一段被听过的旋律，
[409] 那么再回忆的现象的(phänomenal)现在便将一个过去当下化：在想象中、在再回忆中现在响起一个声音。它例如再造着这个曾在的旋律的第一声。与第二声一同被给予的过去意识再现着"刚刚过去"，它是以前本原地被给予的，亦即一个过去的"刚刚过去"。这个被再造的现在究竟是如何做到对一个过去的再现的呢？一个再造的现在只是直接地表象着一个现在。与一个只能在"刚刚过去"的形式中本原地被给予的过去之物的关系是如何进入其中的呢？

对于这个问题，首先需要进行一个我们至此为止仅仅是触摸到的区分，即区分对一个时间上延展的客体的单纯想象和再回忆。在单纯的想象中没有对被再造的现在的设定以及这个现在与一个过去被给予的现在的相合。相反，再回忆则设定被再造者并且在这种设定中给这个被再造者以一个位置，一个相对于现时现在以及这个再回忆本身所从属的本原时间领域的位置。② 只有在本原

① 第23节前半部分的文字(直至第51页的第22行)立足于1905年讲座稿第"44"页张上的文字。这一节后半部分的文字立足于一个估计产生于1907至1909年间的札记的文字，这个札记在后面的增补文字第45号中以其原初的形式得到完整的再现；尤其参照第299页的第24行至第300页的第27行。——编者

② 参照附录三："回忆与感知的联合意向。——时间意识的诸样式"，第154页(边码[455])及以后各页。

的时间意识中才能在一个被再造的现在与一个过去之间建立联系。当下化河流是一条体验相位的河流，它与任何一条构造着时间的河流具有完全相同的建构，即是说，它是一条构造着时间的河流。所有那些构造着时间形式的映射、变异都可以在这里找到。而且，完全就像内在的声音在声音相位中构造起自身一样，声音—当下化的统一也在声音—当下化相位的河流中构造起自身。普遍有效的是：我们在现象学的反思中从所有那些在最宽泛意义上的显现者、被表象者、被思考者等等而被回引到一条构造着的相位的河流上去，这些相位经历着一个内在的客体化：即对感知显现（外感知）、回忆、期待、期望等等的客体化，使它们成为内意识的统一。也就是说，任何一种当下化，作为对普全地构造着时间的形态的体验流动，都在构造着一个内在的客体："延续着的、这样或那样流动着的当下化进程。"

但另一方面，当下化的本己特点在于：它们自己本身并且根据所有体验相位都是在另一种意义上的**关于……**的当下化（Vergegenwärtigung von...），它们具有一个次生的、另类的意向性，一个并不对于所有体验、而只对它们而言是本己的意向性。但这个新的意向性的特殊之处在于：它就形式而言是那个构造着时间的意向性的对立形象，而且正如它在每个要素中都再造着一个当下拥有之河流（Gegenwärtigungsfluß）的瞬间，并且在整体中再造着一个整体的当下拥有之河流一样，它也如此地制作着一个再造性的意识，即关于一个被当下化的内在客体的意识。因此这个新的意向性构造着一个双重的东西：一方面是通过它的体验流的形式构造起作为内在统一的当下化；而后，由于这条河流（它在通 [410]

常情况下是由非再造性的瞬间所组成）的体验瞬间是一条平行河流之瞬间的再造性变异，并且由于这种再造性变异意味着一种意向性，这条河流便组合成一个构造着的整体，在它之中有一个意向统一被意识到：被回忆之物的统一。

第24节 再回忆中的前摄①

为了理解将这种被构造的体验统一“回忆”编排到统一的体验流之中的做法，必须考虑以下情况：每个回忆都含有期待意向，它们的充实会导向当下。每个原初构造着的过程都是通过前摄而被激活的（beseelt），它们空乏地构造和接受来者，使它得到充实。但是，再回忆的过程不仅仅以回忆的方式在改造着这些前摄。这些前摄不仅在这里接受着，它们也**已经**接受过，它们已经充实了自身，而且我们对此已经在再回忆中意识到。在再回忆意识中的充实是再一充实（恰恰在回忆设定的变异中），如果事件感知的原初前摄是不确定的并且不排除其他存在和不存在，那么我们在再回忆中所具有的便是一个前指的期待，它排除了所有的可能，除非这里涉及的是一种“不完善的”再回忆，它具有一个不同于这种不确定的原初期待的结构。但即便是这种不确定的原初期待也是包含

[411] 在再回忆之中的。因此，意向分析的困难已经表现在个别地被考察的事件上，而后则以新的方式出现在那些与这些事件直至当下的延续相关的期待方面。再回忆不是期待，但它具有一个指向将

① 第24节的文字立足于一个胡塞尔于1917年为了补充由埃迪·施泰因所做加工而自己写下的一个页张的文字。——编者

来，并且是指向再回忆的将来的视域，它是一个被设定的视域。这个视域在再回忆过程的前行中一再重新被开启，并且越来越活跃，越来越丰富。而与此同时，这个视域随着一再重新被再回忆的事件而充实着自身。现在这些以前只是被先示出来的事件是拟—当下的，在现实化的当下模式中拟—当下的。

第 25 节　再回忆的双重意向性[①]

因而如果我们在一个时间客体上将内容连同其延续（它们在与"这个"时间的联系中可以具有一个不同的位置[②]）区别于它的时间位置，那么，在这个对一个延续着的存在的再造中，除了具有对被充实的延续的再造以外，我们还具有、并且是必然地具有与此位置相关的意向。倘若一个延续没有在一个时间联系中被设定，倘若没有对这个时间联系的意向在此，这个延续是根本无法被表象的，或者更确切地说，是根本无法被设定的。在这里必然的是：这个意向或者具有过去意向的形式，或者便具有将来意向的形式。与这些意向——朝向充实了的延续的意向以及朝向它们的时间位置的意向——的双重性相符合的是一个双重的充实。构成对这个过去延续着的客体之显现的意向总体复合有可能在这个从属于同

① 除了第 57 页的第 1 至 5 行的一个句子以外，第 25 至第 26 节的文字以及第 27 节第一段的文字都与第 23 节后半部分的文字一样，立足于后面在增补文字中再现的、产生于 1907 至 1909 年间的第 45 号札记；尤其参照第 302 页的第 31 行至第 307 页的第 32 行。——编者

② 这里的助动词"可以"（können）为复数形式，但主词"延续"却为单数，疑为语法上的一个笔误。但从含义上说，这里的"die"可以是指"内容连同其延续"这两者，因此译作"它们"。这个问题在《内时间意识现象学》的所有版本中都出现。——译者

一个延续者的诸显现的系统中得到充实。对时间中的联系的意向是通过对直至当下为止已充实的联系之制作而充实自身的。因而在每个当下化中都可以区分:一方面是对那个过去延续着的客体在其中被给予,即被感知或原初地被构造的意识的再造;另一方面是那些以对于"过去的"或"当下的"(与现时的现在同时)或"将来的"意识而言构造性的方式依附在这种再造上的东西。

这种依附在再造上的东西也是再造吗?这是一个容易使人误入歧途的问题。当然,被再造的是这个整体,不仅是当时的意识当下连同其河流,而且**以隐含的方式**还包括整个直至活的当下的意识流,它们都是被再造的。这就是说,作为一个先天—现象学发生的基本内容:回忆是处在一种连绵的河流之中,因为意识生活是处在连绵的河流之中,而不仅仅是一个环节一个环节地加入到链条之中。毋宁说,每个新的东西都回复地作用于旧的东西,它的前行着的意向在此同时得到充实和规定,并且这为再造提供了一个特定的色彩。因此,在这里展示出一种**先天**必然的回复作用(Rückwirkung)。新的东西重又指明新的东西,后者在出现的过程中规定自身并且为旧的东西变异着这些被再造的可能性,如此等等。在这里,回复作用的力量是循着这链条而回溯的,因为这个被再造的过去带有"过去"的特征,并且带有一个不确定的意向,即对某个相对于现在而言的确然时间状态的意向。因此,并不是我们具有一个单纯的"被联想到的"意向链:一个东西让人回忆起另一个(流动着的)东西,这个东西又让人回忆起下一个(流动着的)东西;而是我们具有**一个**意向,它自身就是朝向这个可能充实的系列的意向。

[412]

然而这个意向是一个非直观的意向，一个“空乏的”意向，并且它的对象之物就是各个发生事件（Ereignisse）的客观时间系列，而这个时间系列是这个现时的再回忆的模糊环境（Umgebung）。“环境”的特征不就在于：一个统一的意向，它与许多相互联系的对象性相关，并且在它们的不同的、多重的、渐次的被给予性中得到充实？空间背景（Hintergrund）的情况也是如此。因而在感知中的每个事物也都具有其作为背面的背景（因为这里所涉及的不是注意力的背景，而是立义的背景）。“非本真感知”这个成分是作为本质的组成部分而从属于每个超越的感知的，它是一个“复合的”意向，这个意向是可以在特定类型的联系中、在被给予性的联系中得到充实的。没有背景也就没有前景。没有不显现的面也就没有显现的面。在时间意识的统一中情况也是如此：被再造的延续是前景，那些编排意向（Ein-ordnungsintention）使一个背景、一个时间背景被意识到。这种状况在延续者本身时间性的构造中以某种方式随着它的现在、此前、此后而持续。我们可以做以下类比：对于空间事物而言，是编排到全面的空间和空间世界之中，另一方面是编排到空间事物本身连同其前景和背景之中。对于时间事物而言，是编排到时间形式和时间世界之中，另一方面是编排到时间事物本身以及它的相对于活的现在的变换着的定向之中。

第 26 节　回忆与期待的各种区别 [413]

此外还要研究，回忆与期待彼此间是否平等，直观的回忆为我提供对一个事件之流逝延续的活的再造，而非直观的则始终只是这样一些意向，它们回指着此前，并且前指，直至活的现在。

在对一个将来事件的直观表象中，我现在直观地具有一个以再造方式流逝着的进程的再造"图像"。与此相衔接的是不确定的将来意向和过去意向，也就是那些从此进程的一开始就涉及那个限定在活的现在之中的时间环境的意向。就此而论，期待直观是倒转过来的回忆直观，因为在回忆直观那里，现在意向并不"先"行于这个进程，而是后随于这个进程。它们作为空乏的环境意向处在"相互对立的方向"上。现在这个进程本身的被给予方式是怎样的呢？在回忆中，这个进程的内涵是确定的内涵，这是否会构成一个本质的区别？即使是回忆也可以是直观的、但却不十分确定的，因为有一些直观的组元根本不具有真正的回忆特征。诚然，在"完善的"回忆那里，一切都清晰具体，并且具有回忆的特征。但从观念上说(idealiter)，这种情况在期待那里也是可能的。它在一般情况下为许多可能留下空间，而这种始终开放的状态重又是相关组元的一个特征。但原则上可以想象一个预见的意识(一个自诩为预见的意识)，它看到对那个将要存在者之期待的每一特征：例如就像我们具有一个完全确定的计划，并且在直观地表象被计划内容的同时将它可以说是毫发不差地当作将来的现实接受下来。但即使在这里也会有某些在对将来的直观预测中的无足轻重之物，它作为代用品充填着这个具体的图像，但它却可以多重地不同于这个图像所提供的东西：它从一开始就具有开放性的特征。

但原则性的区别在于充实的方式。过去意向必然是通过对直观再造之联系的制作来充实自身。对过去事件的再造在其有效性方面(在内意识中)只允许证实回忆的不确定性，并且允许通过向一个再造的转变来进行完善，在这个再造中，所有的组元(Komponente)都具有再造的特征。这里关涉到这样的问题：我是否真正 [414] 地看到了这些，感知到了这些，我是否真正具有这个显现，具有恰恰带有这些内容的显现？所有这些都必须同时编排到恰恰由这些直观所构成的、直至现在的一个联系之中。当然还有另一个问题：这个显现者曾是现实的吗？与此相反，期待是在一个感知中得到充实的。在被期待之物的本质中包含着：它是一个将被感知的东西。在这里明见无疑的是：如果一个被期待的东西出现，即是说，成为一个当下的东西，那么期待状况本身就已经过去了；若是将来的东西已经成为当下的东西，那么当下的东西也就成为相对过去的东西。那些环境意向的情况与此完全相同，它们也是通过一个印象性体验的现时性而充实自身。

如果撇开这些区别不论，那么期待直观就完全与过去直观一样是某种原初的和特殊的东西。

第 27 节　回忆作为关于曾被感知的意识

在对这种被分析的设定性再造的特征描述上，以下情况是最为重要的：在它的本质中不仅包含着对时间存在的再造性设定，而且还包含着一个与内意识的确定关系。在回忆的本质中原生地包含着：它是关于曾被感知(Wahrgenommen-gewesen-sein)的意识。如果我直观地回忆一个外部的进程，那么我便具有一个对此进程的再造性直观。而这是一个设定的再造。但这种外部的再造必然是通过一个内部的再造才被意识到。一个外部的显现必定是被再造出来的，因为这个外部的进程是在特定的显现方式中被给予的。作为体验的外部显现是内意识的统一，而与内意识相符合的是内部的再造。但对一个进程的再造有两种可能：内部的再造是一个设定性的再造，因此这个进程的显现是在内在时间的统一中被设定的；或者，外部的再造是一个设定性的再造，它在客观时间中设[415]定有关的时间进程，但并不把显现本身设定为内时间的进程，并且因此也不进一步在总体生活流的统一中设定构造着时间的河流。

①故而回忆并不一定就是对以前感知的回忆。但由于对一个以前进程的回忆包含着对这个进程在其中被给予的那些显现的再造，因而随时也都有一种对此进程之以前感知进行回忆的可能（或者说，在那个使以前感知得以被给予的回忆中进行反思的可能）。这个以前的意识总体被再造出来，而那些被再造的东西具有再造的特征以及过去的特征。

让我们用一个例子来说明这个状况：我回忆灯火通明的剧院。这不可能是指：我回忆起曾经感知过这个剧院。否则这就会意味着：我回忆起，我曾感知过，我曾感知过这个剧院，如此等等。我回忆这个灯火通明的剧院，这就是说，我"在我的内心中"直观到这个作为曾在的剧院的灯火通明的剧院。我在现在中直观到这个非—现在。感知构造着当下。为了有一个现在本身站立在我眼前，我必须感知。为了直观地表象一个现在，我必须"在图像中"，以再现变异的方式进行一个感知。但并不是我表象一个感知，而是我表象一个**被感知之物**、一个在感知中作为当下显现出来的东西。因

① 第27节下面两段的文字以及第28节第一段的文字立足于出自1901年间或1901年前的一个札记的文字，这个札记在后面的增补文字第18号中以其原初的形式得到完整的再现；尤其参照第180页的第30行至第183页的第24行，以及第183页的第25至第184页的第3行。——编者

此回忆确实隐含着一个对以前感知的再造；但回忆并非在本真的意义上是对一个感知的表象；在回忆中被意指、被设定的并不是感知，而是感知的对象和感知的现在，而后者此外还在与现时现在的关系中被设定。我回忆昨天的灯火通明的剧院，即是说，我进行一个对剧院感知的“再造”，这样，剧院就在表象中作为一个当下的剧院而浮现在我面前，我意指的是这个东西，但同时又在与现在、现时的感知的现时当下之关系中将这个当下理解为过去发生的。现在当然就很明见：对这个剧院的感知曾在，我曾感知过这个剧院。被回忆的东西显现为当下曾在的，而且是直接直观地显现出来；而它之所以这样显现，是因为有一个当下直观地显现出来，它具有一 [416] 段与现时现在的当下的距离。后一种当下是在现实感知中构造起自身的，而前一种直观显现的当下，即对非—现在的直观表象，则是在一种与感知相对立的行为中、在一种“对以前感知的当下化”（剧院在这种当下化中是以“仿佛现在”的方式被给予）中构造起自身。因而这种对剧院感知的当下化不能被理解为：我在生活于感知之中的同时意指感知，而应理解为：我意指这个被感知的客体的当下曾在。

第28节　回忆与图像意识。回忆作为设定的再造

我们还需要考虑，这里所讨论是何种类型的当下化。我们所涉及的并不是一种通过一个相似的客体而进行的再造，就像在被意识到的图像性（图画、半身塑像，诸如此类）情况中那样。相对于这种图像意识，这里所讨论的再造具有自身当下化的特征。它们重又分为不设定的（nichtsetzend）再造（“单纯”想象）与设定的

(setzend)再造。此外还要加上时间特征。回忆是在过去意义上的自身当下化。当下回忆是一个与感知完全相类似的现象，它与相应的感知一样具有对象的显现，只是这显现带有一个变异了的特征。由于这种特征，对象不再作为当下的站立于此，而是作为当下曾在的。

①这种叫做回忆和期待的再造之本质就在于，它们将被再造的显现编排到内时间的存在联系之中，编排到我的体验的流逝着的系列的存在联系之中。设定通常也伸展到外部显现的对象性上，但这种设定也可以被扬弃，它也可以被反驳，这样，留存下来的便只是回忆和期待了，就是说，即使我们将以前的或将来的感知称之为“臆指的”(vermeintlich)，我们也不会停止将它们称作回忆和期待。如果这里所涉及的从一开始就不是对超越客体的再造，而是对内在客体的再造，那么这种被描述的再造性直观的阶段构建便被取消，而对被再造者的设定便与将它编排到体验系列、内在时间之中的做法完全相合。

[417] ## 第 29 节　当下回忆

就对外部时间与对象性的直观的领域而言，我们还需要顾及另一种类型的对时间对象的直接再造直观（我们所有的阐述都局限在对时间对象的直接直观上，并且将间接的或非直观的期待与

① 第 28 节下面两段文字和第 29 节的文字——与第 23 节前半部分的文字、第 25 节至第 26 节的文字以及第 27 节的第一段文字一样——立足于在增补文字第 45 号中再现的出自 1907 和 1909 年间的文字；尤其参照第 307 页的第 33 行至第 310 页的第 10 行。——编者

回忆排除在外）。

我也可以将一个当下之物表象为现在存在的，同时却并不在我面前现在生动地拥有它，无论是根据一个以前的感知，还是按照一个描述，或其他等等。在第一种情况中，虽然我具有一个回忆，但我给予被回忆者以一个直至现时现在的延续，而对于这个延续，我并不具有内部被回忆的“显现”，这个“回忆图像”服务于我，但我并不在其归属于它的延续中将这个被回忆之物设定为它本身，即不把它设定为内回忆的对象之物。被设定的是这个作为在此显现中展示着自身的延续者，并且我们设定这个显现着的现在，并且设定一再更新的现在，如此等等；但我们并不将它设定为“过去的”。

我们知道，在回忆过程中的“过去”也并不是意味着：我们在现在的回忆中为自己制作一个关于以前的回忆的图像以及其他类似的构建。相反，我们只是设定这个显现者、这个被直观者。按照它的时间性，它当然只能在时间的模式中被直观到。而对这个在此同时的显现者，我们以回忆的方式通过这个显现的环境意向而给予它相对于现时性的现在的位置。也就是说，在将一个不在场的当下之物当下化的同时，我们也必须探问直观的环境意向。这些环境意向在这里当然是另一种类型：它们根本不会通过一个在总体上被设定的内显现的持续系列来与现时现在发生联系。自然，这些再造的显现并非没有联系。应当有一个延续者存在，它在此显现，它曾经存在，并且现在存在，并且将会存在。因此，我“能够”在某一条道路上前去观看，并发现事物还在；而后我可以再回来，并在一再“可能的”显现系列中制作直观。假如我此前就出发并已经到达那里的话（而这是一种先示的可能性，与此相符的是可能的

显现系列)，那么我现在就已具有作为感知直观的直观，如此等等。即是说，虽然这个再造地浮现在我面前的显现并不在特征上被描
[418] 述为以内印象方式曾在的，虽然这个显现者并不在特征上被描述为在其时间延续中被感知为曾在的，但在这里也有与**此地此时**(his et nunc)的关系，这个显现也带有一个特定的设定特征：它被归属到一个特定的显现联系之中(它完全是由设定着的、执态着的显现所组成的联系)，在与这个联系的关系中，它具有动机引发的特征：环境意向为“可能的”显现本身提供了各自的意向晕。同样的情况也表现在对这样一个延续着的存在的直观上：我现在感知这个存在并设定它为此前曾在的，但我并没有在此前感知过它，并且没有在现在回忆它，而且我还将它设定为将要存在的。

第 30 节　在滞留变化中对象意向的保持①

常常会出现这样一种情况：在过去之物的滞留还活跃的同时，一个关于此物的再造性图像已经显露出来，它当然是这个在现在点中如此这般地曾被给予的东西的图像。我们可以说是在扼要地重述(rekapitulieren)这个刚刚被体验到的东西。这个在当下化中的内部改造把再造性的现在与这个还生活在新鲜的回忆中的现在联系在一起，在这里进行的是同一性意识，它确定这个或那个现在的同一性。(这个现象同时表明，属于原生回忆的领域的，除了直观部分以外，还有一个空乏的部分，它伸展得要远得多。在我们于

① 第 30 节的文字与第 31 节第一段的文字都立足于 1905 年讲座稿的第“44”、“45”、“45a”和“45b”页张上的文字。——编者

新鲜的、尽管是空乏的回忆中还具有一个曾在之物的同时，一个关于它的“图像”已经显露出来。）一个普遍的和基础本质的事实就在于：在每个现在回坠到过去的同时，它也持留着它的严格的同一性。从现象学上说：根据质料 A 而构造起来的现在意识在不断地转变为一个过去意识，与此同时却始终有新的现在意识构建起自身。在这个转变的过程中，这个变异着的意识就获得了它的对象意向（这包含在时间意识的本质之中）。

每个原初的时间领域在构造它的行为特征方面都包含着这种连续的变异。它不能被理解为：好像在一个由各个从属于客体相位的立义所组成的系列中，从它们作为现在设定的出现开始，到下降地进入最终可及的现象的（phänomenal）过去为止，有一个在对 [419] 象意向中的变异在持续地进行着。相反，这个对象意向始终作为绝对的这同一个同一意向而持存着。尽管如此，还是会有一个现象方面的（phänomenal）阶段变化（而且不仅是在那些减弱的立义内容方面），会有一个确定的从现在中的最高感觉高度直至不被注意状态的回坠。首先是现在瞬间被描述为新的东西，刚刚回坠的现在不再是新的东西，而是被新东西推开的东西。在这种推开中包含着一个变化。但在它失去其现在特征的同时，它在其对象意向中却绝对保持自身不变，它是朝向一个个体客体性的意向，并且是一个直观的意向。即是说，在这方面不会发生任何变化。但在这里也许需要考虑，“对象意向的保持”究竟意味着什么？对对象的总体立义包含着两个成分：一个成分是根据客体的时间以外的规定性来构造客体，另一个成分是创造时间位置：现在存在、曾经存在等等。客体作为时间质料、作为具有时间位置和时间延展的

东西、作为延续着或变化着的东西、作为现在存在而后曾经存在的东西，纯粹是从对立义内容的客体化中产生出来的，因而在感性客体的情况中就是从感性内容中产生出来的。我们在这里不能忽略的是：这些内容即使如此还是时间客体，它们在一个作为原印象和滞留之连续的相继中生产自身，感觉材料的这种时间映射对于那些借助它们而构造起来的客体之时间规定来说是有意义的。但是，它们的时间特征并不在它们的特性中起作用，这特性是指：它们按其纯粹内容（Was）而论是事物质性的代表[①]。非时间地被理解的立义材料根据客体的特殊组成来构造客体，而只要这个组成始终保持着，我们就已经可以谈论一个同一性。但如果此前曾谈及对对象关系的保持，那么这就意味着，不仅那个在其特殊组成中的对象始终保持着，而且还是作为个体的亦即时间上确定的对象，它连同它的时间规定一起在时间中回坠。这种回坠是一种特殊的现象学的意识变异，通过这种变异，相对于一再更新地被构造的现时现在，并且借助于那个导向现时现在的持续变化系列，一个不断成长着的距离便构建起了自身。

[420] 第31节 原印象与客观的、个体的时间点

我们似乎在这里被引到一个两难之上：客体在回坠过程中持续地改变它的时间位置，但却又应当在回坠过程中保留着它的时间位置。实际上，始终回移着的原生回忆的客体根本没有改变它的时间位置，而只是改变了它与现时现在的距离，而这乃是因为现

① 原文为“Repräsentant”，也可译做“被再现者”。——译者

时现在应当被视作一个一再更新的客观时间点，而过去的时间之物却始终是它之所是。但现在的问题在于，在时间意识始终变化的现象面前，关于客观时间的意识是如何成立的，并且首先是关于同一时间位置的意识是如何成立的。与此最密切相关的①是关于个体时间对象与过程的客体性构造的问题：所有客体化都是在时间意识中进行的。如果不澄清时间位置的同一性，那么我们也就无法澄清一个时间中的客体的同一性。

更确切地说，这个问题就在于：感知的各个现在相位持续地经历着一个变异，它们不再简单地保持为它们之所是，它们在流动着。在这流动中，我们称之为向时间中的回坠活动（Zurücksinken）在构造着自身。声音现在响起，它立即坠入到过去中。所谓的“它”，乃是指这同一个声音。这涉及这个声音的每个相位，因而也涉及这整个声音。现在看起来，这种下坠通过我们至此为止的考察而变得在某种程度上可以理解。但我们面对这种声音的下坠却说，它在时间中有一个固定的位置，时间点和时间延续可以在重复的行为中得到认同，就像我们对再造性意识的分析所指明的那样——这是怎么回事呢？这个声音和在这个延续着的声音的统一中的每个时间点都在“客观的”（即使是内在的）时间中有其绝对固定的位置。时间是僵化的，但它却又在流动着。在时间河流中、在持续向过去的下坠中，一个不流动的、绝对固定的、同一的、客观的时间构造起自身。这就是问题所在。

① 从这里开始的第 31 节的文字立足于 1905 年讲座稿第“58”至“61”页张上的文字。——编者

我们首先更进一步地思考这同一个下坠的声音的事态。为什么我们要说这同一个下坠着的声音？这个声音在时间河流中穿越它的各个相位而构建起自身。关于每个相位，例如一个现时现在的相位，我们知道，它受持续变异的规律制约，但却因此而可以说
[421] 是必定显现为对象性的这同一个，显现为这同一个声音一点，因为在这里可以看到一个立义的连续性，它自始至终受意义的同一性主宰，并且处在连续的相合中。这种相合涉及时间之外的质料，它恰恰是在流动中为自己保持着对象意义的同一性。这对每个现在相位都有效。但每个新的现在都是一个新的现在，并且在现象学上被描述为新的现在。即使这声音完全不变地持续下去，以至于我们看不到任何细微的变化，即是说，即使每个新的现在都拥有在质性因素、意向因素等等方面完全相同的立义内容，并且承载着完全相同的立义——这里也仍然可以看到一个原初的差异性，它从属于一个新的维度。而这个差异性是一个持续的差异性。从现象学上看有这样一个状况：只有现在点才被描述为现时的现在，并且被描述为新的现在，前一个现在点经历着它的变异，再前一个现在点则经历着它的进一步变异，如此等等。这个在立义内容方面以及在建立于它们之上的立义方面之变异的连续统，创造出这个声音的延展连同已延展者的向过去的持续下坠的意识。

但与时间意识的持续变化现象相反，客观时间的意识，首先是同一时间位置和时间延续的意识是如何成立的？答案是：是通过这样的方式，即相对于时间回移的河流、意识变异的河流，这个显现为被回移的客体恰恰始终以统摄的方式保持在绝对的同一性中，而且是这个客体连同在现在点被经验到的作为“这个”(dies)

的设定。在持续的河流中立义的持续变异并不涉及立义的“作为什么”，即不涉及立义的意义，它并不意指新的客体和新的客体相位，它并不提供新的时间点，而是一再地提供这同一个客体连同它的各个同一时间点。每个现时的现在都创造一个新的时间点，因为它创造出一个新的客体，或者毋宁说，创造出一个新的客体点(Objektpunkt)，它在变异的河流中作为这同一个个体的客体点而被持留下来。一个新的现在不断持续地构造起自身，这种持续性向我们表明，这里涉及的根本不是“新”，而是一个个体化的持续瞬间，时间位置的起源就在这个瞬间之中。在这个变异着的河流的 [422]
本质中包含着这样的情况：这个时间位置是同一地站立于此，并且是作为必然同一地站立于此。作为现时现在的这个现在就是这个时间位置的当下被给予。如果这个现象移入到过去，那么这个现在便获得过去现在的特征，但它始终是这同一个现在，只是相对于各个现时现在和时间上新的现在而言，它是作为过去而站立于此。

因而，时间客体的客体化建立在下列因素的基础上：从属于客体的不同现时现在点的感觉内容可以始终在质性上绝对不变，但尽管有如此宽泛的内容同一性，它却仍然不具有真正的同一性；这同一个感觉在现在和在另一个现在中各有差异，而且这是一种现象学的差异，它与绝对的时间位置相符合，它是这个“这个”的个体性原源泉，并因此而是绝对的时间位置的原源泉。每个变异的相位都“本质上”具有相同的质性内涵和相同的时间瞬间，尽管是变异了的，而且它是以这样的方式在自身中具有它们，以至于以后的同一性立义恰恰因此而得以可能。这是在感觉和立义基础方面的情况。不同的瞬间承载着立义、本真的客体化的不同方面。客体化的一个方面纯粹是在感觉材料的质性内涵中找到其支撑的:它提供时间质料,例如声音。它会在过去变异的河流中同一地得到持留。客体化的第二个方面产生于时间位置代表的立义之中。这种立义在变异的河流中持续地得到持留。

总结一下:这个声音一点在其绝对的个体性中在其质料和时间位置方面得到持留,后者才构造出个体性。最后再加上立义,它本质上属于变异,而且在这个延展了的对象性连同其内在绝对时间得到持留的情况下,它使这种向过去的回移显现出来。因此,在我们的声音例子中,持续的新的响起和渐渐消失的每个时间点都具有其感觉材料和其客体化立义。声音在此作为一个被拉奏的提琴弦的声音。如果我们再次撇开客体化立义不论,并且纯粹地观看感觉材料,那么这从质料而论例如始终是 c 音,音质和音色不变,强度或许不稳定等等。这个内容——纯粹作为感觉内容是客体化统觉的基础——是延展了的,即每个现在都具有它的感觉内

[423] 容,每个其他的现在都具有一个个体上其他的感觉内容,即使它在材料上也正是这同一个。绝对的这同一个 c 现在和以后是在感觉上相同的,但个体上却是另一个。

这里所说的"个体的",就是感觉的原初时间形式,或者我也可以说,就是原初感觉的时间形式,在这里是指各个现在点的感觉,并且仅仅是这些点的感觉。但实际上这个现在点本身可以通过这个原初感觉来定义,以至于这个被说出的句子只能被看做是对那个应当被意指的东西的指明。印象相对于想象材料的区别就在于

本原性的特征。[①] 现在我们在印象以内凸显原印象，与它相对而立的是在原生回忆意识中的变异的连续统。原印象是绝对不变异者，是对所有其他意识和存在而言的原源泉。原印象的内容就在于现在这个词所意味的东西，只要它是在最严格的意义上被理解。每个新的现在都是一个新的原印象的内容。持续地有一个新的印象并且始终是新的印象闪现出来，带着始终是新的、或相同或变化的质料。使原印象区别于原印象的是原初时间位置印象的个体化因素，这种原初时间位置印象是某种相对于质性以及其他感觉内容的因素而言根本不同的东西。原初时间位置的因素当然不是某种自为的东西，个体化不是与个体化所具有的东西相并列的东西。整个现在点、整个本原的印象都经历着过去变异，而唯有通过它，我们才穷尽整个现在概念，只要它是一个相对的概念并且指明一个“过去”，就像“过去”指明“现在”一样。即使是这个变异也首先涉及感觉，同时却并不扬弃它的普遍的、印象的特征。它变异着原印象的总体内涵，既在质料方面，也在时间位置方面，但它正是在这个意义上进行变异，就像一个想象变异所做的那样，即完完全全地变异着，但却并不改变意向本质(总体内涵)。

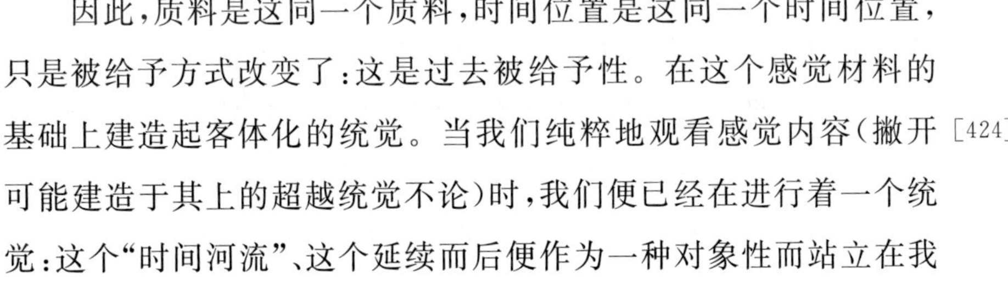

因此，质料是这同一个质料，时间位置是这同一个时间位置，只是被给予方式改变了:这是过去被给予性。在这个感觉材料的基础上建造起客体化的统觉。当我们纯粹地观看感觉内容(撇开 [424]
可能建造于其上的超越统觉不论)时，我们便已经在进行着一个统觉:这个“时间河流”、这个延续而后便作为一种对象性而站立在我

① 关于印象和想象材料参照附录二，第150页(边码[452])及以后各页。

们眼前。对象性以统一性意识、同一性意识为前提。我们在这里将每个原感觉都立义为自身(Selbst)。它给予一个声音一点一个体,而这个个体是在过去变异的河流中同一的这同一个:与这个点相关的统觉在过去变异中始终处在持续的相合中,而这个个体的同一性**显然**就是时间位置的同一性。一再更新的原印象持续地流出,这种持续的流出在对这些原印象被立义为个体的点的过程中一再重复地提供着新的和不同的时间位置,这种持续性提供了时间位置的持续性。因而在过去变异的河流中站立着一个持续的、完全充实了的时间部分,但却是以这种方式,即只有其中的一个点通过原印象而被给予,并且时间位置由这里而在变异了的阶段变化中持续地显现出来,回行到过去之中。

每个被感知的时间都是作为一个限定在当下之中的过去而被感知。而当下是一个界限点。每个立义都束缚在这个合规律性上,无论它是多么超越。如果我们以一个鸟的飞行、一个奔驰中的骑兵中队为例,那么我们会在感觉基础中发现这些被描述过的差异、一再更新的原感觉,带着它们的时间位置特征,这些提供了它们的个体化;另一方面我们也发现在立义中的同一类模式。正是因此,客观之物本身,即鸟的飞行,才显现为在现在点中的原被给予性,但却显现为在一个过去连续统中的完整被给予性,这个连续统是限定在现在之中的,并且持续地限定在一再更新的现在之中,而持续的过去之物则不断继续地被引入过去连续统之中。这个显现的过程始终具有同一的、绝对的时间值。它按其已流逝的部分不断继续地将自己回移到过去之中,与此同时,它将自己连同其绝对时间位置以及因此也连同其整个时间片段推入到过去之中:即是说，这同一个过程连同这同一个绝对的时间延展都始终（只要它还显现）同一地显现为这同一个，只是它的被给予形式有所不同。另一方面，在活的存在源泉点（lebendige Quellpunkt des Seins）中、在现在中有一再更新的原存在（Ursein）涌现出来，相对于此，那个从属于此过程的各个现在时间点的距离持续地增大着，因此 [425]
这种回坠的显现、这种远离的显现也就增长着。

第 32 节　在对这一个客观时间构建上再造的参与①

在向过去回坠的同时，时间点的个体性得到保持，但以此我们还不具有一个统一的、同质的、客观的时间。对于这个意识的成立，再造的回忆（作为直观的回忆以及在空乏意向形式中的回忆）起着重要的作用。每个被回移的时间点都可以借助于一个再造的回忆而成为并且重复地成为一个时间直观的零点（Nullpunkt）。在以前的时间领域中，当下被回移之物曾是一个现在，这个时间领域现在被再造，而被再造的现在连同还在新鲜回忆中的活的时间点被认同：这个个体的意向是这同一个。② 被再造的时间领域要比现时当下的时间领域伸展得更远。如果我们接受其中的一个过去点，那么通过对那个时间领域——这个点在其中曾是现在——之叠推（Überschiebung）而进行的再造便提供了一个向过去的进一步回行，如此等等。这个过程可以明见地被想象为是无限可持

① 第 32 节的文字以及第 33 节前两行的文字都立足于 1905 年讲座稿的第“46”至“47”页张上的文字。——编者

② 参见附录四：“再回忆与时间客体和客观时间的构造”，第 159 页（边码[459]）及以后各页。

续的，即使现时的回忆实际上很快就会不起作用。明见的是，每个时间点都具有它的此前和此后，而且这些点和片段此前不能以向一个数学界限（如强度界限）接近的方式将自身密集化。倘若真有一个界限点，那么与这个点相符的会是一个现在，没有任何东西先行于它，而这明见地是不可能的。[①] 一个现在始终是并且本质上是一个时间片段的排列点。而明见无疑的是：这整个片段都必定会回坠，并在此同时保持着它的整个容量、它的整个个体性。当然，想象与再造并不使这样一种意义上的时间直观的延展得以可能，即好像实项地被给予的时间阶段变化的范围会在模拟意识（Simulantbewußtsein）中得到扩大一样。也许人们会与此相关地提问：它如何会在对时间领域的这种演替的顺序排列中以这一种固定的秩序来达到客观的时间呢？时间领域的持续叠推提供了答

[426] 案，这种叠推实际上并不仅仅是时间领域的时间上的相互排列。相互叠推的部分在向过去的直观一持续回行中个体地得到认同。如果我们如此地从每个现实地被体验的、即在感知的时间领域中本原地被给予的或从某个再造着遥远过去的时间点出发，回行到过去之中，可以说是沿着一个由相互联系的和一再被认同的客体性所构成的固定链条回行，那么直线的秩序在这里是任何论证自身的呢？按照这个秩序，每个随意的时间片段，也包括那种在连续性以外随同现时的时间领域被再造的时间片段，都必定是一个唯一的、一直延展到现时现在的链条的一个部分。即使是每个随意想象出来的时间也服从于这样的要求：如果它应当可以被设想为

① 参见第80页（边码[399]）。

现实的时间(即时间客体的时间),它就必须作为一个在这个唯一的客观时间中的部分而存有。

第33节　几个先天的时间规律[①]

显然,这个先天的要求是建基于那个直接可把握的、基础的时间明见性的有效性之上,这些明见性乃是根据对时间位置被给予性的直观而变得明见的。

如果我们首先比较一下两个原印象,或者毋宁说,相关地比较一下两个原被给予性,两个都是在一个意识中现实地显现为原被给予性、显现为现在,那么它们便通过其质料而相互区分开来,但它们是同时的,它们同一地具有这同一个绝对的时间位置,它们两个都是现在的,并且它们在这同一个现在中必然地具有这同一个时间位置值。[②] 它们具有这同一个个体化形式,它们两个都是在属于同一个印象阶段的印象中构造起自身。在这个同一性中,它们发生变异并且始终保持着在过去变异中的同一性。一个原被给予性和一个具有不同或相同内容的变异了的被给予性必然具有不同的时间位置;而两个变异了的被给予性则或是具有这同一个时间位置,或是具有不同的时间位置;如果它们产生于这同一个现在点,那么它们就具有这同一个时间位置,如果它们产生于不同的现在点,那么它们就具有不同的时间位置。现时的现在是一个现在, [427]

① 除了前两行以外,第33节的文字均立足于1905年讲座稿第“61”至“62”页张上的文字。——编者

② 关于同时性的构造参照第38节、第123页(边码[431])以及附录七、第170页(边码[468])以后。

并且构造**一个**时间位置，同样也有许多客体性在这个现在之中有分别地构造起自身：它们都具有这同一个时间当下，并且在流动中保持着它们的同时性。这些时间位置具有距离，这些距离是大小不等的，如此等等，这些可以在这里被明见地直观到；此外还可以明见地直观到真理，像可递性规律或"如果 a 要早于 b，那么 b 要晚于 a"的规律。在时间的先天本质中包含着：它是时间位置的一个连续性，带有或是同一的或是变化的、充实着时间的客体性；绝对时间的同质性无法扬弃地在过去变异的河流中以及在一个现在的持续流出中构造起自身，这个现在就是创造性的时间点的现在，是时间位置一般的源泉点的现在。

此外，在这个事态的先天本质中还包含着：感觉、立义、执态，所有这些都一同参与了**这同一个**时间河流。客体化了的绝对时间与从属于感觉和立义的时间是同一的这同一个。这个属于感觉的前客体化了的时间必定就是一种与此感觉变异以及这个变异之程度相符的时间位置客体化之唯一可能性的基础。例如，与一个钟声开始于其中的客体化了的时间点相符合的是相应感觉的时间点。这感觉在起始相位上具有这同一个时间。即是说，如果它以后补的方式成为对象，那么它必然保持着那个与钟声的相应时间点相一致的时间点。同样，感知的时间与被感知之物的时间是同一的一个东西。① 感知行为坠入到时间之中，就像在显现中的被感知之物，而在反思中，每个感知相位都必定与被感知之物一样，同一地被给予这同一个时间位置。

---

① 参照附录五："感知与被感知之物的同时性"，第 162 页（边码[461]）及以后各页。

第三章　时间与时间客体的构造阶段

第 34 节　构造阶段的划分[①][②]

在我们以那些最醒目的现象为出发点，从几个主要方向上和在不同的层次中研究了时间意识之后，现在最好来确定一下各种 [428] 不同的构造阶段所具有的本质建构，并且系统地审查这些构造阶段。

我们发现：

1. 在客观时间中的经验事物（在这里还需要区分经验存在的不同阶段，它们至此为止还没有被顾及到：个别主体的经验事物、交互主体的同一事物、物理学的事物）；

2. 不同阶段上的构造着的显现多样性，在前经验时间中的内在统一；

3. 绝对的、构造着时间的意识流。

第 35 节　被构造的统一与构造着的河流的区别[③]

现在应当进一步阐释这个绝对的、先于**所有**构造的意识。它

① 第 34 节的文字在札记中在增补文字中再现的出自 1907 至 1909 年的第 40 号札记的文字相衔接；参照第 286 页及以后各页。——编者

② 关于这一节和以后各节参照附录六："对绝对河流的把握"，第 164 页（边码[463]）及以后各页。

③ 参照第 166 页（边码[465]）及以后各页。

的特殊性非常明确地在与不同阶段的被构造的统一的对照之中凸显出来。[①]

1. 每个个体的客体(每个在河流中被构造的统一，无论是内在的还是超越的)都在延续着并且必然在延续着，就是说，它连续地存在于时间中，并且是在这个连续存在中的同一之物，这个连续存在同时也可以被看做是进程；反之，在时间中存在的当下，是在时间中连续的并且是进程的统一，这个进程在其前行中不可分离地带着这个延续者的统一。在声音—进程中包含着声音的统一，它在这个进程中延续着，而声音的统一则相反是被充实的延续的统一，就是说，在进程中的延续的统一。因而如果某个东西被规定为在一个时间点中存在，那么它只能被设想为一个进程的相位，在此相位中，一个个体存在的延续具有它的点。

2. 原则上，个体的或具体的存在是不变或变化；进程是一个变化进程或一个静止，延续的客体本身是一个变化的或静止的客体。每个变化在进行中都具有涉及这同一个延续的变化速度或变化加速(相比较而言)。原则上，变化的每个相位都可以延展到一个静止中，每个静止的相位都可以转引到一个变化中。

[429] 如果我们现在与此相比较地来考察**构造着的**现象，那么我们就会发现一条河流，而这河流的每个相位都是一个**映射的连续性**。但原则上这条河流的每个相位都不能延展到一个连续的后继中，即不可能设想这个河流如此地得到改变，以至于这个相位自身伸

---

① 从这里开始，第35～39节的文字立足于一份大约不会早于1911年底产生的札记上的文字，这个札记在后面增补文字第54号中以其原初的形式完整地(就其保留下来的而言)得到再现；参照第368页及以后各页以及那里的回溯指明。——编者

展到它自身所带有的同一性之中。完全相反，我们原则上必然发现一条持续"变化"的河流。而这种变化的荒谬就在于，它完全就像它所流逝的那样流逝着，既不能"更快地"，也不"更慢地"流逝。而后，这里还缺少任何变化的客体；并且只要在每个进程中都有"某物"在前行，那么这里所涉及的便不是进程。这里没有任何变化着的东西在此，因此也就不能有意义谈论某个延续的东西。即是说，在这里要想去寻找某个在一个延续中不变化的东西，乃是毫无意义的。

第 36 节　构造着时间的河流作为绝对的主体性

因而，这些构造着时间的现象明见无疑地是这样一些对象性[①]，它们原则上不同于在时间中被构造的对象性。它们不是个体的客体或个体的进程，而这些现象的谓项不能有意义地被归属给它们。因此也就没有意义这样去谈论它们（并且是在相同的意义上谈论它们）：它们存在于现在之中并且以前曾经存在，它们在时间上相互后继并且相互是同时的，如此等等。但人们或许可以说并且必须说：某个显现的连续性，即这样一个连续性，它是这个构造着时间的河流的相位，这个连续性**属于**一个现在，即属于这个**构造着它**的现在，并且属于一个以前，即作为对此以前来说是（我

① "对象性"（Gegenständlichkeiten）概念在原则上有别于"对象"概念，虽然胡塞尔常常将它们等义使用。胡塞尔本人在《逻辑研究》中从两个方面强调"对象性"与"对象"这两个术语之间的区别：一方面，"对象性"意味着最宽泛意义上的"对象"，即在意识中被构造的东西，无论它是抽象的，还是具体的，是简单的还是复合的；另一方面，"对象性"是指一个整体意识行为所构造的整体对象。——译者

们不能说：曾是）构造性的连续性。但这河流不正是一种相继吗？它不就具有一个现在、一个现时的相位和一个由诸过去构成的连续性吗？而它们现在在滞留中被意识到吗？我们所能说的无非就是：这条河流就是我们**根据这个被构造者**来称呼的东西，但它不是时间上的"客观的东西"。它是**绝对的主体性**，并且具有一个**形象地**被标志为"河流"的东西的绝对特性：现时性点、原源泉点、"现在"涌现出来的东西，如此等等。在现时性体验中，我们具有原源泉点和一个诸余音瞬间的连续性。对所有这一切我们都还缺少名称。

[430]

第 37 节　超越客体的显现作为被构造的统一

还需要注意：如果我们谈论"感知行为"并且说，它是本真感知的点，这个点与"滞留"的连续性的后继相接，那么我们以此并没有描述时间性的内在统一，而恰恰是在描述这个河流的瞬间。就是说，**显现**，例如一个房子的显现，是一个时间的存在，一个延续的、变化的存在，如此等等。同样还有那些并不是显现的内在的声音。但房子—显现并不是感知意识和滞留意识。这种意识只能被理解为构造着时间的意识，理解为这河流的瞬间。同样，回忆显现（或被回忆的内在之物，有可能是被回忆的内在的原生内容）也应当区别于回忆意识连同它的回忆滞留。我们始终要区分：**意识**（河流）、**显现**（内在客体）、超越的**对象**（如果一个原生内容不是内在客体）。并非所有意识都像例如外感知一样具有与"客观的"（即超越的）时间之物、客观个体性的关系。在每个意识中我们都找到一个"内在的"内容，它与那些被称作显现的内容在一起，这些显现或者是个体之物(一个外部的时间之物)的显现,或者是非—时间之物的显现。例如,在判断行为中,我具有作为“判断”的显现,即作为内在的时间的统一,而**在其中**,逻辑意义上的判断“显现出来”。[①] 判断行为始终具有河流的特征。因此,在《逻辑研究》中被称作“行为”或“意向体验”的东西,始终是一条河流,一个内在的时间统一在这个河流中构造起自身(判断、愿望等等),它具有内在的延续,并且有可能较快地或较慢地进展,这些在绝对河流中构造起来的统一是在内在时间之中的,这时间是**一个**时间,在它之中有一个同时状态(ein Gleichzeitig)和同样长的延续(或者有可能是这同一个延续,即对两个内在的、同时延续的客体而言的延续),此外还有某种可以根据此前和此后的来进行规定的可能性。

第38节 意识流的统一与同时和后继[②]

[431]

我们在前面已经探讨过[③]这种内在客体的构造,探讨过它们从一再更新的原印象中的生长和变异。在反思中我们发现一条唯一的河流,它分为许多河流,但这种“许多”具有一个统一,它允许并要求我们说,这是**一条**河流。我们发现许多河流,因为有许多原感觉的序列在开始和结束。但我们发现有一个联结的形式,因为对所有这些河流来说,不仅分别有从现在向不再(Nicht-mehr)、另一方面从尚未(Noch-nicht)向现在的转变规律在起作用,而且还有一个现在的共同形式、一个在流动样式中的相同性一般。几个、

① “显现(Erscheinung)”在这里是在较宽泛的意义上被使用的。

② 参照附录七:“同时性的构造”,第170页(边码[468])及后页。

③ 参照第11节、第68页(边码[390])及以后各页。

多个原感觉是“一下子”(auf einmal)存在的，而且如果一个流动，那么这些多数也“同期”(zugleich)流动，并且是在完全相同的模式中、带着完全相同的映射、以完全相同的时速：只是当一个原感觉在总体上停止时，另一个却还在面前具有“尚未”，即它的新的原感觉，这些原感觉继续着那些在它之中被意识之物的延续。或者，更好的描述是：这许多原感觉在流动，并且从一开始就支配着这同一些流逝样式，只是这些对于延续的内在客体而言构造性的原感觉序列是以不同方式继续着，这种继续是与这些内在客体的不同延续相符合的。它们并不都以相同的方式使用这些形式的可能性。内在的时间是作为**一个**对所有内在客体和过程而言的时间而构造起自身的。与此相关，关于内在之物的时间意识是一种唯一性。包罗万象的是现时的原感觉的“聚合”、“同期”，包罗万象的是所有刚刚过去的原感觉的“刚才”、“先行”，是原感觉的每个聚合向这样一个“刚才”的持续转变；这个刚才是一个连续性，它的每个点都是一个对于这个总体的聚合来说同类的、同一的流逝样式。原感觉的这个**整体**聚合受这样一个规律的制约：它自身转变为意识样式的一个持续的连续统、已流逝性(Abgelaufenheit)样式的连续统。在这同一个持续性中有一个一再更新的原感觉之聚合在本原地产生出来，而后又持续地过渡到已流逝性之中。无论一个聚合作为

[432] 原感觉的聚合是什么，它都始终是在已流逝性样式中的聚合。原感觉具有其在连续流逝意义上的连续的“相继”，而且原感觉具有其聚合，具有其“同期”。同期存在的东西是现实的原感觉，但相继存在的则是一个感觉或一组现实原感觉的聚合，而其他的原感觉则已经流逝。但这意味着什么呢？我们能说的无非是：“你看”；意

识到一个内在的现在的一个或一组原感觉(一个声音—现在、在这同一个现在中的一个颜色等等),持续地转变为刚才—意识的样式,在这个刚才—意识中,这个内在客体被意识为过去,并且与此"同期"出现了一个新的和一再更新的原感觉,一个一再更新的现在被确立,随之一个一再更新的声音—现在、形态—现在等等被意识到。在一组原感觉中,原感觉与原感觉之间的区别在于内容,只有现在是这同一个。就其形式而言,意识作为原感觉意识是同一的。

但与原感觉意识"聚合"在一起的是"以前的"原感觉、以前的现在意识的流逝样式的连续序列。**这个**聚合从形式上看是连续**转变了的**意识样式,而原感觉的聚合则是一种纯粹由**形式同一的**样式所组成的聚合。在流逝样式的连续性中我们可以取出一个点,然后我们发现在这个点中也有一个由形式相同的流逝样式组成的聚合,或者毋宁说一个同一的流逝样式。必须从本质上区分这两种聚合。一个是对同时性(Gleichzeitigkeit)构造而言的基本部分,另一个是对时间后继之构造而言的基本部分,尽管另一方面同时性不会没有时间后继,时间后继也不会没有同时性,故而同时性和时间后继必定是相互关联并且不可分离的。在术语上我们可以区分流淌性的前—同期(fluxionalem Vor-Zugleich)和印象性的流淌之同期(inpressionalem Zugleich der Fluxionen)。我们不能将这个或那个同期(Zugleich)称之为一个同时(Gleichzeitig)。我们不能再去谈论一个最终构造着的意识的时间。例如,随着那个引入滞留过程的原感觉,一个颜色或一个声音的同时性原初地构造起自身,它们在一个"现时的现在"中的存在原初地构造起自身,但

[433] 这些原感觉本身并不是同时的，所以我们更不会将流淌的前一同期之相位称作同时的意识相位，就像我们同样也不能将意识的相继称作一个时间相继一样。

我们从前面的分析中知道，这个前一同期究竟是什么：它是相位的连续统，这些相位与一个原感觉相衔接，并且它们的每个滞留意识都是关于以前的现在的（关于它的“原初的回忆”）意识。这里需要注意：如果原感觉回退，持续地变异，那么我们就不仅具有一个体验，它是以前体验的一个变异，而且我们还有可能已经将目光转到这个体验之中，以至于我们在已变异者中可以说是“看到”这个以前未变异的体验。如果一个不太快的声音后继在流逝，我们可以在第一个声音流逝后不只是“看向”作为一个“还当下的”、尽管不再被感觉的声音的它，而且我们还可以关注：这个声音刚刚还具有的意识样式，就是对它在其中曾作为现在而被给予的原感觉意识样式的一个“回忆”。但而后就必须明确地区分过去意识（滞留的意识以及同样还有“再”—当下化的意识），在这个意识中有一个内在的时间客体被意识为刚才，以及区分滞留，或者说，对以前的原感觉的再回忆的“再造”（要看涉及的是感觉变异的原初河流还是对它的再当下化）。这也同样适用于任何一种其他的流淌(Fluxion)。

如果一个内在客体之延续的某一个相位是现在相位，即被意识为原感觉，那么在随这个原感觉一起的前一同期中，各个相互衔接的滞留便连续地联合起来，它们自身带有原感觉之变异的特征，这些原感觉从属于这个被构造的延续的所有其他已在时间上流逝了的点。每个这样的滞留都具有一个特定的样式，与此样式相符

合的是现在点的时间距离。每个这样的滞留都是关于相应的以前现在点的过去意识，并且在刚才(Vorhin)的样式中给出这个现在点，这个刚才的样式是与这个现在点在已流逝的延续中所具有的位置相符合的。

第39节 滞留的双重意向性与意识流的构造[①]

在滞留的意向性中所包含的双重性为我们提供了一个解决困难的指示：如何可能知道一个最终构造着的意识流的统一。我们 [434]
在这里无疑面临着一个困难：如果一条完结了的(从属于一个延续的进程或客体的)河流已流逝，那么我就可以回顾它，它似乎在回忆中构建起一个统一。因而意识流在意识中显然也作为统一而构造起自身。在意识流中例如构造起一个声音—延续的统一，但意识流自己则又作为声音—延续—意识的统一而构造起自身。而我们是否也必须进一步说：这个统一是以完全相似的方式构造起自身，并且同样也是一个被构造的时间序列，因而人们是否必须谈论时间上的现在、此前和此后？

根据前面的阐释，我们可以给出以下回答：这是一条唯一的意识流，在其中构造起声音的内在时间统一，并同期构造起这意识流本身的统一。尽管这看起来令人反感(开始时甚至是荒谬的)，即意识流构造着它自己的统一，但情况的确就是如此。而这是可以从它的本质构造中得到解释的。目光可以**穿越**那些在持续的河流进程中作为对声音的意向性而彼此“相合”的相位。但目光也可以

① 参照附录八：“意识流的双重意向性”，第172页(边码[469])及以后各页。

朝向这河流，朝向这河流的一个片段，朝向这个流动的意识从声音一启动到声音结束的过渡。每个“滞留”类型的意识映射都具有一个双重的意向性：一个是为内在客体的构造、为这个声音的构造服务的意向性，我们将它称作对（刚刚被感觉的）声音的“原生回忆”，或者更清楚地说就是这个声音的滞留。另一个意向性是对在河流中对这个原生回忆的统一而言构造性的意向性；就是说，滞留是与此相一致的：它是仍然一意识（Noch-Bewußtsein）、持留意识，也就是滞留，流逝的声音一滞留的滞留：它是在它与河流中持续地自身映射中的、关于持续先行了的相位的持续滞留。如果我们观看意识流的某个相位（在这个相位中显现出一个声音一现在以及显现出在刚刚流逝性之样式中的声音一延续的一个片段），那么它会包含着一个在前一同期中统一的各个滞留的连续性；这些滞留是关于这河流的各个连续先行的相位的总体瞬间连续性的滞留（在启动环节中，它是新的原感觉，在后继而来的持续的第一环节中、在第一映射相位中，它是先行的原感觉的直接滞留，在下一
[435] 个瞬间相位中，它是先行的原感觉的滞留的滞留，如此等等）。如果我们让这河流继续流动，那么我们就具有在流逝中的河流连续统，它使这个刚刚被描述的连续性以滞留的方式发生变化，而在这里，由各个瞬间一同期存在的相位组成的每个新的连续性都是与在先行相位中的同时总体连续性相关的滞留。所以也就是说，有一个纵意向性（Längsintentionalität）贯穿在此河流中，它在河流的流程中持续地与自己本身处在相合统一之中。第一个原感觉在绝对的过渡中流动着地转变为它的滞留，这个滞留又转变为对此滞留的滞留，如此等等。但同时随着第一个滞留而有一个新的“现

在"、一个新的原感觉在此，它与第一个滞留以连续—瞬间的方式相联结，以至于这河流的第二相位是这个新的现在的原感觉，并且是以前的现在的滞留，而第三个相位重又是一个带有第二个原感觉的滞留的原感觉，并且是第一个原感觉的滞留的滞留，如此等等。在这里应当一同考虑到，关于一个滞留的滞留的意向性不仅与直接滞留者相关，而且也关系到二阶的在滞留中的滞留者，并且最终还关系到那个在这里始终被客体化了的原素材。正如一个对事物显现的当下化所具有的意向性不仅与这个事物显现相关，而且也与显现着的事物相关一样，或者更好的说法是：就像对 A 的回忆不仅使回忆被意识到，而且也使作为此回忆之被回忆者的 A 被意识到一样。

据此，我们认为，在意识流中，河流本身的统一作为一个一维的拟—时间秩序的自身构造是借助于各个滞留变化的持续性而进行的，并且是借助于这样一个状况：这些变化持续地是关于持续先行的滞留的滞留。如果我朝向这个声音，如果我关注地进入到"横意向性"（Querintentionalität）之中（进入到作为关于各个声音—现在的感觉的原感觉之中，进入到作为在流逝的各个声音—点序列的原生回忆的滞留变换之中，并且在原感觉的滞留变化和已经现存的滞留的河流中始终地经验着统一），那么这个延续的声音就已经在此，并在其延续中不断地延展着。如果我指向"纵意向性"以及指向在它之中构造着自身的东西，那么，我就将反思的目光从声音（已经如此这般延续了的声音）投向那个在前—同期中于一个点之后的原感觉的新东西以及那个在一个持续的序列之后与此 [436] "同时"的滞留者上。这个滞留者是在其相位序列（首先是其先行相位)之后的过去意识,而在持续的意识流动中,我把握到这个流逝的意识的滞留序列连同这些现时的原感觉的界限点以及这个序列随着滞留与原感觉的新开启而进行的持续回移的界限点。

人们在这里可能会问:我是否可以在一个目光中发现并把握这整个包含在一个前—同期中的过去意识进程的滞留意识呢?必然的过程显然是这样的:我必须先要把握这个“前—同期”(Vor-Zugleich)本身,而它是持续变异的,它只是如其所是地处在河流中;而只要这河流改变着这个“前—同期”,它便与自身意向地相合,并在流动中构造着统一;而这同一者含有一个持续的回移样式,一再更新的东西从头开启,而后很快又在其瞬间联系中流失。在这个过程期间,目光可以始终固定在这个下坠着的瞬间—同期上;但滞留的统一之构造远远地超出它,不断地附加新的东西。目光可以在这过程中转到这个方向上,而它作为被构造的统一始终还是在河流中的意识。

因此,在这条唯一的河流中有**两个**不可分离地统一的、就像一个事物的两面一样相互要求的**意向性**彼此交织在一起。借助于这一个意向性,内在的时间构造起自身,它是一个客观的时间、真正的时间,在它之中有延续和延续者的变化;在另一个意向性中构造着自身的,是这条河流各个相位的**拟**—时间编排,这条河流始终并且必然具有流动的“现在”一点,具有现时性相位,并且具有前现时的相位串和后现时的(尚未现时的)相位串。这个前现象的、前内在的时间性是作为构造着时间的意识之形式而意向地构造起自身的,
[437] 而且是在此意识之中构造起自身的。构造着内在时间的意识流不仅**存在着**,而且是以如此奇特、但却又可以理解的方式存在

着，以至于在它之中必然有此河流的一个自身显现，因而这河流本身必然是可以在流动中被把握到的。这个河流的自身显现并不需要第二条河流，相反，它是作为现象而在自身中构造起自身的。[①]构造者与被构造者是相合的，但它们当然不是在每个方面都相合。意识流的各个相位是在这同一条意识流的各个相位中现象地构造起自身的，后一类相位与前一类被构造的相位是不可能同一的，而且也不是同一的。在意识流的瞬间—现时中得到显现的东西，就处在这意识流的这同一些过去相位的滞留瞬间序列之中。

第40节　被构造的内在内容[②]

现在让我们走到内在“内容”（它们的构造是绝对意识流的成就）的层次上面，并且更切近地考察它们。这些内在内容是在通常意义上的体验：感觉材料（无论它们是否被注意到），例如一个红色、一个蓝色，以及如此等等；此外便是显现（房子的显现、环境的显现等等），无论它们以及它们的“对象”是否被注意到；而后是陈述、期望、意愿等等“行为”，以及所属的再造变异（想象、回忆）。所有这些都是意识内容、构造着时间对象的原意识（Urbewußtsein）的内容，这个原意识本身并不重又是这个意义上的现象学时间中的内容、对象。

仅仅就内在内容在其“现时”持续的同时指明着一个将来之物并回指着一个过去之物这一点而言，内在内容就是它们之所是。

① 参照附录九：“原意识与反思的可能性”，第175页（边码[471]）及以后各页。

② 无法找到第40节文字的手稿底本。——编者

但在这种指明和回指的过程中还应当区分不同的东西：在原初构造内在内容的每个原相位中，我们都恰恰具有这个内容的过去相位的滞留和将来相位的前摄，而只要这个内容还在持续，这些前摄就在充实着自己。这些"特定的"滞留和前摄具有一个模糊的视域，它们流动地过渡到不确定的、与过去和将来之河流的流逝相关的滞留和前摄中，现时的内容通过它们而嵌入到这个河流的统一之中。因此，我们必须将滞留和前摄区分于再回忆和期待，后者的目的并不在于内在内容的构造性相位，而是在于将过去或将来的内在内容当下化。这些内容在持续，它们具有其时间，它们是个体的客体性，这些客体性是变化或不变的统一。

[438]
第41节　内在内容的明见性。变化与不变[1]

如果人们谈及一个内在内容的明见被给予性，那么，明见性就显而易见地不可能意味着在声音的点状时间此在方面的无疑可靠性；我想把如此被理解的明见性（例如像布伦塔诺所认为的那种明见性）看做是一种臆想。如果一个需在感知中被给予的内容的本质就在于，它是在时间中延展的，那么感知的无疑性无非就意味着在时间上延展的此在的无疑性。[2] 而这重又意味着：所有指向个体实存的问题都只能通过向那种在最严格意义上给予我们个体实存的感知的回溯而得到回答。感知与不是感知的东西越是混淆在一起，感知的可疑性就会越大。如果涉及的是内在内容而非经验

---

① 第41节的文字立足于1905年讲座稿的第"47"至"49"页张上的文字。——编者

② 关于内感知可以参照第44节、第143页（边码[446]）及以后各页。

的事物性，那么，延续与变化（Sichveränderung）、并存与接随（Aufeinanderfolgen）便可以在感知中得以丰富而完整地实现，而且常常是现实地实现了。这种情况发生在感知中，它们恰恰是纯粹直观的感知，是在最本真的意义上构造着那些持续着或变化着的内容本身的感知；是在自己本身中不再含有任何可疑性的感知：在所有起源问题上我们都会被引会到感知之上，但感知本身却排除了对起源的进一步追问的可能性。显然，如果我们想把时间的延展从明见性和真正的被给予性的区域中排除出去，那么广为谈论的内感知的明见性、能思（cogitatio）的明见性就失去了所有的含义和意义。

我们现在来考察对延续的明见性意识并且分析这个意识本身。如果声音c（甚至不仅仅是质性c，而且这个应当始终保持不变的总的声音内容）延续地被感知到，并且作为延续的而被给予，那么这个c就在直接的时间领域的一个段落上有过延展，即是说，在每个现在中出现的都不是另一个声音，而是始终连续地是这同一个声音。始终出现同一个声音，这个同一性的连续统是这个意识的内部特征。各个时间位置并没有通过相互有别的行为而被相 [439]
互区分开来，感知的统一在这里是无断裂的统一，它不带有任何凸显的内部区别。另一方面却仍有区别，因为每个时间点都在个体上有别于其他点，但仅仅是有**分别**（*ver*schieden）而无**分离**（nicht *ge*schieden）。时间质料的不可分的相同性以及时间设定意识之变异的持续性，为融合成为这个c的无断裂延伸的统一的状况奠定了本质基础，随之才产生出一种具体的同一。只是作为在时间上伸展的声音，这个声音c才是一个具体的个体。具体的东西每

次都是单独被给予的东西,并且不言而喻,正是知性的分析过程,才使得像以上所尝试的那样一些阐释得以可能。c 的无断裂统一是最先被给予的东西,它表明自己是一个可分的统一、一个由在意项上(ideell)可以被区分、并在可能情况下例如借助于同时演替而可以被发现的诸瞬间所组成的融合状况(Verschmolzenheit),正是通过这种同时演替,我们可以在平行流逝的持续中区分出各个片段,而后便可以在与这些片段的关系中进行比较和辨认。

除此之外,我们在进行这些描述时已经是带着一些理想化的臆想在操作了。以为这个声音绝对不变,这是一个臆想。在任意的瞬间中都始终会发生或大或小的偏差,故而在一个瞬间方面的连续统一是与另一个瞬间的不可区分性结合在一起的,这个不可区分性为这个连续统一间接地创造了划分。质性同一性的断裂、在同一个质性属之内一个质性向另一个质性的跳越——它们产生出一个新的体验、对变换的体验,在这里明见的是:并非在时间段的每个时间点上都可能有间断(Diskontinuität)。间断预设了连续统,无论是以无变化的延续的方式,还是以持续变化的方式。就后者而言,即就持续变化的方式而言,变化意识的相位同样也是无断裂地、亦即以统一意识、同一意识的方式过渡到彼此之中,与在无变化的延续的情况中一样。但这个统一表明自己并非无差别的统一。首先无差别地过渡到彼此之中的东西,在连续综合的进程中产生出偏差和越来越大的偏差,于是相同性与差异性便混淆在
[440] 一起,带着不断增长的强度而被给予的,是差异性增强的一种连续统。原初的现在一意向显现出来,以个体维续的方式,在新的和不断更新的共时意识中被设定为与这样一个意向相一致,这个意向

在时间上离现在一意向越远，就会使一个越来越强的差异性、一个间距产生出来。起初是相合的东西和而后是几乎相合的东西越来越多地分离开来，老的和新的不再显现为本质上的完全同一个，而是显现为一个越来越不同的和陌生的东西，尽管它们还有属的共同性。这样，"逐渐变化了"的意识、在持续认同的河流中的增长着的间距的意识便产生出来。

在无变化延续的情况中，我们具有持续的统一意识，它在继续前行的过程中始终是同质的统一意识。相合穿透在这些持续前行的意向的整个序列中，而贯穿的统一始终是相合的统一。它不让那种"别样"意识、疏远意识、间距意识冒出来。在变化的意识中也有相合发生，这种相合同样穿透在整个时间延展中；但一般看来，在这个相合中同时并且以越来越强的方式出现朝向差异的偏差。变化的质料在时间段中被分配的方式决定着对或快或慢的变化的意识、变化速度和变化加速的意识。但在任何情况下，而且不只是在持续变化的情况下，别样意识、差异意识都预设了一种统一。在变换（Wechsel）中必定有某种延续的东西在此，而在变化中同样也有某个东西在此，它构成这同一个变化着或经历着变换的东西的同一性。不言而喻，这重又回溯到一个个体的意识的本质形式上。如果音质始终不变而声音强度或音色发生变化，那么我们会说，**同一个**声音变换了它的音色，或在强度方面发生变化。即使在整个现象中没有任何东西保持不变，即使"在所有规定性上"都有变化，始终还会有足够的东西在此被用来确定统一，亦即这样一种无差异性，各个临界的相位带着它而彼此过渡，并随之而产生出统一意识。这个整体的种类和形式在属上始终是同一个。相似者过

渡到相似者之中，而且是在相似多样性的范围内；反过来可以说：相似者就是一个可以从属于连续过渡之统一的东西，或就是所有[441] 具有一个间距的东西，正如相同者就是可以论证一个无变化的延续（静止）之统一的东西，或就是一个没有间距的东西。只要谈到变化和变换，情况就始终是如此。作为基础的必定是一个统一意识。

第 42 节 印象与再造①

在这里需要注意的是：如果我们不去探究在其延续中的印象内容的构造，而是探究例如回忆内容的构造，那么我们就不能谈论与这些内容的现在点相符的原印象。这里处在最前列的是原回忆（Urerinnerung）（作为绝对的相位），不是一个“从外部”“异于意识地”被置入的东西、一个原创产生的东西，而是一个显露出来的东西、重新显露出来的东西，我们（至少在回忆上）可以这样说。这个瞬间尽管本身不是印象，但却与印象一样不是自发性的产物，而是以某种方式是一个接受性的东西。在这里也可以谈得上被动的接收，并区分带来新东西、陌生东西、本原东西的被动接收以及只是再带来、当下化的被动接收。

每个被构造的体验都要么是印象，要么是再造；作为再造，它要么是一个当下**化**（Vergegenwärtigen），要么不是。在任何情况下，它本身都是一个（内在的）当下拥有（Gegenwärtigen）。但每个

① 无法找到作为第一部分结尾的第 42 节至第 45 节文字的手稿底本。或许它们是一些产生于 1911 年以后的札记。——编者

当下的和当下拥有的意识都会有一个**关于**此意识的完全相应的当下化的观念可能性与之相符。印象性的感知会有一个对它的当下化的可能性与之相符，印象性的愿望会有一个对它的当下化的可能性与之相符，如此等等。这种当下化也涉及每个感性的感觉内容。与被感觉的红色相符的是一个想象材料（Phantasma）红色、一个关于红色的当下化意识。在这里，与感觉（即对感性素材的感知）相符的是对感觉的当下化。但每个被当下化的东西本身重又通过一个印象性的意识而是当下的。因而在某种意义上，所有体验都是通过印象而被意识到或被允许的。但在它们中间有这样一些体验，它们作为对印象的再造、印象的当下化变异出现，并且每个意识都有一个这样的变异与之相符（当下化在这里并不同时被理解为一个注意的意指）。一个感知是关于一个对象的意识。它 [442] 作为意识同时是一个印象、一个内在的当下被拥有之物。与这个内在的当下拥有、这个对一个 A 的感知相符的是再造性的变异：对感知的当下化，想象中或回忆中的感知。但这样一种"想象中的感知"同时是对被感知的客体的想象。在感知中，一个对象，例如一个事物或一个事物性的过程，当下地在此。因而感知不仅本身是当下的，而且它同时就是一个当下拥有，在它之中有一个被当下拥有的东西在此，这个事物、这个事物性的过程。同样，对感知的当下化变异同时是对被感知的客体的当下化：这个事物客体被想象、被回忆、被期待。

所有印象都是在原初意识中构造起来的，原生的内容与"关于……的意识的"体验都是如此。因为所有体验都可以分为这样两种基本的体验属：一种是行为、是"关于……的意识"、是"与某物

相关联的"体验,另一种则不是。被感觉的颜色不具有与某物的关联。[①] 同样,想象内容也不具有这种规律,例如一个作为浮现在眼前的(即便是未被关注的)红色的想象材料红。但关于红的想象意识却会具有这种关联,即与所有原始的(primitiv)当下化的关联。因而我们可以发现,一些印象是对印象性意识的当下化;正如印象性的意识是关于内在之物的意识一样,印象性的当下化也是对内在之物的当下化。

印象(在较为狭窄的意义上与当下化相对立)可以被理解为本原意识,在这个意识后面不再会有一个意识到它的意识,当下化则相反,即便是最原始的内在当下化,都已经是次生的意识了,它预设了它在其中被印象性地意识到的原生意识。

[443]

第 43 节 事物显现与事物的构造。被构造的立义与原立义

让我们来考察这样一个意识,譬如对这个铜质烟灰缸的感知:它作为一个延续的事物性存在而处于此。一个反思可以使我们区分:感知本身(感知立义连同立义素材被具体地视为一体:例如在确定性样式中的感知显现)和被感知者(它可以在明见的、奠基于感知的判断中被描述);它同时是一个被意指者,意指"生活"在感知中。反思告诉我们,感知立义在其样式中本身就是某种内在—

① 只要我们有权将原意识、将那个构造内在时间和从属于它的体验的河流本身称作行为,或者说,有权将它分解为各个统一和行为,那么,我们也就可以并且必须说:一个原行为或原行为关联构造着统一体,这些统一体本身或者是行为,或者不是。但这将产生出困难。

时间性的被构造者。它是通过现在相位和滞留的多样性而被构造的。无论是立义内容还是包含着确定性样式的立义意向，都是以此方式被构造的。感觉内容是作为感性印象中的统一、作为在他者、在与它们相交织的行为印象中的立义而构造起自身的。感知作为被构造的现象就其本身而言是对这个事物的感知。

在原生的时间意识中，事物显现、事物立义作为延续的、不变的现象或变化的现象而构造起自身。而在这个变化的统一中，一个新的统一“被意识到”：这个不变的或变化的事物的统一，在其时间和延续中的不变和变化。在感知构造于其中的同一个印象性意识中也恰恰通过此而构造起被感知者。一个如此建造的意识之本质就在于：它既是一种内在的统一意识，同时也是一种超越的统一意识。并且它的本质还在于：一个意指的目光可以时而指向感性感觉，时而指向显现，时而指向对象。经过必要的修正（Mutatis mutandis），这也适用于所有“行为”。它们的本质始终都在于：具有一种超越的意向性，并且只能通过一个内在的被构造者、通过“立义”而具有一种超越的意向性。而这始终论证着这样一种可能性，即：将这个内在者、这个立义连同其内在内涵放置到与那个超越者的关联之中。而这种放置到关联中的做法重又产生出一个“行为”、一个更高阶段的行为。

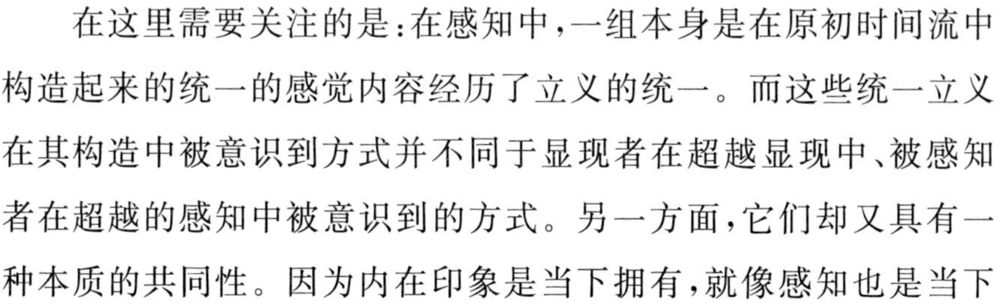

在这里需要关注的是：在感知中，一组本身是在原初时间流中构造起来的统一的感觉内容经历了立义的统一。而这些统一立义在其构造中被意识到方式并不同于显现者在超越显现中、被感知者在超越的感知中被意识到的方式。另一方面，它们却又具有一种本质的共同性。因为内在印象是当下拥有，就像感知也是当下 [444]

拥有一样;在前者那里,我们"通过"显现而具有的是内在的被当下拥有者,在后者那里,则是超越的被当下拥有者。即是说,当超越的显现是在内意识中被构造的统一的同时,在这些统一"中"重又有其他的统一被构造出来:显现着的客体。

我们曾看到,这些内在统一是在时间的映射多样性河流中构造起来的。我们在此具有杂多的、变异了的原内容,它们从属于内在内容的每个时间点,并沿着纵向的意识流前行,它们的特征可以被描述为在时间特征中的原内容之滞留变异。而这些原内容是原立义的载者,这些原立义在其流动联系中构造着那些在其向过去回移过程中的内在内容的时间统一。在感知显现情况中的"内容"恰恰就是这些作为时间统一的整体现象。因而感知立义也是在这种映射的多样性中构造起来的,它通过时间立义的统一而成为统一的。因此,我们在这里必须在双重的意义上理解立义:内在地被构造的立义,以及属于内在构造、属于原初河流本身之相位的立义,即不再是被构造的原立义。在显现的内在流动中,在现象学时间中我们称之为感知的各个立义的连续接随中,现在便构造起一个时间性的统一,只要这些立义的连续性不仅产生出变化着的显现的统一(例如在旋转一个事物时作为同一个事物的各个角度而显现出来的一系列角度),而且也产生出一个延续的或变化的事物的各个显现的统一。

在作为现象学时间各个统一性的感觉内容的映射多样性中,
[445] 或者说,在对这些内容的各个立义的现象学—时间性的映射多样性中,一个同一的事物性(Dinglichkeit)显现出来,它在所有相位中都始终在映射的多样性中展示自身,通过这种方式,内在时间将

自身客体化为一种在内在显现中被构造的客体的时间。[①] 事物在其各个显现的流动中构造自己，这些显现本身是作为在原初印象的河流中的内在统一而被构造起来的，并且必然是一个接一个地构造起来的。显现的事物之所以构造自身，乃是因为在原初的流动中，感觉统一和统一的立义在构造自身，即始终有关于某物的映射、展示、对某物的进一步当下拥有构造着自身，并且在连续的序列中对同一个东西的展示在构造着自身。展示的流淌具有这种流动和关联，以至于它们的显现者在恰恰是在这些以及在这种形式的展示映射的多样性中分离开来，就像一个感觉内容在感觉映射中的分离一样。正因为此，立义的多样性的特征是当下拥有，正如内在印象的特征也是如此。

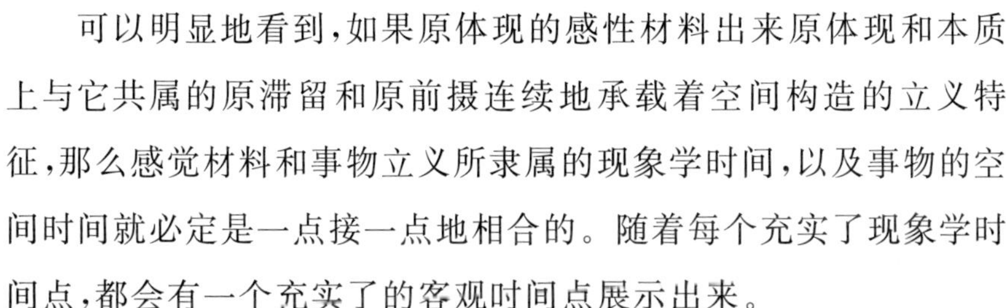

可以明显地看到，如果原体现的感性材料出来原体现和本质上与它共属的原滞留和原前摄连续地承载着空间构造的立义特征，那么感觉材料和事物立义所隶属的现象学时间，以及事物的空间时间就必定是一点接一点地相合的。随着每个充实了现象学时间点，都会有一个充实了的客观时间点展示出来。

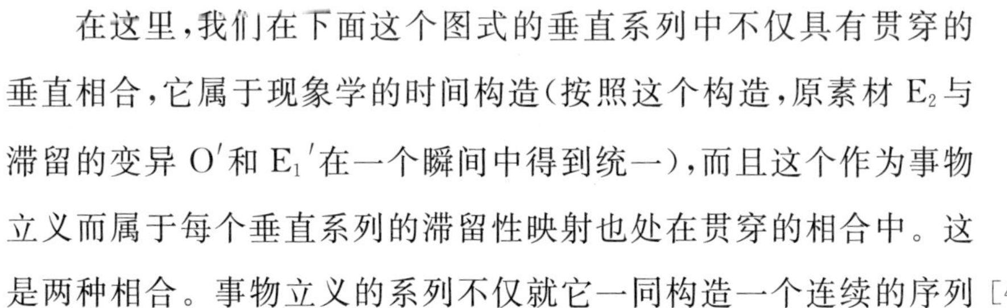

在这里，我们在下面这个图式的垂直系列中不仅具有贯穿的垂直相合，它属于现象学的时间构造（按照这个构造，原素材 E_2 与滞留的变异 O′和 E_1′在一个瞬间中得到统一），而且这个作为事物立义而属于每个垂直系列的滞留性映射也处在贯穿的相合中。这是两种相合。事物立义的系列不仅就它一同构造一个连续的序列 [446]

① 参照附录十："时间的客体化和在时间中的事物性的东西的客体化"，第178页（边码[473]）及以后各页。

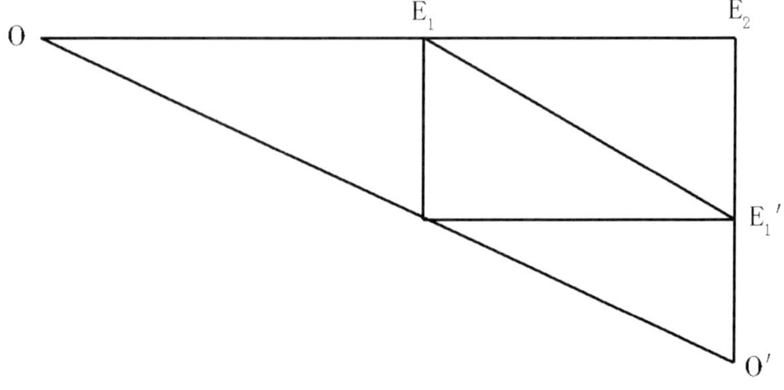

而言是相合的，而且就它构造同一个事物而言也是相合的。第一个相合是具有束缚力的本质相同性的相合，第二个相合是同一性的相合，因为在对这个序列的连续认同中，延续的同一之物被意识到。当然，从垂直系列到垂直系列的连续演替的认同也属于此，它是在具有客观—空间意义的各个前摄被充实的情况下进行的。

我们已经指出在内在的和超越的统一之构造中的相似性：正如"感觉—映射"（在现象学时间中对感觉统一而言的展示之原素材）具有其法则，在原序列中具有其本质特征，并且通过在图式照再现的变异而构造出感觉的统一，事物的映射，或者说，作为原序列的原素材而起作用的"显现"也与此相似。显现时间的原序列借助于建基于时间的滞留等等而构造出作为现象学时间统一的（变化的或不变的）显现。但还有：源自那些属于同一个不变的事物的显现多样性的显现，具有一个在体的（ontisches）本质（显现者的本质），它完全是同一个东西——就像属于同一个不变的红色的时间素材具有完全相同的本质一样。同样，事物变化的系列与红色的变化系列一样，它们都受一个固定的法则的主宰，因此，在同一个东西中构造出一个双重的东西：显现与显现者，并且在不同的显现中的不变的或变化的显现者。

现在当然会有这样一个问题：事物显现，即同一个东西的显现，具有何种特性？这是空间构造的问题，它因而预设了时间构造。

第44节　内感知与外感知[①]

但我们现在来谈论一个延续的感知，而且它既可以是一个事物感知，也可以是一个内在感知。在事物感知那里，撇开滞留性的和前摄性的交织不论，持续的感知显现、事物的现在显现的连续统 [447]
也被看做感知。事物显现、"在其朝向中的事物"、在特定展示中的事物，如此等等，都是某种延续的东西，就像显现着的绝然的事物(Ding schlechthin)。即便是单纯显现出来的一个表面，也是延续着的并在这种延续中变化着的。实际上我不可以说："在其朝向中的事物"，而只能说：事物显现的进程，如果朝向始终不变，这个事物显现会延续下去，否则就是显现的持续变化进程，但这是在一个延续之内的变化。

在对一个内在客体的感知那里，我们也可以将连续性中的现在之内在合在一起看：但它这时就是客体本身的延续了。如果在外感知的意义上看，客体并没有显现出来。因此，"感知"在关于一个外部客体的意识情况中可以将外部的显现标识为内在客体，同

① 参照附录十一："相即的与不相即的感知"，第184页(边码[478])及以后各页，以及附录十二："内意识和对体验的把握"，第188页(边码[481])[及以后各页]。

时感知与被感知之物不言而喻是不同的东西，而如果我们谈及内感知，并且感知与被感知之物在这里应当始终是同一个东西，那么感知就不能被理解为内在之物，亦即不能被理解为客体本身。若我们谈及内感知，就只能把它理解为：1）对那个即便不朝向它也现存于此的（vorhanden）统一内在的客体的内意识，以及作为构造时间性东西的意识；或者2）带有这种朝向的内意识。在这里可以轻而易举地看到：这种朝向是对一个内在进程的把握，它具有其内在的延续，这个延续与在朝向它的过程中的内在声音的延续是相合的。

因而在外客体的情况中我们具有：

1. 外显现；

2. 构造意识，在其中外显现作为内在客体构造其自身；

3. 朝向，它既可以是对显现及其组元的朝向，也可以是对显现者的朝向。唯有后者才会在谈到外感知时被涉及。

对回忆也可以做类似的思考；只是回忆本身具有其意向性，即当下化的意向性。回忆具有其作为内意识进程的统一，并且在内
[448] 在时间的统一中具有其位置和延续。这一点始终有效，无论它是对内在之物的回忆，还是对超越之物的回忆。而每个回忆（如果我们撇开朝向不论）同时都是内在之物的回忆。因此，关于内在声音的意识作为本原的内意识不可能具有内在的时间性，而关于内在声音的当下化意识（它在相应变化了的意义上是关于对声音的内意识的当下化意识）则是一个内在客体，从属于内在的时间性。

第45节 非时间的超越之构造

此外还要注意:每个意识在本真的意义上(作为被构造的内在统一)都必然同时也是关于它所"关涉"的对象之物的意识统一。但并非每个意识都本身是时间意识,亦即关于一个时间之物的意识,一个构造意向时间的意识。所以,一个关于数学事态的判断意识是印象,但这个在其统一中统一地"站立于此"(dastehen)的数学事态却不是时间性的东西,判断活动是当下拥有(或者说,当下化)。[①] 与此相符,我们可以说,一个事物、一个事件、一个时间性的存在在想象中被表象,它合乎想象、合乎回忆、合乎期待或滞留地显现出来,我们同样也可以说,它显现为当下的,是被感知的。相反,我们却不能说,一个数学事态显现为被当下拥有的或被当下化的。判断活动可以或长或短地延续着,可以在其主观时间中延展,并且可以是当下的或当下化的。但被判断者则不是或长或短、或多或少延续着的。在判断当下化中的拟—被判断者也是如此。被当下化的是判断,而不是被判断者。如果我们说,"单纯地思考"一个实事状态,那么这并不意味着,它被当下化了,而是它处在中立性变异的特征中,而不是处在信仰的特征中。各个信仰变式(Glaubensmodalitäten)绝不等同于当下与不当下的信仰变式,而是与它们相交切。在一个个体的实事状态中还可以——非本真地——谈及时间特征,只要那个在实事状态中在逻辑—分析上被 [449]

① 参照附录十三:"作为内在时间客体的自发统一的构造。——作为时间构形和绝对时间构造意识的判断",第193页(边码[486])及以后各页。

划分了的并综合地被理解的实事可以合乎感知地是当下的，或可以合乎想象地被当下化。但对于一个非时间的实事状态而言，对于一个不谈时间之物的实事状态而言，这些根本就没有意义。想象到一个数学判断中去，这并不意味着：将一个数学的实事状态加以想象表象，就好像它能够是一个当下拥有着的或当下化着的被展示者一样。

在确切的体现意义上显现仅仅属于当下拥有及其变异的领域，而在显现者构造，或更恰当地说，在个体存在的本真被给予性中包含着：它是在作为展示的显现的连续性形式中被给予的。不言而喻，实事状态也可以“单纯显现”并且要求在本真的被给予性中的证明。这也不会对以上所说有丝毫改变，即：建基于个体显现（自然显现）上的实事状态（“自然事实”）可以根据基础性的显现被给予性，即以类似的方式在“展示”的无限性中显现出来。尽管如此，我们必须说：实事状态的“这些展示”（显现）并不是在本真意义上的展示，而是在一种派生意义上的展示。实事状态实际上也并不是时间之物，它对于某个时间中而言存有，但本身并不是某个像一个事物或一个过程那样在时间中的东西。时间意识和展示并不属于实事状态本身，而是属于它的实事。

这些情况也对所有其他被奠基的行为及其相关项有效。一个价值不具有时间位置。一个时间客体可以是美的、可爱的、有用的等等，而且可以是在一个特定的时间中是这样的。但美、可爱等等却并不具有在自然中和时间中的位置。它们不是在当下拥有或当下化中的显现者。

第二部分　1905～1910年间对时间意识分析的续加和补充[1]

[450]

附录一　原印象及其变异的连续统[2]

每个原印象都在特征上被描述为这样一种原印象，并且每个变异都在特征上被描述为这样一种变异。此外，每个变异都是持续的变异。这就把这种变异区别于想象变异和图像变异。这些时间变异中的每个都是在一个连续统中的不独立的界限。而这个连续统具有一个单面受限的、直接相邻的(orthoid)杂多性的特征。它在原印象中开始并且作为变异而在一个方向上继续前行。这个连续统中的一些具有相同距离的点客观地构造出相距同样远的客体的时间相位。

---

① 这里的文字依据了1917年夏受作者委托并由作者协助、为埃迪·施泰因合成，并于1928年由马丁·海德格尔编辑出版的稿本。除了附录十以外，作为这些“附录”文字之基础的手稿资料都未能找到。由于手稿的缺失，我们不具有实证的依据，也就无法更确切地猜测这些不同札记的产生日期。但是，如果我们对1928年出版的“附录”的内容与在这卷中所重新给出那些标明日期的札记的内容进行对比，那么我们可以猜测：“附录”文字可能部分地立足于那些更多是产生于1910至1917年的札记上。——关于附录十可以参照第178页上的编者注。——编者

② 对第11节、第68页(边码[390])及后页的续加和补充。

如果我们谈及"变异",那么我们首先看到的是那种改变,即原印象在持续地"减弱"。然而,每个变异都显然可以在相同的意义上被看做是任意一个前行的变异的变异。如果我们取出这个连续统的某一个相位,那么我们可以说,它消逝了,对每个其他的相位来说都是如此;这完全就包含在这样一个连续统以及任何一个这样的(单面朝向的)连续统的本质之中。在由O起始的强度之连续性中,情况也是如此。这个上升在这里是每个强度都经历的变异。每个强度自身都是它之所是,而每个新的强度也就都是一个新的。但在涉及一个随意地在先被给予的强度时,每个在此系列中以后的强度都可以被看做是一个操作的结果。如果b是a的上升,那么c就是与a相关的一个上升的上升。借助于连续性,并非每个点都单单是一个与前行的点相关的上升,而是一个上升的上升的上升,如此类推,**直至无穷**和无限小。这是一个相互切入的变异的无限性。只是在这里没有一个本身可以被看做是强度的起始点。在这里,起点就是零点。每个直线连续统都带有这样一个本质特征:我们可以从任意一个点出发,将任何一个其他的点设想为是从它之中持续生产出来的,而每个持续的生产都是通过持续的
[451] 迭复(Iterierung)进行的。我们甚至可以把每个间距加以**无限的**划分,并在每个划分过程中把以后的划分点设想为是间接地通过以前的点而生产出来的,这样便通过无限多的上升(它们之中的每个都是同样无限小的上升)之中的一个上升而最终生产出一个任意的点。所以,现在在时间变异的过程中也是如此,或者毋宁说,在其他的连续统中,关于"生产"(Erzeugung)的说法只是一种形象的比喻,而在[时间变异]这里,这个说法才是真正的说法。时间

构造的连续统是一条变异之变异的持续生产的河流。迭复意义上的各个变异从现时的现在出发，即从各个原印象 u 出发，但始终向前而行，它们不再只是与 u 相关的变异，而且也是顺序的相互变异，这个顺序是指它们的流动的次序。这便是持续的生产的特征所在。变异不断地造就新的变异。原印象是这个生产的绝对开端，是所有其他的东西从中持续生产出来的原源泉。但它自己并不是被生产出来的，它不是作为某种产物，而是通过**自发的发生**（genesis spontanea）才形成的，它是原制作。它是不会生长的（它没有萌芽），它就是原创作。如果我们说，与这个正在变异为非一现在的现在相邻，始终有一个新的现在正在构成自身，或者说，正在生产自身，正有一个原源泉原突然地（urplötzlich）蹦出来，那么这些都是形象的比喻。我们只能说：没有印象，也就没有意识。凡有某物延续之处，就会有 a 过渡到 xa′，xa′过渡到 yx′a″，如此等等。但意识的生产只是从 a 走向 a′，从 xa′走向 x′a″；相反，这些 a、x、y 并不是意识的生产物，它是原制作物，是“新东西”，是以异于意识的方式而生成的东西，是被接受的东西，它与那些通过本己的意识自发性而生产出来的东西相对。但这种意识自发性的特殊性就在于，它只是使原制作物得以生长、展开，但却不创造任何“新东西”。当然，我们通常称为经验生成、生产的东西，是与客体性相关的，而这完全是另一回事。在这里所涉及的是意识的自发性，或更小心地说，是意识的原自发性（Urspontaneität）。

现在，随情况的不同——随这里所关涉的究竟是对构造性内容之相关现在而言的原源泉，还是自发的意识生产的情况之不同——原初瞬间要么是原印象，要么就是原一回忆、原一想象，如

此等等。如果我们追循这些层次的次序，那么，一个层次的每一原初瞬间都是自发生产的原源泉，这些自发生产贯穿在它们的持续
[452] 变化的其他层次的始终，并且在其中代表着这个原初瞬间（这个原初瞬间单独地、唯一地从属于那个首先被看在眼中的层次）。此外，每个原初瞬间都是各个原初瞬间之持续系列的相位，这些原初瞬间通过一个层次的序列而相互过渡。或者，每个原初瞬间都有助于构成一个具体的延续，而在对一个具体持续的构造中包含这样的内涵：它的每个点都有一个现时的现在与之相符，而这个现时的现在就它这方面而言也为它的构造而要求一个本己的原初瞬间。这个序列的各个瞬间是持续一体的，它们“持续地相互过渡”。这个过渡“在质性上”是受中介的（vermittelt），并且同时是时间性的：拟一时间的特征是一个持续的特征。

附录二　当下化与想象。——印象与想象[①]

在最宽泛的意义上，亦即在一般的、尽管不甚明确的话语的意义上，“当下化”与“想象”并非是同一个东西。首先，有一些非直观的回忆和其他的当下化，它们是不会被任何人称作想象的。另一方面，我们虽然在一个直观当下化的情况中常常会说（或至少可以说）：被回忆的东西浮现“在想象中”，但我们并不把回忆本身称之为一种想象。此外，当下化可以是一种自身当下化，或可以是一种图像化的（类比的）当下化。在后一种情况中，我们会说：被当下化的东西“以一个想象图像的形式”浮现在面前，或者在一个想象显

① 对第 17 节、第 82 页（边码[400]）[及后页]的续加和补充。

现中被图像化了。这时候，想象图像就是想象的事情，超出于想象图像的东西，即与被映像之物的关联，则不再是想象的事情。我们无法再将这个被映像者本身称作是在想象中显现的，那样的话，这里就会有两个彼此构建于彼此之上的想象了。只要谈及想象，尤其是关于一个对象的想象，那么有一点是共同的：这个对象是在一个显现中显现，而且是在一个当下化的显现中显现，而不是在一个当下拥有的显现中显现。这里面包含着什么？这里的"显现"（Erscheinung）是什么？一个对象可以被直观到，并且它可以"象征 [453]
地"（通过符号）被表象，最后是空乏地被表象。直观（也包括空乏表象）是对同一个对象的素朴的、直接的表象，一个象征表象是一个被奠基的表象。一个经素朴表象中介的表象，并且是一个空乏表象。一个直观表象会使对象显现出来，一个空乏表象则不会。我们首先可以将**素朴的**表象区分为素朴直观的表象和素朴空乏的表象。但一个空乏的表象也可以是一个**象征的**表象，它不只是进行空乏的表象，而且是"通过"符号或图像进行表象。在后一种情况中，对象是被图像化了，是在一个图像中被直观化了的，但并非"本身"是直观地被表象的。每个关于对象性之物的直观当下化都将这个对象之物**以想象的方式**表象出来。这个当下化含有一个关于此对象之物的**想象显现**。这个当下化在此可以具有**现时性**或**非现时性**的特征，[①]而确然性样式（执态的确然性样式）可以是随意的：确然、猜测、揣测、怀疑等等。此外，当下化究竟是将对象之物

① 这里的"现时性"（Aktualität）和"非现时性"（Inaktualität），与《观念》意义上的"立场性"（Positionalität）和"中立性"（Neutralität）是同一个意思。

立义为过去的东西，还是立义为现在所是的东西，这是无关紧要的（但是，在期待时，如果期待[Erwartung]将被期待者直观化，我们就已经有一个象征意识，这时，上述情况就不是无关紧要的）。作为共同核心的始终是“单纯的想象显现”。当然，这里的问题在于，要清晰地阐明：这个核心是如何为所有那些其他的东西所包裹起来的；其他的立义是如何与这个核心立义相联结的。——同样，我们在所有素朴直观的当下拥有的情况中都具有一个显现。而且，象征地直观化的当下拥有是以一个显现为基础的——现在不是一个想象显现，而是一个感知显现。即是说，我们区分感知显现和想象显现，后者所包含的立义质料是“想象材料（Phantasma）”（对感觉的当下化变异），前者所包含的立义材料是感觉。

现在，想象显现如何会是相应的感知显现的变异（当下化变异）的呢？自然不是按照质性样式的方面、不是按照执态的诸样式，它们始终是被排除在外的。另一方面，抛开这些样式的可能变换不论，我们具有一种变异。与感觉相符的是想象材料，但这两方面的立义（以及完整的显现）都是变异了的，是抛开其样式不论的立义，而且就从同一个角度来看。即便这个立义和完整的显现需要有一个质性的样式，这个样式也与我们在这里所说的“想象的”变异无关。

[454] 让我们在不依赖“执态”样式的情况下将感知显现称作**显象**（Apparenz），而且更清楚些：如果它们出现在一个感知中（信仰样式），我们就将它们称作**感知的**（perzeptiv）显象，如果它们出现在一个幻想中，我们就将它们称作**幻想的**（illusionär）显象。另一方面，我们也必须区分**印象的**（impressional）显象（感觉显象）与**想象**

的(imaginativ)显象，后者可以是一个回忆的内容、一个在回忆中的幻想，如此等等。因此，在印象与想象之间的区别涉及作为所有直观行为的同一内核的显象，而且对于整个现象而言，这个区别决定着当下拥有与当下化之间的区别。此外还明见无疑的是，印象与想象之间的这个区别不仅与"外感官"的领域有关，而且也与内感官的领域有关。易言之，显象可能与之相联结的所有样式方面的特征，以及对应的在体(ontisch)方面的特征(即这样一些特征："现实地"作为存在的、作为曾在的、作为将在的，而且作为将出现的，还有假象的特征、当下化的现在存在的特征等等)都是由印象与想象的分裂来决定的；愿望、意愿等等也与此相同。但在"内感官"的领域中、同样也在外感官的领域中，都可以区分感觉与显象，而在一个显象的情况中却要区分这个显象本身与它的样式特征。即是说，例如，我相信这个或那个。这个信仰是现时的信仰，是印象。与之相符的是一个想象材料"信仰"。必须将这个信仰本身或这个信仰感觉区分于在作为我的状况、我的判断活动的立义中的信仰。我在这里具有我的关于我和我的判断活动的感知意识，而在这个立义中我们必须区分内显象和信仰样式，后者设定着存在(我的信仰)并将它纳入到此在现实之中。

只需区分"信仰"与"信仰"的"立义"就足够了。这个区分尚未被看做是那种在与现实世界的关联中设定着内在之物的心理学统觉。

因此，每个"意识"都要么具有"感觉材料"的特征，要么具有"想象材料"的特征。每个意识、每个最宽泛意义上的"感觉"都是某种"可感知的东西"和"可表象的东西"，或者说，某种可回忆的东西，以任何方式可经验的东西。但我们总是具有意识，而这个意识在想象材料中具有其对应项(Gegenstück)。

[455]

附录三　回忆与感知的关联意向。——时间意识的诸样式①

我们现在来考虑"回忆"意识。它作为未变异的意识是"感觉"，或者同样可以说，是印象。或者更清楚些：它有可能含有想象材料，但它本身不是对另一个作为相应感觉的意识的想象变异。但在它之中包含着一个显象。我回忆一个过程：在回忆中包含着对这个过程的想象显象，这个过程是带着一个显象的背景而显现的，我自己也属于这个背景；这整个显象都具有想象显象的特征，但具有一个信仰样式，它构成这个回忆的特征。而后我们可以将这个回忆本身置于想象之中，可以在想象中，也可以在回忆中拥有回忆：我生活在一个回忆中，一个回忆出现了："我回忆了这个或那个"，或者我想象我有一个回忆。在这里我们虽然发现，回忆的样式转变为一个相应的想象材料，但回忆的质料、回忆—显象本身却没有进一步变异，正如在它之中包含的想象材料没有进一步变异一样。没有二阶的想象材料。而构成回忆质料的整个质料回忆—显象就是想象材料，并且不会发生进一步的变异。

如果我进一步具有对一个回忆的回忆，那么在与一个回忆过程的关联中，亦即在与一个各个想象显象以质性的样式站立并流逝于其中的意识的关联中，便会出现一个"变异了的"回忆。这里

① 对第23节、第94页(边码[408])及以后各页的续加和补充。

可说的东西在根本上是与前面相同的。素朴回忆的质性样式被“对回忆的回忆”所取代，即是说，我具有一个在回忆的质性样式（与整个回忆过程融为一体）中的回忆想象材料。但回忆想象材料是关于……的回忆之特征，建基于一个想象的显象上，而这个显象在素朴回忆与回忆之回忆那里是同一的相同者。如果有人说，回 [456]
忆的特征相对于所有构成其内容的东西而言就在于：一个立义在此，它给出它与现时的感知现实的关系，那么至少在这里含有正确的东西；但这并不会改变前面之所说。这样，我们对这个立义本身就必须区分内容与信仰样式。当然，例如在我现在所具有的素朴回忆中的立义，以及在那个回忆之回忆（它使被回忆的回忆与一个作为现时点的被回忆的现在联系在一起）中的立义，这两者乃是不同的立义。然而主要的问题在于，（我们完全以直觉方式恰恰看做显现的）显象是不可能发生变异的。这同样也适用于回忆立义的内容，它们使显象与现在联系在一起，它们自然就不会是完全直观的。

回忆的特征就是这个与现时现在的关联，它与“单纯想象”的区别也在于此，但它不能被理解为是一个外部附着的东西。它显然与每个感知与一个现时的现在的关系相类似。此外，就像每个回忆指明一个无限的回忆关联（指明一个先前的东西）一样，每个感知也都回指向一个无限的感知关联（一个多重的无限性）。（这个“这里”在此是无法被感知的，即是说，没有在回忆本身中被给予。）我们现在也可以纯粹自为地、撇开它的关联来考察一个感知。但即便这个关联不是作为与其他感知的关联而实项地在此，它也仍然“潜能地”（potenziell）处在意向中。即是说，如果我们考察每一瞬间的完整感知，那么这个感知仍然具有各种关联，因为在它之中会包含着一个确定或不确定的意向组合，它们继续延伸并且在运用时从各个感知中得到充实。这些关联意向是无法切割出去的。至于个别的感觉，它实际上不是个别的。即是说，原生内容始终是立义目光束（Auffassungsstrahlen）的载者，而且若没有这些载者，立义目光束也就不会出现，即便这些载者还是如此地不确定。在回忆中的情况也是如此。回忆自身具有其“关联”，即它作为回忆具有其形式，我们将它描述为指向前和指向后的意向因素，没有这些因素，这回忆也就不能存在。回忆要得到充实，就需要有多系列的回忆，这些回忆汇合到现时的现在为止。不可能将自为的、撇开那些将它与其他回忆联结在一起的意向的回忆与这些意向本身分离开来。

[457] “自为的”回忆已经具有这些意向，从它之中无法提取出“单纯的想象”。如果现在有人说，回忆还是对一个先前的现在的回忆，是一个拟—感知，它使一个时间进程被意识到；为什么不能把握住这整个现象，并且将两方面的本真回忆意向切割出去呢？——那么对此的回答是：感知本身、“原本的”行为并不仅仅具有其空间性关联，而且也有其时间性关联。每个感知都有其滞留的和前摄的晕。即便是感知的变异也必须——以变异了的方式——含有这种双重的晕，而使“单纯想象”有别于回忆的地方就在于，这整个意向组合这一次〔在涉及回忆时〕所具有的现时性的特征，那一次〔在涉及“单纯想象”时〕则具有非现时性的特征。

每个感觉都具有其意向，它从现在引向一个新的现在，如此等等：对将来的意向，以及另一方面对过去的意向。就回忆而言，它也具有其合乎回忆的将来意向。这些意向是完全确定的，只要它们的充实（就这种充实能够进行而言）有确定的方向，并且在内容上完全确定，而在感知的情况中，将来意向就其质料而言通常是不确定的，并且只有通过进一步的实际感知才得以确定。（确定的仅仅是，总有某个东西会到来。）

至于过去意向，它们在感知中是完全确定的，但可以说是颠倒的。在各个感知与回忆链之间有一个确定的关联，但在其中规定日期的是回忆意向（作为单方面指向的），这些回忆显而易见都只是可能性而已，它们只是以例外的方式，或只有它们中间的几个，才与感知一同现时地被给予。但另一方面，感知却带有相应的过去意向，但这些意向是空乏的，与那些回忆或回忆关联相应。无论是那种指向现时现在的空乏的刚刚过去（Soeben-vergangen），还是那些可以说是涉及离得更远的东西的含糊的、空乏的意向，它们都是指向现在的。这些意向被现时化，或者说，它们得到充实，因为我们可以说是通过回忆而跳跃性地将自己回置于过去之中，并且直观地在直至现在的进步中把过去再次地当下化给我们。可以说，当下始终是从过去中诞生的，当然，一个确定的当下是从一个 ⌊458⌋ 确定的过去中诞生的。或者更确切些，一个确定的河流在不断地流动发生，现时现在沉下去并且过渡到一个新的现在之中，如此等等。即便它是一种先天的必然性，它也仍然受一种“联想”决定，即是说，过去的关联是合乎回忆地被确定的；此外还有，“总有某个东西会到来”。但我们现在还是从这个衍生者（时间性的经验意向的组合）被引向本原者，而这个本原者恰恰就处在从各个现在向新的现在的过渡之中。

感知的本质就在于，它不仅在其目光中具有一个点状的现在，而且不仅从其目光中释放出一个刚刚曾是，并以特殊的“刚刚曾是”的方式“还意识到”这个刚刚曾是，而且它从现在过渡到现在，并一边前瞻一边走向现在。清醒的意识、清醒的生活就是走向生活(Entgegenleben)。在这里想到的不单单是、也不首先是注意力，相反，我更觉得，在不依赖于(较狭窄的和较宽泛的意义上的)注意力的情况下有一个本原意向从一个现在走向另一个现在，它时而与不确定的、时而与或多或少确定的产生于过去之中的经验意向相关联。这些意向也许就预示着这个联结的各个线索。但这个指向新现在的现在目光、这个过渡却是某种本原的东西，它才为将来的经验意向开辟出道路。我曾说：这属于感知的本质；更确切地说：这属于印象的本质。它甚至适用于每个“原生内容”，适用于每个感觉。“想象材料”与回忆内容就意味着这个意识的相应变异，意味着一个“仿佛—意识”(Gleichsam-Bewußtsein)。而如果这真的是回忆，那么这个仿佛—意识就会被编排到过去之中。回忆的变异就在于，对相关瞬间的整个本原意识都完全而完整地获得了它的变异，也就是说，在其关联中包含着印象目光的那个时间意向完完全全地获得了它的变异，而且整个意向关联也都是如此获得了它的变异，那个本原印象便是插入到这个意向关联之中，而且这个意向关联也一同赋予了这个意向以其特征。

我们把感觉看做是原初的时间意识；在它之中构造起颜色或
[459] 声音的内在统一，愿望、中意(Gefallen)等等的内在统一。想象是这个时间意识的变异，它是当下化，在它之中构造起被当下化的颜色，被当下化的愿望等等。但当下化可以是回忆、期待，或者也可

以是“单纯想象”：因此不能说是**一种**变异。感觉是当下拥有的时间意识。当下化也是感觉，是当下的，是作为在当下拥有的时间意识中的统一而构造起自身的。作为当下拥有的时间意识的样式而受到考察的，仅仅是在现在—当下拥有与刚刚—当下拥有之间的区别，它们一同包含在具体的当下拥有意识中；此外还受到考察的是在当下拥有和独立的滞留之间的区别，前者自身有其现在—当下拥有，后者虽然与现时现在相关联，但自己并不在自身包含一个现在—当下拥有点：例如，对一个刚刚消失的声音的意识。因此，我们具有以下时间意识的本质样式：1. 作为当下拥有的感觉（体现）和与它本质地交织在一起，但也得以独立的滞留和前摄（较宽泛意义上的本原领域）；2. 设定的当下化（回忆）、共当下化和再当下化（期待）；3. 作为单纯想象的想象—当下化，想象意识中的所有同类样式都出现在它之中。

附录四 再回忆与时间客体和客观时间的构造[①]

我可以“重复”对一个时间客体的感知，但在这些感知的演替中构造起来的是关于两个相同的时间客体的演替意识。只有在再回忆中我才有可能重复过一个同一的时间对象，而且我也可以在回忆中确定，以前被感知的东西与以后被再回忆的东西是同一个。这发生在“我曾感知过它”的素朴回忆以及“我曾回忆过它”的二阶回忆中。这样，时间客体便成为同一的、重复地经验到的行为。一旦客体被给予，它就可以随意多次地重复被给予，重复被考察并且 [460]

① 对第32节、第115页（边码[425]）及以后各页的续加和补充。

在不同的行为中被认同，这些行为而后构成一个演替。

再回忆不仅是对客体的再意识，而且，正如对一个时间客体的感知随身带着一个时间视域一样，再回忆也具有这种视域意识。两个再回忆可以是对相同的时间客体的回忆，例如对两个相同的声音的回忆。但如果单纯的延续内容不是同一个，而时间视域是同一个的话，因而如果这两个再回忆完完全全是相互根据意向内涵来进行，并不在清晰或含糊、缺陷等等区别方面受到影响，那么，它们就是对同一时间客体的再回忆。因而时间客体的同一性是再回忆的某些可能的认同相合的构造性统一的产物。在主观的时间流中，时间客体性就制作出自身，它的本质就在于：它在再回忆中是可认定的，并且因此是各个同一谓项的主体。

现时当下的时间是定位的(orientiert)，是始终在流动之中的，并且始终是从一个新的现在点出发而定位的。在再回忆中，时间虽然在回忆的每个瞬间都是定位地被给予，但每个点都展示了一个客观时间点，这个点可以一再地被认同，而时间片段是纯粹由各个客观的点所构成的，并且本身是一再可认同的。什么是同一的客体呢？这是原印象和持续变异的系列，一个由各个相似性组成的系列，这些相似性制作出相同性或不同性系列的相合形态，但却是在普遍的相同性之内制作的：这个系列给予原初的统一性意识。在这些变异系列中必然有一个统一性被意识到：这个延续着的(或者始终相同，或者变化着的)声音；而在另一个目光瞄向中则是这个延续被意识到，声音在这个延续中是一个变化的或不变的声音。而声音在不断地延续，它的延续"越来越大"，而它"终止了"，过去了，它的整个延续已经流逝，而且越来越移入到过去之中。因而它，这个声音，在这里例如作为这个在其延续中连绵不变的声音而给予着自身；但这个在其延续中——在内容上——不变的声音却经历着一个变化，这个变化所涉及的不是内容，而是这个“在其延续中的内容”的整个被给予方式。如果我们坚持这些现象，那么我们就具有不同的统一性构成：被给予方式的连绵变化，但贯穿在这些与此延续的每个点相符的变化线索中的是一个统一性：**这个**声音一点。但在不影响这个同一性的情况下，这个声音一点一再地 [461]
是另一个，即在时间深度的样式中的另一个。另一方面，时间河流的连续性给予着统一性：这一个变化或不变的内容的统一性、这个时间对象的统一性。这个统一性就是移入到过去之中的统一性。然而，据此我仍然还不具有完整的时间客体性。

在时间的构造中还包含着认同的可能性：我可以一再进行一种回复回忆（再回忆），一“再”地生产出每个时间片段连同它的充盈，并且在这些现在我所具有的再生产的后继中把握这同一个东西、这同一个延续连同这同一个内容、这同一个客体。客体是一个意识的统一，它可以在重复的行为中（即在时间的后继中）作为这同一个而得到确定；客体是意向的同一之物，它可以在任意多的意识行为中被认同，并且是在任意多的感知中被感知或可以再次被感知。我可以“随时”让自己确信这个同一的“它是”。在时间中的进程便是如此：我可以第一次经验到它，我可以在重复的再经验中再次经验到它并且把握它的同一性。我可以在我的思维中一再地回溯到它之上并且可以通过本原的再经验来证明这个思维。客观的时间，首先是刚刚过去的客观时间，便是如此才构造起自身；与此相关，那个在其中制作着这个延续的过程以及这整个延续的每个滞留，都仅只是“映射”。我具有一个原初的范式：一条河流连同它的内容：但还有一个原初的“我能够”的杂多性：我可以将自己回置到这条河流的每个位置上，并且“再次地”生产这条河流。在这里就像在客观空间性的构建过程中一样，我们具有一个最佳值。在简单回顾中的延续之图像是不清晰的。在清晰的再生产中，我拥有这个“本身”，而这种拥有越是清晰，它也就越是完善。

附录五　感知与被感知之物的同时性[①]

有什么权利可以说，感知与被感知之物是同时的？对于客观时间而言——这是素朴观点中的态度——，这是不对的，因为有可

[462] 能在感知的时间点上被感知的客体根本就不再实存了（星星）；从这个立场出发甚至必须说：感知与被感知之物的时间点始终是相互分离的。

让我们来考察——现在是在现象学的观点中——显现着的客观时间，在此时间中有一个超越的客体在延续。而后，感知的延续并不与被感知客体的延续同时进行：我们说，它在感知前已经实存，而且在感知流逝后还会继续实存，等等。但我们也会说，这是一个可能的连续的感知的相关项，这个感知从其延续的自始至终都在追踪这个相关项。这样，客体延续的每个相位都有一个感知相位与之相符。但这并不意味着：客体延续的切入点与感知的切入点必定是同时的，因此彼此相符的相位的时间点也必定是同一的。对此需要考虑：在构造一个超越的客体时起作用的感觉素材

① 对第33节、第118页（边码[427]）的续加和补充。

本身是一个时间进程中的连续统一。在立义进行的瞬间，感知得以切入，此前还不可能谈感知。立义是对感觉素材的“赋灵”(beseelen)。但仍然还要探问的是：它究竟是与感觉素材一同进行的，还是在赋灵的立义未能切入之前，感觉素材必定是尚未被构造的——即便只是在一个时间微分中。看起来后一种状况是确切的。这样的话，在立义切入的一瞬间，感觉素材的一部分已经流逝，并且只是以滞留的方式被保留下来。立义所赋灵的现在就不仅仅是各个原感觉相位，而是整个感觉素材，包括已流逝的片段；但这就意味着，它设定了这个带有与感觉流逝相符的属性中的客体，这个设定是对感觉流逝的整个延续而言，即是说，也是对那个先行于它本身——即感知立义——的时间段而言。据此，在感知的开端点与客体的开端点之间就有一个时间差。通过对一个感觉素材得以出现的“外部条件”的澄清，也许就可以使前面所说的有关感知与被感知之物的不同时性的自然主义断言变得明晰起来。

我们现在排除超越的客体，并且探问，在内在领域中，感知与被感知之物的同时性是怎样一种状况。如果我们在这里把感知理 [463] 解为反思的行为，在其中内在的统一能够被给予，那么这个行为的前提就在于，已经有某物被构造出来——并且以滞留的方式被保留下来，这个行为可以对这个某物进行回顾；这样的话，感知便跟随在被感知之物之后，而不是与它同时。但如果——如我们所见——反思和滞留要以“内意识”为前提，即对在其原初构造中相关内在素材的印象性的“内意识”为前提，而这是与各个原印象具体地相一致的，无法与其相分离的[①]；如果我们也想将“内意识”称作“感知”，那么我们在这里事实上便具有感知与被感知之物的严格同时性。

附录六　对绝对河流的把握。——四重意义上的感知[②]

这里所涉及的客体是必定在构造着自身的时间客体。感性的核心（无立义的显现）是“现在”，而且是刚刚曾在和先前还在，如此等等。在这个现在中同时还有现在被意识到的滞留，这个滞留是指延续的所有阶段的过去现在的滞留。每个过去的现在都以滞留的方式在自身中隐含着所有先前的阶段。一只鸟刚刚飞过充满阳光的花园。在我刚刚捕捉它的相位中，我找到时间状态的过去映射的滞留意识，每个新的现在的情况都是如此。但每个相位的时间尾本身是某种回坠到时间中并具有其映射的东西。每个现在的整个内容都坠入到过去之中，但这个坠入不是一个直至无穷地被再造的一个进程。鸟的位置变化了，它飞走了。在每个新的状态中都有先前显现的余音（Nachhall）附着于它（即它的显现）。但在鸟继续飞的同时，这个余音的每个相位都在减弱，因此，在每个跟随的相位中都包含着一个系列的“余声”（Nachklänge），而我们所具有的并不是一个由各个接续相位组成的简单序列（例如每个现时现在连同一个相位），而是我们对每个个别接续相位都具有一个

---

① 关于“内意识”参照附录十二、第 188 页（边码[481]）及后页。

② 对第 34 节及以后各节、第 119 页（边码[427]）及以后各页的续加和补充。

系列。

因此，每个时间显现都根据现象学的还原而消融在这样一条河流中。但我自己却不能重又感知所有这些都消融于其中的那个 [464] 意识。因为那样的话，这个新的被感知之物就将是一个时间之物，它回指向这样一种构造意识，如此**以至无穷**。故而有这样的问题产生：我究竟从哪儿知道这条构造着的河流。①

根据至此为止的阐释，对时间客体之描述（以及构造）的阶段是这样的：

1. 在通常意义上对经验客体的感知：它们在那里，如此等等。

2. 在现象学的考察中，我把客体当作现象，我朝向感知，朝向处在相关性中的显现和显现者。现实的事物是在现实的空间中，持续着并且在现实的时间中变化着，如此等等。感知的显现事物具有一个显现空间和显现时间。而显现本身以及所有意识形态重又具有它们的时间，即在现在—以后的形式中它们的现在和它们的时间延展：主观的时间。

在这里必须注意：感知客体在"主观时间"中显现，回忆客体在一个回忆的时间中显现，想象客体在一个想象的主观时间中显现，被期待的客体在一个被期待的时间中显现。感知、回忆、期待、显现、判断、感情、意愿——简言之，所有是反思客体的东西，都显现在这同一个主观时间中，而且是在这同一个时间中，感知客体便显现在这个时间中。

3. 主观时间在绝对无时间的意识中构造起自身，主观意识本

① 参照第 40 节、第 131 页（边码[437]）及后页。

身不是客体。让我们现在来考虑，这个绝对意识是如何被给予的，我们具有一个声音—显现，我们关注这个显现本身。就像这个（被事物地想象地）提琴声，这个声音—显现就具有延续，而在这个延续中具有其不变或变化。我可以关注这个显现的任何一个相位：显现在这里即是内在的声音或内在的声音运动，撇开它的“含义”不论。但这并不是最终的意识。这个内在的声音“构造着”自身，即：随着各个声音—现在，我们也具有声音—映射，而且在这些映
[465] 射中展示出从属于这个现在的各个声音—过去的片段。我们可以在某种程度上关注这个系列。例如在一个旋律那里，我们可以使一个瞬间停滞，并在其中发现过去声音的回忆映射。显然，这也适用于每个个别的声音。而后我们便具有内在的声音—现在和在其系列或连续性中的各个内在的声音过去。但我们此外还应当具有下列连续性：对现在的感知和对过去的回忆，而这整个连续性应当本身就是一个现在。事实上，在生活于对象意识之中的同时，我从现在点出发去回顾过去。另一方面，我可以将这整个对象意识理解为现在并且说：现在。我捕捉这个瞬间并且把这整个意识理解为一个聚合（Zusammen）、一个同时（Zugleich）。我刚刚听到一个长长的哨声。它就像是一个拉长的线条。在每个瞬间我都停住，并且这线条由此出发而拉长。对这瞬间的观看包含了一根完整的线条，而这线条意识被理解是为与这个哨声的现在点是同时的。因而我在多重意义上具有感知[①]：

① 参照第17节、第82页（边码[400]）及以后各页，以及第18节、第84页（边码[401]）及以后各页。

1. 我具有对汽笛声的感知或毋宁说对哨子的哨声的感知。

2. 我具有延续着的声音—内容本身的感知，以及对在其延续中的声音进程的感知，姑且不论它被编排到自然之中。

3. 对声音—现在的感知以及同时对与此相连的声音—刚刚—曾在的注意。

4. 对在现在中的时间意识的感知；我关注这个哨声的现在—显现或一个声音的现在—显现，并且关注一个如此这般地展开到过去之中的哨声的现在—显现（在这个现在中，一个现在—哨声—相位和一个映射的连续性显现给我）。

在这些感知的最后一类感知方面有些什么样的困难呢？当然，我具有时间意识，同时它本身并不是客体。而如果我使它成为客体，那么，它本身重又有一个时间位置，而如果我一个瞬间一个瞬间地跟随它，那么，它就具有一个时间延展。毫无疑问，这种感知是有的。一个捕捉着的目光可以像关注声音相位的河流一样去关注这些相位在显现的现在中——事物性—客观性的东西便在这个现在中展示自身——的连续性，并且重又关注这个瞬间连续性 [466]
的变化连续性。这种"变化"的时间是与客观之物的时间同一的。如果这里所涉及的例如是一个不变的声音，那么这个内在声音的主观时间延续就与显现变化的连续性之时间展开是同一的。

但这里是否有一个极为奇特的东西？当我们无法设想一个不变的、一个不变地被充填的延续时，我们怎么可以在本真的意义上谈论一个变化？没有什么可能的不变可以与各个显现相位的持续河流同日而语。

在原初的河流中没有任何延续。[①] 因为延续是一个延续着的某物的形式，是一个延续着的存在的形式，是一个在时间系列中的同一之物的形式，这个时间系列作为这个同一之物的延续而起作用。在像暴风雨、流星运动等等进程中所涉及的是延续客体的统一变化联系。客观时间是“持恒的”(beharrlich)对象、它们的变化与在它们那里发生的其他进程所具有的一个形式。因而“进程”(Vorgang)是一个以持恒性为前提的概念。但持恒性是一个在河流中构造起自身的统一，而这河流的本质就在于：在它之中不可能有任何持恒存在。处在河流中的是体验的相位和相位的持续系列。但这样的相位不是持恒的东西，同样，持续的系列也不是持恒的东西。当然它也是某种类型的对象性。我可以将目光朝向河流中的一个凸显的相位或朝向河流的一个片段，并且在重复的当下化中认同它们，一再地回溯到这同一个东西上并且说：这个河流片段。而对于我能够以特有方式认同为同一条河流的这整条河流来说，情况也是如此。但这种同一性并不是而且也永远不可能成为一个持恒之物的统一。在持恒性的本质中包含着：持恒者可以或者不变地或者变化着地持恒。每个变化在观念上(idealiter)都可以过渡为不变，每个运动都可以过渡为静止，反之亦然，质性变化过渡为不变。而后延续便为“这同一些”相位所充实。

但在河流中不可能出现一个非—河流的部分。这河流并不像客观的河流那样是一条偶然的河流，它的相位变换永远无法停止，
[467] 并且过渡为始终相同相位的自身构造。但这河流不也以某种方式

① 以下尤其参照第36节、第121页(边码[429])及后页。

带有持存的东西(Verbleibendes)吗，即使这河流的任何一个部分都无法转变为一个非—河流？持存着的首先是这个河流的形式结构，这个河流的形式。就是说，流动不仅仅是流动，而是每个相位都具有一个完全同一的形式，这个稳定的形式一再更新地为“内容”所充实，但这内容恰恰不是外在地被纳入到形式之中去的东西，而是受到合规律性形式的规定，这种规定只是在于：这个合规律性并不单独地规定着这个具体之物。这个形式在于：一个现在通过一个印象构造自身，而与这印象相联接的是一个由诸滞留组成的尾巴和一个由诸前摄组成的视域。但这个恒久的形式却承载着一个持续转变的意识，这个意识是一个原事实(Urtatsache)：印象向滞留的转变的意识，同时始终一再地有一个印象在此；或者就印象的内容而言，对此内容的转变的意识，同时这个刚刚作为“现在”被意识到的东西则变异为“刚刚曾在”的特征。

因而我们在做此理解时——正如我们此前已经暗示过的那样——面临着这样的时间意识的问题，在这个时间意识中，声音—显现的时间意识的时间构造着自身。

如果我生活在声音—显现中，那么这个声音对我在此站立，而它具有它的延续或变化。如果我关注声音—显现，那么这个声音—显现便站立于此并具有它的时间展开、它的延续或变化。在这里，声音—显现可以意味着不同的东西。它也可以意味着对现在、刚刚等等映射的连续性的关注。现在这个河流(这个绝对的河流)应当重又成为对象，并且重又具有它的时间，即使在这里也重又需要有一个构造着这个客体性的意识和一个构造着这个时间的意识。原则上我们可以再次反思，并且如此，**以至无穷**(in infinitum)。可以在这里证明这个无穷倒退是无害的吗?

1. 这个声音延续着,在一个相位的连续性中构造着自身。

2. 在这个声音延续期间,或只要这个声音延续着,在这个延续的每个点中都包含着一个从相关现在开始进入到渐渐模糊的过去之中的各个映射串(Serie)。因而我们具有一个持续的意识,在这个意识中的每个点都是一个持续的连续统。但这重又是一个我们可以关注的时间序列(Reihe)。于是游戏重新开始。如果我们固定住这个序列的某一个点,那么,似乎就必须有一个与各个过去序列的串相关的过去意识从属于此,如此等等。

[468] 即使这里没有进行**直至无穷**的反思,并且根本不需要进行反思,却必定会有这样一种东西被给予,它使这种反思得以可能,并且看起来原则上至少是**直至无穷地**得以可能。而这便是问题之所在。

附录七 同时性的构造①

a,例如一个声音,在某个特定相位通过一个原印象 α 而构造起自身,与它相衔接的是这个和那个变异,连同对新印象(新的现在因素)的原制作(Urzeugung)。b 是一个同时的内在统一,例如一个颜色,一个与那个声音一点"同时"的点映入眼帘。与此相符的是在构造中的原印象 β。现在,α 与 β 有哪些共同点呢?是什么使得它们构造出同时性,并且使得两个变异 α' 与 β' 构造出一个同

① 对第 38 节、第 123 页(边码[431])及以后各页的续加和补充。(对这一附录的理解最好不只是依据这里的文字,而且同时还参照前面讲座部分(A)第 10 节、第[389]页以及第 43 节、第[445]页上的图式。——译者补注)

时一曾在呢？

在内意识的一个层次中可以包含多重的原印象、原想象材料等等，简言之，多重的起源因素（我们也可以说：内意识的原因素）。所有属于一个层次的起源因素都具有同一个意识特征，它对于相关的“现在”来说是本质上构造性的：它对于所有被构造的内容来说都是同一个，特征的共同性构造着同时性、“相同—现在性”。

借助于内意识的原初自发性，每个原因素都是对于各个制作（Erzeugung）之连续统而言的源泉，而这个连续统具有同一个形式；制作的方式、原时态的变异方式对于所有原因素而言都是同一个；同一个合规律性从头至尾地主宰着所有的变异。这个合规律性就是：内意识的持续制作具有一个一维的、直接相邻的（orthoid）杂多性的形式，所有在一个层次内的原因素都经历同一种变异（它们制作同一些过去因素）。即是说，两个属于同一层次的原因素的变异，即与相应原因素保持同一间距的变异，是从属于同一个层次的，或者也可以说，从属于一个层次的变异只会从自身一再地制作出从属于同一个层次的变异。这种制作始终以同一个速度自己前行。 [469]

在每个层次内，各个持续系列的不同点具有与原因素的不同间距。某个点所具有的这种间距与这个点在先前层次中与原因素的间距是同一的。时间意识构造的原领域是一种持续的延展，它由一个原因素和一个迭复（iteriert）变异的特定系列所组成；这里的迭复变异并非就其内容而言，而是就其形式而言。这些变异的确定性就其形式而言在所有原领域中都一再地是同一种确定性。每个原因素都仅仅是原因素（现在—意识）。每个过去都是过去意识,而过去的程度是某种确定的东西:与它相符合的是在原构造领域中的一个稳固确定的形式特征。

在层次的相互接续中可以一再地有相同内容的因素,亦即相同的内组成作为原因素出现。具有完全相同内涵的不同层次的这些原因素是个体有别的。

附录八 意识流的双重意向性①

我们在意识流中具有一个双重的意向性。或者我们考察这条河流的内容连同它的流动形式。而后我们考察原体验序列,它是一个意向体验的序列,是关于……的意识……。或者我们将目光转向意向的统一,转向那些在河流的流向中意向地作为统一之物而被意识到的东西:而后对于我们,便有一个在客观时间中的客观性站立在此,相对于体验流的时间领域的本真时间领域。

体验流连同其相位和片段本身是一个统一,它可以通过回返的回忆连同对此流动的目光朝向而被认同:印象与滞留、出现与合规律的变化与消失或模糊。这个统一是通过这个河流本身的事实而本原地构造起自身;就是说,它的本己本质就在于:它不仅存在着,而且还是体验的统一并且是在内意识中被给予的,在这个内意
[470] 识中可以有一个注意的目光束指向它(而这个目光束本身不被注意,它丰富着此河流,但并不改变这个被关注的河流,而是"确定"它、将它对象化)。对此统一的注意感知是一个带有可变内容的意向体验,而回忆可以朝向那个消逝的东西并且一再地变异它,将它

① 对第39节、第127页(边码[433])及以后各页的续加和补充。

与它的同类相比较，如此等等。这种认同之所以可能，在这里之所以构造出一个客体，这是由体验的结构所决定的，即：这河流的每个相位都转变为“关于……”的滞留，而这个滞留重又转变，如此等等。否则，一个作为体验的内容就是不可设想的，体验原则上也就不可能作为统一而被给予主体并且因此也就什么都不是。这种流动就在于，每个原初领域的相位（即一个直线的连续统）过渡到这同一个、只是刚刚过去的相位的滞留变异。并且如此地进行下去。

在这第二个意向性那里，我并不探究这些领域的流动，不探究作为统一变化序列的“不同阶段的现在（原本）—滞留的变化”之形式的流动，而是将我的关注目光朝向那个被意指的东西，即在每个领域中、在每个被此领域作为直线连续统来拥有的相位中被意指的东西。每个相位都是一个意向的体验。在前一个对象化过程中，构造着的体验是内意识的行为，它的对象恰恰是那个构造着时间的意识的“现象”。因而这些现象本身就是意向体验，它们的对象是时间点和时间延续连同各自的对象性充盈。而在绝对时间流动的同时，意向相位也在推移，但却以如此地推移，以至于它们以同属一体的方式构造起统一，相互地过渡，就像是关于一个东西的各个现象，这个东西在各个流动的现象中映射自身，从而使我们具有“在样态（Wie）之中的对象”以及在一再更新的样式之中的对象。这个样式的形式是定位：现在者、刚刚过去者、将来者。就对象而言，我们而后可以再次谈论河流，在它之中，现在转变为过去，如此等等。而这是必然通过作为意向体验之河流的体验流的结构而**先天地**得到在先规定的。

滞留是感知意识的一个特殊变异，感知意识在原初的构造着

时间的意识中是原印象，并且就时间客体而言，哪怕是就内在的时间客体而言——就像一个在声音领域中延续的声音或者一个在视
[471] 觉领域中的颜色素材——，感知意识是内在感知（相即感知）。如果 W(t)是对一个被感觉到的声音的感知，它将这个声音把握为延续的声音，那么 W(t)便转变为一个滞留的连续性 $R_{W(t)}$。但 W(t)也是在内意识中作为体验而被给予的。如果 W(t)转变为 $R_{W(t)}$，那么在内意识中，关于 $R_{W(t)}$ 的内意识也必然会转变。因为在这里，存在与内部地—意识到的—存在相互叠合。但现在，关于 W(t)的内意识转变为这个内意识的滞留变异，而这个滞留变异本身又是被内意识到的。也就是说，被意识到的是这个刚刚被感知到。

如果一个声音—感知过渡到它的相应滞留之中（关于刚刚曾在的声音的意识），那么便有一个刚刚曾在的感知意识在此（在内意识中，作为体验），而这两者相互相合，我不能孤立地拥有它们中间的一个。换言之，这两者必然是同属一体的：一个客体感知向此感知的一个滞留变异的过渡以及感知向此感知的一个滞留变异的过渡。因而我们必然具有两种滞留变异，它们随着每个不是内意识感知的感知一起被给予。内意识是一条河流。倘若在这条河流中有可能存在着不是“内感知”的体验，那么必定就会有两种滞留序列，即除了通过各个“内”滞留而对作为统一的河流的构造以外，还有一个由“外”滞留组成的序列。这后一个序列构造起客观的时间（一个被构造的内在，它对于前一个序列来说是外在的，但仍然是内在的）。在此需要注意：意识作为相关项并不具有延续着的内在素材（如一个声音素材或延续的喜悦、痛苦、延续的进程，被称作

判断)，而是具有构造着这些统一的相位。

附录九　原意识与反思的可能性[①]

滞留并不是一种将原印象素材实项地、仅仅以变化了的形式保留在自身之中的变异；相反，滞留是一种意向性，而且是一个特有种类的意向性。在一个原素材、一个新的相位出现的同时，先行的相位并没有失去，而是“被继续把捉着”[②](即是说，正在滞留着)，借助于这种滞留，一种对已流逝之物的回顾成为可能；滞留本 [472]
身不是一种将已流逝的相位当作客体的回顾；在我还把捉着已流逝相位的同时，我也贯穿地经验着当下的相位，我也“附加地”——借助于滞留——接受它，并且还朝向将来的东西(在一种前摄中)。

但由于我还把捉着它，所以我就可以在一个新的行为中把目光朝向它，我们——根据情况的不同：已流逝的体验是在新的原素材(Urdaten)中继续生成自身，即它是一个原印象，还是已经作为整体而封闭地“挪移到过去之中”——将这个新的行为或称作反思(内在感知)，或称作再回忆(Wiedererinnerung)。这些行为与滞留处在一种充实关系中。滞留本身不是“行为”(即是说，不是一个在一系列滞留相位中构造起来的内在持续统一)，而是一个关于已流逝相位的瞬间意识，并且同时是下一个相位的滞留意识之基底。由于每个相位都以滞留的方式意识到前面的相位，所以它在一个

① 对第 39 节，尤其是第 128 页(边码[435])及后页，以及第 40 节、第 131 页(边码[437])及后页的续加和补充。——编者

② 原文为：“im Griff behalten”。但在尼迈耶的单行本中误作“im Begriff behalten”，即“被保留在概念中”。英译本也因此误译。全集本做了改正。——译者

间接意向的链条中包容了已流逝的滞留的整个系列:正因为此,各个持续的统一得以构成,它们可以通过时间图式的垂直系列而得到再现,并且它们是回观行为的客体。在这些行为中,与被构造的统一(例如随这个以持续滞留的方式被保存的不变的声音)一同被给予的是这个构造性相位的系列。因而,意识之所以能够成为客体,乃是因为有滞留。

现在人们可能会提出问题:一个构造性体验的开端相位又是如何的呢?它也是在滞留的基础上被给予的吗,如果没有滞留与开端相位相连,那么这个相位就将是"无意识的"(unbewußt)吗?对此应当说:开端相位只有在它流逝**之后**才能通过上述途径,即通过滞留与反思(或者说,再造),而成为客体。但是,如果它真的**只是**通过滞留而被意识到,那么我们就会始终无法理解,是什么赋予它以"现在"的特性。它无论如何可以从否定的方面有别于它的各种变异,即作为这样一个相位,这个相位不再使前面的相位以滞留的方式被意识到;但它在意识方面也完全具有肯定性的特征。谈论某种"无意识的"、只是补加地(nachträglich)才被意识到的内容
[473] 是一种荒唐(Unding)。意识必然是在其每个相位上的**意识**(Bewußtsein)。正如滞留的相位既意识到前面的相位,却又不把它当作对象一样,原素材也已经被意识到——并且是以特殊的"现在"的形式——,却又不是对象性的。向滞留的变异过渡的正是这种原意识——而后这个变异就是原意识本身的滞留,并且是在原意识中本原地被意识到的素材的滞留,因为这两者是不可分割的一体——:如果原意识不现存在此,滞留也就无法想象;一个无意识的内容的滞留的是不可能的。此外,这并不是从根据中推演出

来的东西，而是完全像滞留一样可以作为构造性相位而在对被构造的体验之反思中被直观到的东西。切不可将这个原意识、这个原立义（或无论将它称作什么）误解为一个立义性的行为。撇开这是一个对事态的明显错误描述不论，这种误解还会使人纠缠到一堆无法解决的困难之中。如果人们说：每个内容都只有通过一个指向它的立义行为才被意识到，那么，马上就会产生对这样一个意识的问题，在这个意识中，这个本身也是内容的立义行为又被意识到，这样就无法避免那种无穷倒退。但是，如果每个"内容"都自身地和必然地"被原意识到"①，那么询问一个进一步给予的意识就是无意义的。

此外，每个立义行为本身都是一个被构造起来的内在持续统一。在它构建自身的同时，那个应当被它当作客体的东西早已过去，并且——倘若我们不是已经预设了原意识与滞留的整个游戏——对它来说根本已经无法再达及。但由于原意识与滞留现存在此，所以就有可能在对被构造的体验**以及**对构造着的相位的反思中去观看，甚至觉知到（innewerden）那些例如在原意识中被意识到的原初河流与它的滞留变异之间所存在的区别。所有那些针对反思方法而提出的指责，都可以解释为是对意识的本质构造的无知。

① 原文为："urbewußt"。但在尼迈耶的单行本中误作"unbewußt"，即"无意识的"。英译本和法译本也因此误译。全集本作了改正。——译者

附录十 时间的客体化和在时间中的事物性的东西的客体化[①]

类似的问题是在一个全空间(All-Raum)[②]中的构造,这个空
[474] 间在每个特殊感知过程中都被一同感知到,只要被感知的事物在躯体方面显现为处在此空间中;还有这一个时间的构造,在此时间中包含着事物的时间性,事物的延续将自身编排到这个时间中去;还有所有属于事物环境的事物和事物进程的持续。自我也将自己编排到在这同一个时间中,而且不仅是自我身体,也包括它的“心理”体验。属于每个事物的时间是它的时间,但我们却仍然只有一个时间:不仅是诸事物相互并列地编排到一个唯一的线形延展中去,而且不同的事物或进程还显现为同时的,它们所具有的不是平行、相同的时间,而是在数量上为一的时间。这里的情况不同于多重空间充盈的情况,在后一情况中,视觉的(visuell)充盈与行程的(taktuell)充盈是彼此相合的。而在前一情况中,我们所具有的毋宁说是分离的、不相合的事物,但它们仍于同一时间段中存在和延续。

事物的被给予性是作为在现象学时间性中的一个过程而完成的;引发性动感(K)的整个进程以及通过它而被引发的“图像”(b)

① 附录十的文字立足于一份出自于“出自现象学与理性批判的主要部分”讲座稿的文字,胡塞尔在1907年的夏季学期于格丁根大学做了这个讲座。这就是所谓的“事物讲座”,它的引论已经以《现象学的观念》为题发表在《胡塞尔全集》第2卷中。——编者

② 对第43节、第138页(边码[443])及以后各页的续加和补充。

已经在时间上得到了延展。在从 K_0 到 K_1 的过渡中，由之而引发的图像具有从 b_0 到 b_1 的流程，并且与 K 在时间上处于相合状态。如每个被充实的时间流一样，这个时间流也有它的时间形态；而且它可以是变换着的时间形态，K 的河流，因此还有 b 的河流可以或快或慢地流动，并且随时间充盈在时间段中的伸展情况，随这个或那个局部相位的充实之“密度”的大小，它们能够以不同的方式处在相同或不同的速度中。此外，K 的流程，因此还有图像序列的流程，是可以回转的，并且重又处在变换的时间形态中，跟随它的是被给予性意识的时间形态。

所有这些，对于显现着的和作为被给予的而站立于此的客体来说，都以某种方式是无关紧要的，无论动感图像流动的延展是大是小，或者说，无论那些出自意项(ideell)总体多样性的可能显现之延展是大是小。我说无关紧要，乃是指：站立在此的始终是同一个东西，例如这个在内容上不变的和静止的事物，始终是在同一个时间形态中展开其事物的内容充盈，以始终同等的密度。然而这河流的时间性还是会对客体化有所影响：有一个时间性显现出来，时间性本质上属于显现的对象，而在这里是指在不变的、静止的事物的持续形式中的时间性。现在有人会说：时间的客体化所具有的“展示性”内容必定是在现象中，而除了在它的现象学时间性中之外，还会在哪里呢？自然，进一步还会对较为狭窄意义上的显现，即处在各种动机引发状况中的显现提出质疑，而且，正如图像在此显现中通过其位置性而展示着客观位置，通过其**拟**—形象和**拟**—大小而展示其客观的形象与大小，并且进一步通过其**拟**—着色(*quasi*-Färbung)而展示客观的着色一样，它也通过其时间性来 [475]

展示客观的时间性。图像是在图像连续的河流中的图像；在此河流中的每个图像相位都有这个事物(更确切地说是有在这个图像中展示着的客体面[Objektseite])的显现着的客观时间相位(Zeitphase)与之相符合；这个图像的前经验时间位(Zeitstelle)是对客观时间位的展示，在图像连续流动中的前经验时间延展是对此事物的客观时间延展(亦即它的延续)的展示；所有这些都是明见的。

进一步看，对客观时间的这种"展示"当然在本质上不同于对在客观时间中存在着的、在其中延续着的事物的展示，后者是把这个事物展示为在时间中的同一的并以延续的方式充实着时间的东西。如果我们简单起见以在"最清楚地看"的较为狭窄领域内的相同图像，即同样丰富的图像为例，那么会有一捆意向的目光束贯穿在这些于拟一时间性中流动的图像之始终，以至于这些图像因此而被置于明确无疑的对应(Korrespondenz)之中。处在同一个意向目光束的各个点通过它们的内容而展示着同一个客体点。因而这里会有一个设定统一的意识贯穿在这个前经验—时间连续统的始终。一条沿意向目光束排列的内容之河流一个相位一个相位地展示着同一个事物点(Dingpunkt)。每个图像点也都具有其前经验的时间位。但并不会有一个将它客体化为同一统一(identische Einheit)的统一意识再贯穿在这些相互接续的时间位之始终：在这个时间位的连续统中伸展开来的图像之点序列展示着同一个事物点，但时间位的序列却并不展示一个同一时间点，而是重又展示一个时间序列。而个别的图像点与所有其他并存的图像点一样具有同一个时间位。整个图像具有一个时间位，每个不同的图像具有一个不同的时间位，在前经验的图像流动中的每个不同时间位都展示着一个不同的客观时间位。否则也就不会显现出一个本身有其延续的事物，一个充实了的客观时间序列。

在前经验时间进程中伸展开来的统一意识使每个图像都成为展示性的图像，设定了在它之中的被给予性，并且随每个新图像而 [476]
设定了“同一个东西”的被给予性，以此方式，它设定了在展示性图像的时间进程中的统一。但在每一相位中被给予的东西都是作为一个带有这些或那些内容的现在而被给予和被设定的，在向下一个相位的过渡中，它被持守在其现在中。新相位以及每个新相位都是以此方式被持守在其现在中而被给予的，即是说，在持续的过渡中，诸相位被置于统一之中，以至于每个相位都在其客体化中保留了其现在，而且现在点的序列（作为客观的时间点）被一个连续统一的和同一的内容所充实。如果相位a是现时的，它便具有现时现在的特征。但在时间流中是一个相位接着一个相位的；而一旦我们具有新的现时相位，刚刚曾是“现在”的相位便改变了它们作为现在相位的特征。在这条变化的河流中，只要随特定的时间点，在a于回坠时所经历的现象学变化之河流中做出了对同一a的连续设定，时间的客体化便得以完成。如果每个图像连同其现在都是像它在自身中所是的那样被客体化，图像的流动河流在客体化意识中便显现为感性内容的变化河流：这个杂多的同一就会是一个“位于”它自身之中的、从它之中产生的统一。

但在事物的客体化中，在动感的动机引发之统一意义上的图像内容会以这种或那种方式被理解为是超越的。即是说，它并非单纯如其自身所是地被接受，而是当作对一个具有这些或那些特征的、始终以纯粹相合的方式充实着的意向捆的展示而被接受，当

作这个意向捆的载体而被接受。这个意向性贯穿在图像内容的始终，与此同时，每个属于各个图像的现在因素都经历着同一个时间段的客体化，即使在没有发生事物客体化的情况下也是如此。因此，客观的时间序列始终都是以同一种方式构造起自己。但显现序列，即客观时间性在其河流中构造起自己的那个显现序列，则就其质料而言是一个不同的序列，它的不同取决于：构造起来的究竟是事物的时间性，还是非事物的时间性；例如，客观的时间究竟是在一个内在声音或一个事物的持续中构造起自身，还是在它的变化中构造起自身。两个显现序列具有一个共同点，一个共同的形式，这个形式构成了时间客体化本身的特征。但这些显现时而是内在之物(Immanentes)的显现，时而是事物(Dingliches)的显现。正如在声音相位(它们中的每个都有其时间的个体化)流动中，声

[477] 音的同一性就是在相位连续统中的统一性、在所有相位中存在的并因此而延续着的声音的同一性一样，在显现的流动中的事物之同一性，是在所有显现之以自身被给予和现在被给予的方式显现出来的和在不断更新的现在中显现出来的，并因此而延续着的事物的同一性。

这里需要强调，在超越的感知中，早先显现的相位不仅仅以滞留的方式被保留下来，一如在每个显现接续中所发生的，或至少在某个限度内会发生的那样；各个在现在点中的现时感知显现并不会用那个被它变为现时被给予性的东西来结束被感知设定为现在的实在。作为在滞留中续存的(fortleben)显现，过去的显现并不仅仅作为过去之物的显现而被保留下来。诚然，早先相位的(原生)回忆意识还是回忆意识，但这是指早先的感知而言。早先被感

知的东西，现在不仅作为早先被感知之物而是当下的，而且它被接受到了现在之中，它被设定为现在还存在的。被设定为现在的不仅是刚刚本真地被感知的东西，而且同时还有刚才(vorhin)被给予的曾在之物。在本真感知流动的同时，不仅本真被看见的东西被设定为在其显现的河流中的持续存在，而且被看见的曾在之物也是如此被设定。而在将来方面也是如此：被设定为现在的也是在对本真感知的进一步相位的期待中的将被感知之物，它是现在的并且持续着并且充实着同一个时间。——这些情况也适用于所有未被看见、但可看见的东西：即是说，所有在K的可能流动中能够作为相关的而被感知的东西。

在这里只是完成了时间客体化的一个扩展。我们曾讨论过这个扩展，当时的讨论局限在始终可以看见的东西、并在看见的同时不断地进行另类展示的东西上。所有被看见的东西也可以是不被看见的，但却始终是可以被看见的。每个感知流按其本质都会允许有一个期待，它最终会将被感知之物转变为一个未被感知之物。但是，时间设定对这个在其完整显现的变换中于此不完整地显现出来的看见之事物(Sehding)加以认同，以此方式而对显现相位的每个时间位都一并加以客体化，并赋予它以一个客观时间位的含义，以至于一个客观持续之物在显现系列中得以摊开自己；与此相 [478]
同，在总体显现方面的时间设定也以类似的方式进行，这些总体显现以不完整的方式，而且以一再不完整的方式将同一个客体性展示出来。

附录十一 相即感知与不相即感知①

相即感知作为一个对象的纯粹内在的和相即的被给予性可以在双重的意义上得到理解，其中的一层意义是与外感知十分类似的，而另一个意义则不是。在对一个声音的内在的听中，我可以采用双重的立义方向：这一次指向时间流中的被感觉之物，另一次指向在此河流中构造起自身的、但仍然是内在的东西。

1. 这个声音可以在质性或强度方面有偏差，或者可以作为在完全不变的内确定性中持续的而在我面前响起，无论如何我发现一条河流，而唯有在此河流中才可能有这样一个个体的对象性被给予我。这个声音是作为声音的现在而开始的，而始终有一个新的现在与它相衔接，而每个现在都有其内容，我可以将我的目光指向如其所是的它。这样我便可以在这个河流的流动中游泳，用我的直观的目光追随它；我也可以不只是注意各个内容，而且也注意这一整个被叫做河流的延展（Extension），或是连同其具体的充盈，或是抽象于这些具体的充盈。这条河流并不是我用钟表或瞬时计来规定的客观时间的河流，不是我在与地球和太阳的关联中所确定的世界时间的河流。因为这些都已被现象学还原所扫除。我们宁可将这条河流称之为前经验的或现象学的时间。它提供了对客观时间谓词之再现的原初代表，用类似的话来说就是：时间感觉。即是说，在上述感知过程中，我们要注意各个时间内容，即在其时间延展中以及在此延展之充满（Ausfüllung）的被给予方式中

① 对第44节、第143页（边码[446]）及以后各页的续加和补充。

的时间内容，或者要注意在抽象意义上的(in abstracto)时间内容或在抽象意义上的时间延展：无论如何要注意实项的被给予之物，实项地作为因素而寓居于感知中的东西。这是一方面的意义。

2. 但另一方面，如果这个声音——我们说，声音 c——在延续，那么我们的感知的意指就可以指向在此延续着的声音 c，指向声音 c 这个对象，它在时间流中是同一个东西，在时间流的所有相 [479] 位中都始终是同一个对象。还有，如果这个声音在强度方面有所变化，或甚至在其质性方面有所变化，例如有所偏差，那么在这些说法中已经显露出某个感知朝向，它看到的是一个同一之物，它在发生变化，却又始终是同一个东西，而它的质性和强度则在改变。因而这个对象已经不同于刚才的对象。刚才是鸣声的时间流(Fluß des Tönens)，现在则是在时间流中的同一之物。

鸣声的时间流是时间，充满了具体的时间，但这河流没有时间，不处在时间之中。可是这个声音却在时间中，它持续，它变化。它作为在变换中的同一之物“在实体上”(substantiell)是一。但正如时间是前经验的、现象学的时间一样，这里所说的实体也是前经验的、现象学的实体。这个实体是同一之物，是变换之物或持恒之物(Verharrendes)的“载者”，诸如持恒的质性和变换的强度或不断改变的质性和断续改变的强度等等的载者。在谈及“实体”时，目光指向这个相对于随时间流的逐个相位而变换、时而相同、时而不同的时间内容而言的同一之物。它是一个同一之物，通过共同本质的统一、即种属的(gattungsmäßig)共同之物的统一而将此河流的所有时间相位都统合在一起(einigen)，但这共同之物并非在一种本质抽象中被总体地提取出来，并被当作是自为的。这个同一之物是在河流中连续地共同保留下来的、在其个体化中的本质。在对实体的观看中并没有从在观看中被给予的内容之河流中抽象出来，并且没有将目光朝向总体的之物，相反，时间充盈的河流仍在视野之中，并且从它之中看出了在它之中、始终与它束缚在一起的同一之物。

实体是完整、具体的河流的同一之物。如果我们以抽象的方式凸显一个非独立的因素，如声音强度，那么这里也会发生对这同一种类(Art)的认同；我们说，这个强度持恒着或变化着。这些同一性是现象学的偶性。声音、现象学的"事物"，具有不同的"特性"，而每个特性重又是在持恒或变化中的同一之物；它可以说是实体统一的一个不独立的光束，是实体的一面，是其统一的一个不独立因素，但本身是在同一个意义上的统一的东西。在这种前经

 [480] 验意义上的实体与偶性是现象学的被给予性：它们是在可能感知中，并且是在相即感知中的被给予性。我曾说，这些感知与外感知相近。事实上，外感知同样是对事物的感知或事物的偶性，而这些感知的特征与对内在现象学实体的感知之特征是相似的。① 如果我们感知一所房子，那么在它的本质中(即在感知的意义的本质中)就包含着：这个对象具有其时间的伸展，它显现为不变地延续的、显现为在这个持续中的同一之物、显现为在时间延展中持恒的。如果我们在外感知中看到一只飞行中的鸟或一簇光线强度变化不定的火苗，那么这一点也同样适用。外事物具有其现象的时

① 当然，实体并不被理解为实在的实体，实在特性的载者，而仅仅被理解为幻象感知(Phantomwahrnehmeng)的同一基质(Substrat)。

间，并显现为这个时间的同一之物，而且显现为运动和变化的同一之物。但所有这些感知当然都是不相即的，时间连同其充盈不是相即地被给予的，它作为感觉是无法证明的。事物以及特性的同一性也同样无法得到相即的实现，这与声音在其鸣声时、在减弱和重新增强的河流中以及在诸如此类的情况下所具有那种同一性。但明见无疑的是，在内在中相即地被给予的或完成的这同一个认同或实体化，在外感知中基本上是作为不相即感知出现的，它是根据超越的统觉而完成的。同样也很清楚，对事物与特性、实体与偶性的意义分析首先必须回溯到内在现象学的领域中并且在这里把握出现象学实体和现象学偶性的本质，就像对时间本质的澄清必须回溯到前经验的时间上一样。

这样我们就了解了相即感知与不相即感知的重要类型。关于"内"感知与"外"感知的术语，现在已经可以看到，它们会引起一些顾虑。因而在做了以上阐述后需要留意，"内感知"的标题有双重含义。它在两方面意味着完全不同的东西，即一方面意味着对一个内在于感知的组成部分的感知；另一方面则意味着对一个内在的被观看之物的感知，但不是对一个块片(Stück)的感知。如果我 [481]
们比较这两种类型的相即感知，那么它们之间的共同点就在于：在它们之中完成的是它们的对象的相即被给予性；所有非本真性、所有超越的释义(Deutung)都被排除出去。但只有在一种感知中，对象性的东西才是感知现象的实项构成部分。鸣声的时间流连同其感知现象中的组成部分都在此存在，构成这个感知现象。这条河流的每个相位、每个组成部分都是这个现象的块片。相反，河流中的同一之物、现象学的实体及其特性、那些持恒的或变化的东

西，它们虽然是一个在第二种感知中可以相即直观到的东西，但却不能被标识为在它之中的实项因素或块片。

附录十二 内意识和对体验的把握①②

每个行为都是关于某物的意识，但每个行为也被意识到。每个体验都是“被感觉到的”（empfunden），都是内在地“被感知到的”（内意识），即使它当然还没有被设定、被意指（感知在这里并不意味着意指地朝向与把握）。每个行为都可以被再造，在每个对作为一个感知的行为的“内”意识中，都包含着一个可能的再造意识，例如一个可能的再回忆。自然，看起来这像是回归到了一种无穷倒退上。因为，对行为（对判断、对外感知、对喜悦等等）的内意识、对它们的感知现在不重又是一个行为，并因此而本身又是内部地被感知到的吗？对此应当反驳说：每个确切意义上的“体验”都内部地被感知到。但这种内感知并不在同一个意义上是一个“体验”。它并不本身再内部地被感知。目光所能涉及的每个体验，都将自身作为一个持续的、流过的、如此这般变化着的体验来给出，而这并不是由我的目光所造成的，我的目光只是看向它。

我们通过目光的变化可以发现，这个当下的、现在的、持续的
[482] 体验已经是一个“内意识的统一”，时间意识的统一，而这正是一个感知意识。感知无非就是构造时间的意识连同其流动的滞留与前摄的各个相位。处在这个感知之后的不是又一个感知，就好像这

① 对第44节、第143页（边码[446]）及以后各页的续加和补充。

② 这一附录的文字与在《胡塞尔全集》，第23卷，第14号文字中以“关于内意识和内反思”分节标题给出的文字部分相合。参见该卷的第307～310页。——译者

条河流本身又是在一条河流中的一个统一似的。我们称作体验的东西，我们称作判断、喜悦、外感知的行为的东西，我们也称作对一个行为的看向的行为东西（它是一个设定性的意指）——所有这些都是时间意识的单元（Einheit），也就是被感知性（Wahrgenommenheiten）。而每个这样的单元都有一个变异与之相符。更确切地说：与本原的时间构造、感知相符的是一种再造，与被感知之物相符的是一个被当下化之物。

因而我们现在将本原行为与对它的当下化并列在一起。这样就会有如下的状况：A是某个行为，它在内意识中被意识到（在内意识之中被构造）。而后，如果W_1是内意识，我们便有W_1(A)。我们具有关于A的一个当下化V_1(A)；但这个当下化重又是一个被内意识到的东西，因此便有W_1[V_1(A)]。

据此，在内意识以及所有它的“体验”以内，我们具有两种彼此相符的事件（Vorkommnis）：A与V_1(A)。

我在《逻辑研究》中所看到的整个现象学就是在**内意识**之被给予性意义上的体验现象学，而这无论如何是一个自成一体的领域。

这个A可以是不同的，例如是一个感性内容，一个被感觉到的红色。感觉在这里无非就是对感觉内容的内意识。因此，感觉红色（作为对红色的感觉）是W_1（红色），而想象材料红则是V_1（红色），但它有其意识此在：W_1[V_1]（红色）。如此便可以理解，为什么我在《逻辑研究》中可以将感觉与感觉内容视为同一。如果我在内意识的范围内活动，那么那里当然是没有感觉的，而只有被感觉到的东西。这样，把行为（内意识的意向体验）与非行为对峙起来也就是正确的。后者恰恰是“原生”内容、感性内容的总体。相反，

[483] 就“想象材料”而言，如果把它们称作“体验”，那就是错误的了；因为体验意味着内意识的被给予性、内部的被感知性。而后我们要区分被当下化的内容，如被想象的感性内容，以及对这些内容的当下化，即 $V_1(s)$，而这是意向体验，属于内意识的范围。

现在我们要考察 A 是一个“外”感知的情况。它当然是内意识的统一。而在内意识中有一个对它的当下化，就像对每个体验都有一个当下化一样。因此，$W_a(g)$作为 $W_1[W_a(g)]$具有其 $V_1[W_a(g)]$。现在，感知的本质就在于，有一个类似的当下化与它相符，即：有一个将感知所感知的同一个东西当下化的行为与感知相符。“再造”是对内意识的当下化，这种当下化与本原的流逝相对立，与印象相对立。这样，对一个事物进程的当下化就不可以叫做再造。自然事件的发生不会再次被造出，它是被回忆的，它带着被当下化之物的特征而站立在意识面前。

我们现在来考察在这两种可以比较的并显然在自身中相互有别的当下化之间的奇特关系。

1. 与 W_a相对立的是 $V_1(W_a)$，或者我们现在也可以写作：$R(W_a)$（对外感知的内再造）；

2. 与 W_a相对立的是 V_a（对外对象 a 的当下化）。

这时便有一个本质法则，按此法则 $R(W_a)=V_a$。例如对一所房子的当下化和对这所房子之感知的再造所表明的是同一个现象。

此外我们还可以说：在特殊意义上的“客体化的”意指可以具有：1.“内反思”、“内感知”的特征。意指可以进入到意识之中，可以将内意识当作基质，这样，所有在内意识本身中隐含地现存的对象性都有可能被给予，它们会成为“对象”。以此方式，感觉成为对象，被理解为感性内容；而另一方面，所有在内意识中作为统一被构造起来的行为、能思（cogitationes）、内意识的意向体验都成为对象。

2. 因而在内意识中我们也具有“意向的体验”，在此存在的有 [484] 感知、判断、感受、欲望等等。这些单元可以作为基质起作用。有一种意指并不是在“内反思”，即意指的内感知中设定这些单元并将它们对象化，而是栖息于（einleben）它们的意向性中，这样，这种意指便从它们那里“提取出”在它们之中隐含地被意指的对象，并将它们变为在客体化设定之确切意义上的对象。作为基质起作用的行为在这里可以是一个空乏地当下化的行为。当然，有可能出现对一个喜悦、一个愿望等等的回忆，而这个意指有可能朝向曾有的喜悦、被期望之物本身，同时这里却并无活的表象在运作。

因此需要区分：体验的前现象的存在，它的先于对它的反思朝向的存在，以及它的作为现象的存在。通过关注的转向和把握，体验获得一种新的存在方式，它成为“被区分的”、“被突出的”的体验，而这种区分无非就是把握，而被区分无非就是被把握，就是成为转向的对象。但现在不能以为这个事情是这样的，就好像区别仅仅在于：同一个体验这次与转向、即与一个新的体验、与这个朝向活动的体验联结在一起，因而仅仅是复杂化了而已。当转向发生时，我们肯定会在转向的对象（体验A）与转向本身之间做出明见的区分。而且我们肯定有理由说，我们此前所转向的是其他的东西，而后完成对A的转向，而A在转向之前就已经“在此存在”。但我们先得要注意：关于同一个体验的说法是非常多义的，并且

（在它得到合理使用时）根本无法从中直截了当地提取出什么，从现象学上看，体验活动并不会因为这种“同一个”状况而发生丝毫改变。

让我们来作进一步的思考：即便是我们所说的那种时而向此时而向彼的转向，也是某种被新的转向所把握的并如此而原初地对象化了（对它的原初认知）的对象；随之，将转向对象与转向加以
[485] 联系，以及对这种联系的原初认知，它们是新的现象；与此相同，把向对象的转向与带有认知（即认识到：转向附加到这个无转向的对象上）的转向联系在一起的做法也是一个新的现象。

我们完全可以理解，什么叫做转向一个对象——如转向这张纸，特别转向这张纸的尤为凸显的一角。与在客体上特别被关注之物和未被关注之物完全不同，这种“主体方面”的区别是在其各个步骤中的注意活动本身。对象是在一个注意的样式中被给予的，而我们在可能的情况下自己重又可以朝向这个样式的变换：恰恰朝向我们现在所描述的东西，在对象上时而有这个、时而有那个以特殊的方式是对象性的，并且现在被偏好的东西，乃是先前未被偏好地已经在此的，每个被偏好的东西都有一个背景，有一个在那个对象性的总体范围中的环境，如此等等。在这个对象的本质中包含着：它是一个不独立的东西，没有“它的”展示方式，它就不能存在，即是说，没有使此展示方式成为对象并从它向对象过渡的观念可能性，它就不可能存在；而在我于一个序列中所意识到的“同一个”对象的本质中包含着：目光恰恰应当朝向这个展示方式的序列，如此等等。

这种反思是在一个时间意识的统一中进行的，如上所述，这个

新被把握到的东西已经在此，它属于先前作为背景被把握到的东西，如此等等。每个“注意力转向”都意味着意向的连续性，而另一方面，在这种连续性中可以把握到一种统一，一种被构造的统一：同一者的统一，这个同一者只是在不同的注意方式中展示自己，并且在它身上有不同的因素与部分被注意到，“处在光线下”。

现在，注意力无非就是“意识本身”这些样式的区别，就是这样一种状况，即这些被感知性以“同一个”的形式聚合为一，这“同一个”时而具有这个注意样式，时而具有那个注意样式；除此之外，注意力还会是什么呢？现在，什么叫做对“转向……”的因素进行反思？注意的样式这一次是以“素朴的”方式进行：我在其进行过程中转向在它们之中显现的对象；另一次是有一个当下化的目光朝向这些样式本身的序列，我可以在回忆中一再地将它跑完，而这个序列本身具有其统一。

附录十三　作为内在时间客体的自发统一的构造。——作为时间构形和绝对时间构造意识的判断[1] [486]

如果我们有一个判断（例如 2×2＝4），那么被意指之物本身就是一个**无时间的观念**；在无数判断行为中被意指的可以是同一个东西，在绝对同一的意义上；而这同一个可以为真，也可以为假。我们将它当作“命题”，并且我们把“判断”看做是命题的相关项。因此我们是否可以说：判断行为？在其中 2×2＝4 被意指的意识？

① 对第45节、第145页（边码[448]）及以后各页的续加和补充。

不能。我们考虑一下:我并非转向被意指之物本身,而是将我的目光朝向判断活动,朝向这个过程,即 2×2=4 对我成为被给予性的过程。这里有一个过程发生,我开始构成主项思想 2×2,并且结束这个构成,而这被用做对接下来的设定“=4”而言的基本设定。因此,一个自发的构成得以开始、继续和结束。但我在此所构成的东西并不是逻辑命题:它是在此被意指者。“被构成者”不是被意指者,相反,在自发性中被构成的首先是“2×2”,接下来是“2×2=4”。自发地完成了(在自发的构成中构成了)关于 2×2 的“意识”以及最终 2×2=4 的意识。如果这个被构成者完成了,那么它作为过程也就过去了,它立即便回坠到过去之中。

在这里,被构成者显然不是构成过程(否则构成的比喻就用错了)。我也可以注意这个始终前行着的意识和这个前行过程的统一(正如我在感知一段旋律时可以关注这个持续的意识、关注“现象”的持续流动,而不去关注声音本身一样)。但这个过程并不是那个在它结束时完成的、在其中“2×2=4”被意指的现象。同样,构造一个手势之显现的意识过程也不是在其中显现出手势的那个显现本身。在这里,与显现相符的是“2×2=4”的意指,是明确的、在其中可以说有“这是如此”显现出来的“述谓”(Prädikation)。属
[487] 于手势—显现之统一的不是意识过程的相位,而是在它们之中构造起来的显现相位。所以在判断意识的过程中(在判断意识的“河流”中)也构造起述谓的组成部分、主项、谓项等等。而作为统一的判断意指的判断,它的主项在构造出来后便一同属于判断意指,尽管关于它的意识持续地发生进一步的变异(与此相同,在一个运动的显现中包含着始终处在回坠样式中的开始相位之显现,但并不

包含那些意识构形，即开始相位的显现在回坠中作为持续的运动相位而在其中构造起自身的那些意识构形）。

因此必须说，要作两方面的区分：

1. 意识流，

2. 在它之中的构造者，

而在后一个方面又要区分：

a）作为自身构造的“显现”的判断，或对 2×2=4 的意指，它是一个生成过程，以及

b）在此生成的东西，最终作为被构成者、已生成者而站立于此的东西：完成的述谓。

判断在这里是一个在内在时间中的内在过去、一个过程（不是一条意识流，而是一个在意识流中构造起来的进程），它开始并结束，而且随着结束也就过去了，就像运动在完结之后就过去了一样。诚然，在感性被感知的生成之显现方面，始终可以想象这个生成会过渡到持恒的存在中，或始终可以想象运动在某个任意相位上过渡到静止中，而在这里是根本无法想象静止的。

但是，以上这些还并未穷尽所有的区别。伴随着每个自发性的行为都会有一个新的东西出现，这个自发性的行为可以说是在它的流动的每个瞬间都是作为原感觉（Urempfindung）在起作用，它根据意识的基本法则来经历自己的映射（Abschattung）。在意识流中逐步完成的自发性构造出一个时间客体，而且是一个生成客体（Werdenobjekt）、一个进程：原则上只是一个进程，而非延续的客体。而这个进程回坠到过去之中。在这里必须考虑：如果我以一个此物（Dies）—设定开始，那么自发的抓住（Zufassen）与把

握(Erfassen)便是一个瞬间,它在内在时间中作为瞬间而在此,随后便立即坠下去。但与此相联结的是一种对于在内在时间中判断
[488] 过程之统一的构成而言的持留(Festhaltung),对此物的原设定(如利普斯所言的“锁定”[Einschnappen])连续地过渡到持留意识中,而这种持留并不是对那个正经历其内在时间变异的原设定的获得,而是一种与此意识相交织的形式;而这里的奇特之处就在于:在这个持续的现象中不仅构造出起始相位的下坠,而且这个连续维持下来的(forterhaltend)、持续着的此物—意识还把此物作为一个延续的被设定者构造出来。这意味着,启动和维续构成一个自发性的连续统,这个自发性本质上建基于一个时间下坠的过程之中,这种下坠使得起始相位和接下来的维续相位在一个时间的流程中坠落下去,并因此也使得它们作为基层表象(直观、空乏的当下化)和表象变异所带有的东西也坠落下去。行为开始启动,但在变化了的样式中作为行为(作为自发性)继续前行,而后有一个新的、继续这整个自发流程的行为开始启动,例如一个述谓—设定的行为。如果这个构成不继续前行,那么,结果便不是述谓设定的新的、以其方式原涌起的(urquellend)述谓设定之自发性,而是在此基础上的这样一种设定:在它出现的同一个内在时间相位中,以一种持留的自发性形式和以它相对于原涌起的状态设定所具有的变异了的形式,主语设定得以真正进行,并在此之上建造起了本原的谓语设定,随着这个谓语设定,它构成了一个单元,即总体判断的单元:作为时间构成的存在相位、作为判断在其中现时地“完成”的一个时间瞬间。这个时间下坠着,但我并非立即停止判断,即是说,在这里与往常一样,判断持留的一个片段持续地与最终完

成的进行瞬间相衔接，作为在时间上如此这般被构形的判断，判断便随之而获得一个进一步的片段。在此，在我有可能再联结上新的、更高的判断构成，将它们建造于其上，如此等等。

因此，判断作为内时间意识的内在客体是一个过程的统一，是不断的“设定”（当然是判断设定）的持续统一，在其中出现两个或多个进行瞬间、原设定的瞬间。这个过程在一个没有这些瞬间的片段中结束，这个片段以“现状的”方式就是关于此过程的意识，对那些以“原初”方式通过进行瞬间而被意识到的东西的信仰。判断（述谓）只有在这样一种过程中才是可能的，这就已经意味着：对于 [489]
判断的可能性来说，滞留是必然的。

一个自发的单元、一个述谓判断作为内在时间客体构造自身的方式，鲜明地有别于一个感性过程、一个持续的相互接续的构造方式。这是因为，在后一种情况中，“原初的东西”，即不断更新充实的时间瞬间的原泉源点（它的相关项是现在中的原生内容），要么就是一个素朴的原感觉相位，要么就是一个由于被立义为原显现相位而被构形了的原感觉相位。但在判断情况中的原初之物却是设定的自发性，它需要以某个触发材料（Material der Affektion）为基础。仅就此而言，这个建构就会是更复杂的。

此外，这里还出现双重的原初性。对作为时间形态之判断而言的“原初”构造者是“设定”的连续性，它在这个方面始终是原初地给予着的。而后，在带有其各个滞留的时间意识中，连续的判断瞬间见自身构造为时间构形的判断之时间点。但我们必须将成就着的（leistend）自发性之本真进行设定瞬间区别于那些维续着被成就者（Geleistete）的自发性的持续瞬间。这是在被构造的时间形态中的区别，在此时间形态之中得到凸显的是源泉点；这当然也是在构造着的时间意识中的区别，在此时间意识中，原发的（originell）相位分为两种：创造的（schöpferische）相位和现状的（zuständliche）相位。

如果我们据此而可以认为，作为时间形态的判断的观念已经在与绝对的时间构造意识的区别中得到澄清（因此也包括在其他自发行为方面的相应区别），那么现在就可以说，这个判断是一个意指，类似于例如一个外空间时间存在显现于其中的内在—客观显现。可以说在意指中显现的是被意指之物，在“2×2=4”这个意指中所显现的恰恰是命题的、如此这般被构形的事态。但这个事态不是事物，不是客观时间的存在，既不是一个内在的存在，也不是一个超越的存在。它是一个延续的被意指之物，但它本身不是延续着的东西，它的意指会有起始，但它自己不会起始，就像它自己不会终止一样。按其本质，它可以在不同的方式中被意识到，或者说，被给予，它可以被分节，而后在一个被建造的自发性中被意

[490] 识到，这个自发性可以作为内在时间形态而跑得“更快些”或较慢些，但它也能够以一种状态的方式被意识到，如此等等。

自发的时间形态与所有内在客体一样，它们的对应图像就是关于它们的再造的变异。判断—想象与每个想象一样，本身都是一种时间形态。对判断—想象之构造而言的原初瞬间是“原初”想象，它们与那些按照意识的基本法则而与它们相衔接的变异、与滞留的变异是相对立的。想象是作为内在客体而构造起来的，这样，借助于它特有的、具有中立化了的当下化特征的想象意向性，内在的拟—客体、内在被想象之物的统一也就在想象的内在拟—时间

中得以构造起来。只要想象是对一个“显现”的当下化变异，就会进一步构造出一个被想象之物的超越统一，我们说：一个被想象的空间时间的客体之统一，或一个被想象的事态之统一：这个事态是在一个拟—感知判断中拟—被给予的，或者在一个其他类型的拟—想象判断中拟—被想象的。

B

表明此问题发展的增补文字

〈一　引入对“清新”回忆和“再”回忆的本质区别以及关于时间意识中的内容变化与立义区别〉[①] 137

〈第1号〉　对一个持续较长的变化进程之统一的表象是如何成立的？〈直观与再现〉[②]

对一个持续较长的变化进程的统一、一个在相互接续中进行的或展开的统一之表象，例如一段旋律的表象是如何形成的呢？只有极小的时间后续与延伸之块片(Stücke)才会在**一个**目光中、在一瞬间的直观中被纵观到；因此，也只有极小的旋律部分才会在某个瞬间中被直观到。

属于一段旋律的各个音形之后续或相互离散的展开，乃是在**一个**(时间上延续的)行为中进行的，仅就此而论，一段旋律就不会是一批分离的直观。即便与个别的声音与构成物相符的是各种特殊的行为，也必须有一个行为在此，它支配性地包容了内容的统

① 产生于1893年，直至大约1901年。——编者

② 按胡塞尔的说法：“在《月刊》文章之前所作的旧的尝试，约1893年。”胡塞尔在《哲学月刊》，第30期(1894年)，第159～191页上发表过“对基础逻辑学的心理学研究”。——编者

一，只要这个统一是在关注活动的每一瞬间中的内容。在这个行为延续的同时，它的统一始终被保留下来；内容变换并且一个瞬间、一个瞬间地改变，随之行为也以某种方式有所改变。随时间的
138 延伸(Dehnung)携手进行的是时间的缩短，借助于这种时间缩短，以前曾被直观到的东西的一个部分产生变化或再次消失，同时另一方面又出现新的东西。因此，较为狭窄意义上的直观只是旋律的一个块片，即带有其处在某个展开阶段中的各个音形的旋律之块片。

我们设想一下：一段熟悉的旋律现在开始进行。它以一个直观的、有特征的音形开始，这个音形明显地有别于嘈杂的或其他的声音“背景”；在它之上建造起另一个音形，以此方式也就从音形中发展出音形。但在这里，新东西并不是与被持守的旧东西相并列的。旋律开端上的声音或声音组构(Tongefüge)始终只是意识中的一小段时间 t，姑且不论它所经历的内容变化(时间上的回移和弱化)。在时间的内容顺序中，每一瞬间在清晰和充盈方面的主宰都是末端，甚至就是后来者、接近现在者在主宰着先前者。如果 t 被跨越，那么开端就会消失，从此便不断会有新的后续部分消失；由于消失部分的含糊性，这种状况并不会引起特别的留意，尤其是因为兴趣粘连在更生动的、更新的东西上面，并且完全是朝向前面的。因而音形在弱化并且逐渐消失，同时这种变化却没有引起注意；人们所关注的只是赢得，而非丧失。诚然，丧失也与一个延续着的获取相联结。只要带着统一的兴趣来追踪这整个过去的发展就会发现，它影响着各个当下之物的感性(ästhetische)特征，亦即感受特征。结论在某种程度上被维续下来，尽管被论证的东西对

于直观来说已经去矣。如果旋律结束了，那么我们便有具有这样一个边界，它的特征就是完善(Vollendung)的意识。结束的方式就像一个句子的句号一样，使我不再期待或要求新的东西。一个写了一半的句子、一个不完整的前句，甚至一个语句部分、一个词(它没有通过表达重音而作为一个完整句起作用的词)，它们所引起的是没有得到满足的期待，就像当我们吃午饭时在上完汤后就
再也没有东西端上来一样。一个发出了但却没有完全流逝的声音 139
运动会具有未完成之物、有缺陷之物的特征。“我们觉得被继续拽下去”，这个运动逼迫着继续，或者我们也可以用其他方式来表达这个状况。无论如何，这个此刻被直观的内容具有一个特有的特征、一个拟—质性，对它可以形成联想，我们借助于这些联想而**明晰地**(explicite)意识到，新的音形必定会(或不会)接续，它们以典型的方式与刚刚直观到的东西相衔接，或从它们之中生长出来。这就是克里(Kerry)和利普斯(Lipps)称之为继续欲(Fortsetzungstrieb)的东西，尽管并不完全等同。在单一轨道上进行的表象或活动的习惯会使几个步骤起作用，或者会造就一种可能继续的意识，但这个继续却没有被表象。在一个相同方向上、一个系列中的继续前行，在实事关联中的秩序、和谐所造就的便是特别的“感觉”，而禀赋(Disposition)得到论证，它们与在先指明的内涵相衔接，使得延展、构形以及对其可能性的知晓得以可能。

现在的问题是：当我们处于结尾时，我们从何知道，已经有某些东西事先过去了，这个最后当下的东西并不就是整个旋律？倘若感知或想象或两者都拒绝将已开始了的旋律继续下去，我们从何知道，总会有东西接续下去，在旋律的总体性上就是缺少了某种

东西？

如果旋律在感知或想象中流畅地进行，那么，在继续踏入那些新的和被认做相属的音形时我们便会知道：这个旋律还没有结束。如果感知中断，就有可能在想象中增补下一步的进程，而只要想象为我们所提供的东西仅仅被我们感觉为不完善的替代，我们就会获得例如在以下命题中表述出来的认识：演奏者在半途中断了。这种在想象中的继续编造（Fortspinnung）常常不会出现，尽管如此，我们还是能够以这种方式做出判断。或许会有几个节拍影子
140 般地被意识到，或许连这都没有，尽管如此，我们如何会知道并且会说：这个演奏远未结束就被中断了？这个判断所传递的是一种匮缺感、不足感、或多或少强烈的阻碍感，有可能还带有意外感、讶异感和失落的期待感。如果我们自己在感知中或在单纯想象中进行现实创作时中断旋律，那么情况也会是如此。只是在这个情况中不会有通常出现的意外感、讶异感。

我们至此为止都是以熟悉的旋律为例；不熟悉的旋律的情况也是类似的。我们的音乐经验使我们理解，什么是一个结束了的旋律的总体，什么不是。引导我们的是相似性。

因此，那些感受凸显了这些瞬间被直观到的东西所具有的不完善的、有缺陷的或半途而废的特征，故而这些被直观到的东西对我们来说是非本真的表象，是完整丰富总体的代表。这些再现活动在心理学上的产生与其他再现活动在心理学上的产生并无二异，它们的功效在这里与在其他地方一样是明白无疑的。

如果我们想阐释这些再现活动，那么，我们可以借助于直观的这种禀赋性的连结，它们构成了有序的和在实事上确定的旋律之

直观进程。我们沿着连续的链条前行和后退。我们让旋律在想象中继续展开；而且我们回返地抓住留下的音形。当然不可能简单地把声音一个一个地反转过来，再走回去。在现实创作旋律的过程中的个别声音只是作为建造在它们之上的音形而言的基础才引起我们的兴趣，而这些更为全面的、相互缠绕的形态的组合带来了旋律总体的整合之统一。所以我们在回观的目光中也只能把握到——或更确切地说新创作出——一些相对地独立的、统一被析出的块片或形态，并且因此也不是回到个别声音的链接上，而是回到在开始时声音构成的链接上。就熟悉的和可供我们想象自由支配的旋律的可能阐释而言，这就是最完善的阐释了。自然，这个阐释也可能是一个或多或少有缺陷或完全非本真的，而且，只要回忆是残缺的，或只要被给予的块片根本不属于一个曾被听过的旋律，而“这是那个旋律的块片”的判断仅仅是根据某些标志而做出的， 141
这个阐释就必定是一个或多或少有缺陷或完全非本真的。所有这些阐释都会随意或不随意地出现在反思的情况中。而它们之所以出现，乃是因为那些附着在各个被给予的替代物上并使它们变为再现活动的感受标记与那些阐释过程有着禀赋上的、即经验上的联系。

在我看来，不可避免地要给“直观”(Anschauung)这个术语以一个**较为狭窄的**和一个**较为宽泛的**含义。较为狭窄意义上的直观是一个瞬间表象，或更确切地说：是一个留意行为的内在的和原生的内容；较为宽泛意义上的直观是一个统一延续的留意行为的内容。①

① 胡塞尔在这里给出的“直观”定义显然不同于《逻辑研究》中和以后的定义。他

如果这内容在留意过程中始终没有变化,倘若时间延展没有被关注,那么在对此延展的瞬间直观面前也就不存有区别。如果内容持续地变化,或者如果进入这个统一直观行为的不是这一个内容,而是始终变换的杂多性,那么情况就会完全不同。我们这时所具有的是瞬间直观的一个关联进程,它被包容在一个延续的留意行为中。内容或是连续地变化,或是隐秘地变化,根据情况的不同,这里会有一些并不是非本质的区别;在隐秘变化的情况中,倘若行为的整个进程只是在一个支配性的行为以内发生,总体直观的统一性就不会因为特殊的留意行为有可能突显了个别的东西而受到干扰。此外,哪里有隐秘的内容变化发生,哪里就总是会有连续的内容变化;通过时间性的推移和延展而发生自然的内容变化。我们可以从意项上(ideell)将这个延续直观的统一行为分解为瞬间行为,并因此而能够谈论一个连续的直观进程,无论内容发生怎样的变化。然而更好的做法是把直观进程理解为杂多的内容变化被纳入其中的分立的(diskreter)留意行为的后继;理解为所有那些在连续的留意之中进行的行为。

如果只把瞬间直观性的东西看做直观,那么,就会过于远离对
142 这个术语的通常使用。我们具有一个对空间事物的直观,如果我们从所有的面来观察它。这个对象就其被视为客观存在的而言,是一个被预设的、非本真地被表象的总体直观,它自身包含着从不

在这一时期所理解的“直观”并不包含回忆和想象这些再现性的或代现性的行为,但又不等于感知本身。在《逻辑研究》中,胡塞尔才开始将“直观”(Anschauung)理解为“感知”(或“当下拥有”)和“想象”(或“当下化”)的总和。对此可以参见拙著《胡塞尔现象学概念通释》(北京:三联书店,1999 年)中的“直观”条目。——译者

同方面接受的直观彼此反对地提供出来的所有新东西。我们直观在对象方面的所有可被直观到的东西，亦即从所有方面来观察“它”，以此方式而使对象被我们直观到。对于事物的每个部分和每个标记而言都有一个立场，在此立场上我们可以“最佳地”理解它，即是说，在直观的每个因素随立场变换而经历的变化之连续统中，每次都有一个我们的兴趣因素在其中得到最大满足的相位。从属于此的立场便是“正常的”立场，而这个因素构成一个部分，或者作为对整体的规定，构成在对这个客观对象的意项综合中的一个标记。所有其他相位都服务于对正常相位的标识。

因此，使一个对象一般、一个客观的统一被直观到，这就是说：从各个组成部分的意项一致性中（它们的统一要归功于对它们的思想综合），以一种满足我们兴趣的完整性，**演替地**（succesive）直观出这些组成部分（部分或标记）。

如果一个对象的构造因素没有被直观化或不能被直观化（是不可直观的），那么，这个对象就是在此意义上非直观的。心理学家在这里当然会区分现实的与臆想的直观。我无法从柏林到罗马的道路中获得直观，哪怕是以一种直观进程的方式，即在一个行为之内也无法做到；但我可以从这条道路的个别块片中以及从足够小的相邻块片的统一中获得直观。所以，只有少许空间性的东西才相对而言是可直观的，尤其在较为狭窄的意义上不是可直观的。
即便在涉及一个不太复杂和一眼能纵观的形象时，在最有利的情 143
况下可以获得的瞬间直观也不会现实地、或不会如其被意指的那样现实地包含所有那些我们认为随此而直观到的部分和关系。通过从某个视点来观察这个形象而为我们所获得的那些大部分是含糊的表象，并不是我们用“对此形象的直观”所意指的东西。对我们来说，它实际上只是用来创造客观统一的支撑点，在这个统一中意项地包含着所有的部分和因素，它们就是我们在各个最有利的和每一因素都在变化的视点选择中所获得的那些部分和因素。因此，所谓对客体的如其所是的瞬间直观，就还原为一个直观进程，我们在此进程中确证各个方面、各个部分和各种关系，而且是在它们的最完善的，以及最充分满足我们主要兴趣的各个变化阶段中。

现在我们的任务就在于，更为仔细地研究这些产生出客观统一或事物统一之表象的直观进程，以及建基于它们之上的构成过程。

我们的分析所提供的下一个被给予之物是事物。因此我们必须以它为出发点。关于事物，我们不具有严格词义上的直观，即使我们感知到它；没有一个瞬间行为能够在自身中从总体上现实现前地包纳那些客观组成它的杂多部分、属性和联结，同时还对它们进行留意和立义。如果在一个瞬间行为中进行了感知，那么这些杂多性就只是意向，而它决定了我们在这里和在类似的情况中说：关于这个被意指之物，我们所具有的不是真实直观，而是单纯再现（在此意义上是单纯“表象”，即非本真的表象）。想象表象的情况也与此类似，它们的非本真性是一种更为间接的非本真性，因为它们直接回指到相应的感知上。但所有再现都以直观为基础，如果我们看见或触摸到事物，我们便具有事物统一建基于其中的直观。我们先以看的活动为例。如果看的活动为我们提供的是对一个可见客体本身的完整直观，那么就需要有一个我们现在可以考察的直观进程。为此目的，我们需要进行几个方面的区分，即区分：

1. 这样一种直观进程，即在头和其他身体部分不动的情况下，144
仅仅以眼睛的运动甚至留意和注意的内目光的运动为基础便可能的直观进程；

2. 这样一种直观进程，即在头和身体其他部分运动的情况下才出现的直观进程。

我们在这里谈到眼睛的运动与头和身体其他部分的运动，以此方式我们已经考察了看的活动的“状况”，它们源自客观的认识，看起来不属于纯粹描述心理学和要素心理学。尽管如此，这些表述只应作为舒适的、难以避免的符号用于主观体验，它们始终是上面所说的客观认识的基础，并且通过客观认识才得到诠释（Deutung）。我们现在恰恰要撇开这种诠释不论。一个尚未将其身体客体化并且在此意义上尚未认识其身体的孩子，可以并且也会拥有心理体验，他很久以后才会以判断的方式将这些心理体验诠释为目光的抬起和落下、抬头和低头、围绕客体走，以及如此等等。身体、头、眼睛的每个特定姿态与运动都会有一个完全特定的心理内涵与之相符；无论它有多么复杂，无论它是从多少（可以为分析以如所周知的方式所达及的）感觉组元（Empfindungskomponenten）中产生的，它都先要作为一个统一的整体或作为一个统一整体的组成部分与分析相遇。随状况的不同，个别内容（例如眼睛的运动）乃是作为分离的统一而迎向我们，或者它始终与同时在其他方面被给予的体验融合为一个不可分析的整体，但这个统一会作为统一而自为地被留意，或者这个整体始终未被留意，同时却并未丧失那些我们将要考察的作用，这些作用要归功于个别组元的特定贡献。

我们想把这些看的伴生(konkomitierend)状态干脆称之为主观状态 U。

我们从第一种直观进程开始。在头与其他身体部分不动的情况下,目光转向一个客体,如转向我们面前的墨水瓶。一旦开始
145 看,也就开始了一个游戏,即内容变化与特别接纳它们的留意行为的游戏,这些行为是在一个支配性的留意活动以内进行的,但却并不为这个留意行为所持留。人们说,目光在客体上漫游,进入视点并因此而进入留意活动之精神目光的时而是这个部分,时而是那个部分。但这是一种非心理学的言说方式。主观上摆在面前的无非是诸直观在时间内容上的连续统,在这个连续统中,一些个别的部分得到特别的突出,而中介性的部分则充塞在向前者急速进行的过渡中,它们通常不会受到特别的关注。借助于在原生地被留意的内容之变换中的持续性(Stetigkeit),我们干脆可以说是一种内容变化,而在这里已经包含了被说出来的各个瞬间阶段彼此间的相似性。因此,我先凝视这个墨水瓶的一角,而后目光匆匆掠过边缘并凝视另一角。总体的内容改变了。在此变化中凸显出了开端阶段和结束阶段,我们并不特别关注上面所描述的此过渡之内容变化。如果先前 A 角原生地被留意到并以某种方式从统一被关注的总体印象中得到突出,尽管并未从它之中解脱出来,如果 A 先前以上面所描述的被凝视之物的方式是清晰的,那么一切都不再有效,而对 B 角来说有效的则是我们刚刚对 A 所做的那些陈述。A 现在是首先较不独立的、较不清楚的,并且最终可能根本不再从新的和内容上变化较大的总体直观中被突出的因素,这个总体直观通过显现的变化的过渡现象(显然是一个运动现象)而与

以前的总体直观联结在一起。因此，在目光漫游过程中，变化在一个接一个地进行。在目光从直观的一个部分漫游到另一个部分并以上述方式而对直观造成变异之前，我们发现，倘若这个进程进行得足够缓慢，在总体内容的“直接被看到”的部分中就会有一个部分凸显出来，这时我们便会感到有一种追求，我们会毫不动摇地将它称之为对清晰化的追求。间接被看到的客体带着某种缺陷显现给我们，只有（在缺少反作用因素的情况下，例如在没有意愿保持 146
目光不变的情况下）当目光完成了不可或缺的转向并完成了随之而被给予的清晰化，这个缺陷才会显现为被去除了。因此我们可以说，在直观的每个间接被看到的和可分析的部分上都粘连着一个特定的意向，它在分析的情况中现时地被感觉到，并且作为刺激而释放出那种导致意向满足的目光运动，或者纯粹心理学地说：它在通常情况下会不可避免地导致相应的清晰化。然而清晰化了的内容是另一个内容，它与未清晰化的内容仅仅是相似的，但通过意向的更大充盈、界定的鲜明性等等而更多地满足着我们的兴趣。如果我们有意凝聚目光，那么那些从面上被留意的部分内容的意向就常常会以此方式来表现它的作用，即相应的被清晰化的部分内容的想象材料会闪现出来，但却没有延续的存在。现在，我们要将那些附着在被直观之物的部分内容上的，也附着在直接被看到之物上的其他意向，还有能够通过另一种身体位置而得到充实的意向，都搁到一边去。

现在有必要在我们所考察的内容变化中区分两个组元，它们也可以在实项方面得到分离：

1）通过我们称作目光运动的状况 U 的变换而产生的内容

变化;

2)通过留意(Bemerken)和注意(Aufmerken)而出现的内容变化。

在通常情况下,被凝视的点,即严格词义上的视点,同时也是原生地被留意的点,而且常常也是、但并不总是一个注意的对象。我们考虑一下,哪些变化与留意和注意联系在一起。我在这两者之间作一个由马尔悌—施通普夫提出的区分。并非每个留意都与注意联系在一起。注意是一种对内容的期待状态(Gespanntsein),在此内容上附着着某个急于得到满足的意向。留意是在本真词义上的表象;是对一个内容的单一接纳(Aufnehmen),是单一地转向它。如果一个内容对我们来说是现前的,那么我们就会留
147 意它。留意是否是一种特殊的行为,对此我们不想争论。但在这里存有非常奇特的内容区别:我们的总体意识在每一瞬间都提供统一中的杂多。一个完全不可分析的统一不会让人留意。始终是至少有一个部分内容会被留意,并且从其他意识内容的“背景”中凸显出来。我们可以完全转向一个内容;但它永远不会是完全孤立的,背景始终作为**“流苏”**(frange)挂在它身上。只有通过对每个或少数几个部分的突出(pointieren),我们才能意识到总体的意识内容。但突出是一种内容变化。随我们所突出的是这个还是那个的情况不同,总体的印象也在变化。但我们常常同时转向许多东西;即使这时也总有一个环节在此,它的突出标志就在于,它是我们“第一级地”(原生地 primär)转向的东西,而其他的环节则是第二级地(次生地 sekundär)被留意到,背景在某种程度上是第三级地(tertiär)被留意到的。然而这并不是行为的区别,至少不单

单是行为的区别。由于我关注这个烟斗，所以我突然也留意到旁边的墨水瓶，而后可能还留意到附近的小刀等等，或者我同时听见车子开过。处在我的留意的“视点”中的东西与不处在其中的东西之间的区别，就是我们凝视着的被看见之物和我们不凝视的被看见之物之间的区别，同样也是在那个在黄的污渍中映像出来的东西与那些通过侧边视网膜部分而展示出来的东西之间的区别。它们重又是清晰性的区别。每当我们同时留意到多个东西时，这个“多”都以留意活动的演替为前提，只有在这种时间的联结中，它才可能“附带地”被留意。此外，内观察表明，在附带被留意的东西之间也有清晰与不清晰的程度区别。我们能够将每个附带被留意的东西至少在一瞬间转变为原生地被留意的东西，即清晰的东西。重又有效的是：当一个清晰的东西变得不清晰或不清晰的东西变得清晰时所发生的内容变化，是一个连续的变化，它把类似的东西变为类似的东西；在这里也是那种特有的过渡感。

在原生地被留意之物意义上的清晰性，在通常的看的情况中同时也是在被凝视之物意义上的清晰性；但也有可能是我们凝视 148
一个点，却原生地关注一个旁边的点。因而习惯性的联结是可以随意消解的。我们刚才对间接被看见之物所说的东西，也适用于在附带被留意之物意义上的不清晰之物。它具有一定的意向，一定的缺陷，它急迫地要求被消除，借助于此，附带被留意之物便具有一种再现的功能，并因此而具有与相应的原生被留意之物的禀赋上的联系。——

在阐释了这两个在直观进程中或在直观变化中起作用的组元之后，我们还必须强调几点。**直观进程是一个时间进程**。尽管如此，时间因素在这里根本不起任何作用；它被铲除了；它因为特殊的关系而根本不被关注。由于清楚地闪现出来的时而是瞬间被给予的总体直观的这个部分，时而是那个部分，而且对于总体直观而言，结果便是一个相应的变化，因此会一再地出现这种情况：老的直观连同其凸显的部分重又返回；因而直观进程的各个阶段会以循环的方式溢满彼此（in einander überfließen），但不带有任何固定的循环，不带有任何特定的秩序。根据内容的偶然刺激和兴趣的偶然朝向的不同，这个进程一再地采纳不同的序列。即便随意性也可以是决定性的，因为它从那些彼此处在争执中的间接被看到的和自为被留意的因素中随意地把捉出这个或那个因素，并且那些很容易一致化的曾走过的变化路径可以随意地被重复或被变更。每当有相同的状况返回，相同的直观就会出现，并且被重认作是直观和[直观的]再造；而每次沿相同变化路径（或状况的变化序列）返回，也都会导向相同的和被重认出的直观进程，它们带有被重认出的各个明显标记。这些重认出的行为并不需要有语言的中介；但我们的评判却需要以语言的中介为前提，这个评判是指：将在直观进程中被给予之物评判为一个自身同一的客体。

无论我们采取什么样的主观“立场”，都会出现重认（Wie-
149 dererkennen）的活动，并且无论我们怎样更换这个立场，我们所发现的都不会是绝对的新东西，而只是被清晰化的东西，并且是在一个固定范围内被清晰化的东西。除了相关部分的清晰化之外，总体印象不会发生根本的变化，不会发生一种导向新东西的变化，至多也只是一种已在先前的印象中已被预释的（vordeuten）和被意指的变化。无论我们采取何种立场，我们都可以通过看的活动的同一外部状况的持留而从总体印象中分析出这样一些不同的部分，它们对相应的、清楚的部分作出预释，并且意指这些部分。这样一步一步得以进行的只是意向的充实，并且只要意指的表象与被意指的直观融为一体，认同也就随之而完成。即是说，认同是一步一步进行的，因为认同无非就意味着在一个意指的表象将其被意指的直观溢满过程中的重认之体验。唯当一个直观进程提供了新的和更新的东西，我们所具有的才不是一，而是多，以至于有许多东西被特殊地立义为不同的新东西。但是，只要我们重又发现的是“同一个”，我们在客体上所拥有的便是一。它始终是同一个，因为我们始终是在同一个相属的直观群组中活动，在此群组内有一个十分熟悉的过渡从一个环节引向另一个环节，从熟悉的东西引向另一个熟悉的东西，以至于我们在每一瞬间所具有的总体内容本身就已经含有对所有进一步的东西的意向，因而向这个群组的任一环节的过渡提供了这个环节所包含的意向的一个部分的充实。

在某种意义上，一个旋律也是一个客观的统一；但时间后继在这里则本质上属于旋律的内容。只有在一个特定的时间进程中才会出现持续不断的再认出以及持续不断的意向满足。在这里也缺少每个自为地被留意的直观部分与每个其他部分的相似性，此外也缺少那种使得每个直观部分都显现为整体之代表的意向之同一性。旋律是一，但它不是在同一地被认出之物的所有部分立义中的一。每个部分立义恰恰都对旋律的一个部分进行立义；完全不 150
同于我们[前面所说的事物立义]的情况。每个部分立义都对事物进行立义，但却是从一个特殊的“立场”进行立义。而这种情况的

原因在于，直观系列的每个环节，即链接中的每个静止的和凸显的变化状态，自身都可以包含着任意一个其他变化状态的意向，并且可以偶然而随意地引发对它的复活和认同。因此，在每个阶段中同一地被给予的是同一个东西，不是以主观的方式，但却是以客观的方式，亦即按照意向和评判。主观的东西则是通过立场判断来考虑的。

因此，如果我们具有 A⌢B⌢C⌢D……这样一个链条，这里的字母表示各个瞬间直观的清晰化了的因素，那么，倘若 A 被清楚地立义，而 B、C、D 不清楚地被突出，或者根本就不突出，我们就会与总体直观的背景融为一体。但在兴趣的适当方向上，B、C……受到特别的留意，不是作为被清晰化了的，而是例如作为 B′ C′，但它们却带有对 B C 的意向，即 B C 各自所意指的、所描向的意向。这样，客观事物自身便含有 A B C……，每个都在其完整的清晰化中，并且不带有特定的过渡次序，因此是以总和（Inbegriff）的方式？由于我们说到总合，因而事物看起来就好像仅仅是一个量。然而它并不缺乏我们在过渡时所立义的那些关系与联结；它们也属于客观的统一，而且它们提供关系判断，通过这些判断，我们承认绝对因素之总合的这些环节是彼此统一的。联结可以给予诸内容以某种秩序，但联结不会给予直观进程以一个前定秩序，这个直观进程在其各个形式中始终是随意的。根据所有这些，我们得以充分地意识到事物的客观统一，这是因为我们在一个随意的判断序列中突显出我们在瞬间直观的群组内容中所发现的那些个别的和绝对的因素与关系，并且与那个由各个总体内容**所再现的**整体发生联系，并且承认它属于这个事物。因而客观统一是一个通过

判断的统一，不是通过单纯直观的统一，但却是在直观基础上的统一。

现在的问题是：由于各个部分内容也与某些从属的状况联结 151
在一起，那么这些状况为何没有与那些部分内容融合为事物的统一，而是显现为一个与事物相对立的单纯主体的东西呢？在描述心理学上只要首先标示出这两者间的一个区别：状况虽然也是意识现象，但它们不是原生地被留意的对象。我们直接留意的仅仅是被强调的内容组成部分，与它们相连的是其他的、与它们相统一的并承载它们的瞬间留意内容，带着对个别因素的某种强调。状况乃是作为不被关注的因素而以某种方式融入到了内容之中——詹姆士(James)会将它们称作“**边缘域**”(fringes)——并且只是在心理学分析中才作为非实在的伴随者而显示出来。因而它们的情况与仓促的过渡感一样，它们是复合的现象，是由内容的运动所组成，即是说，它们是在从 A 到 A′和 B′到 B 的转变中出现的内容变化现象；此外它们还是由客观状况的变化现象(运动感、会聚感、适应感等等)所组成的；最后它们还是由留意活动本身的变化所组成的。这些“边缘域”为同一性意识做出根本性的贡献；但它们不属于“内容”，不属于事物；从属于它的只有那些原生地被留意的和被意指的东西。[①]

① 如前所述，上面的札记按胡塞尔的笔记是“约 1893 年”写下的。可以比较第 3 节、第 10～13 页的文字，它几乎完全立足于被胡塞尔排入到其 1905 年时间讲座设想中的两个页张上，但这两个页张按照他自己的说法是从他 1894/95 年冬季学期在哈雷所做的“心理学讲座”文稿中取出的。也可以比较相关的文字考证说明。——编者

〈第 2 号〉 时间感知的明见性、回忆等等。[①]

感知一个**时间进程**，这意味着：将一个当下的此在 A 与一个
152 刚刚过去并在对象上与其相关联的 B 以及一个离得更远的 C 等等连在一起感知；它意味着感知 A 并且在回移的过程中将 B 体验为刚过去，如此等等。而只要我们观看一个对象性的统一并且感知它，这整个序列就是被感知到的，它就是一个**当下的**进程。我们感知这个**旋律**。它是一个感知序列：

1)带有与那些处在其当下瞬间中的个别声音的关联。这是对当下声音的感知。

2)带有与**时间关系**的关联，这些关系是与逐步被给予的声音一同“被体验到的”。它们以此方式被体验到，即：那些源自过去声音的变化了的内容以过去的方式被立义，而这种立义直观地属于这些内容变化。只要我们给出“过去”这个谓词，或立义为过去，过去也就真的过去了。[②]

它在**更为遥远的过去**中是怎样的呢？当我回忆昨天所经历的东西时，我具有对昨天所经历的进程的一个想象表象，我在此也许再造出由演替的一个一个步骤所组成的进程。在我这样做的同

---

① 这份札记的大部分——略有改变——已经在第 22 节、第 92 页(边码[407])及后页中得到再现；即是说，[后面第二部分]第 152 页第 19 行至第 154 页第 10 行的文字，在[前面第一部分]第 92 页(边码[407])第 9 行至第 93 页(边码[408])第 24 行上付印的文字中得到再现。——编者

② 胡塞尔在这里作了后加的补充：“(＝关于时间性的东西、延续的东西、变化的东西、延续本身、变化、进程、演替的**本原意识**)。”——编者

时,我便具有时间立义。首先是有一个步骤被再造,而后在一定的后继中又有第二个步骤被再造,如此等等。

但在这些“表象”**现实地具有**其时间性关系的同时,它们也想**映像出那个表象着**一个时间伸展的进程。被经验到的诸如此类的时间关系在这里不是对现在被体验到的情况的再现,而是对过去的情况的再现。也许不仅是这个以回忆的方式成为当下的进程的个别步骤有可能偏离开过去进程的步骤(它们以前的进行并不像它们现在被个别表象所表象的那样),而且实际的顺序——表象的顺序包含在一个表象的统一之中,这个表象的统一以为,现实地过
去的进程是以这个方式、在这个序列中进行的,就像这些表象所要 153
反映的那样——也可能不同于这个自以为是的顺序所以为的那样。**因此这里很可能存有差误**。

但差误也可能以某种方式存在于对一个时间序列的直观中。 221
如果我“**体验到**”**一个时间序列**,那么这个时间序列无疑是发生了的并正在发生。但这并**不**是说,一个事件(Ereignis)现实地在我对它立义的意义上发生了。个别的表象有可能是错误的立义,即那些与现实不符的立义。而如果在时间的被回移状态中事实上保留下来的是对表象的对象性意向(根据它的构造性的内涵以及根据它与其他对象的内容联系),那么这个差误就会贯穿在这个显现过程的整个时间立义中。但如果这个差误被纠正,而且我们限制在**体现性**“**内容**”的后继上,或者也限制在“**显现**”的后继上,那么始终还有一个真理保留下来,而且是一个时间性的真理:一个进程确然地发生了,至少这是明见的,即诸显现的后继已经发生,即便它

也许并不是那个当时显现给我的诸事件的后继。[1]

难道这个“体验”的可靠性不能得到保持，即使体验已不再存有？如所周知，**直观的**时间性领域是非常有限的。

如果我体验到 C D 两个声音的后继，那么我可以**在这个清新的回忆还存有**[2]**时**便通过一对表象(C)(D)而以映像的方式，并且在某些关系上相继地重复这个后继。我在内心中重复 C D 并且与此同时判断：首先发生 C，而后发生 D。而在这“仍然生动的”同
154 时，我可以用这种方式再进行下去，如此等等。我肯定能够以此方式而**超越出原初的领域**。

同时我们在这里看到**过去表象充实自身**的方式。如果我把 C 标识为比 D 更早的，那么我便具有一个概念表象，它在过去直观上充实自身；而如果我重复 C—D，这个图像表象(它本身是一个演替，这个演替展示着另一个与它在内容上极为相似的演替)便在这个还**刚刚生动的**早先演替中得到充实。

将来的情况与过去有所不同。我无法获得对 A 在将来会出现的直观。但在 A 实际上出现的时候，期待还是可以得到充实的。与 A 的当下相比，以前的当下在此时是过去。——

延续的体验有什么特征？A 在延续，延续的每一瞬间的 A 不是一个分离出来的 A，而是同一的 A。一如各个时间点是连续的一，A 也连续地是同一个。**我们意识到**这个时间上**连续的同一**

[1] 胡塞尔后加的边注：“最简单的做法是首先以一个延续较长的声音为例，我在此延续过程中具有这样的明见性；这是一个声音，如此等等。”——编者

[2] 胡塞尔后加的附录：“在我还可以进行滞留、持留的同时。”对这里引入的概念“滞留”可以参见第 211 页注 1。——编者

性。我们对它的意识是这样的：这个 A 的连续变化与持续当下的 A 相衔接，它不仅与后者连续地**融为一体**，而且也在后者之中也得到**充实**。过去的 A 与当下的 A 是连续的**同一个**。它是一个**连续的同一性内容**。

〈第 3 号　相即的期待。〉

嗨！不应该有**相即的期待**吗？难道我不是明见地知道，必定会有一个回忆与我的感知相衔接吗？当然是，除非我突然死去。但自我的消解，这个不足挂齿的、健忘的自我的消解就意味着：内容不坠入到过去之中？而难道这不重又意味着一种回忆的必然性？或只是一种回忆的可能性？但重又是这些可悲的可能性。

〈第 4 号〉　沉思。〈感知、回忆与期待。〉 155

223

回忆——例如我有一个完全清新的回忆：一个钟声刚刚响完，而且有一个新的钟声响起，过去的钟声还作为减弱的而在意识中。我重复它；一个新的回忆表象出现，我多次重复地回忆它。因而，各个不同的回忆（它们自己的特征是时间上各不相同），所有都指向同一个过去之物。过去之物是一，行为是多。在行为的多中对过去存在的认同。

对一个**感知**的重复，或从不同方面对同一个对象的重复感知。对延续的当下存在的认同，同一个对象在这些感知的同时不断延续着。这些延续有可能并不相互联合——缺漏。在这些缺漏的同时不断延续。

对象延续着。它连同它的所有规定性都是不曾变化的。

延续的体验：感知和回忆，被回忆的对象在内容上是同一个：显现的**延伸**，连续的。

变化的体验：感知，在连续的衔接中的回忆：被回忆的对象并非在所有规定性中都是同一个，但在从行为到行为的连续过渡中始终部分地是同一个（这些规定性在个体上是同一个，即连续延续着的或变化着的）。

在时间流中对个体同一性的直观。

期待：紧张、想象表象。紧张在经验上如此地释放，直至被期待的对象成为当下，并且在期待出现时的当下的东西成为过去。对被充实的期待的反思向我们表明被期待者是以后存在的，期待状况和同时感知是先前存在的。但这仅仅是经验的吗？**明见**的是，如果一个被期待的东西出现，亦即成为了一个当下的东西，它在其中曾被期待的那个期待对象本身就是过去了的。**明见**的是，

156 如果将来的东西已成为当下的东西，当下的东西便已成为相对过去的东西。[①] 对被充实的期待的表必然“包含”这样的表象，即期待本身已经过去了。

对一个将来之物的表象是一个对存在的表象，对此存在而言，现在的存在者是一个过去的东西。与对将来的东西的图像表象携手进行的是

1）对它现实存在的表象，

2）对现在存在的东西（现在现实存在的，或作为与将来的东西

---

① 以上从第155页第34行“**明见**的是”开始起至此的几个句子——只是略有改动——在［前面第一部分］第9节、第64页（边码［387］）第1～5行中得到再现。——编者

相关的现在而被表象的东西)已经过去的表象。

如果我表象[1]明天,那么现在的感知,例如对我的这个环境的感知就接受了回忆的特征吗?不是。但对明天的表象却是如此,以至于我可以**判断**,现在被感知的东西会成为过去,或现在的感知会成为一个回忆的东西。我可以将现在表象为过去。我并不因此而回忆它,而是将它表象为回忆性的,并且判断,它会带来一个回忆。

〈第 5 号　作为简单行为的持续感知。〉[2]

一个延续的感知肯定(*eo ipso*)**就是一个复合感知吗**?我们以最简单的情况为例:对一个不变地固持的声音的感知,或对一个保持不变的简单颜色的感知;还有对一个均匀减弱的声音、一个时间上一连续变化的色彩(Färbung)的感知。在特殊意义上,这里既有内容中的聚合,也有行为中的聚合,但我们仍然会按其本性来谈论一个简单的声音,亦即只谈论一个延续的声音,而且我们也会谈论一个简单的感知行为,亦即只谈论一个延续的感知行为;与此相同,我们在第二个例子中也会谈论一个简单声音向另一个简单声音的简单变化,同样也谈论从一个简单行为向另一个简单行为的简单变化。也即是说,在每个时间点上,在每个较小的时间片段

① 在这一时期的文字中,胡塞尔常常在较为含糊的意义上使用“表象”(Vorstellung)这个术语。这里的几节文字中的“表象”主要是指“想象”、“设想”。以后在《逻辑研究》中,胡塞尔才明确指出了“表象”概念的多重歧义,并认为它是“不可坚持的”概念(参见《逻辑研究》第 2 卷、第五研究、第 44 节)。为保持译名的连贯性并避免与其他术语的混淆,译者在这里仍然将它译作“表象”。——译者

② 胡塞尔在此札记上后加了一个大致的日期:“1898～1900 年”。——编者

上，这个在时间上延展的简单声音都会失落一个块片。如果不考
157 虑同一的、只是延续着的同一个声音的说法，声音的个别块片不是同一的。倘若声音以后才开始，那么这一点就不会在内容上影响到这个时间性声音伸展的其余块片的存在。倘若声音较早停止，则每个先前的块片都仍然是其所是。无论如何，声音的每个块片都是自为的。毋宁说，延续中的同一仅仅涉及概念内容、属和种，规定性的东西同一地是同一个。

均匀变化的情况与此相同。在每个后继的时间段中，变化都在概念上是同一个变化；而这又适用于相应的连续感知行为和立义行为。对相同内容的每个延续感知都可以在时间上被划分，而每个时间部分都又一个感知的块片与之相应；而正如声音的时间块片是声音一样，感知的时间块片也是感知。此外，在这里，不仅感知是客观地延续着的，而且它还在现象上获得延续的特征，这个特征绝不会让它完全无所变化。

如果我们尽管如此还把感知称作简单感知，那么这是因为，我们没有考虑这种不言而喻地支配着所有时间流散之物的复合方式。因此我们想把每个这样的行为都视为简单行为，在这个行为中，除了通过时间划分而形成的行为区别之外，不能证明任何其他的行为区别。

一个复合的行为是在行为中分环节的。在分环节(Gliederung)的概念中包含着某种差异性，它比一个延续的各个部分的差异性更多。(人们试图说：〈在分环节的概念中含有这样的意思，〉在一个复合的行为中，多个质性上不同的行为特征联结为一个统一，至多是当相同的行为特征与不同的行为特征得以分离时，

才会是多个质性上相同的行为特征联结为一个统一。〉

〈第 6 号　布伦塔诺与记忆的明见性问题。〉 158

布伦塔诺在他的讲座中探讨了记忆的明见性的问题。例如，每个人都承认，并非每个记忆都是明见的，不太清晰的就是不明见的。因而明见性在何种清晰度上起作用呢？——他也强调，在这里所说的是更大或更小的清晰性；但人们不能说更多或更少的明见性，这是荒谬的。还有，倘若上帝将我们直接如我们**现在**所是地创造出来，那么我们仍然会具有所有的回忆；因为这是禀赋（Disposition）的结果。但在这种情况下，记忆会欺瞒。没有什么能保证某事的确如我们在记忆中所相信的那样发生过。

〈第 7 号〉　直观、过去存在的明见性——对过去存在的单纯表象。〈对在原生回忆中的内容变动之假设的虚假必然性。〉

在何种程度上一个以前的体验一方面被描述为在回忆中过去了的，而另一方面这个过去却并不是明见的，在何种程度上我不具有对此的直观：它确实是过去的？这里的区别必定有在对过去的**表象**和对过去的**体验**之间的区别。我把过去的事件表象为过去的，并且也相信这个事件的过去存在（Vergangensein），但我并不体验它的消失和它的刚刚过去，我并不直观到它。我回忆的一段旋律也可以在回忆中进行。但这个进程在这里只是再现的。它并不是现在现实地进行，我也不具有对一个曾有的进程的直观。在回忆中，显现的进程是再现的，在直观中它不是再现的。

在对一个流程的感知中我同时具有对过去的直观；我们在这种情况下谈及对一个进程、一个变化、一个生成的**感知**，即：一个过去存在以某种方式连同一个当下存在一起被体验到，并且是如此地被体验到，以至于被体验的东西、被给予的东西完全被对象所属
159 性的统一所包容[①]，这是延展地贯穿于所有变化中的对象的统一。如果一个进程在进行，那么对个别相位的表象就是图像表象，但这些相位的统一是本身被体验到的，“当下地”被体验到的；在每个瞬间中，刚刚当下之物与被感知之物的统一连同在回忆连续性中的被给予之物，是一个当下的体验统一。而在这个统一中，我们把握到过去的“本质”。属于每个相位的表象具有对刚刚曾在之物的直观之特征，更确切地说，具有对这个进程刚刚曾在的直观之特征。表象具有某种联结规定性，表象具有一种特有的特征，我们刚才将这种特征称之为客体方面的过去存在之特征，在这个关系中，时间的特征被体验到，并且一个客体被表象，而且是如此地被表象，以至于表象被这种时间特征所穿透（在体验中），即是说，表象具有对客体的过去存在的体验。

然而我们需要区分：

a）如果表象是一个不相即的表象，那么它也会像感知表象一样欺瞒。

b）如果感知是相即的感知，那么过去存在就是真实的。在涉及本己体验时是真实的。一个被我体验到并被我以表象的方式单

① 胡塞尔在这里有一个后加的边注：“（根据迈农？）类似的东西斯特恩也说过”；参见第29号文字、第216页及以后各页。——编者

纯看做是其所是的内容之进程，乃是毫无疑义的。

在进行中正在过去的内容是否**可以**完全如它曾是的那样被回忆？倘若留存下来的回忆图像绝对忠实地重复了内容，那么这个图像也就在自身中含有了这内容。即是说，内容就是当下的，并且同时它是在清新回忆的行为中与它相同的过去内容的代表？但同一个内容，它是现在的，就不能同时正在过去，并且同时继续存有，即作为它自己的代表存有。如果内容正在过去，那么与对内容的感知直接衔接的便是对它的回忆。①

因此，我们必须认定有一个内容变化。但会是由红色变蓝色 160
吗，而且只有蓝色才成为红色的代表？或由红色变为另一个红色？c 变为 d？不是。我们不会这样认定，而且这与经验相背。被回忆的内容与被感知的内容是“同一个”，但前者是后者的图像。这是一种内容变化吗？一种或许**自成一体的**（sui generis）内容变化？即是说

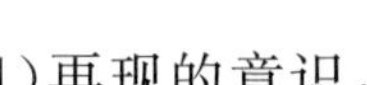

1）再现的意识，

2）变化了的内容作为原初内容的代表，而变化的间距同时作为时间性的尺度。时间性本身作为图像性意识的形式。

① 被回忆的内容虽然承载着另一个时间规定性，但回忆的整个具体行为却承载着“现在”的时间规定性，而且它连同它的所有组成部分都是现在。这岂不是说，被回忆的内容和过去的现在同时是当下的，并且是在现时现在的意义上。或者我们应当说，可能有一个直观活动带有时间规定性 t，而相即被直观的和在它之中被给予的东西都可能具有时间规定性 t_1？

〈第 8 号〉　通过相似而完成的相即。——对一个对象的表象与对此对象之感知的表象。〈以“逐渐淡化”的方式还被意识到的东西作为此前被感知之物的图像类似代表。〉

心理学时间理论的任务难道不就是：在心理体验进行于其中的客观时间之前提下解释主观时间表象的产生吗？

通过相似性而完成的相即化

即是说，通过相似性而完成的映像。在时间的回移中，显现固然有所变化，在一段旋律的第二声出现时，第一声“还”在意识中，但自身已不再是它曾所是，仅仅是以一种“逐渐淡化的”(abgeblaßt)方式。这或许就是一个相即的类似性代表。

假设想象内容事实上不同于感觉内容，但这是一个最后的区别；感觉的每个抽象因素都有一个想象的抽象因素与之相符，而这
161 些相符的因素彼此是相似的。相似性开启了连续过渡的可能性，而这种可能性也得到了主张。另一方面，每个相似性或者建基于形式之上，或者建基于内容之上，内容是同类的，形式也是同类的。相似性在这里涉及所有可能的内容与形式，只要它们是可感觉的。但这并不是困难。这是一个将所有要素感觉和所有与它们相符的想象要素相互联结在一起的相似性。

对一个对象的表象和对此对象之感知的表象

如果我表象 A，那么，我也就**隐含地**(implicite)表象了我对 A

的感知？但这却是两回事：表象A——并且表象对A的感知（感知的体验）。可是这一个难道不是连同另一个一起以某种方式被给予的吗？

如果我们表象一头狮子，那么对我来说，在想象中是这样的，就好像这狮子站在我面前，在一个属于我对狮子的环境中，或在连同它一起被表象的环境中。意指的转向是朝着被想象的狮子的，但“一同被表象的”是我和相关的狮子环境。我在感知这个环境的狮子？连这也附带地被一同表象了。即是说，我的意指的转向可以朝向所有这一切。如果我们将**这个意指的转向**称作表象，那么被表象的事实上只是狮子。

然而我表象狮子，这是以何种方式**隐含地**被给予的呢？显然是以这样一种方式，即我转向狮子，或者说，它站在我面前，被看见（我把眼睛指向它）等等。但为此我并不需要“**反思**”这个感知行为。**这里的区别何在**？关注狮子，并且又关注狮子的显现，尤其关注狮子显现，并且又关注这样一个感知、一个意指，即：一个狮子以这种和那种显现方式对我是当下的，这是两回事。即是说，“反思”仅仅意味着**关注**。但以另一种**单纯立义**的方式，而不是注意地关注的方式，不仅狮子被表象，而且对狮子的感知也同时被表象。这
或许就是一种必然性。表象一个对象，并且又将它表象为当下的 162
（因此实际上也就表象为实存的），“结果是一样的”。在想象中表象一个对象，这就是当下地拥有一个带有再现特征的显现。由于这个特征，显现的对象不再被看做是当下的，而是被视为当下化的，这个显现只是再现了它。但正如在本真意义上显现的对象、图像客体是作为图像而作用于被意指的对象一样，**先天地**就有可能

将现在被给予的显现立义为对另一个显现而言的图像，被映像的客体在此显现中曾是当下的，对象的如此这般的显现是对现实站在我面前之对象的一个图像。

〈第 9 号〉 争论[①]。〈回忆的当下性，被回忆之物的过去存在。〉

现在我有关于我们会客室的回忆图像（想象图像）。东方小桌的图像出现。这个显现延续了一会儿，重又消失，重又出现，重又消失。“目光”转向其他对象，转向玉制小桌，凡·戴克[②]的画、庚斯博罗[③]的画、钢琴、带有图案的绿面座椅、沙发，雕像，现在已经放在对面墙上的雕像，小盒子等等。每个都延续一会儿（当下的延续），完全就像我真实所见的那样。因而我们具有各个回忆直观的后继，每个都延续一会儿、变换等等。延续、变换等等，一切都在现在的体验中。

a）这可以是确切意义上的回忆，而且个别回忆明显地表露出这个特征。

163 b）这可以是想象表象，对**在**“房间里”的东西的想象表象。它

① 在这里重新给出的、并由他写上“争论”字样的页张上，胡塞尔后加了“1904年”的日期。看起来毫无疑义的是，这份札记的日期比这要早得多。胡塞尔加入的年份“1904年”或者意味着：他在这时期再次通读了这份札记并且决定将它保存下来，或者完全只能在归档的意义上予以理解：归入到1904/05年冬季讲座的资料中。——编者

② 凡·戴克（Antoine Van Dyck，1599～1641年），佛兰德斯画家。——译者

③ 庚斯博罗（Thomas Gainsborough，1727～1788年），英国肖像画家，风景画家。——译者

涉及延续地**在**房间里的对象。房间连同其布置是一个延续的对象(客观上延续着,无论它是否被感知和被回忆和被表象),现在我直观地表象它。——

A)我**现在**体验颜色、形式等等?

B)我现在体验回忆;颜色不是现在被感觉,不是被给予的颜色,不是直接被直观到的和自身真实的颜色,而是对真实颜色的“表象”;这适用于对象的颜色(当然也适用于对象本身),但也适用于主观的颜色。它们是“不真实的”,我现在不是感觉它们。这是对颜色的表象。

A)但在当下回忆中没有颜色内容在此吗?我可以将它们称作表象吗,还是不可以?

B)什么叫做“在此”?回忆是当下的,如果我这样称呼它并直接地声言它的当下,那么它就是现在被感知到的。但颜色不是当下的,它只是在当下的回忆被当下化了。

A)但在“当下化”中——这也就是回忆——被给予的是这个波动的色彩、构形、这整个起伏不定的现象,色彩等等是其中的因素。

B)但现在这些颜色,不仅对象的颜色,而且还有那些以前是感知显现的“显现”之颜色,都被单纯地再现了。

A)**完全合理**。我并不是现在具有这个一次性的显现、感知显现,而是以波动的、变换的方式,通常至少具有许多“显现”,即是说,变换的现象,它们都与特定的感知显现、与从这或从那看到的屋子相符合。而这适用于每个感知显现。因而波动的想象具有再现的关系,首先是与固定的面、与对象在感知中的显现方式的关

系，波动的色彩等等具有与相应的感知显现的特定颜色映射等等
164 的关系，与对象之颜色的间接关系。想象显现再现着感知显现，并且间接地再现着对象。自然，在想象显现中已经显现出对象，但却是不完整的。它“完整地”显现在一个感知显现中。这里我们就有“清晰的”意识了？但如果我们所具有的是一个清晰的想象表象，哪怕是在短时间内，情况又如何呢？这样它便会通过同一性来再现：我并不是说，显现本身是这里的和现在的。我们常常想到与感知的争执。感知并不只是具有相同的显现和**存在信仰**—意识（*belief*-Bewußtsein）。回忆也具有这两者。但这在两方面都是不同的。一个具有现在和这里的特征，自身的特征，另一个具有非现在的特征，具有以某种方式与现在争执的特征。现在本质上属于感知，非—现在本质上属于“表象”。对表象的感知表明：表象是现在的，即是说，这个或那个波动的显现连同这个和那个波动的颜色因素，等等。但在此“浮现的”显现，或对象在其中从这个方面或那个方面所“浮现出来的”显现，并不是现在的，而它所具有的自我、与它相关的自我、同样现在被回忆的自我，也不是现在的，但它在人格上与现在的自我是同一个。

〈第 10 号〉　在原初的过去意识与再回忆之间有一个本质区别，对此问题的老的和最初的观察。

我再回忆一个人，一个进程。我再回忆一个声音。但我也“原生地”“回忆”一个声音。

a）声音在想象中“被更新”（“被再当下化”，被再造）。

b)声音刚刚逐渐减弱，但不是以一个想象材料、一个“再造”的方式显现。尽管如此，我“刚刚听到”它，还具有对此的意识。对它的意向还在延续，同时意指的连续性并不必定会中断。

这就是一个本质区别！

a)在想象显现基础上的回忆意识，“图像”浮现在我面前，就像
在感知中对象浮现在我面前一样。或者，在感知中对象本身站立 165
于此，在想象中我“仿佛”看到它，而现在我把它理解为一个曾在之物的图像。例如，我具有一个冒出来的声音图像并将它理解为声音，或理解为我的小女儿“刚才”、“此前”在钢琴上弹奏的旋律。

b)下一瞬间这“图像”便过去了，声音延续了它的时间（想象声音，而且不止于此，还有这想象声音的想象材料），想象中的旋律演奏完了，想象旋律的显现也随之过去，但我现在还意识到：刚刚曾拥有过这个显现。确切地说是这样的：我听到旋律自己在演奏，我听到声音，它刚刚自己响起，现在它过去了，但我还朝向它，它还没有从我的意指中出来，我还在“较直接的回忆”意识中抓住它。但这不是一个想象材料。然而这是无法察觉的。我只有通过“再造”才会发现想象表象与想象材料，作为再回忆、作为新显现，不是作为感知（感觉）连续在“清新回忆”延续的同时延续。

“清新回忆”：对刚刚曾在、刚刚体验到的意识，更确切地说，对刚刚感知到的意识，它直接与感知相衔接。

再回忆：在想象中对被感知之物的再回忆，作为新显现与此前被感知之物和“清新被回忆之物”相对立。在感觉内容不再被体验到（无论如何不再同一方式被体验到）的同时，从感知出发而延续的意向的连续意向与新出现的想象表象的图像意向认同为一，而

且不仅是从对象的方面：这个“显现”复活，被当下化。这种情况可以重复，而意向的同一性被保留在这种认同的始终并且一再地重新在它们那里引发。

在同一个意向之充盈之或在同一个意向之“本质中”的**节奏**。

166 〈第 11 号〉 就时间客体的流逝部分而言，感知的瞬间相位具有想象的特征吗？[①]

就时间客体的流逝部分而言，感知的瞬间相位具有**想象**(Imaginationen)的特征吗？

初看起来，这是不言自明的。在现在中有一个非现在被表象。对非现在的表象不就可以说是一个现在的图像吗？

这是一个**要点**。

再造的回忆也表象一个客体，一个现在中的非现在。这个表象与原生回忆的表象是什么关系呢？

原生回忆并不将我置于其中，并且不使我再次“在图像中体验”。

两方面，即在感知中和在再造的回忆中，我们都首先具有清晰的直观，而后具有余声等等。在余声中我们并不真正具有想象(再造)。

两方面，即在原生和再造的回忆那里，共同点在于：被表象的对象“不是现在本身在此”。但原生的回忆是一个本原行为，它在

---

① 胡塞尔在这份札记的边上做了如下的笔记：“本质上没有[提供]相对于[1905年2月关于时间意识]讲座而言的新东西。”然而，如果想从这个说明中推出，这必定是一份在这些讲座之后才写下的札记，那就很可能会弄错。——编者

原生的、本原的时间中原生地进行构造：A 的过去存在，就像感知（原生回忆的界限）构造着时间：现在存在。

我们实际上不能把原生回忆与次生回忆加以对置，而应当把感知——或毋宁说，具体的感知（连同现在把握和过去把握，这两者是不可分的）——与再造的回忆加以对置，后者是变异：现在再造与过去再造。

因此我们必须关注：

1）原初的变异，它涉及每个体验，每个印象之物都变异为一个再造之物；

2）构成时间质料内容的原初联想之变异； 167

3）次生（再造）回忆的整个想象都是一个感知（整个感知）现象的变异；

4）在每个变异了的体验（在“原初联想”映射的意义上）的本质中都包含着一个再造（想象）的可能性，或者说，一个想象表象的可能性，以及时间表象的可能性。

〈第 12 号　时间意识的明见性。〉

我感知一个节拍、一段旋律。我一步一步地、一声一声地感知。假设没有间歇发生，于是我便持续地听下去，我持续地感知。因而这是一个延续的、时间上延展的感知。

我感知的是**什么**？第一声响起。我听到这一声。但我不仅听到在无时间的点中的音质。这个声音在**延续**并且同时具有这些和那些强度的增加等等。现在接上了第二声。我继续听，我现在听到它；但对前一声的意识尚未消散。我仍然可以观察它，“看到”

它，我还保持着我对第一声的意向，同时第二声“真实地响起”，“真实地”被感知到。如此继续。我们也常常在一个被给予的体验那里具有**直观的期待**，例如在熟悉的旋律或重复的旋律那里。每个新的声音而后都充实着向前的意向。我们在这里具有**特定的**期待。我们不会也不能不带有向前的立义。**时间晕也有一个将来**。

因此，对一段旋律的感知是一个时间上伸展的、逐渐地和不断地展开着的行为，它始终是感知，而这个行为具有一个不断更新的“现在”点，而在这个现在中有某个东西作为现在而成为对象性的
168 （现在被听到的声音），同时却有一个刚刚过去和又有一个更远的过去在几个环节中成为对象性的；或许还有一个或另一个作为“将来的”而成为对象性的。

这里的**现在**，既不是一个臆想的数学时间点，也不是“刚才的声音”，不是刚才的或随后的第一声、第二声。毋宁说可以察觉，每个现在本身都有其可见的广延。（当然，这个时间位置客体也有可能显现为非广延的，即没有看起来还可以被分割的宽度。但不可分割之物在这里是一个理想界限，一如不可分割的空间点。）

如果我们现在听到一个个别延续的声音，那么我们会持续地听下去，通常声音会波动，或者“同时的”演替将它分开，以至于刚刚过去之物的现在和事先期待的将来之物的现在又表现出片段的特征，尽管是一些不清晰地显露出的、不明确地被界定的片段。

因此我们发现：一个感知，它在时间上广延，感知 A，而后 B，而后 C，并且现在以偏好的现在方式感知 A，而后以这种偏好的方式感知 B，同时 A 落到后面并接受“刚刚—刚才”[的标记]，它充实着一个期待或占据着一个完全不确定类型的空乏将来意向；而

后C具有现在的优势，B具有刚刚—刚才的特征，C具有“直接在B前”的特征，如此等等。

我们在这些个别情况中可以察觉到的，也具有普遍的和本质的有效性。我们带着明见性而总体地直观到：意指与显现就是以上述序列与方式在时间域中伸展，它构成一个连续性的统一。我们通过反思把握到这个明见性。

我可以进行足够多的相同感知，重复这个旋律或视觉的进程，并与此同时关注显现本身和意指。在对实事的感知与对显现的感知之间的本质联系在这里被总体地把握到。

这个“被给予”感知的东西必定是一个时间上**广延的东西**，不是一个单纯的时间上的点状物。这是明见的。但在感知的**本质**中就时间特征而言必然包含着对**一个“现在”的偏好**和一个针对现在的**程度上的层次划分**、一种针对零点的上升关系，在相反的方向上必然包含着一种不清晰的含混，但它本身并不本质地显现出来。 169

239

如果我们在C—现在之中，那么B的特征便是最近先前的（不再的），A则是离B最近先前的。因而B不具有现在的特征，而且在此位置上它不**可能**有这个特征。**现在**与**先前**明见地—本质地相互排斥。此外我们明见地具有回忆的可能性，在回忆中，B的特征是现在的，并且C的特征是“尚未的”，同时B是被推演出来的，并且明见地被意指为同一个B。明见无疑的是：作为刚刚过去的B而显现的东西，也可以在想象—回忆中同一地被意指为在现在中被当下化的B_1。明见无疑的是：刚刚“不再的”东西，曾是一个现在[①]。此外还明见无疑的是：现在是的东西，将会成为一个“不再的”：与“现在”相联结的“尚未”的期待得以充实，而在这里具有“不再”特征的东西，则充实着对在先所思的“尚未”的意向。在这里，对象可以延续，按照它所曾是的东西，它已经不再是了，但它现在同时是作为与它曾是的完全相同的东西，它是连续的—同一的同一个。——

所有实在都处在不可分割的现在点中，在现象学中所有东西都应当还原到这个时间点上——这些都纯然是**臆想**，并且会导向荒谬。在现象学中我们并不与客观时间打交道，而只与相即感知的被给予性打交道。这就要求我们把感知连同其显现的现在、过去、将来看做是**被给予的**。还原之后，它们便产生出明见的现在、过去和将来：此外还有想象、再造的回忆、再造的期待（不是对时间域的直接将来的期待——时间域的直接将来之物也与指向以后将来之物的想象期待不是同一个东西）以及由此所决定的各个明见联系的可能性。——

170　时间意识的明见性：不间断的连续性伸展得有多远，明见性伸展得就有多远。但这里不是最终的种差。凡有连续相似性的地方，就不可能在较狭窄的领域内进行区分。但在种属方面是可以的。同一性和区别等等是明见的。它们建基于关系点之上，这些关系点在自身的同一性方面是明见的，但并不以绝对的规定为前提。

① 如果我重复，那么我还会再次有B，并且是作为现时的现在，但它现在显现为单纯的重复，而现在中的B则显现为先前的B（声音）的图像。

〈第 13 号〉　对一个时间性的东西的感知与对时间性的感知。[①]

在感知的观念中包含着：感知是自身展示（Selbstdarstellen）或自身列出（Selbststellen）。

对象性的东西“自身在此”站立。应当对这个自身做比对时间性自身更为一般的理解吗？亦即理解为在现在意义上的自身当下吗？

而现在指明一个刚刚过去，或者毋宁说，我们需要将抽象的现在点与完整的现在区分开来？[②]

信仰与不信仰（单纯表象）的对立；

特殊意义上的意指与不意指（问题：它是否与注意力是同一的）的对立；

感知（perception）（未变异的显现）与**想象**（imagination）的对立；

现在、过去——未来、时间上的不确定性的对立。[③]

对一个时间之物的感知以及对时间性本身的感知显然与意指

① 根据胡塞尔的说明，这个札记的文字是他“在席尔瓦普拉纳写下和思考的”，即是说，在 1909 年 8 月；但这份札记的撰写时间显然要早得多。——编者（席尔瓦普拉纳（Silvaplana），瑞士东南部的一个疗养区。胡塞尔曾于 1909 年 8 月至 9 月初在此度假。——译者补注）

② 1）感知是当下意识；2）当下意识并不总是关于个体存在的意识；在个体存在这里，感知是当下意识，并且是给予着的、关于个体延续存在的当下意识：被给予的个体延续是自身当下。

③ 按照一份旧页张，所有这些本质上都是再造。

的区别有关。因为就显现而言，一切都是在此的，而把在“此”的东西意指出来(herauszumeinen)，就是意指的事情。

171 **〈第 14 号〉 直接回忆是借助于直观变异而从感知中生成的，是否可以将直观变异理解为体现内容的一种单纯变动。(布伦塔诺在这里只能当作例子。)**[①]

在布伦塔诺看来，“时间的回移”本质上就在于一种内容变化。按照一种“无例外的法则”，与感知表象相衔接的是通过“原初联想”而得以连续的新表象，它们中的每个都再造着前一个表象的内容，并且同时**补充着**“持续的”过去因素(马尔悌在讲座中[②]曾介绍，也许还会有其他的变化出现，强度和充盈的变化，时而较微弱，时而较显著。)由于在布伦塔诺看来，无法再对表象的行为特征作进一步区分，因此一切都归结为内容变化，时间变化仅仅是一个完全特殊的内容变化。

时间中的现象(phänomenal)回坠可以通过一种单纯的**内容变化**，进一步说，可以通过加入一种时间特征、一个新的内容而得到描述吗？

A 刚刚过去。这时的 A 是通过原初联想而被更新了的吗？即是说，它会因为持续性而**继续保留**同样的东西吗？换言之，A

① 胡塞尔对此札记作如下说明：“已阅：好：席尔瓦普拉纳。”毫无疑问，这里的日期是重新通读这些页张的时间，不是撰写它们的时间。——编者

② 胡塞尔有一份安东·马尔悌 1889 年夏季学期在布拉格所做的关于“发生心理学”的讲座之笔录；他这里所涉及的可能就是这个讲座。——编者

即使被弱化了也仍然在此吗？而整个区别是否就在于，一个新的因素出现了，即过去的因素出现了？

或者也许是这样的：A连同现在因素在此。这个因素始终在变化，与此同时A延续地（如果这里涉及的是感知，那么用客观的方式说：即使在外部刺激离场后也）保持自身？我听到的声音在我听它时存在着。但如果我不再听到它，它虽然不存在了，但另一方面还是在此存在着，只是带有“过去”的规定性？布伦塔诺说，过去是一个变异着的谓词，过去的东西本身是一个非实存的东西。他 172
以此并非想说：过去之物只是一个带有另一因素的实存之物。被体验的内容（我们要从所有超越中抽象出来）还是实存着的，并且是在这种立义的意义上实存，只是带有另一个因素。它甚至**当下地**实存，只是在这种当下实存中它具有一个新的因素。

据此，难道我不是当下地体验过去的A？因而我们具有：

1）首先是对A的感知的客观实际状况，A在此，并且带有时间规定性“现在”；

2）而后是回忆的实际状况：A在此，带有时间规定性“过去”。

在第一个情况中，A被直观为现在的，即附有现在因素的，在第二种情况中，A被直观为附有时间规定性“过去”的。

如我们要预设的那样，如果A是一个内在的、实项地被体验到的内容，那么我们在2）中便有可能进行明见的判断：A现在带有时间规定性“过去”。但如果现在这两个因素A与过去的**复合**实存着，那么A现在也实存，而且A同时也应当是过去的，亦即不是现在的。

原初我们具有 Ai_1（这里的 i_1 是指A曾在其中被感知的A的

现在因素)，而后，A 在此期间过去了，我们具有$(Av_1)i_2$，v_1是变异了的i_1。

但在布伦塔诺看来还谈不上作为特有因素的现在因素。我们就假定它不是特有因素。这样我们就具有 A，而后具有A_v(v=过去)。现在意味着无标记。但A_v作为整体又是无标记的。A 具有时间标记 v，然而A_v本身作为整体又是一个当下之物(某种可以通过感知来把握的东西)。可是，如果一个复合体被给予，为什么要说我们不能够将部分自为地作为被给予的接受下来并且感知它。而且 A 这时难道就和刚才的不是同一个 A 了吗？因此，A 在此——并且同时过去了？

看起来很明显，与现在相关的“感知”和那个直接与感知相衔
173 接的直观“回忆”的关系，不能被理解为一种通过新的原生内容的来与去便可以得到说明的关系。如果我们限制在相即被给予的、同时作为时间对象而被统摄的内容上，那么现在存在的 A 和体验中曾在的 A 的区别就不可能处在与 A 相衔接的**内容因素**中。但显而易见也不处在 A **本身的单纯变异**中。通过我现在对 A 的感知以及而后对一个无论在内容上有何变化的 A 的感知，我并不会获得“过去的 A”的意识。现在，现象学的区别何在？**在立义的方式中，在意识的方式中**？

〈第 15 号〉　时间与回忆。〈现在感知、回忆感知和想象式的回忆。将这些区别移置到统觉方式之中。〉[①]

我的观点是这样的：

通常的回忆是一种**图像统觉**，有如期待。

感知是统觉，通过它，对象显现为本身在此的和现在当下的。相即感知当下地拥有客体本身，意指不是单纯的意指。不相即感知蕴涵图像的和象征的要素。

通常意义上的感知是**现在**感知。如果对一个更遥远过去的回忆例如是口头的回忆，它就是**象征回忆**。如果它是根据想象表象所作的回忆，它就是**想象回忆**。这样它便与对一个未被感知到东西的直观的现在—设定处在同一个层次上。例如我现在表象街道，图像出现了，我将它理解为对街道的表象——现在。

在回忆这里还有其他的情况。有一种感知回忆。过去的客体
在其中作为客体自身被给予。同一个感性内容被立义为过去的东 174
西，在与某个感知的当下之物的关系中。[②] 也许客体显现为同一
个，只是有所变异。但变异并不涉及感性内容，即不涉及在其质料
方面构成客体的东西。

---

① 这份札记出自一个以日记方式记载的笔记本，胡塞尔本人在上面写下了准确的日期：“1901 年 12 月 20 日。”——编者

② 胡塞尔在页边写下了布朗(Brown)的名字；可能是指托马斯·布朗(1778～1820 年)，《人类心智哲学讲座》，第 13 版，爱丁堡，1842 年，第 260 页及以后各页。——编者

我倾向于将这个区别归入到统觉方式中。[①] 客观性在哪里?世界的统一——现在=总体感知的统一,它包含了现在感知方式上的所有现在。这就叫做:一个总体的现在感知的可能性。当然,与这个总体感知的统一不相配的东西,不可能是现在的,即是说,即便作为现在而被感知到的东西,也不可能是现在,只要其他的现在感知排除了这种可能,只要它与它们在一个感知中不相容。但人们还必须说:每个**相即**感知都设定了一个绝对的现在,而在相即感知这个群组以内,则只存有这样一个可能的区别:某个部分群组 $\alpha_1 \cdots \mu_1$ 在一个唯一的现在感知中是一致的,$\alpha_2 \cdots \mu_2$ 也是如此,然而不同群组的成员则**普遍地**不相容。凡在个别成员隶属于不同的群组的地方,都会有延续。各种不同的群组本身构成时间上的后继,各个现在构成一个持续的后继。是这样的吗?

所有相即的现在感知都是一致的,但不是在一个相即的现在感知中。这意味着什么?这意味着:如果 $\alpha_1 \cdots \alpha_\mu \alpha_2 \cdots \alpha_\mu$ 是关于 $\alpha_1 \cdots \alpha_\mu \alpha_2 \cdots \alpha_\mu$ 的相即感知,那么一般说来,一个同时包含 $\alpha_1 \cdots \alpha_2$ 的相即现在感知就是不可能的。

175 相反,必然有一种感知回忆,一种时间感知,它现在感知 α_1,并且与此相关地将 α_2 感知为"刚才"。

或者:感知是一个相对于现在感知和刚才感知和将来感知的

① 因此,根据这份标明确切日期的札记,胡塞尔最迟在1901年底就已经——针对布伦塔诺,参见札记第14号,第171页及以后各页——将"这个区别归入到统觉方式中",这就提供了对这里所重现的各个札记作出编年排序的一个决定性标准。完全有可能设想,从第2号文字起,几乎全部札记的产生年代都非常接近于1902年。——编者

普遍之物。在一个集合的现在感知中，不同阶段上的现在感知是无法达成一致的，但这时在与每个现在群组的关系中便会有一个回忆群组和期待群组的统一，在这些群组中，每个群组都有一个不同的现在阶段与之相符。或者毋宁说，每个群组都**是**一个现在阶段。因为现在是一个相对的东西。它与阶段有关。

上帝的无限意识“同时”包含所有时间。这个无限意识是非时间的。

每个现在点都有它的现在的群组与之相符。这些群组是有序的，通过持续的统觉方式而有序。对于上帝来说，没有过去、当下和将来，但对他来说也没有相对于每个点的过去、当下、将来。时间是无限意识的形式，作为无限的、相即的感知序列。从某个现在位置a—j—b来说，a是过去的，在与a的关联中，j是将来的，b也同样如此。

上帝的意识是客观时间、客观世界和世界发展的观念相关项。

主观意识：现在—意识本身就是一个行为，它在主观体验的流程中是现在的（客观的说法：在一个可能的现在感知中被感知到）；在这种现在—意识中，过去的现在当然不可能作为现在被意识到。但**过去的东西**则以一种**相即回忆**的方式被感知：它是一个行为，这个行为是**现在**，但在其新的统觉方式中，过去的客体及其状态是相即地被感知到的。

现在可以客观地说：先前的现在—意识延续着并且至少在很短时间内不变化，或不被留意到，与此相衔接的是新的现在—意识，但带有变化了的现在；而我们把各个尾项称作现在；刚才曾是现在东西，现在叫做过去。在这些现在之间有一个单方面的关系，

176 而我们总是在一个包含着现在序列的各个组合点的方向上对与此终点相关的一切做出立义。但每个现在都转变为它的过去，因为与现在一感知相衔接的是不同形式的一个新的现在一感知，而且稍早的现在一感知不再是最高点(Kulminationspunkt)。与此同时，过去的感知转变为一个不相即的感知，一个单纯图像的感知，并且最终是一个不确定的象征性的东西。

但是，我们可以采纳无限多的统觉方式吗？

现在统觉是某种一再重新以相同的方式产生的东西，而刚才统觉是统觉方式的某种变异，这种统觉方式以连续序列的方式变化，并且在我们回到过去时始终只通过同样形式的关系而间接一象征地被纳入到唯一的一个序列之中。不是这样吗？

始终是现时被体验的关系形式的同一个块片被不同的质料内涵所充实，这是同一个延展，与借助于小的原初空间体验而在观念中对我们所形成的空间的情况是一样的。有限的视野——无限的视野。

最清晰地看见的点：现在，等等。[1] 或许如此。但最清晰地看见的点并不是一个点，而是一个小区域，而现在点也是一个小区域，唯此才是问题所在。在这个小区域内有不同的统觉方式，而这种不同构成了形式。在意识的行进中，相即的时间感知的原初时间域一再地得到充实，而每次出现的新现在则借助于关系形式、构架形式而使以前瞬间的仍然生动的现在变为过去。

① 在空间上，这个点是由一个空间**所包围的**，在时间上，现在不是被给予的时间中心，而是边缘。

〈第 16 号　能够作为当下的而在感知中被给予的东西。〉

空间的当下——时间的当下，空间的不在场——时间的不在场：利普曼在《思想与事实》第 1 卷、第 351 页中作了这样的对置[①]。这里需要作如下的区分：

1）空间上现在不当下的东西，但却存在着的东西；与被感知之 177
物同时的东西，尽管未被感知到。

是否应当继续说：在**一个**感知中（在一个感知意识中）可以作为当下被给予的东西？它是可以与被感知之物共存的东西。而后在这里包含着：所有可共存的东西＝所有与当下现在点相关的实在之物。然而什么是可共存的？什么东西与一个感知中的被感知之物相一致？并不是所有在宽泛意义上的可共存之物都具有这里所说的意义。因此我们在这里更确切和更清晰地说：“在一个感知中可共存的。”（在一个意识中也是如此）完全可共存之物已实在地被排除了可能。通过什么排除了可能性？通过经验。什么叫做通过经验？

1）感知；

2）回忆；

3）对两者的陈述；

---

① 胡塞尔所涉及的是：奥托·利普曼，《思想与事实——哲学论文、箴言与研究》（*Gedanken und Tatsachen. Philosophische Abhandlungen, Aphorismen und Studien*），第 1 卷和第 2 卷，斯特拉斯堡，1899 和 1904 年。第 1 卷在第 346～375 页上载有论文“时间意识——一个背谬”。——编者

4)现在感知与以前感知的联系，将来或然性的经验联系(经验动机引发)。

5)他人的陈述以及它们与我的经验和经验陈述的一致。

〈第 17 号　变异意识的问题。〉

如果 A 逐渐减弱，那么我在现象学时间域的一个点中所具有的还不仅仅是一个 A 的想象图像，连同某种“变异”，即连同时间特征 A。难道我不也具有关于持续回坠的意识？A 对我来说难道不始终具有一个持续的**时间段**吗？

构想：A 响起。在它结束后，在此的是A，始终有一个“较小的”A 衔接上来。我们不去顾及它的小，而是注意它的各个标记，但这些标记在这里只是以整数被写出来。它们是持续的数字：

250 A_0 A_1 A_2…A_n…

178 A_0结束了。取而代之的现在是 A_1。

A_1结束了。取而代之的现在是 A_2。

……

而后我每时每刻所体验的都只是一个时间点的瞬间？一个在现在中“具有过去特征的东西”？

因而我们在这里或许具有一个时间**点**(punctum)。但是，难道回移又经历一次回移吗？这意味着什么？A_0变异成为 A_1，从 A_0那里留存下一个 A_1，从 $A_{\bar{o}}$ 那里留存下一个 $A\varepsilon$，直至 A_1。哪里还可能有变异意识的位置呢？但是或许可以认为，如果与 A_0相衔接的是 $A\bar{o}$，与 $A\bar{o}$ 相衔接的是 $A\varepsilon$，这不是一个简单的自身接替，一个以此代彼的接替，而是 A_0…$A_{\bar{o}}$…A_1的连续统同时保留在意识中。

但 A_0 已经过去了，而且这个连续统的每个接续的瞬间也会渐渐过去的。因此这行不通。我们应当说，对 A 的意识每时每刻都是一个现在，它延续着，并且以延续的方式经验着它的延伸？我具有一个对 A 的延续意识，以及一个我与同一个 A 延续地相联系的意识。但 A_0 始终与 $A_{\bar{0}}$ 相衔接。认同，以及不断延续的认同。此外，A_0 作为感觉和感知结束了。但在意识中仍然保存着想象材料和想象表象，故而 $A_{\bar{0}}$ 还保留一阵子，与此同时 $A_{\bar{0}}'$ 已经出现，如此等等。

即是说，这是同时的：不是 A_0，[而]是 $A_{\bar{0}} \cdots A_{\bar{0}}' \cdots A_1$。但如果 $A_{\bar{0}}$（每个相位）延续着，我们就不具有关于一个延续的意识吗？或者在这里已经纳入了这些？在时间点 1 中，我不仅具有 A_1，而且也具有直至 $A_{\bar{0}}$ 的一切，但倘若我也具有关于 A 的延续的意识，那么这就需要新的序列，并且如此地无限（in infinitum）进行下去。

〈第 18 号〉　回忆的特征。——通过同一性完成的再现：这应当指什么？①

回忆的特征（作为意识特征）关系到**重新复活的显现**、建基于 179
其上，正因为此，对象显现为过去的。

因此，心理行为始终建基于显现之上，但显现的**对象**便含有相关的“**意识—规定性**”。例如，期望“关系到”一个表象，即是说，以一个表象“为基础”，但被期望的东西就是被表象的东西。与此相

① 胡塞尔似乎还把这个札记的一部分采纳到了 1905 年 2 月时间讲座的原初设想中，有一小部分可以在第 27 节、第 102 页（边码[415]）及后页中，或许也在第 28 节、第 103 页（边码[416]）中可以重新找到，经历了或多或少的改动。参见后面各页。——编者[写作日期可能不会早于 1904 年。——新编者补注]

同，相关的基础性的表象之对象是令人喜欢的、有价值的、舒适的、令人厌恶的等等。

时间意识的情况也与此类似。感知表象的对象是当下的（现在的）：感知显现是一个显现，这个显现是感知意识的基础，亦即感知设定的基础，或者说，是一种将显现者设定为**当下的**意识种类的基础。[①] 一个回忆表象的对象是过去的：回忆则是一种设定［或］一种意识[②]，它——或许——以一种完全相同的显现为基础，但对象却获得过去的特征。

与现在相关联的过去之物在本原的时间意识中被体验到，是什么构成了这个**本原的**时间意识与**再造的**时间意识之间的区别，换言之，是什么构成了对一个进程或一个延续[③]的“感知”中的时间意识与对一个更遥远过去的回忆中的时间意识之间的区别？

我们应当说：在后一种情况中，在通常意义上的记忆情况中，有一个显现被给予，或者说，有一个延续或一个在延续的显现或变换的显现序列中的进程被给予，以至于这整个“当下的”时间性都
180 是一个过去的时间性的**代表**、一个**图像**？肯定以某种方式发生了映像［或至少是］再现。但这不是真正意义上的（如在旋律那里）图像意识[④]。即是说，我并不把在**现在的**回忆意识中**现在**流动着的

① 但感知便有了双重含义：时间性的当下拥有和自身展示！

② 就像区分感知与感知立义一样，也要区分回忆与回忆立义。回忆立义在没有设定的回忆（回忆**判断**、意指的回忆）的情况下也可以存有。

③ 感知在这里是自身展示。

④ 也应该有双重的图像性：如果在**清新**回忆中的显现者是图像地在先被给予的，那么在后来的**再当下化**中的显现者便是**在双重意义上**图像的：图像的表象，它借助于图像表象而与对象发生联系。

旋律理解为与被回忆的旋律相对的**另一个**东西，而是在那个旋律中，我回忆着这个旋律。或者更确切地说：这与**摄影**不同，在摄影的情况中，一个相似的、但内容上仍然不同的东西被用来代表一个相似者；我看着这个显现着的小形象，以此意指的是在某些方面与此相似、但在另一些方面则与此不同的东西；因此，一个当下的东西或一个作为当下显现的东西被用来代表一个**不**当下的东西。然而，“回忆图像”并不显现为当下的，尽管它是当下的。

或者我们也许应当说：这里没有本质的区别？[①] 无论如何，现在的显现用其现在的时间状况为我把以前的显现和以前的时间状况“当下化”(vergegenwärtigt)，而我却并不能将它理解为它所能直接显现的东西；同时这整个时间性含有在与现实当下的关系中的回移，尽管是一个不确定的回移。因而这里有再现的时间意识和对象意识。相反，在对一个进程或一个延续的感知的情况中，时间意识便不是再现性的，而是本原的。

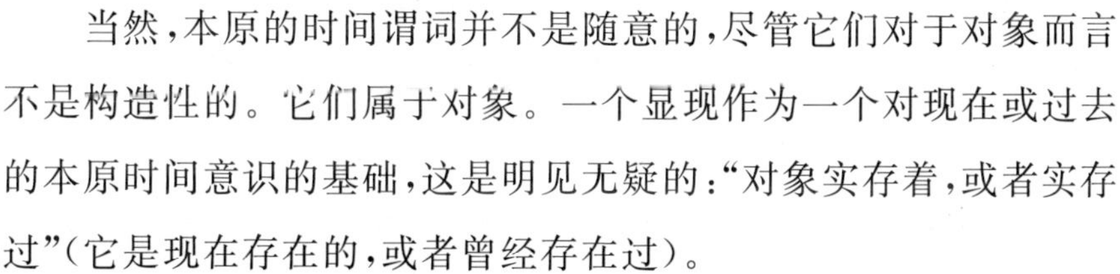

当然，本原的时间谓词并不是随意的，尽管它们对于对象而言不是构造性的。它们属于对象。一个显现作为一个对现在或过去的本原时间意识的基础，这是明见无疑的：“对象实存着，或者实存过”(它是现在存在的，或者曾经存在过)。

现在，这个问题的情况如何，即：回忆与对以前感知的回忆是否就是同一个东西？根据我们的观点，**本原的**时间意识只是一个**建基于一个显现之上的**、具有某种特征(某种时间样式)的**持续可**

① 这几乎是行不通的。但下面这个区分或许会有所帮助，即：区分通过图像性进行的再现和通过同一性进行的再现。

变异的意识。

181 但现在需要留意：在对一个**以前**进程的回忆中，对以前显现的再造是当下的，可以理解，随着这样的回忆，对此进程的以前感知的回忆可能性也一同被给予了，只要我们不仅仅具有对以前显现的再造，而且也具有对以前的整个感知的再造。因此，为回忆意识奠定基础的有可能不仅仅是进程的显现，而且还有感知的显现。更清楚地说：以前的意识完全被再造出来，而被再造的东西也具有再造、再现的特征，以及过去的特征。[①]

如果我真实地具有对 A 的回忆，我便必定曾感知过 A——这一点之所以是明见的，只能是因为显现与时间设定本质上是一，因而图像地起作用的显现也就是图像的时间设定。就此而论，对一个对象的表象与对一个存在着的对象的表象是等值的。[②] 如果现在有一个回忆意识涉及一个图像的显现，那么随之也就必然地引出在过去中的设定。因为本原意识和对象必然具有同一个时间性。明见无疑的是，感知与对象是同时的。同样，被回忆的感知（当下的代表所代表的那个显现）及其对象也是同时的。

我回忆灯火通明的剧院。这不可能是指：我回忆起曾经感知过这个剧院。[③] 否则这就会意味着：我回忆起，我曾感知过，我曾感知过这个剧院。我回忆 A，我回忆我对 A 的感知，我回忆我对

① 从第 180 页第 30 行至此，可以参见[前面第一部分]第 27 节、第 102 页（边码[415]）第 3～12 行。——编者

② 显现与设定的关系并未因此而得到充分的澄清。

③ 从这句起至第 183 页第 24 行，可以参见[前面第一部分]第 27 节、第 102 页（边码[415]）第 13 行至第 103 页第 17 行。——编者

A 的感知的感知。

我回忆这个灯火通明的剧院＝我“在我的内心中”直观到这个作为曾在的剧院的灯火通明的剧院。我在现在中直观到这个非— 182
现在。回忆是直观的信仰，“被信仰的”不是现在存在，而是曾经存在。——在感知中，客体作为现在存在的而与我相对立(现在—当下)。在回忆中，客体**也自身当下地**被表象，但却是在一个以前的现在中。现在我们应当说：回忆也是一种感知，但它具有一个相对于现时现在的变异、一个“过去”，而在其中被直观到的时间规定性不同于属于回忆行为的规定性？

然而，如果我完全忘记当下——假定这是完全可能的——，那么我便具有一个感知了。感知与被感知之物具有同一个现在。“我站在灯火通明的剧院前”。这是现在，这是当下，而感知是同时的。这就不再是回忆了，而是一个对过去的东西的(幻觉的)感知，但并非作为过去的！可是回忆并不仅仅是对过去的东西的感知。否则对过去的东西的感知就是当下的了。但对过去的东西的感知已经过去了，而过去的东西根本不能被真正视为自身当下的，它也只是自身浮现出来。回忆是一个当下的行为。通过我的同时的感知，我具有对现实当下的意识。一个图像、对一个自身当下之物的直观表象，将这个自身当下之物当下**化**，将它**再现**出来。

感知构造着当下。为了**体验**现在本身，为了一个现在存在明见地站立在我面前，我必须进行**感知**。为了**直观地表象**一个现在，我必须“在图像中”，以再现变异的方式进行一个感知。但并不是我表象一个感知，而是我表象一个**被感知之物**(本身)、一个在感知中作为当下显现出来的东西。因此回忆确实隐含着一个“表象”，即一个对过去感知的“图像再现”；但回忆并非在本真的意义上是图像，是对过去感知的再现，即一个**关于它**的表象。后者并不是在
183 回忆中的被意指者，在回忆中，本真意义上被表象的和被意指的和被设定的是这个“感知”的对象和它的现在，而后者此外还在与现时现在的关系中被设定。我回忆昨天的灯火通明的剧院，即是说，我进行一个对剧院感知的“再造”，这样，剧院就在表象中作为一个当下的剧院而浮现在我面前，我在图像中意指的是这个东西，但同时又在与现在、现时感知的现时当下之关系中将这个当下理解为存留下来的。现在明见无疑的当然就是：对这个剧院的感知**曾在**，我曾感知过这个剧院。被回忆的东西显现为当下曾在的，而且是直接直观的；而它之所以这样显现，是因为有一个当下以直观形象的方式显现出来，它具有一段与现时现在的当下的距离。后一种当下是在现实感知中构造起自身的，而前一种直观显现的当下，即在现在中对以往现在的非—现在的直观表象，则是在一种与感知相对应的行为中（在一种“对以前感知的当下化”中）构造起自身。由此而形成关于“现在”存在的剧院的图像表象，即是说，这是在一个变异了的行为中，在一个对剧院之感知的当下化中进行的，但这当下化不应当是对感知的表象，即：我在生活于感知中的同时所意指的并不是这个感知，而是客体的当下存在。

但这里还有一个困难。[①] 这是一种什么样的奇特的“对感知的当下化”呢？如果我把感知与单纯表象对立起来，那么这里的问

① 以下直至第 184 页第 3 行，还可以参见[前面第一部分]第 28 节、第 103 页（边码[416]）第 20～34 行。——编者

题就涉及相信(belief)与不相信[①]。但在“感知**表象**”中,客体始终还显现为自身和现在在此的,在**想象**表象中,它显现为单纯被当下化的。需要区分:借助于被意识到的图像性进行的**图像表象**——通过**类比**、通过图像客体,例如图画、半身塑像,想象图像、事后描述,但不是借助于对自身的意识——与作为自身当下化的、但不是通过图像(回忆)进行的想象表象。而后还有**时间**的区别。感知表 184
象是现在意义上的自身当下化,回忆表象是在过去意义上和带有不确定时间性的回忆表象意义上的自身当下化。

难道那个与感知相对应的行为、那个当下化不是一个**单纯的感知表象**吗?在它之中直观地显现出一个现在(但在幻觉中也会如此),而这个“直观显现着的现在”成为一个再现意识的基础,更确切地说,它再现着一个特定的现在,这个现在是信仰的对象。可是,如果有一个图像为我把一个原本(original)当下化,情况不也完全是如此吗?图画提供一个感知表象,但现在是一个非现在的代表。自然,并非每个图画都再现一个时间,但让我们来想一下历史进程的图画:处决卡尔二世,攻陷巴士底狱,如此等等。这并不是回忆。但我们在这里当然具有一个图像再现,感知表象提供一个相似物,一个作为图像被意识到的东西。回忆的情况不是如此。“灯火通明的剧院”——这不会是一个或多或少相似的图像,被意指的不是某个与在此显现之物相似的东西,被意指的是**显现者本**

① 即存在信仰与非存在信仰。在感知中,被感知的事物都被看做是存在的,都带有存在设定。而在单纯想象中的情况则相反。详见译者《胡塞尔现象学概念通释》中的相关条目。——译者

身，显现着的剧院、在现在特征中显现的东西。再现不是通过单纯的图像相似性，而是通过同一性来进行的？

通过同一性进行的再现：这指的是什么？[①]

通过同一性进行的再现：这指的是什么？对象是同一个，我现在当下化了的是这同一个灯火通明的剧院，柏林宫殿自身浮现在我眼前。显现的对象本身如其所显现地被意指。只是这个对象不是**现在**当下的，不是真正自身在此的，它是被当下**化**的。

还是剧院[的例子]：在我眼前浮现的乃是剧院本身，而不是一个单纯的图像，即：并不是根本上的另一个客体，只是与对象本身、
185 剧院相似而已。但是，以下两种情况还是有所不同的：[一方面，]直观地表象剧院并且设定它为真实的，同时却“没有真实地看到”，没有真实地当下拥有它本身——以及[另一方面]，回忆昨天剧院的灯火通明[②]，在这个或那个时间点中回忆剧院，就像它当时、前天被看到的那样。这里的问题在于时间；较为狭窄意义上的回忆。这里所说的当然不是一种客观的时间秩序，只要有“过去”以及对时间的当下化把握就够了，一如它“在当时的感知中被感觉到的那样”。对象的同一性可以忽略时间。可以在许多回忆中意指同一个对象本身，但每个回忆都有它自己的时间，而对象可以在这个时间中被意指为这个时间的对象。如何从现象学上来描述这个对象的特征？在这里的每个表象行为中都包含着一个“显现”。它构造

① 可以猜测，下面的札记部分的写作时间要比前面部分的略迟一些。——编者

② a)不带有认之为真(Für-wahr-halten)：想象；b)带有认之为真：回忆；但不带有时间意识与时间关注。

起这个对象。而且只有这个对象才能被意指。但显现并不构成全部表象，感知、回忆、单纯想象的区别属于特征，即表象在其中将对象加以伪装的特征，属于立义的样式。感知给予现在，回忆给予过去。如果我关注作为被感知的对象，关注具有现在特征的对象本身，我便意指了在时间规定性中的对象。即使我单纯地关注对象，不考虑时间规定，这个时间规定也还是会以某种方式在此，但它不被意指，而对象是同一的对象，就像它在不同时间中可以被给予的那样。因此，**相信**（belief）还是将它设定为存在着的。

用于图像化的可以是对象，但也可以是时间规定。

现在回忆的情况又如何呢？在它之中隐藏着一个图像性意识吗？

可以说：在感知中，对象是作为自身当下的而给予自身，而不仅仅作为被当下化的。在回忆中，对象本身也显现（只要它不是通过一个图像而被间接地类比）。但它恰恰作为对象的“显现”（在另 186
一种意义上的显现）、作为当下化而给予自身，这是一个再现，但却是通过同一性进行的再现。那么时间因素的情况如何呢？这个显现的现在是在一个感知中被给予的。这个现在也是“被再现的”，这个现在也是通过同一性而被拽入到再现之中的。因而与整个感知相符合的是某种变异，是“通过同一性进行的再现”，是“当下化”，是“对感知的再造”，但它不是对感知的表象。我们在此是否应当说：一个对感知的表象在此，而在此基础上建立的是对一个与它同一的对象的表象？但这似乎行不通。什么叫做对感知的表象？它就是（就像每个其他的直观表象一样，如对剧院的表象）通过同一性进行的再现，与它相符的是一个对感知的感知（它就是一

个对感知之感知的变异)。这里涉及的是对此难题的不必要的复杂化和回移。就是说,每个感知都有某个变异与之相符合,即变成一个直观的自身表象。但在自身被表象的东西中不仅包含着现在,而且还有当下、延续、相互接续等等。

可是我如何知道原初的感知变成了一个变异?通过对回忆(作为这个变异)与一个现时感知的比较?好吧。但我怎么会认识到:通过对一个现在的当下化,通过对一个当下曾在之物的直观的、而不只是间接图像的表象,回忆便将那个曾被感知的东西表象出来?如果我信任回忆,那么我就可以确定,回忆是对一个以前感知的当下化。

〈二　对客观时间的排除，时间课题，客体化的现象学及其窘境〉[①] 187

〈第 19 号　完全排除与客观时间相关的所有预设。〉[②]

对时间体验的现象学分析的第一步就是要完全排除所有与客观时间相关的预设。从客观上或许可以说，每个体验都有其时间，有其客观的时间位置；我们可以思考，如何在与回忆体验和被回忆之物等等的感知内容和感知客体的关系中评判这些体验的客观时间秩序，例如一个感知行为体验的客观时间秩序。但这不是现象学要做的事情，除非我们可以描述这些如此—判断活动、作为—如此 想象活动的现象，而后将它们陈述为某种现象学地被给予的东西，即明见的东西；除非这些和那些时间关系是被意指的，是处在这些和那些时间意指中的东西。这里的实事与空间体验现象学中的情况相类似。尚未具有客观空间的新生儿（至少大多数人这样认为）仍然会有一个充实了的视野。可以探问这个视野的客观

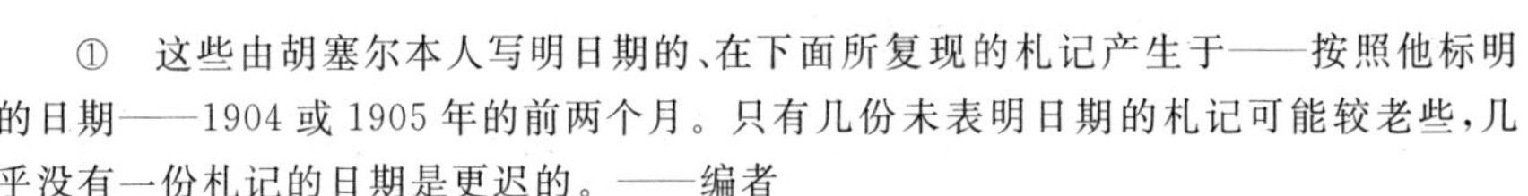

① 这些由胡塞尔本人写明日期的、在下面所复现的札记产生于——按照他标明的日期——1904 或 1905 年的前两个月。只有几份未表明日期的札记可能较老些，几乎没有一份札记的日期是更迟的。——编者

② 1904 年。

188 空间状况吗？这个视野具有一个在客观空间中有其位置的平面特征吗？再以我们自己的视野为例。如果我们张开眼，“我们便看入到客观的空间中”，对被感觉到的看视内容的立义构成了这个和那个立义内容（意义）的一种空间显现，而对同一个内容的变换立义可能会产生非常不同的空间显现。但如果我们还原到“视野”上，排除所有超越出感觉的立义因素和意义，那么结果就不再是某种平面的东西，不再是在客观空间中的域（Feld）。我认为这种还原是明见可能的，同样明见可能的是对在这个被还原的“空间性”中的“粗糙”关系的把握：“相互蕴涵”、“相互并列”等等的关系。同样，我们将能够考察在现象学时间上的被给予之物、即时间立义（作为客观时间的立义）和真正被给予的时间之物——即是说，不是客观时间，而是在相即地时间直观中被给予的东西，或从它之中有待还原出来的东西。问题根本不在于“源初的空间之物”，不在于客观空间直观**发生地**生成于其中的质料（经验论与天赋论的争论以及起源问题根本与现象学无关），同样也不在于客观“时间直观”产生于其中的“起源之物”。

相反，现象学的任务是：

1）根据其**意义**来描述被给予的素朴的和科学的时间意识（时间被我们看做什么？时间关系作为什么而给予自身？哪些种类在时间表象、时间直观的意义上是有意义地被意指的？）：即是说，对时间表象的含义分析、“质料”分析、“内容”分析，而且是根据本质类型，当然不是根据每个凸显的个别情况。

2）［描述］被给予的实项内容，连同对**感性内容**和**立义内容**的区分。但这里也包含着：

3)摆出这样一些特殊事例，在这些事例中被给予的有可能是“相即的时间直观”；摆出这样一种拟—时间之物（延续、演替，以及 189
如此等等），它没有延伸出自身之外而受到超越的和“客观的”的释义，没有做出任何有关“客观时间”的陈述，而是对它进行内在的释义，即如此简单地看待它，就像它自身所是，并且构成特有的质料，这质料作为立义内容乃是时间释义的基础。它究竟是如何产生的，这个问题与我们无关。

自然，在空间方面，那种相即地给予的东西、即客观—空间还原给直观的东西、“空间感觉”、“地方符号”的关联并不能够被称作是空间的，“源初的”场所体验并不是几何学意义上的、素朴客观空间意义上的场所。时间之物、“时态符号”(Temporalzeichen)的情况与此相同。无论它们是什么，它们在现象学上是可直观的东西和真实被给予的东西，并且它们不是客观时间的。在客观时间中没有现在，没有过去等等。但还需要注意，这些表述一方面可以主观地被意指，[意味着]在体验主体与客观时间之间的关系，另一方面可以现象学地被意指，抽象于客观时间一般和客观主体一般。恰如空间的情况。

〈第 20 号　对演替的感知是以感知的演替为前提的。〉①

对一个关系的表象是以对诸基础的表象为前提的；对一个关系的直观表象是以对诸基础的直观表象为前提的；对一个关系的

① 1904 年假期。

感知是以对诸基础的感知为前提的。

对关系的“意识到”必定是与对诸基础的意识到在同一个意识中进行的。这里的“在同一个意识中”是指“在同一个瞬间意识
190 中”，在同一个时间点中，甚至数学的时间点中吗？如果不是在同一个数学的时间点中，那么是在一个时间段上（是“小”还是“大”，原则上没有区别，小和大只是相对的概念）。

“在同一个时间点中”（在同一个意识中）是否就意味着在同一个时间段上，以至于关系（以及蕴涵）与诸基础对于每个无论多小的时间段以及在相关时间段的每个数学时间点来说都是同时的？

当然，如果对关系的表象是非本真的，也就不需要对诸基础的本真表象。问题涉及对关系的“直观”，而且首先是这样一些情况，我们在这些情况中如此直观到关系，以至于我们可以说，并且可以明见地说：**它们存在**（存有）。对诸基础的直观必定是与对关系的**如此**直观在同一个时间点（在每个时间点）中进行的吗？并且必定是如此被直观到的吗？

在演替关系、时间间距关系中也是如此吗？

一个意识：我看见 A，而后 B，并且发现，B 在 A 之后，而 A 在 B 之前。当然，只要 B 尚未被给予，我便不能看到间距。因此只有在 B 点上才能看到关系。但这里的前提是 A 已经过去了。

它必定**还**是直观地被表象的吗？当然。关系应当如何变为直观性的呢？[①] 但感知的情况是怎样的呢？对关系的感知是以对诸

① 这个形式——在最为总体的明见性中的直观化——当然是通过基底而被奠基的！因而关系的“存在”是以诸基础的存在为前提的：关系的被给予状态是以诸基础的被给予状态为前提的。是这样！

基础的感知为前提的吗？“我感知到”，声音 B 是在声音 A 之后的。关系在哪里？它在两个已被感知到了的声音之间吗？这是可能的吗？一同感知、**一个**感知着两个东西的感知——注意（notabene）这里的前提是：感知被理解为一种“把握为当下＝现在被给予”——就是：让两者显现为在同一个现在中被给予。这样它们便是同时的。

因此，对一个演替的感知的前提就在于：将此演替联合在一起的联系点并非两者都在联系的行为中（更确切地说，在对演替之感 191
知的完成了的体验中）“**被感知到**”（在**现在**感知意义上的感知）。另一方面，它的前提在于：这两者恰恰是在相互接续中被感知到的：对演替的感知是以感知的演替为前提的。[①]

这个明见性是从何而来的呢？对演替的感知按其意义不仅蕴涵着这样的信仰，即 B 是自身当下的（是现在在此的，不仅是在感知行为中被意指的，而且是自身在此的），而且也蕴涵着这样的信仰，即过去的 A 曾是自身当下的，是被感知过的。但不是从前的某个地点、某个时候，不是从前的某个人，而是：**我**认为曾感知过 A，并且是在 B **之前**，而且还不仅仅如此；我认为曾在 B 之前感知到 A，这里又包含着：我在一个意识中曾感知 A，并且在我于持守的意向中、于原生的回忆中还拥有它的同时，我曾感知 B，并且又在这个统一的意识中曾将 B 和对 A 的原生回忆联合在一起，曾觉

① 但还有更多。对演替的感知与对每个关系的感知一样，仍然是以对诸基础的感知为前提的。但诸基础却不是 A—B，而是曾在的 A 和现在的 B。演替是一个时间关系。感知有双重含义：在这里它具有自身把握的意义。如果我真的感知到演替，曾在就必须是自身可把握的和被把握的。

知到(innwerden) A 与 B 的时间关系。[①]

但"我曾感知 A"这个信念不是在清新的回忆中就已结束了吗？它意味着:对曾是当下的"直接"——自身把握的——意识(亦即对**刚刚**曾是当下的意识:"刚刚"指明了某种直观的时间位置)。

我现在可以**再造**这个刚刚被感知的时间进程、这个刚刚被直观到的演替,无论是通过在感知中对一个完全相同的演替的重复,还是通过在回忆中对此的再造、即通过一个通常意义上的回忆表
192 象,从而获得一个图像回忆。在我还具有演替意识的同时,即是说,在我(以清新回忆的方式)持守其意向的同时,我**重复**对 A 等等的"感知"。在回忆的情况中也同样如此:我表象,我在感知等等,而前一个意向在这个提供着新感知的感知或回忆中充实自己、认同自己。与此同时我又直观到,这样的一个意向只有在这样的一个**过程**中才能得到充实,在此过程中,首先是对 A 的感知——亦即第一个 A 必然是以作为充实者的感知为前提的,而后是对意向的持守以及 B 的出现。我明见地看到,那个**结尾状况只有作为结尾状况**才是可能的,而**一个时间直观状况一般**只有作为**延伸了的**才是可能的;一个**时间点的直观者**只有**在联系中**才是可能的;而对一个时间的意识本身[就要求]时间,对一个延续的意识本身[就要求]延续,对一个演替的意识本身[就要求]演替。[②]

---

① 可是更确切地说:我不仅认为我感知到演替本身,因此我必定不是以某种方式认为我曾感知过 A,或者,这里唯一的问题在于:我不仅认为 A 刚刚曾在此,而是直接"感知到"。"清新的回忆"必定在此行为中具有一个对"刚刚曾在"的感知的特征。

② 最后一句话的德文原文为:"daß Bewußtsein einer Zeit selbst Zeit, Bewußtsein einer Dauer Dauer, Bewußtsein einer Sukzession Sukzession ⟨erfordert⟩."

编者为这里的"⟨erfordert⟩"(要求)一词加了方括号。即是说,这个词可能原先为

〈第 21 号 根据对同一个演替的重复当下化而做出的认识。〉①

我听见怀表的嘀哒声：嘀哒、嘀哒、嘀哒……。

我在这里发现了什么？我以为在这里把握到了什么？这是一个对象性的立义；我探问：对这个立义的意义的分析以及对它的忠实描述为我提供了哪些情况？我不探问：在“客观现实”中曾是什么，我不探问在客观时间中的现实事件，这在此就意味着：我不探问在一个个体意识连同这样一些意识体验中的现实事件，这些体验是在客观时间中流动的，而且我想根据在客观时间中的客观关系来规定它们。毋宁说我要探问**对象性立义的体验**，它将对象性的东西立义**为何物**，它以为在其中表象了和把握了哪些对象性以及它们之间的关系。

回答是：第一声嘀 T_1 显现为**自身当下的**，而且是现在的(j_1)，**而后**以同样方式显现出 T_2，而后 T_3 等等。因此 T_2 同样显现为自 193
身在此的，显现为现在；但它的现在是一个**新的**=j_2。“在此期间”它显现为现在的，T_1 则显现为“不再”是现在的，而是“刚才”，T_1 显现为在与 T_2 的现在的关系中的“过去”，它的现在(j_1)不再意味着“当下的”，而是显现为“曾是当下的”。但在 T_1 被感知的同时，T_2

胡塞尔所漏写，后为编者所补加。但这个补加带有猜测的成分。胡塞尔在这里漏写的也可能是“〈ist〉”(是)。在这种情况下，这段话的意思也可以理解为：“而对一个时间的意识本身[就是]时间，对一个延续的意识本身[就是]延续，对一个演替的意识本身[就是]演替。”——译者

① 1904 年。

还根本没有显现。在 T_2(作为“现在”存在的)被感知的同时,T_1 并不是同样被感知,如果“被感知”是指“现在—当下显现”。毋宁说它显现为**刚才**(在 j_1 中)**曾被感知的**。因此,显现的是:

1)作为过去的、作为“时间上后于”T_2 的 T_1。

2)以及明见地与此一同被给予的,即便也许[只是]通过反思才能把握到的:对 T_1 的感知是曾经的感知,它在时间上落后于 T_2 感知。在这里,对 T_2 的感知与被感知的 T_2 一样,被分派给同一个现在,如此等等。其他的环节也是如此继续。T_3 显现为当下的(j_3),T_2 在其显现的“同时”显现为时间上落后的;但 T_2 和 T_1 的整个关系[也]显现为相对于 T_3 和 T_2 的关系是落后的,并且排出这样一个顺序:T_1,相对 T_2 是过去的,相对 T_3 是过去的,而这个关系是作为**上升关系**而自身给予的。

我发现这个过程**不会一直走向无限**。如果新的 T 被感知,同时还有其他的 T **被直观**,但不是随意多的 T,即便时钟始终在嘀哒地显现着,即便我说:我延续不断地将它感知为嘀哒着的,现实地过去的 T 在其中显现的这个直观统一仍然不会伸展得很远;在新的 T 出现的同时,过去的 T 从**直观**中“消失”,尽管我“**知道**”,有其他的声音先行于这些在此的声音:“穿过较长的时间”。有对象性描述的这样一个块片就够了。它还可以继续进行下去。

现在我们来考察这些体验,就像它们在朝向现象学被给予之
194 物的目光中所展现的那样。**这里的直接明见性**(或**被给予性**)**的区域是什么**?

1)首先,与每个个别的 T 相关,我们具有在现象学上被给予的“显现为嘀哒声”。一个被体验到的感觉内容被立义为嘀哒声。

2）此外，我们明见地把握到一个**诸显现的后继**。我们感知地将 T_1 把握为现在当下的，而感知地将 T_2 把握为现在的，并且在一个与此相随的意识中，而且是一个**直觉的意识**[①]中，T_1 也显现为**刚才的**；我们对此具有明见性，即这是一个意识，它将 T_2 感知为现在（j_1）当下的，并且在**同一个现在**中直观到 T_1 的曾在。对 T_1 的直观具有一个与对 T_2 直观相类似的特征，而反思**明见地**传授说：就像 T_1 显现为过去一样，T_1 的**行为**在我们看它的时候也显现为过去的**感知**。

当然，我们根据对同一个演替的重复当下化而有此认识。如果我们**表象**（在想象中、在图像中）一个演替并且关注构成这个表象的行为，那么我们会发现对在 T_2 的 j_2 中的感知的表象，以及与此相一致地发现对在 j_1 中的 T_1 的感知的表象。而在这里对这些

被表象的感知有效的是：在与第一个感知的关系中，第二个感知显 269
现为过去的感知；即是说，与被表象的"关于 T_2 的感知"行为相一致的，是一个作为关于 T_1 的"过去"感知站立于此的行为。

以后的回忆。

另举一例：**我回忆**：首先是旅客列车如何驶入车站，随即是特快列车。在这里我具有：驶入的列车 A 的显现，而后是驶入的列车 B 的显现；两个进程的联系是通过其他进程（这个间域很短）完成的，这些其他进程可能不再进一步让人感兴趣。

1）如果我完全生活在这些进程中，那么我便有："列车隆隆驶 195

① 胡塞尔在这里后加了一个边注："（这是一个难点）。"——编者

入。"一声刺耳的汽笛响起。"格丁根!"(列车员叫道)……一个接着一个。每个相位都有它的"现在",现在是隆隆声(在其演替的相位中),现在是汽笛,起和落,现在是列车员的喊声,如此等等。

2)我生活在对象意识中,但我也可以关注主体的东西,关注显现,关注"体验"。这些行为及其内容在这里所具有时间演替与客体所具有的是同一个。这样我便具有感知的显现。首先是对隆隆驶来的火车头的感知,而后是对下车的众人的感知,而后是如此等等。

3)最后我可以关注这样一些行为,正是在它们之中,我现在发现所有这一切,而它们都是"当下的",并且具有与至此所说的完全不同的时间规定性。亦即回忆行为。

进程——"列车隆隆驶入"。

关于进程的意识,这个进程的显现,对这个进程的感知。

对这个进程的现在回忆:我回忆,列车曾隆隆驶入。现在是回忆——当时是列车的驶入。对当时意识的现在当下化,而且这个当时意识是作为我的意识:当时我曾有这个感知。

〈第 22 号〉 相即回忆是否可能(或如何可能)?[①]

每个回忆都要求充实,而它只能在感知中找到充实,在此感知中,被回忆的东西重又变为当下的,但却是以这样的方式,即它过渡到"清新的"回忆中,并且一直继续,直至达到对现在的现在(jetziges Jetzt)的感知。更清楚地说:我必须在一个连续感知中和

① 自我对话,1904 年暑假。

在一个对时间进程的连续意识中再次体验从当时到现在的整个时间内容，或者毋宁说，相即地体验，并且是在相即的时间意识中体验。

但这里又会有问题：你怎么会如此智慧呢？你是从何知道这种从未可能的充实的呢？我能诚实说出的只有这些：回忆始终指 196
向更远。非直观的回忆指向充实着它的直观的回忆，而直观的回忆还**借助于**(qua)时间而在未来的方向上包含着始终未充实的意向；它们被充实，因为更远的时间进程以直观的方式“被再当下化”，直至**现时的**现在。

如果一个与回忆相符的时间进程自己“更新”，如果一个以前的进程、以前延续的存在等等自己“更新”，以及一个新的、但在内容上和在所有时间关系方面都相同的进程进入感知，那么我们就会说：与以前曾是当下的完全同一者重又回来了，我现在看到的就是我以前曾看到的“完全同一者”。但缺少一点：个体性的同一性。时间联系是一个新的联系。现在的感知所跟随的东西完全不同于以前的感知所跟随的东西——作为行为，它是主观的，根据被感知的内涵，它是对象性的。

每个被感知的东西都是一个跟随着的东西，而且这是必然的，就像它有一个跟随的东西一样，而且这又是必然的。每个回忆也都具有意向，这些意向回指向更遥远过去的回忆：或者有一些在**它**之中得到时间充实的意向。倘若一切都更新了，那么所有时间必定都会再一次变为实在的……。这是不可能的。而回忆是如何在向现在的继续行驶中充实自己的呢？这并不那么容易，老先生！

现在在场的是“在场时间”[①]，它每时每刻都在内容上发生变化（就内容而言）。在此期间，回忆在流动，直至它来到最近的过去（但不再是在场者），即最后被再回忆的、被直观的过去；与此相衔接的是在场时间（某个在场时间）现时地提供的东西。但这又是可能的吗？难道回忆不耗费时间，而流动的时间可以赶上现时的时间？现在被感知的是A，与之联结的是B……。在B这里开始回忆M。现在我便具有以下图式：

$$A \frown B \frown M_1 \frown M_2 \cdots$$
$$\{ \qquad \{$$
$$C \frown D \cdots$$ [②]

197 如果M_κ到达了A（它表象A），在此期间始终有新的东西出现，而后M_π必定要开始表象$M_1 M_2$……，这样我们就永远无法完结。这样就有回忆的回忆，而后又有回忆的回忆的回忆，如此等等。因此很明显，对意识直至现在的总体进程的现实再造是不可能的。有趣。非真。但只是尴尬而已。

① 对这个斯特恩概念的引用允许做这样一个猜测：这份札记的写作时间可以更准确地定在：最早为1904年9月；参见第29号文字，第217页、注1，以及第218页、注1。——编者

② 英译者根据胡塞尔原稿对这个图式做了修改（参见E. Husserl, *On the Phenomenology of the consciousness of Internal Time*, trans. by J. B. Brough, Dordrecht u. a. 1991, p. 203）。在两个德文本中均为：

$$A \frown B \frown E_1 \frown E_2 \cdots$$
$$($$
$$C \frown D \cdots$$

由于英译本是经比利时卢万胡塞尔文库审定的译本，且比两个原有的德文考证版更新，因此中译本采纳了英译者的修改，包括对符号E的修改，即统一改作M。——译者

可是，即便我不能更新意识的总体内容，我或许还可以追踪一条线，一条从时间和演替着的感知的宽阔河流中抓出的一条线？例如在"外"感知中。我追踪我一步一步地感知过的东西，直至现在，而这里还有连续性。当然，这里的前提是：回忆能够赶上感知，也就是说，在一个时间范围较小的回忆中重又直观到一个进程，这个进程在时间上与刚刚体验过的时间间距 A—B 是相同的，甚至与一个现时地贯穿体验过的时间间距是相同的。在这里预设了对时间的某种客体化。我必定已经可以说：一个时间仅仅是与另一时间的一个部分相同，甚至就仅仅是另一时间的一个部分。好吧，假设有各种时间范围，假设客体化是合理的（我对它们已经不断地作出了主观的评判），那么，回忆的客观时间范围就要小于被回忆之物的时间范围。但所有**关系**而后仍然被保留下来。这还行得通。因而一个绝对完善的图像是不可能的，但一个在内容与关系方面完善的图像却是可以想象的。并非不会产生这样的疑虑：这是否真的比臆想还要多。例如对一个旋律的回忆。如果我真的想同样地表象它，我可以在时间上缩短它吗？如果我在内心更快地吟唱它，整个印象不会发生变化吗？我可以在它的速度中直观地表象它（即不更快地表象它），而在时间上绝对说来却还是更快了？甚至可以说：如果我在思想中飞奔，那么我就将它表象为飞奔的。快速地表象一个在慢速中流动的旋律，这并不意味着，表象一个快速的旋律。但这在直观上真的是可能的吗？以完善的图像性的方式？

198 〈第 23 号〉　时间的统一性与时间的无限性。

第一个印象的回忆。

与一个印象的回忆一致一相合的再回忆。

关于现在的变异[意识](原生的印象的过去意识)与被再造的和被表象的现在。

需要区分:下降了的现在(它一般不被意指,不被关注,但也可以被关注)与同时结伴的被再造的现在,后者“再次开始”,再次流动,但是在“想象”中(在“再造”中),而且如此流动着,以至于它一则具有回忆的特征,二则具有与仍然被持守的下降了的东西的同一性特征。

在现象学事态的本质中包含着:每个“过去”都可以以再造的方式变化为一个再造的“现在”,这个现在本身又**具有**一个过去。
274 而这是所有时间法则的现象学基础。

但能否有一个最后的现在,它的后面不再有过去?明见的是:没有一个时间点是第一个时间点。这意味着,根据观念的可能性,在每个现在中都可以包含着一个以前的现在?但这实际上(de facto)只能是一个空乏的时间。

〈第 24 号　对一个个体(时间)客体的感知。〈在对时间之物感知的一个相位中,我们会找到先前相位的感知显现吗?〉①

以前的感知不会立即消失。新的感知与新的“现在”相连接,

①　1904 年 9 月。

以前的感知因此而显现为被回移的和连续地一再回移的。新的现在始终处在注意力的前台，并且提供联系点，时间关系便是根据这个联系点来评判的。所有刚刚过去的东西都是从现在的立足点出发而被看到的。

因此我们在这里体验到一个特殊的过程、一个进程。一个旋律流动起来。这是一个进程。但意识进程本身也是一个过程，我 199
们可以“感知”它本身，我们可以一个瞬间一个瞬间地关注它的各个变动不居的相位。

我们假定旋律 A B C D 在流动。

即是说，首先显现的是 A(感知)。而后显现 B，它是现在的(现时的现在)，同时 A 不再显现为现时现在的，而更多地显现为逐渐消散的(它的现在被回移)，如此等等。

1. A

2. A′　B

3. A″　B′　C

4. A‴　B″　C′　D

我从何知道这些？1、2、3、4——这是四个彼此接续的意识相位。这里写下的是客观时间性的**显现**，A 的显现、在其相互接续中跟随的 B 的显现，等等。对这四个意识时间点的陈述：1)现在是 A，2)现在是 B，而 A 刚刚过去等等。与这些陈述相应的是时间种类的客体性。而且与它们相应的又是它们显现于其中的体验。

我们继续讨论对象性的东西(撇开体验不论)。**回忆**，即我们在其中将此过程当下化的回忆，我们通过它而**知道**这个过程的回忆，它看起来是怎样的呢？

我们已经想到这个旋律的最初节拍，它们被我们吟唱并且一再地在回忆中被再当下化。而后在回忆中我们显然具有同一个过程，只是我们会“想”，A 是被感知到的等等。我们在再造的表象中具有对 A B……感知的演替，或者我们具有节拍，有可能是在对吟唱之物的重复感知中，我们在这里关注个别的步骤并且试图研究它们为陈述所提供的东西。

没有一个相位可以被持守住。它只能被一再地重新创造出来。

映射的时间意识（或者也可以说，时间客体性）的一个横切面
200 不是一个自为的可再造之物，不是一个自为延续的可表象之物（可再造之物）。这个过程的片段可以在想象中成为直观的客体，并且再次作为过程而流动。一个相位只能在飞行中、亦即在流动的过程中、在它的基础上被直观出来（herausgeschaut）。

如果我们再造一个时间流动，如果我们想象一个时间流动，那么情况会是怎样的呢？我们在想象活动的一个相位中发现了前面相位的想象表象吗？

但我们同样也可以询问对一个时间（个体）客体的感知情况：我们在时间之物的一个相位中发现了以前相位的感知显现吗？

看起来对这两个问题只有一个可能的答案：无法发现这些东西。

人们起先会说：在很多情况中肯定是无法发现这些东西的。可是在一些情况中、在快速的情况下，人们会有所动摇，而且人们对实事看得越多就会越存怀疑。

人们起先站在现时的感知或想象一边。可是更仔细地考虑一

下：我们在新的声音出现时还在感知着老的声音吗？整个节拍的统一意识当然还是现存的，它伸展到几个声音上。而且这些声音、这整个节拍当然还是统一地被感知到的。但在这个属于节拍的意识统一方面必须说：这是一个统一意识，它在感知中逐步地构建自身，并且在不断前行的感知中增加内容。它在最后一步中完成自己。作为统一意识而属于最后一步的意识，就其本质而言只能是如此自身建造的意识，它必须如此地成长起来，它只有通过对属于以前意向的意向之持守或根据它们才是其所是。此外，正如最后一块石头并不构成建筑，只是完成建筑一样，最后的感知相位也不构成对节拍、旋律的整个感知。最后的相位在本真的意义上并不是对节拍的感知，而恰恰是对它的完成，而且这是一个不独立的东西。但一个感知并不是一个不独立的东西，而是一个具体的感知。用建筑所做的比喻并不完全合适，因为在完成了的建筑中保留了 201
每块砖。这里却不是。对节拍的感知是一个时间统一，而且是一个有时间划分的统一。对以前相位的感知被保留在它之中，但却以这样的方式，也就像在一个时间伸展统一中包含着某物一样。如此等等。

〈第 25 号〉 相即回忆。先前的感知。——对过去的感知，尝试〈窘境〉。〈为什么清新回忆不简单地就是持续的原初感知?〉[①]

相即回忆。以前的感知。

我现在有一个相即的回忆，即是说，看得出，我有一个对刚才被感知的东西的直观。我知道这两个时间上分离的行为的同一性；**从何知道**?

现在我根据回忆的相位来从时间上编排这些实事的顺序（我们臆想一个直接—直观的时间立义）。因此我直观实事的时间编排顺序、原初的编排顺序。（我根据这个编排顺序来确定间接时间表象的位置。）

278

我也在时间上编排行为的顺序，并且在此发现，在将一个实事直观为自身当下存在的同时，我说：它是现在的，并且这感知具有同一个现在。我在回忆中感知：自身当下的曾在。但作为自身当下曾在的直观是现在，是借助于回忆的感知而自身当下的。

因此，我具有 A—当下曾在（过去的当下）；将当下曾在者把握

---

① 第 25、26、27 号文字是一系列页张的札记，胡塞尔大约在 1904 年将它们归放到一起；他自己在这个系列中所复现保留的页张的最后一页上——参见第 27 号文字、第 211 页注 2——标写了“1904 年”的日期；仅此状况便使得我们无法排除这样的可能，即此札记的这个或那个页张产生得更早些。这些札记在这里是按照胡塞尔所排列的页张的顺序来复现的。在这些被保留的页张的第一页——在这里的第 25 号文字中被复现——上，胡塞尔——或许更迟些，即在 1904 年以后——作了记载：“以下的页张是就‘窘境’问题而作，但也只有就‘窘境’问题才需要通读。”——编者

为在过去当下中的当下存在者的行为。

对 A 的回忆；现在当下。

因此，在回忆中我们处于现在，在回忆的对象中我们处于过去 202
的现在；而在对过去对象的现在把握的前行行为中也同样如此。

……[①]

对过去的感知。尝试(窘境)。[②]

为什么清新的回忆不单单是被持守的原初感知呢？

它与以后的回忆、与现在的感知的区别何在？它作为现在而启动。每个以后的回忆都有一个其他的现在。即是说，感知特征**自身分异**(Differenzieren)，而每个分异都有一个现在与之相符。这样，每个现在本身都被回移，而新的现在被偏好，它提供对整体之立义的关系点。

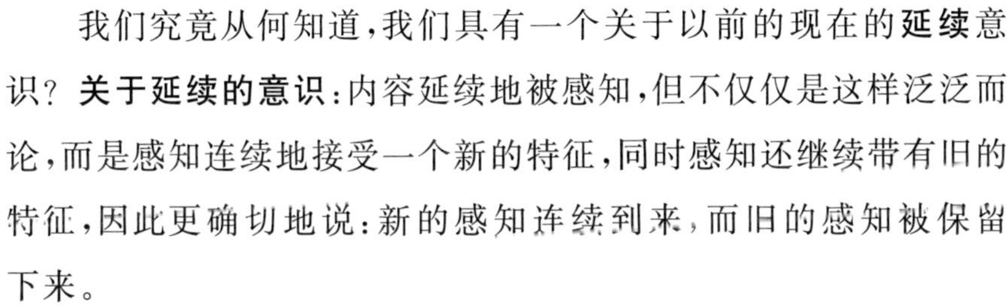

我们究竟从何知道，我们具有一个关于以前的现在的**延续**意识？**关于延续的意识**：内容延续地被感知，但不仅仅是这样泛泛而论，而是感知连续地接受一个新的特征，同时感知还继续带有旧的特征，因此更确切地说：新的感知连续到来，而旧的感知被保留下来。

关于以前的现在，我们当然不在**这个**意义上具有对它的延续的意识，但在对它的感知的反思中，我们具有关于这些感知继续实存的延续意识，并且可以随时具有它。

---

① 胡塞尔以后将这里中断的文字从“现在我根据回忆……”开始(第 201 页第 14 行)起删除，并且附加了一个边注：“空缺”。——编者

② 胡塞尔后加的边注：“所有内经验的矛盾！”——编者

因此必须特别研究，是否不单单只是感知在进行，或者是否完全有必要接受再现，甚至接受图像意识……。

但即便在这里也会产生这样的**难题**[①]：我说，感知连同其现在曾延续过。（客观地说：）对此是否有**明见性**，是否不可能出现这样
203 的情况：我现在具有意识：A曾在（以直接回忆的方式），同时A实际上根本不曾在（没有前行的感知），或者我现在具有“清新的回忆”，而刚才却并没有感知？

人们可能会说：“我具有明见性，即我曾有感知A”，这与“我有原生的回忆”是一回事。但回忆是感知A连同当时的现在；感知本身是一个当时的感知，而它具有那个现在的特征，这如何解释呢？

或者毋宁说是这样的：现在的回忆恰恰是一个现在，即是说，我将当时曾在的[把握]行为把握为一个现在：我恰恰是现在感知它。而现在这个行为应当是持留的当时的感知吗？连同其现在？这是不可能的，因为那样的话，当时的感知就是在现在中，并且所有以前的感知就都是同时的了（整个回忆系列事实上都是一个现在）。**因此这就解决了窘境**。[②]

在回忆中“显现出”以前的感知。不是这个感知本身持留下来，而是有一个“回忆”与它相衔接，这个回忆是以前感知的对应图像。

回忆是一个对感知的图像表象吗？但却是以这样一种方式，

① 参见第43号文字、第294页对此问题的几乎逐字逐句的再讨论。——编者

② 胡塞尔后来在这句话的结尾处加了问号并且写到：“不”。他将这个札记的剩余部分加上括号并指明参见在第26号文字中复现的札记。——编者

即回忆将被回忆的内容表象为由它所映像的感知的对象？那么回忆表象就具有两个对象:1)以前的感知,2)这个感知的对象;但这个假设有什么特别的地方吗？——

更简单些:只是感知转变为一个相应的回忆表象(图像表象)。但这样的联系从何而来:对A的回忆与我以前感知过A的意识是等值的？假定每个感知都同时在“内意识”中被感知,那么对这个 204
感知的感知就必须符合所有感知的法则,即不仅感知会变为回忆,而且这个内意识、这个[回忆]也会重又变为回忆,这样我们便有无限的纠缠(同时有一个针对布伦塔诺的内意识之可能性的异议!)。或者人们必须说,即便回忆所原生回忆的也是被回忆的客体,但它“附带地”是以前感知的回忆？[①]

是的:内感知“附带地”把握到“自己”,而它的对象是原生地被把握到的。与它相衔接的是作为变异的回忆。在感知中的自身把握过渡到对这同一个“自身”的回忆中,即过渡到对感知的回忆中,同时,对**内容**的感知过渡到对内容的回忆中。这必定可以回答布伦塔诺了,而且这的确会对他大有助益。

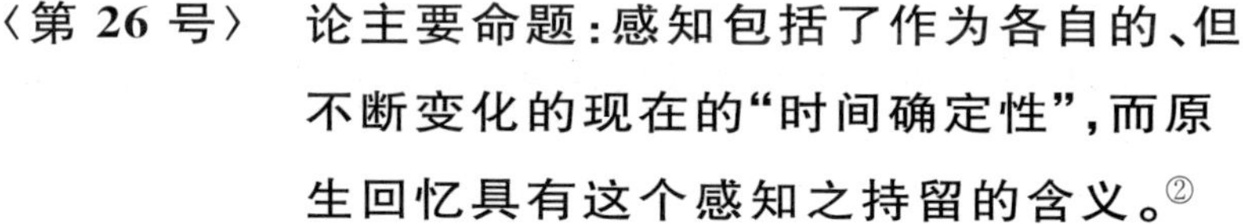

〈第26号〉 论主要命题:感知包括了作为各自的、但不断变化的现在的“时间确定性”,而原生回忆具有这个感知之持留的含义。[②]

如果我们听到a b c …m的演替,那么当m被感知时,对a

① 随后的文字是胡塞尔后加的一个附注,但显然要早于第203页注1中的所标出的附注。——编者

② 参见第25号文字、第201页注1和第203页注1。——编者

b …的感知、这些**以前的**感知，就还在意识中；在时间点 t_m 上，我们就同时具有 $W_a(a)$ $W_b(b)\cdots W_m(m)$，亦即同时感知 a b…m，因此它们**显现为同时的**。

但对此可以反驳说：

什么叫做：**同时**感知 a b…m？这意味着，一个感知包含着 a b…m 的路线，以至于它赋予它们现在的特征，亦即这样一个感知，如果它将其现在作为 π 给出，那么它便可以被理解为 $W_\pi(a)$ $W_\pi(b)\cdots$，它们都具有同一个 π。但这里并不是这种情况。我们虽然同时具有 $W_a(a)$ $W_b(b)\cdots W_m(m)$ 的感知，即是说，一个以
205 $W_\pi(W_a\cdots W_m)$ 的方式将同一个时间(即它们的时间 π)分派给各个感知的感知虽然是可能的；但这些 W 中的每个都分派了一个不同的时间，a b…m 同时**显现**，但显现为时间上不同的，m 作为现在的，l 作为刚才的，b 还是刚才的，如此等等。每个都有一个不同的当下。而以前的当下与以后的当下相比就叫做"过去"。

"我现在感知 a"，这就是说：我具有一个感知，在其中 a 作为现在站立于此，作为"现在"，即作为活的时间系列的尾项(最高项)。因此，"我现在感知 a"并不意味着："我具有对以前的尾项的感知，或我具有对一个非现在的感知，对一个身后还有它者的 a 的感知。"

还会有人反驳说：

对 a 的感知延续着吗？那么 a 也必须延续着，延续地感知 a，就意味着：将 a 感知为延续着的。

在 a 已消失并已过去的同时，怎么可以说对 a 的感知还在延续呢？

同样可以回答：对 a 的感知延续着，这可以意味着：感知体验连续地保持下来（没有根本的内容变化）。

可是，感知延续着的 A，这通常意味着：A 延续着，并且是在此延续中当下的，即是说，延续的 A 作为现在在最高的时间点上显现，同时以前的现在却仍然持留在意识中。从时间点 t 对 a 所做的感知在延续：只要它还在延续，a 就显现为在时间 t 中存在的。与这个感知 a 相衔接的常常是不断更新的感知连同不断更新的 t，并且始终是对内容 a 的感知。如果这些 t 一直延伸到现时的现在、时间序列的奇特顶点，那么我们就具有一个延续感知，它同时也是对延续的感知。如果情况不是如此，如果它们仅仅从 t_0 延伸到 t_1，而不是延伸到现时的现在，那么我们在持留的感知的基础上所具有的便是一个对刚刚过去的延续感知的现时意识。

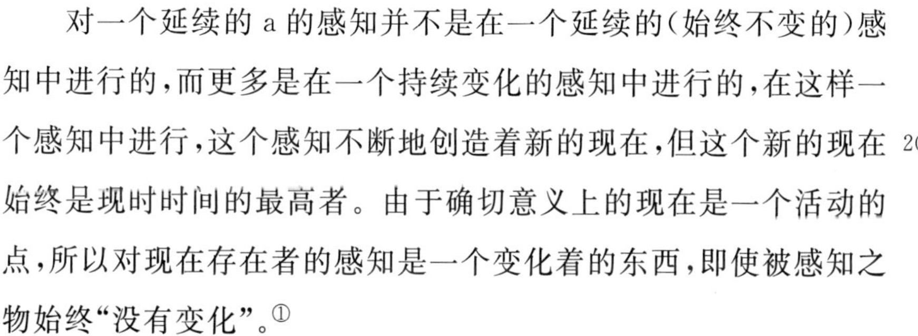

对一个延续的 a 的感知并不是在一个延续的（始终不变的）感知中进行的，而更多是在一个持续变化的感知中进行的，在这样一个感知中进行，这个感知不断地创造着新的现在，但这个新的现在 206
始终是现时时间的最高者。由于确切意义上的现在是一个活动的点，所以对现在存在者的感知是一个变化着的东西，即使被感知之物始终"没有变化"。①

如果我们将感知这个词与一个行为联系在一起，这个行为把握了一个现在当下的东西，即在各个时间系列顶点意义上的"现在"，那么，"对 a 的感知在延续"就意味着：同一个对象始终在现在

① 以上的整个段落在文稿中都被加有重点号，并且在边上画了两道竖线。——编者

中，它刚刚曾在并且现在还在。而感知停止，这就意味着：它不再是现在的。在感知停止的同时，只要 a 不再是一个现在感知的对象，以前的感知连同其“现在”就始终还在，但这个现在不再是意识中的最高点了，而它所经历的变化是建基于对现在的持续推演上，这个现在始终是时间立义的关系点。

而等价的情况是如何的呢：清新的回忆＝刚刚被感知，在假定持留感知的情况下？

我现在具有 W_t(a)。这提供了：a 在时间 t 时**曾在**，而这被我感知到。是的，但“留存的”(zurückbleiben)感知还是**现在**在此的，它本身是一个现在存在者。另一方面，它应当是“留存的”，它应当在某种意义上已经“延续过”。它坠入到意识之中吗？当然。但以何种方式？这是个问题。W_t 自身回移，因为始终有新的时间因素出现，始终有新的感知和新的演替、延续等等出现。“它”自身回移，它延续地被意识到：如果我把 W_t 与一个与此相衔接的感知 W_{t_1} 相比较(先是 a 延续着，而后 b 延续着)，那么我发现，对 a 及其延续的“回忆”现存地贯穿在 t 的始终，在 b 延续的同时(我们是在原生直观的时间中活动)。什么叫做：对延续 a 的“回忆”？它意味着，对 $a_{t_0-t_1}$ 的感知延续地现存于意识中？而在 b 流动的同时，我们对此延续地有一个意识？这应当如何理解？

207 这样说是否就够了：$W_{t_0-t_1}$(对 a 在其时间伸延中的感知，或者毋宁说，自身在其伸延中显现给我们的 a)还被意识到，同时我感知这些新的内容并且又感知新的内容？即是说，a 被直观为曾在的，被直观为与 b 和 c……相比或长或短延续过的。但 W(a)与 W(b) W(c)是同时的。或者不如说：W(a)在这整个时间里延伸，而这个延伸了的W就其相应的部分而言是与b和c的相应部分同时的。什么叫做："延伸着(dehnt sich)"？感知本身恰恰具有一个延续，并且可以在其延续中被感知到。但这个延续不是a的延续，它并不赋予a以新的时间，它仅仅赋予W(a)以时间和延续。

如何会知道曾被感知呢？后补地说出这些事情的权利是从何而来的呢？我如何知道，t"刚才"是一个现在，是一个最高的时间规定？

我们是否更应当如此来描述：

对现在的时间规定、对首要的和未变异的时间的时间规定是一个奇异的特征，它以一种无法描述的方式与实在内容联结在一起，以至于这个内容为此特征之故而具有"现在"，然而就这个内容本身而言，如果说它有时间，则是毫无意义的。

与每个实在之物一样，对a在其时间中的具体感知具有其时间，而且a_t在一个具有同一个原初时间现在的感知W_t中被给予。但时间之物难道不是某个可以被关注、可以被感知的东西吗？而且它作为被给予的"因素"、作为特征难道不也是某个具有时间的东西吗？如果我在现在中考察视野的内容，那么它们都是同时的，它们都是现在的。但并不是每个内容都具有一个本己的因素：现在，而是这个总体意识具有这同一个现在，绝对同一，而且这个现在根本不是一个可以被复制的因素。它完全不同于颜色因素的情况，后者常常在此并且只是在种类上是同一的。现在不是一个种类。如果我进入心理学领域，谈论这个人或那个人的现在意识，那么这是与一个可能的聚合—意识(Zusammen-Bewußtsein)相关的，它又只有一个同一的现在。并非每个意识都有**它的**现在。只 208

是完全不可思议的。每个意识都是一个具体的，且随情况变化而不同的意识。每个意识都有它的时间，这恰恰意味着：每个行为、每个体验都是可能的感知对象，并且如果它在，它就在它的现在中：带着与一个可能的意识的关联。但这个意识如此地为现在所穿透，以至于它赋予它的所有“内容”以同一个现在，而在最宽泛的意义上每个同时的东西都具有这同一个现在。①

在 a_t 中，t 直接属于 a。现在的特别之处在于：与每个意识瞬间相应，会有一个新的 t 相衔接。a_t 始终（“在一段时间里”）在意识之中，但意识则是一个不断更新的、一个连续在时间上变化的意识，即是说，它连续地赋予一个新的现在，一个新的 t。但并不是以这种方式，就好像在 a_t 中 t 被一个新的 t 接替了一样；相反，a_t 还在连续地接受新的 t，以这样一种方式，即每个 t 与前一个构成物的关系完全就像原初的 t 与 a 的关系。因此：

$$a_t \quad (a_t)_{t_1} \quad ((a_t)_{t_1})_{t_2} \cdots$$

可是这个符号表示法并不好，因为这是一个连续的变异；所以大致为：

$$a_t \text{——} t_1,$$

但这里在 t 与 t_1 之间的每个理想步骤都展示着一个 t，它是整个先行者的 t。

因而这也涉及感知本身、立义，涉及所有那些以意向体验及其连续的方式而是实在的东西。如果我反思感知，我会发现现在在

① 前面这个段落在文稿中从第二句开始（“但时间之物难道不是……”）（第 237 页第 26 行）加有方括号。——编者

t 中对相关感知进程的感知；或者毋宁说，由于感知意味着“把握为现在”(Als-jetzt-erfassung)，因此我发现被把握为现在的是这样一个进程，在此进程中的第一个环节是对 a_t 的感知，而后进一步连续地是对 $a_{t-t'}$ 等等的感知。a 现在不在，这就是说，a 没有在直接的和素朴的时间呈现中被给予；a 曾在一个现在中，a 曾是当下的：它具有一个变异了的现在，它具有一个现在，但这个“a 现在” 209
并没有连续地在其他现在中被感知到，而在每个新的现在中都有与原初的 t 相链接的 t′……的连续性一同被给予。通常意义上被感知的是 $a_{t_0-t_1}$，以及在反思中对 a_{t_0} 的感知的自身被把握到的东西，以及那些自身把握的连续性，在这些自身把握中 $a_{t_0-t_1}$……进一步地被给予。“在时间 t_1—t_0 之前，我感知到 a”，“a 刚才曾在时间 t_0 中是当下的”，而且“直到现在我都曾继续着关于 a 的‘直接回忆’，它始终‘被意识到’，感知显现在意识中维续，同时我却并没有始终感知到这个 a(作为延续着的 a)”。

但现在会出现一个困难吗？

可是那个连续性的每个相位都是一个实在的体验。如果有人说：这是一个抽象，那么我们就以每个时间块片 t_0—t′等等为例。它现在仍然会经历它的时间回移，我们难道不会陷入一个无穷倒退吗？

我们以 $a_{t_0-t'}$ 这个块片为例。对此的意识(清新的回忆)是一个体验，它具有其时间：这是时间 t′。现在它经历自己的时间回移。但这并不产生出新东西。

$$(a_{t_0-t'})_{t'-t_1} = a_{t_0-t_1}$$

这恰恰便是我们曾在我们的范式中所采纳的那个回移。

〈第 27 号 一个纵观的尝试:基本的时间区别。自身在此与客体化。〉[①]

时间意识[②]并不来自在图像性意义上的想象,而是纯粹来自感知。但感知意识在自身变异着,并且在一个种属内自身划分层次。这个意识是对象意识,在其中有一个“自身当下”,而后它下降到刚刚一当下一曾在的层次,而且是持续地下降。感知的样式自
210 身划分层次,并且产生出本真的时间一意识。想象的样式也类似地划分层次,并且产生出想象一时间意识。

时间的连续性:立义样式的层次划分的连续性。非本真的时间意识:一个被感知过的旋律所具有的在很长时间以前流逝了的部分。但并非象征性的:象征性的东西从符号走向被符号标识的东西,符号做出向前的指明(vorweisen)。现时的时间意识还有一个流苏(Franse),它做出回返的指明(zurückweisen)。各个立义还在“昏暗”中的现存、可能。在唯一的“背景”中的消融。——[③]

1)声音 A B……的相互接续,或者说,在每个声音内,如在 A 以内的时间相位的相互接续。也是在旋律中的各个节拍的相互

---

① 这里所复现的三个页张由胡塞尔整理归放在一起,最后一个页张上标有日期“1904 年”;参见后面第 211 页注 2,并且参见前面第 25 号文字、第 201 页注 1。——编者

② 文稿中,在这里所复现的文字前还有一句后来被删去的话:“但这是正确的吗?不是,不是这样。”这个问题和否定处在何种上下文中,这里不得而知,因为看起来在第 26 号文字中所再现文字的最后部分与这里在第 27 号文字所采纳的札记文字之间缺了一页,或者是丢失了,或者是被胡塞尔取出了。——编者

③ 胡塞尔后来将这个札记的第二段删去,同时却在第一段中加了许多重点号。——编者

接续。

2）相互接续

a）感觉 A B C……的相互继续（或在 A 中的各个部分的相互接续）

b）对 A、B……的感知的相互接续，或对声音的感知，也包括对节拍的感知的相互接续。——

3）对 A⌒B⌒……**系列**的感知之瞬间相位的相互接续

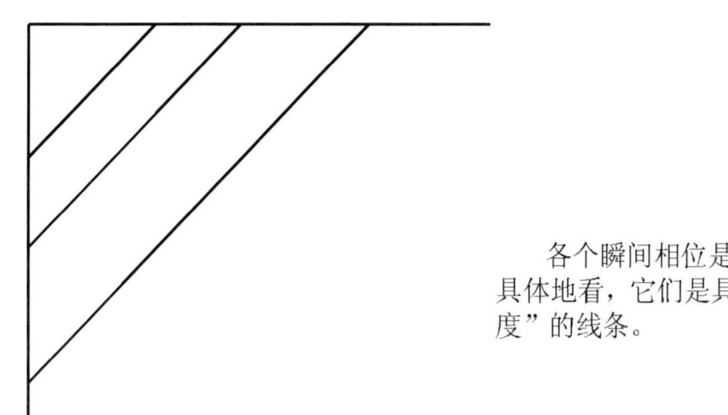

各个瞬间相位是观念界线。具体地看，它们是具有一定“厚度”的线条。

这些是我们都能感知到的时间序列。最后一个系列我们是在连续的河流中感知到的，我们反思这条感知的河流。诚然，为了能够评判、比较、区分，我们必须回观这些连续统，必须“回返”到老的部分上。为此还需要“重复”和认同。同样还包含以下的东西：

4）在一个瞬间相位内的时态符号之顺序编排：在一个相位的 211
同时统一中的编排顺序。

这当然要以在持续的滞留[①]与认同情况下对同一个相位的重复的当下化为前提。

因此，[②]感觉材料和想象材料的情况如何，感知与回忆/想象的情况如何？在感性内容方面需要做某种新的向度的区分吗？

新的向度大概只是时间性，或多或少确定的时间性，现在和非现在的区别，在此和不在此的区别。

或许必须从现象学上区分：

1）自身在此和自身不在此的基本区别。而后自身不在此可以被立义为过去或将来，并且被立义为与现在（客观现在）同时客观当下的。亦即按序纳入时间系列。此外，[自身不在此也可以被立义为]时间上不确定的、不以客观时间定位的、包含着一个时间、但不是一种可以被按序纳入客观时间系列的时间。马人[③]也延续着，也活动着，自身带着它的时间层次，但它属于客观时间的哪个部分呢？不属于任何部分。它与主观现在、刚要过去、刚要将来的关系如何？它与这些根本没有关系。

① 这里首次出现了“滞留”（Retention）这个术语，并且是在一个没有专门标明日期的页张上。但这个页张的产生日期或许是 1904 年；参见第 201 页注 1、第 209 页注 1，以及后面注 2。这个术语的再次出现是在第 28 号文字中，第 215 页及后页。但值得怀疑的是：在这些情况中，这个术语是否已经在它以后用于“原生回忆”概念的那个意义上被使用。对此术语的这种使用起先也又被收回了——它在 1905 年的时间讲座的原初设想中没有出现——，以后——大约在 1908/09 年——才再次被重新引入；参见第 50 号文字、第 333 页。——编者

② 由胡塞尔标明“1904 年”日期的页张从这里开始；参见第 25 号文字、第 201 页注 1 与第 27 号文字、第 209 页注 1。——编者

③ 马人（Zentaur），希腊神话中的一种人首马身、半人半马状的生物或精灵。——译者

2)基本的时间区别：现在、过去(将来)。**“现在”与自身在此的关系如何？**现时现在的，就是自身在此的。而个体地自身在此的，就是现时现在的。个体的自身在此与个体的现在(相即地被给予的现在)是彼此相合的(decken)。

因而现在一般＝自身在此＋客体化：“与此同时”， 212

图表：

直接直观的区别：

1)自身在此。

2)不自身在此。

a)过去(明见的过去)。

b)臆想之物，不朝向现在，除非是作为非现在。

非本真地被表象的区别、间接区别：

a′)更遥远的过去。

b′)根据间接的报告、图像等等而被表象的过去。

c′)非本真地被表象的现在(现在我的妻子坐车从哈雷返回)，它是与现在同时的东西，但却是本身没有作为现在而被直观到的东西。

d′)将来的东西。

非现在的情况如何？

清新的回忆：刚刚过去的东西是一个非现在，只要我们将它区别于现在，区别于还存在的东西，区别于延续的东西。进程是现在的，对进程的表象不是现在的。但被感知的进程相位是现在的，刚刚流逝的进程相位不是现在的，如此等等。进程是自身在此的：对进程的感知（客观现在的：与此同时的东西）。进程不是自身当下的：它只是被表象的，它是被回忆的（它曾在），如此等等。

α）它曾是“刚刚”自身当下的，它还在直接的（清新的）回忆中。（刚刚听到的）声音 C 还以回忆的形式是当下的，我知道它刚刚逐渐消散，因为我在回忆中还拥有它。它对我还是当下，尽管不再是自身当下的，而仅仅作为刚刚过去的才是当下的。①

213 它不是自身在此的，它本身是一个非现在。**它的过去**是一个现在，是一个自身当下的东西、**一个被感知的东西**。

β）如果我在一个**再现的**回忆中回忆它，那么它也不是自身在此的，它本身又是一个非现在，并且**它的过去**是一个现在。但它的过去是一个现在，这个**状况**并不是一个自身当下的东西，并不是一个被感知到的东西。过去是被认定的；它并不仅仅是象征地被意指的，不仅仅是被说说而已的，而是被直观到的，但并不是被**感知**的。②

对过去的 A 的感知，它难道不含有对 A 的感知吗？但总不会

---

① **意向**、对此声音之意指（das Diesen-Ton-Meinen）在延续着，延续得比响起的声音更长。它不再在此：不再是感知。但“它”“仍然被意指”。

② 是否至少可以说：非现在是被感知的，但过去没有被感知？不。* 我相信不能。我回忆，我知道，C 作为过去显现给我，但在这里并非作为自身当下的显现给我，除非是这种情况：C 不是在现在中，我也可以说：不是在感知领域：因此这里有争执。但这里还不包含对过去的感知，对 C 的存在的感知：无论是对不确定的还是在时间上确定的 C 的存在的感知。

这个“不”在文稿中被删去，看起来后面从“我相信不能”开始的注释文字是与删除一起写下的，因此，后面的文字在这种情况下是用来取代“不”的。——编者补注

像对红 A 的感知含有对 A 的感知一样。感知过去的 A，这就意味着具有这样的意识：对 A 的感知过渡到对 A 的清新回忆中。显现在延续着（实际上它在这里所允许的相似性的路线上发生变异，它逐渐减弱）。但现在变化为非现在。由非现在意识承载的显现再现着感知显现，非自身再现着自身，它几乎还是自身，并且具有一个样式，一个连续引向“自身”、引向现在的规定性，这个规定性被体验到；它与现在的间距也同样被体验到。

〈第 28 号〉　声音、时间客体和在时间意识流中时间客体的每个相位的同一性。

感知的瞬间相位不断“下坠”，它们持续地经历变异。它们并不简单地保持自身，而是不断地变化自身。时间客体的某个点不 214
断地在时间中回坠，即是说，首先是体现内容不断地变异（因而它始终是某个他者），同时立义也在变化。但我们而后为何具有同一个客体一点，它只是在时间中回坠，越来越多地成为过去？

答案：我们必须区分

1）**客体**—瞬间的感觉内容（现在时间点）。

2）它的时态的不断变异，

这是对每一瞬间而言。感觉内容在时间顺序中时而相同、时而相异；

3）立义、客体化：

A）客体化，即纯粹在瞬间的感觉内容中找到其内容的客体化；客体化，即同样属于每个变异了的过去瞬间之立义内容的客体化；两者都被理解为产生出**时间质料**的客体化。

B)客体化，即产生出时间性、产生出**时间中的此在**——作为现在存在、曾经存在——的客体化。

A—〈客体化〉在时间中回坠时始终是同一个，更确切地说：就它所“持守”的东西而言，就那些在内容变异时仍然是立义内容的东西而言，它始终是同一个，就其他方面而言，它获得了不确定性的特征。因此，它始终意指同一个东西，并且是关于这同一个的持续意识。但这同一个始终〈进一步地〉踏入过去，时间特征在持续变化。

但客体并非一直改变它的时间，而是把持着它的时间，只是不断有新东西出现，将来的东西成为现在，现在成为过去的东西，如此等等。过去的变化并不是客观时间位置的变化，而是在于它相对地远离开可变的现在。

时间立义之连续性中的同一性给出了客观的时间点、同一的
215 时间客体。诸瞬间被认同，但片段也是如此。现在瞬间的质料被立义为α，在回坠的同时它始终被立义为α，每个进一步与之相连的现在瞬间的质料以类似的方式被立义为α′α″。α α′α″……的持续序列通过同时性、通过时间变异和同时发生而经历到意识的统一。而后α α′α″连同它的时间状况一同下坠到过去之中。时间质料连同其时间位置给出了时间客体(或时间客体〈一个〉部分)的统一，而这个时间客体作为整体不断地进一步回坠，因为恰恰是它的每个点都作为同一的同一个而被意识到。但时间的区别和间距也因此而是同一个，因为不仅诸质料始终是同一些质料，而且全部客

体（客体—点）也始终是同一些客体。时间形式也一同被客体化了，而如果 a⌒b 下坠到过去之中，那么间距是同一个，因为 a 是同一的同一个，b 是同一的同一个。无论这（作为论证）是否充分，客体意识总是一个在原初时间直观内的同一意识：原初通过时间回移而变异的每个点和每个片段都被看做是同一的。客体立义当然也是如此，它以这种方式构造出个体的客体性。如果时间片段通过重复与滞留（Retention）[①]而被多次经历，那么在时间客体的不同相位之间的同一性也就通过比较而得以完成。

对一个时间客体、首先是对一个简单的音序的认同。

A B C 被感知，即是说，以感知的方式流动。**在流动之后**我们可以再造，一个再造性的回忆以想象的方式重复这个流动，我们表象它，表象**这同一个东西**。我们不仅表象这同一个，而且也借助于还现存的原生回忆来认同它，而且我们可以多次做此事。再造是作为对以前被感知之物的表象而给予自身的，我们在它之中并不具有再造和对象这两者，而是仅仅具有一个东西。即便在认同中，216
起初我们似乎也只有一个东西。但在对此事态更为仔细的观察中我们留意到，我们具有对一个时间序列的原生意识。如果我重复三次 c g e，第一次唱着，第二次再造着，第三次又再造着，那么我就原生地体验到一个三重现象的序列：感知、再造和新的再造。我留意到，再造是如何借助于原生的回忆而被认同的（如同我用目光三次扫过一段线的同一个块片），而这正是对意指之同一性的意

① 参见第 27 号文字、第 211 页注 1。——编者

识。重复着的、再造着的行为在这里是时间上相互接续的，并且就在这个序列中被发现。同一性的相合贯穿于它们所有之中，而与它们一同进行的是(随意的)**滞留**，而且是再造性的滞留。随着认同，原生回忆也就保留了自身，并且在其对象性内容方面被认同为始终的同一个。当然，每个**陈述**，例如B紧随在A后，只要它应当是明见的，便都以这种再造的滞留为前提。即便B还在响(诚然，只要它还没有结束，它作为客观的B也就尚未完成)，我就必须回到A，以便我能够说，“在A之后”。

或者，“B在A后”是在B结束之后的那个瞬间才完成的，也就是在回忆得以可能的那个瞬间才完成的。但陈述关系到客体，关系到实事状态，而在我恰当地或以恰当的方式表达它之前，它就必须存在。

〈第29号〉 迈农对被分配的和不被分配的对象的区分。①②

a)声音本身，颜色本身。

① 在第29至33号文字中所再现的似乎是胡塞尔纳入并排列到1905年2月时间讲座的原初构想中的札记；它们同时涉及这个原初讲座文稿的页张，即在埃迪·施泰因的加工中始终完全未被运用的页张，从这些相关札记的特征来看，埃迪·施泰因的做法是可以理解的。这些札记的确切时间标明可以参见后面的注2。

第29号文字详细再现了讲座文稿的第“27”至第“31”原初页张的文字，第30号文字所再现的是第“32”页张的文字，第31号文字所再现的是第“34”页张的文字，第32号文字所再现的是第“36”页张的文字，第33号文字所再现的是第“33”页张的文字。

原初放在前面的第“16”至“26”的页张没有被保留下来，并且在加工中始终未被运用。保留下来的是第“35”页张，它的文字以略有改变的形式大部分再现于第11节(第30页及以后各页)；对这份文字的原初的和完整的稿本的确定可以参见对此的“文本考证方面的注释”。从第“37”页张开始被保留下来的各个页张的文字从第14节(第35

b)一段旋律，一个颜色变换(也包括颜色的延续，一个延续地响着的声音)。诸对象(〈在迈农那里〉它们叫做表象对象，但此做法的意义何在?)，它们的本性在于需要时间片段才能展开自身，相 217
对于这样的对象，它们的特征被挤逼到一个唯一的时间点上，可以说是一个时间性的横切面上。(一个场所、一个声音、一个颜色。表象、判断、欲求、对象，可以说它们的特征已经被描述为相互对应的点状事实。)

原因:在一组对象那里，时间片段是建构性的，而在另一组对象那里则不是。

迈农，第 248 页:“区别的核心”并不在于，“对象是否占据了一个时间片段”(因为它总会占据一个片段)，但却可能在于，它是否以及如何在时间上被分配。即便静止也是一种时间分配的情况，延续响着的声音，不变地延续的颜色。但颜色“本身”是没有时间分配的。①

页)开始部分地被再现;关于这方面的所有详细情况可以在相关的“文本考证方面的注释”中找到。——编者

(接上页注)②　在第 29 号文字中被再现的札记被胡塞尔在其第二页张上仔细地表明了日期:“05 年 1 月 7 日”。这个第二页张显然要比第一页张更原初:在这里也首先被再现的前面的页张有可能是以后附加进去的，以便更清晰地导出论题。因此会有这些重复。——这个联系使人猜测:第 30 至 33 号文字是在同一个时间写下的，即直接在时间讲座的开始前。——编者

①　胡塞尔所指的是 A. 迈农的文章“论更高级次对象及其与内感知的关系”(Über Gegenstände höherer Ordnung und deren Verhältnis zur inneren Wahrnehmung)，载:《心理学与感官生理学杂志》(*Zeitschrift für Psychologie und Physiologie der Sinnesorgane*)，第 21 卷(1899 年)，第 187～272 页。第 248 页的有关段落为:“这里所说的对立的核心虽然无法在这个问题中寻找，即对象是否占据了一个时间片段，因为它总会占据一个片段;但却可能在这个问题中寻找，即对象是否以及如何在时间上**被分配**。颜

218 斯特恩[①]区分“瞬间的”和时间上延展的意识行为。瞬间的意识行为——撇开其某种延续不论——是在每个瞬间中都完整的意识行为，即是说，它们等时地(isochron)包含着所有相属的、对立义的产生来说必要的要素，以至于在时间延展中没有一个统合性的(intergrie-rend)要素被给予。[②](但如何可能，如果“立义”一同

色、声音本身是没有这种时间分配的：它[时间分配]以某种方式属于旋律、颜色变换。但如果人们谈到一个延续响着的声音、一个始终不变的颜色，那么这也是一个时间分配的情况，因而可以肯定，不仅运动展示了一种时间分配的情况，而且静止也同样如此。在这个意义上，下面我把时间上被分配的与不被分配对象或事实加以对置。……”

在胡塞尔所拥有的这册被保留下来的杂志中，迈农的文章被胡塞尔加上了众多手写的边注、重点号等等。胡塞尔尤其在与此首先相关的第三节(“对在时间上被分配之物的表象与感知”，第243页)的开端处加了一个边注：“读于1904年9月”。事实上可以认为，这里所再现的胡塞尔札记，至少从第22号文字(第195页及以后各页)起，都与迈农的文章有隐含的关联。——编者

① 许多情况表明，胡塞尔是通过迈农才注意到威廉·斯特恩的研究，迈农在“论更高级次的对象及其与内感知的关系”文章(尤其是第245页及以后各页)中对斯特恩作出辨析。所以胡塞尔在迈农文章的第266页上加有边注：“就我所见，斯特恩所关涉的不是这个问题，而是原生的和衍生的[记忆]。”也可以参见第159页注1所再现的胡塞尔对第7号文字所做边注：“(根据迈农？)类似的东西斯特恩也说过”。——编者

② L. W. 斯特恩，“心理的在场时间”(Psychische Präsenzzeit)，载：《心理学与感官生理学杂志》(*Zeitschrift für Psychologie und Physiologie der Sinnesorgane*)，第13卷(1897年)，第325～349页。根据第326页上的相关段落，“除了瞬间意识行为之外，时间上延展的意识行为可以被看做是独立的心理统一”。在对此的注释1中，斯特恩阐述说：“‘**瞬间**的意识整体’这个表达所涉及的并不完全是那些事实上只持留一个瞬间的内容(这种内容的实存是极为可疑的)，而是完全一般地涉及那些——撇开其某种可能的延续不论——在每个瞬间中都完整的意识行为内容，即是说，它们等时地包含着所有相属的、对立义的产生来说必要的要素，以至于在时间延展中没有一个统合性的要素被给予。即便在这里，瞬间也是一个抽象，但是一个可以允许的抽象。迈农曾说(这个杂志的第6卷，第448页)，‘有一些表象客体，它们的特征在于，它们需要时间片段才能展开自身；相反还有一些客体，它们的标志在于，已经可以发现它们被挤逼在一个唯一的时间点上’。”关于这个对迈农的引述可以参见第219页注3。——编者

朝向时间规定性的话？）

批判。

如果我们以具体的和抽象的对象的（独立的和不独立的对象）区分为出发点，那么在每个具体对象（更确切地说：个体对象）中都包含着某些时间规定，但每个抽象对象则不是如此。我们肯定可以从时间规定中抽象出来，而且是以这种方式，即抽象对象如红色、场所、颜色不含有任何时间规定。当然，与对独立的和不独立的对象的区分相交叉的，乃是对一并含有时间性的对象和不含有 219
时间性的对象的区分。每个个体的对象都有其时间，它或者是一个时间整体，或属于这样的整体。但并非每个对象都在自身中含有时间。

对时间上被分配的和不被分配的对象的区分[①]——那么，不被分配的对象恰恰是单纯的抽象。

声音本身、颜色本身不具有时间分配。一段旋律在时间上是延展的，在关于"分析"的文章（第 6 卷）[②]中，这个区别被标识为两

① 札记部分从这里开始，胡塞尔将这个部分的日期标明为——参见第 216 页注 2——"05 年 1 月 7 日"。——编者

② 胡塞尔所涉及的是 A. 迈农"心理分析理论诸论"（Beiträge zur Theorie der psychischen Analyse）的文章，载：《心理学与感官生理学杂志》（*Zeitschrift für Psychologie und Physiologie der Sinnesorgane*），第 6 卷（1893 年），第 340～385 页和第 417～455 页。由于胡塞尔拥有该文的一个特印本，按照他在封面上亲手写下的笔记是在 1894 年 2 月 14 日收到的，而迈农在其中——正如他此外也在其"论更高级次的对象"的文章中——不同程度地引述了胡塞尔的《算术哲学》第 1 卷（萨尔河畔的哈雷，1891 年），此外胡塞尔本人也在这篇文章的边注中多次涉及他自己的著作，因此可以认为，胡塞尔很早，即在 1894 年左右便已经了解这篇文章。——编者

种对立的表象对象或者也可以说是两种现实之间的区别，前一种表象对象的“本性在于，它们需要时间片段才能展开自身”，后一种表象对象的“特征在于，它们被挤逼到一个唯一的时间点上，可以说是一个时间性的横切面上（当然，并未以某种方式预先判决这个切点被束缚在时间片段上）”（第 247 页）[①]。关于“分析”的文章第 78 页列举了后一组对象的例子：一个场所、一个声音、一个颜色。[②]
220 在后面［迈农还说］，“表象、判断、感受和欲求、对象也已经在特征上被描述为可以说是相互对应的点状事实，并且同时构成一个完整的分离”[③]。原因：“在一组对象那里，时间片段是建构性的，而在另一组对象那里则不是。”（第 79 页）[④]

对此参见斯特恩“心理的在场时间”第 326 页（第 13 卷，也参见注释），他针对迈农而区分：“瞬间的”和“时间上延展的意识行为”。瞬间的意识行为——撇开其某种可能的延续不论——是在

① A. 迈农，“心理分析理论诸论”，同上书，第 477 页及后页：“有一些表象客体，它们的特征在于，它们需要时间片段才能展开自身；相反还有一些客体，它们的标志在于，已经可以发现它们被挤逼在一个唯一的时间点上。”胡塞尔根据迈农自传而引述其“论更高级次对象及其与内感知的关系”的文章，同上书，第 247 页；这段引文是准确的，只是最后的括号为胡塞尔所加。此外，胡塞尔还加有边注：“在‘分析’文章中：它们的‘特征’在于，它们需要一个时间片段”，进一步还有：“第 262 页将静止称之为一个时间上被分配的不变的对象”；这里重又涉及迈农“论更高级次对象”的文章第 262 页，那里谈到“一个时间上被分配的不变对象，例如静止”。——编者

② “心理分析理论诸论”，同上书，第 448 页；胡塞尔给出的页码“第 87 页”所涉及的是前面注 2 所提到的特印本的分离页码。——编者

③ 同上书，第 448 页。——编者

④ 同上书，第 449 页；胡塞尔给出的页码“第 79 页”所涉及的是特印本的分离页码。——这里再现的“原因”一词是胡塞尔在以下的、以后又被删去的边注中所加入的：“这是唯一根本性的东西，此外没有什么特别之处。据此看起来很简单：这些是时间对象，另一些则是抽象，仅仅由时间质料所组成”。——编者

每个瞬间中都完整的意识行为，即是说，它们等时地（isochron）包含着所有相属的、对立义的产生来说必要的要素，以至于在时间延展中没有一个统合性的要素被给予。[1] 但如何可能，如果“立义”（意指）一同朝向时间规定性的话？！——

这些区分在我看来并不令人满意[2]。

如果人们以对具体对象和抽象对象的（独立的和不独立的对象）区分为出发点，那么在每个具体对象中都建构性地包含着某些时间规定，但每个抽象对象则不是如此。我们当然可以从时间规定中抽象出来，而且是以这种方式，即我们保留抽象对象如红色、场所、颜色，它们并不含有任何时间规定。因此，与对独立的和不独立的对象的区分相交叉的，乃是对一并含有时间性因素的对象和不含有时间性因素的对象的区分。

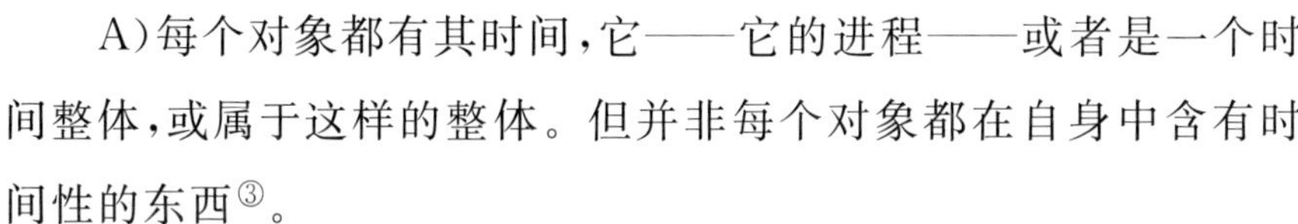

A）每个对象都有其时间，它——它的进程——或者是一个时间整体，或属于这样的整体。但并非每个对象都在自身中含有时间性的东西[3]。

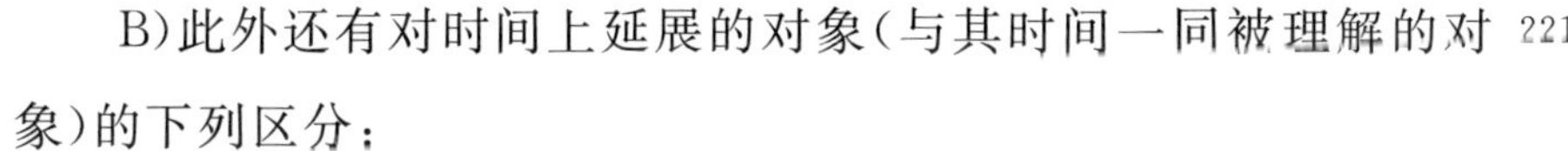

B）此外还有对时间上延展的对象（与其时间一同被理解的对 221
象）的下列区分：

a）有这样一些对象，它们的时间划分无论如何进行都会一再地给出这样一些对象，这些对象所具有的所有构建规定性——时间片

① 参见第 218 页注 1。——编者

② 这个句子有可能仅仅涉及迈农的区分，因为胡塞尔用蓝笔画线将前面关涉斯特恩的段落分开。——编者

③ 关于第 219 页第 5 行至此，可以参见前面页张所再现的文字（参见第 216 页注 2）。——编者

段扩展除外——都与它们相同:红色、一座房子、一个颜色等等。我们也可以说,它们是一些如此覆盖(überdecken)其时间的对象,以至于不同的时间部分一再地会有同一的时间充盈与之相符。

b)有这样一些对象,它们如此地覆盖它们的时间扩展,以至于与不同的时间部分相符的一般是不同的时间充盈。

这也是我们的概念构成之指向。

我们也可以说:用始终同一的质料来充实其时间的对象,以及用变换的质料来充实其时间的时间对象。

将时间对象(在它们的建构内容中一同包含着时间片段扩展)划分为静止和运动、不变和变化。

关于A)我还要说明:我们在对象上的兴趣和概念构成可以指向它们的时间规定或也指向它们的时间质料,或者说,指向它们的质料规定。如果我们用这样一些概念来规定对象,这些概念不含有作为建构性要素的时间概念,那么在对这个规定的逻辑表象中,时间性的东西就始终是未被规定的。由于每个时间质料(=A)都可以充实任意一个时间片段,所以这些对象即使被我们加上时间,哪怕是不确定的时间,它们也仍然属于不变。因而,即便不用时间,它们的“特征也得到了充分的描述”。与它相对立的是另一类一并带有时间规定的规定。

迈农陈述说:“对一个被分配的对象本身的表象**可以**是甚至必须是一个被分配的事实吗?”[①]这里对概念所做的解释显得并不很成功。我们必须首先对他的所说的意思做深邃的思考,而说到底

① “论更高级次的对象”,同上书,第248页。重点号为胡塞尔所加。——编者

这还是一件简单的事情。迈农的说法让人起先觉得他会简单地将**时间对象与无时间的对象**（后者在这里意味着抽象于时间的时间 222
质料）对立起来。实际上这关系到这样一些对象的区别，一方面是具有“**不变**”特征的东西对象，另一方面是与此对立的具有**变化**特征的对象[①]。前者在每个时间点上都是质料上的同一个：因而不需要时间分派和某种时间谓项（普遍的时间谓项除外，它们都有自己的时间）就可以描述它们的特征。后者的情况则不同：这里需要时间来进行特征描述。现在的问题是：对被分派对象的表象在其延续的一个还如此小的块片中就具有不变的特征吗？

或者更简单和更透明地说：对一个**变化**的表象（或感知、直观）必然是一个**变化**吗？对一个进展的表象本身是一个进展吗？对一个生成的表象本身是一个生成吗？或者，在一个静止的、自身不变的体验中可以有一个自身变化的直观地生成吗？但这个问题也在于：对一个**不变**的直观本身是一个**不变**吗？或者它只能是一个**变化**？或者它只能是一个不变，并且又可以时而是这个，[时而]是那个？——

迈农稍后所作的更为狭隘的表述在我看来也是不正确的。至少不太妥当的是：“对象的相互接续必定与内容的相互接续相符合吗？”[②]但下面的表述则是不好的了：“需要时间才能表象一个在时间上延展的东西吗？”[③]后者根本不是问题。当然需要时间，而且

① A）时间对象与抽象于时间的时间点之质料、即与无时间的对象之间的区别。B）不变与变化之间的诸区别。

② “论更高级次的对象”，同上书，第248页。——胡塞尔对这个引文还加了一个说明：“内容＝现象学的内容”。——编者

③ 同上书，第249页。——编者

必然需要时间。但或许是这个问题：对一个时间上的延展之物的
223 表象，并且是直观的表象，它是否具有一种**变化**（一种**进展**）的特征。而迈农提出的这个附带问题的意义也就在于，我们是否可以在一个时间点上表象一个“延展”。[①] 即是说，如果表象具有一种不变的特征，那么它在每个瞬间都自身是同一的同一个，而如果对时间延展的表象就是它的质性，那么这个特征就会为这个表象所保留，无论人们如何延展这个时间、这个表象的时间，或无论人们如何将时间聚拢到一个时间点上。

这两个表述中的前一个要稍好些：“对象的相互接续必定与内容的相互接续相符合吗？”表象的变化特征在这里自然地出现在我们面前，因为“内容”在这里是指对表象而言真实内在的东西（实项地构造它的东西），而如果我们将这个问题与立义内容联系起来，那么它事实上要比一般问题更具有标志性。人们就必须问：在对变化的感知中所呈现出来的演替因素之**在场者**的情况是如何的呢？它们在表象中是相互接续的还是同时的？这个表象至少就此而言是变化还是不变？这也适用于对不变的感知。属于不变的每个时间点（即不变在其中于质料上不发生变化的时间片段）的在场者在直观中是同时的还是相互接续的？

迈农，“更高级次的对象”，第 249 页：我们感知一个运动，例如一个球在运动。我们区分运动的时间和对运动的表象（对它的感

① 在“迈农提出的这个附带问题……”一句后面，胡塞尔原初曾做了一个引注（“在‘分析’一文”的某处），以后将它删去了。事实上以胡塞尔的方式所表述的这个问题无法被证明是迈农的。然而可以参见迈农的“心理分析理论诸论”，同上书，第 64 页及以后各页。——编者

知或直观表象一般）的时间。（迈农所说的是“对象时间”与“内容时间”。）对运动的感知是如此地进行，以至于我们用目光一点一点地追随这个活动的和自身正在运动的东西，与它们的时间位置相符合的是感觉与感知，而一旦这些感觉中的最后一个成为过去，观察者便终止了对运动的看。此后，对运动的表象的时间看起来便 224
与运动的时间是平行地进行的，甚至这一个和那一个似乎是重合的（第 249 页）。[①]

（进一步的阐述并不十分透明，它的意义或许在于：运动的时间据说是与对运动的感知的时间相同一的，并且是立足于这样的观点：自身运动之物的状况是一点一点地相互尾随地被感知到的。）

但如果在运动时间的每个点上都有活动之物的某个状态被感知到，那么这并不是说，运动时间就是对整个运动的感知表象的时间。运动时间是对活动之物的每个个别位置之感知而言的各个时间点的总合，但它并不因此而不是对运动的感知的时间，即对整个运动之感知表象的时间，哪怕是对任何一个如此之小的块片、亦即对运动一般的感知表象的时间。

这一个命题使得迈农的那个让人大喘气的论述成为多余，那个论述以不清晰的方式所得出的结论最终也就是这样的[②]。

① 迈农，同上书，第 249 页：“从所有迹象看，对象时间与内容时间是完全平行的；似乎不可能将后者迫挤到一个点上。这里的平行如此继续下去，以至于对象时间和表象时间在这里看起来差不多是重合的。当然，经验已经在清醒的主体上、更清楚地是在做梦的主体上告诉人们，对于这个主体来说情况并非总是如此……。”——编者

② 迈农，同上书，第 251 页及后页：“如果这里所涉及的……是一个现实统一的对象连同各个演替部分，那么演替表象恰恰就只能把握这些部分，而不能把握总体，以至

我们这方面则要更清晰地进行几个必要的划分：我们划分

1)球的运动时间(作为感知对象的客观进程之客观时间)；

2)感知的时间。但这有双重含义：

a)对一个运动的感知需要有对球的连续变化的位置的感知

225 (对自身运动之物的连续相位的感知)，并且在达到最后相位时完成自身。如果我们将这个连续进程称作对球的运动的感知，那么对象时间(运动时间)便与对运动之感知的时间相合(至少是相接近)，无论如何，感知时间是一个时间相位。我们将这个感知称作延展的感知。

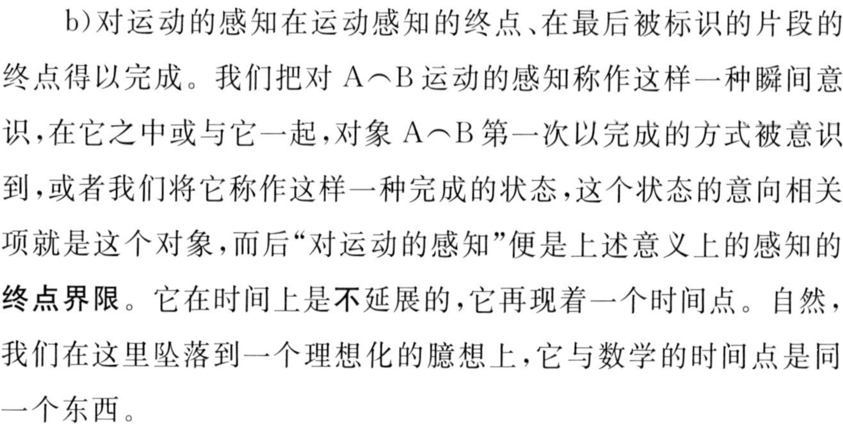

b)对运动的感知在运动感知的终点、在最后被标识的片段的终点得以完成。我们把对 A⌒B 运动的感知称作这样一种瞬间意识，在它之中或与它一起，对象 A⌒B 第一次以完成的方式被意识到，或者我们将它称作这样一种完成的状态，这个状态的意向相关项就是这个对象，而后“对运动的感知”便是上述意义上的感知的**终点界限**。它在时间上是**不**延展的，它再现着一个时间点。自然，我们在这里坠落到一个理想化的臆想上，它与数学的时间点是同一个东西。

无论如何我们可以说：这个对完成了的运动的意识只有在第一种意义上的运动感知中才是可能的；因此，对一个运动的直观表象只有在一个连续的行为中才是可能的，这个行为在时间上延续，在每个相位上都表象着一个运动的相位，但作为整体的运动仍然

于我们可以一般地主张：更高级次的被分配的对象只能借助于不被分配的内容而被表象；在时间上受到不同规定的底层级次(Inferioria)，必定是共同地(zugleich)、尽管当然不是**作为**同时的(gleichzeitig)而被给予表象的。”——编者

是在其本已变化的终点上才成为意向对象的[1]。

一个变化的直观意识必然是在一个意识的变化中进行的[2]。

然而这样一来，我们便已超出了迈农。

当然，那个构成被延展感知之结尾相位的瞬间意识，它有什么
权利被称之为感知呢？我在其中完成旋律的最后一个声音的意 226
识，在意向上或许是这个旋律的一个片段，或许是这个完整的旋律，但**这个**意识可以叫做对这个旋律的感知吗？它是对最后一个声音的感知，甚至是对这个声音的一个相位的感知，但并不是对这个旋律的感知。——[3]

迈农本人基本上只是表明：对一个运动的感知、对一个哪怕极小片段的感知（最终是对整个运动的感知）就是对这个整个变化对象的感知（而它始终是一个整体）。它并不是由连续地相互接续的瞬间的现在感知所组成的，这些现在感知每每产生出它的现在，但并不产生出延展了的时间客体。自然，由于这个延展了的客体不是局部的现在，因此也就不可能在一个恰恰是给予着一个局部现在的现在感知中被感知到。对延展了的客体的感知就意味着：感知这个延展的每个点，这恰恰是明见的。而由于感知与被感知之物明见地在现象上是同时的（这里并不涉及客观的同时性），因此

① 胡塞尔后补了一个说明："**在**这个点**上**？在这个点上完成对整个运动的感知，但这并不是说，这个抽象的点就是对运动的感知。这个感知恰恰是一个演替的整体。"参见本文四行之后以"当然……"开始的段落。——编者

② 原初胡塞尔在这里还写有以下一段加了方括号的句子："在这个'必然'中隐含着一个明见性，并且又隐含着主要实事和主要困难"。——编者

③ 从"当然……"开始起的这整个段落可能都是后来补加进来的，时间晚于第225页注1所标明的边注。——编者

也就得出：对一个时间客体的感知必须是一个时间客体，而两者在其现象的延展方面是相合的。

但迈农想要推断出的恰恰是另一些东西。他相信可以推断出：只要对时间客体的感知都仅仅给予它的现在，那么这种感知就不是由瞬间感知＝时间瞬间—现在—感知的持续序列所组成的，因此，必定存在着一种行为，它超出现在而包容整个时间客体。客体对于感知来说已在终点完成：因而这个行为必然是在此进行的，并且必然在包容这个客体的同时构成对这个客体的感知。故而被分配的对象只有借助于不被分配的“内容”才会被表象（也许应当说：行为连同再现性的内容，这些内容是瞬间地—同时地被给予的）。但这一点究竟是错是对，还要看如何理解；而迈农的理解是错误的。固然，意识的把握必须超出现在。意识在每个瞬间行为

227 中都必须如此进行，但这个瞬间行为不是对时间客体的感知，而是

一个抽象项（Abstraktum）。要想使对时间客体的感知得以可能，不仅结尾行为必须是一个超越把握的（übergreifend）行为，而且每个瞬间行为都必须是这样的行为；感知，即本身是延展了的、**被分配**的感知，就在于对这些超越把握的行为的融合。这些行为没有一个有权被称作感知。①

因此他相信，已经证明了这样的结论：演替性的表象恰恰只是部分把握，但不是总体，以至于我们可以一般地主张：更高级次的被分配的对象（旋律、运动……）只能借助于**不**被分配的内容而被

① 从第226页第9～10行“它并不是由连续地……”起到这里的文字是为胡塞尔后补插入的文字。——编者（由于这段插入文字十分重要，因此特别在中译本中以楷体字标出。——译者补注）

表象。

但这一点真的被证明了吗？感知是结尾相位吗？而这个结尾相位是一个数学的点吗？如果它是，那么就意味着，倘若这应当就是对运动的感知，这个感知要么就是不可能的，要么就只能被想象为一种广延。一个自为的点甚至什么也不是。现在的问题是：它只能被想象为这样的一个结尾相位吗？而这样的话，整个演替感知的行为不就是一个实际上必须叫做“对运动的感知”的东西了吗？这样，感知本身就是被分配的对象，而迈农所强调的，就仅仅是一个单纯的数学抽象。或者也可以说：如它在结尾相位上所生成的那样，它是延续的存在？它可以有一会儿延续不变？但如果运动已经过去，我们还拥有对运动的感知吗？而这难道不意味着：我们即使在没有运动时也拥有对运动的感知？因为每个延续的存在（每个不变）都能够是自为的，无论它是以何种方式生成的；“能够”是指：可以想象为自为的存在者。但事实上**明见无疑的**（如果还有明见无疑的东西的话）是：**结尾相位**只能被想象**为结尾相位**，并且**只有作为结尾相位**才是可能的，**每个时间相位**都只能被想象**为时间相位**，并且**只有作为时间相位**才是可能的。这样便产生出迈农主张的对立面。

因此要对迈农进行反驳：倘若对运动的感知真是一个不被分配的行为，一如颜色、场所是不被分配的，那么原因就应当在于，它 228
不仅仅可以作为相位存在，而且可以作为某种延续的东西存在。不被分配的对象是时间质料并且能够充实任意的时间片段。但这是无稽之谈（Unsinn）。

〈第 30 号　三重相位。〉[①]

为了清晰起见,需要明确划分**三重的相位**:

1)瞬间直观或直观相位:时间客体直观的相位。直观本身是一个时间客体并且自身有其相位。例如对旋律的感知:对第一个声音的感知,对前两个相互接续的声音的感知,将其感知为这个旋律的第一个片段,对第一个旋律段落的感知,等等。

2)客体的因素,客体的时间相位:在每个上述意义的相位内,即是说,如果我们从直观的延展中取出一个点,在这个点以内"显现出"某个时间形态,显现出旋律的相关块片,而这个块片具有其相位:这些便是显现着的(erscheinend)相位,而不是显象(Erscheinung)的相位(作为体验的直观的相位)。

3)在 2)方面的对象性相位,它们在一个瞬间中同时地被意识到,只要立义统一性在此瞬间中包含着它们所有,这些对象性相位就会显现在其连续的杂多性中,同样也会显现在立义的统一性中,而这个立义的统一性具有一种相应的立义因素的杂多性。这便给出了对相关因素的立义的同时性相位:在瞬间直观中的立义因素与客体的因素相符合。或者也可以说:直观相位中的立义相位——符合于客体的时间相位。

当然我们而后也需要区分:在直观相位中的再现相位以及立义特征与其他行为特征的相位。

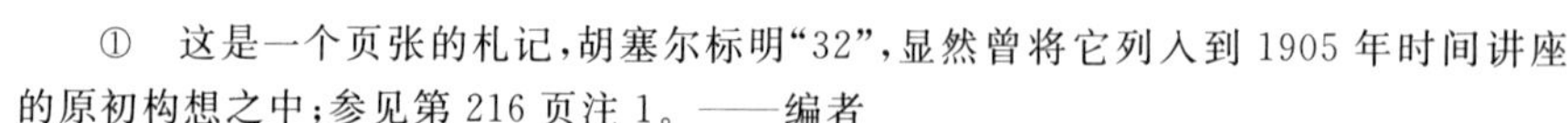

① 这是一个页张的札记,胡塞尔标明"32",显然曾将它列入到 1905 年时间讲座的原初构想之中;参见第 216 页注 1。——编者

现在我们对1)可以说：直观相位连续地相互过渡，但这种连续性只是在一种反思的感知中才被给予，这种反思的感知将同一 229
性的河流客体化，因而这便回引到3)上：我们必须区分在立义相位中(在个别的立义相位中)的立义统一和在瞬间直观中(在直观相位中)的所有立义相位的统一。

如果我感知一段旋律(它可以完全坠入“感知”)，那么我便以对象性的方式在某个感知相位中“直至那时地”(“bis dahin”)拥有这段旋律，在结尾相位则拥有这完整的旋律。在这里，每个对象性的相位(每个自为的声音)都被立义了，都出现在一个立义的瞬间里。同样，如果我在相互接续中看到一个人，而后看到一条狗，那么“人”自为地被立义，“狗”也是如此，而且**这两者**都属于处在一个结尾—瞬间直观中相互接续的意识。每个如此隐含的立义都是一个立义的统一。但这些立义被聚合为瞬间—时间意识。

我说“瞬间—时间意识”，因为我们必须再次区分：对时间客体的直观、对旋律的直观、对它的感知；这个感知从第一声响起，一直延伸到最后一声响起。——

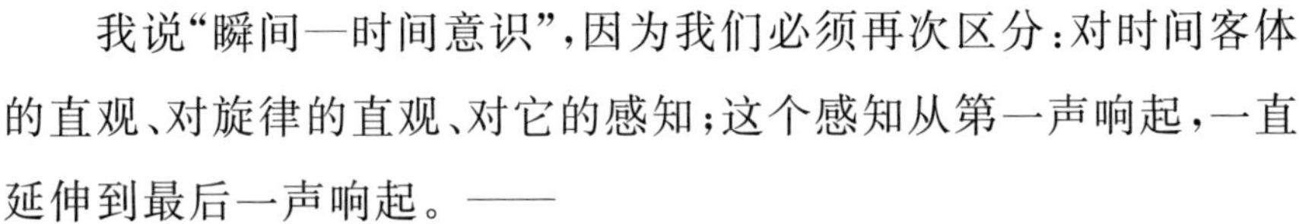

1)即是说，时间上延展了的、完整的、具体的时间意识、完整的感知、对时间的直观；

2)瞬间—时间意识、第1)的相位。——

现在，瞬间之物又在哪里呢？瞬间的[时间意识相位]是如何联系在一起的呢？在瞬间—时间意识中，立义相位具有行为—连续性的统一：行为形式的因素自身分异，自身始终在分层次。各个行为形式彼此相合，却仍然在彼此疏远(无限小的相似性的统一并不总是这样一种统一：颜色序列以时间的或空间的连续性为前提）。或者毋宁说，它们并不彼此相合，但它们具有亲和性。它们彼此“接近”，彼此带有间距地统合，如此等等。与行为形式相符合的是时间的范畴因素，它是“客体”、时间内容的行为构形。但这个因素本身是时间吗？然而这是不可能的。

230 〈第 31 号〉 图式。〈现在立义与延展感知。〉[①]

我们观察 A B C 的音序，每个声音都延续着它的时间，并且连续地与它的邻居相接界。在其**顺序**中的这三个音都在一个感知的统一中被感知到。在它之中我们对每个声音都具有一个具体的、时间上延展了的意识，而且不仅如此，我们还具有对它们所共同构成的声音形态的意识。每个声音不仅在现在点上被意识到，而在延展了的感知的整个时间中被意识到。这里包含着：对 A 的立义并不是随着 A 的起始瞬间而开启和随着 A 的结尾瞬间而停止，以不变延续的方式，相反，仅仅是对 A 的立义不再是对 A 的现在立义。在它失去这个特征的同时，A“下坠到”过去之中。在 B 和 C 那里也同样如此。XX′是客观的时间线，每次在其中只有一个点是实在的。我们把 A 所流过的时间间距放到在 A 中建立起来的纵坐标上去，因此方式用纵坐标标出这种向过去的回坠。而后，诸斜线便给出本原时间域的内容的图像。每条斜线都含有对于结尾点而言的内容的时间层次。所有点在其中当然都是同时的。

---

① 这是一个页张的札记，胡塞尔标明“34”，显然曾将它列入到 1905 年时间讲座的原初构想之中；参见第 216 页注 1。标明“33”的页张在第 33 号文字、第 232 页及以后各页中得到再现。——编者

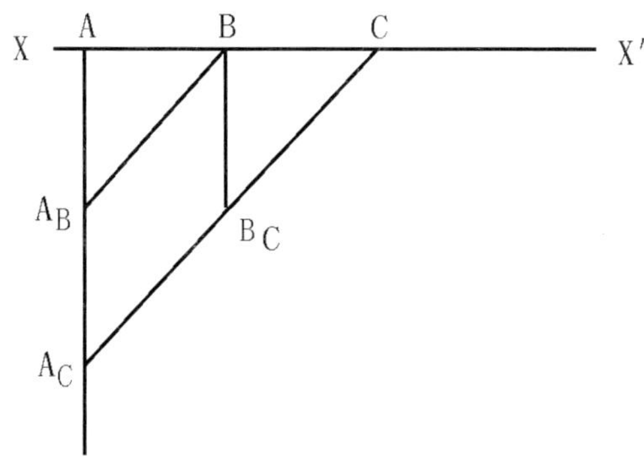

〈第 32 号〉　连续统。[①] 231

1)对一个时间客体的，例如对一个运动的延展感知的连续统，包含感知的所有相位，对这个运动的感知在这些相位中逐渐进行并最终得以完成。

2)被感知的时间客体的时间片段的连续统，构成其时间延展。

a)整个时间客体的时间片段的连续统，正如它在感知结束时所显现的那样；

b)就它在感知的一个相位中所显现的而言。

3)立义的连续统，这个立义在感知的一个瞬间进行并且同一地和瞬间一同时地构造出时间客体的一个相应部分。

这个连续统对于每个瞬间而言都是不同的。

4)对于这些瞬间立义中的每一个而言的立义内容之连续统，并且既是就那些在它们之中作为现在而显现的东西而言，也是就那些显现为作为刚刚过去的东西而言。

① 这是一个页张的札记，胡塞尔标明“36”，显然曾将它列入到 1905 年时间讲座的原初构想之中；参见第 216 页注 1。——编者

5)立义内容的连续统,这些立义内容〈属于〉对象之物的特定相位,贯穿在这整个延展性感知的始终,而且立义特征和立义形式的连续性也是如此。

因而每个感知都分解为各个横截面。在每个横截面上都有定位在一个感觉中的感性内容的连续性,以及定位在一个现在一感知中的〈立义〉特征的连续性。而总体感知的统一便是这些连续统的连续,它们始终一个相位一个相位地(在其瞬间相位方面)相互邻近地结合在一起,并且因此而构造出关于整个时间对象的统一意识。

232 〈第 33 号〉 斯特恩—迈农讨论的结果。[①]

1)在对一个时间客体的感知的本质中包含着:这个感知本身是一个时间客体。它在任何情况下都是一个时间延展。

2)在对一个时间客体的感知的本质中包含着:它具有一个变化客体的特征。即便是对一个不变客体的感知,自身也具有变化的特征。

3)每个感知相位都与一个时间客体的片段有意向关系,而不只是与一个在此片段中必然被给予的并与它同时的现在点有意向关系。

4)这个关系以**某种**方式包容了时间客体至此所流逝的片段;以或多或少的方式常常也包容这个时间客体的直接邻接的将来片

---

① 这是一个页张的札记,胡塞尔标明“33”,显然曾将它列入到 1905 年时间讲座的原初构想之中;参见第 216 页注 1,也可参见第 230 页注 1。——编者

段。但后者并不是本质性的。然而无论如何,这里本质性地包含着一个对未来之物的意向,即便不是一个对涉及同一时间客体之继续的意向。

5)需要区分时间客体的各个部分,一些部分在这些感知的相关瞬间相位中还限于直观中,另一些则不是。与前者相符合的既有连续的立义内容,也有立义特征,与后者相符合的是空乏的立义意向。

6)感知关系到在一种双重连续性中、在一种第二层次的连续性中的时间客体。我们区分:

a)感知相位的连续统,

b)在一个相位内的直观立义的连续统。这个连续统定位在一个现在立义中,它是过去立义和将来立义的贯穿点。我们将每个这样的连续统都称作一个**直观的横截面连续统**。与这个直观的横截面之连续统相衔接的是一个空乏意向的模糊连续统,关系到 233
时间客体的不再是直观的各个部分。

7)感知据此而是**一个连续统的连续**。如果我们从第一个感知相位开始,即从这个必然具有现在感知特征的感知相位开始,追踪某个立义内容,那么这个立义内容贯穿在横截面连续统的连续性中,而且

a)至少它在贯穿于这个连续性的一个块片时是一个持续的**现在**。立义内容是一个现在感知的持续在场者;只要这里所涉及的立义内容是在场者,感知就具有一个对不变的延续者或自身变化者的感知的特征。

b)立义内容接受了一个想象材料的特征,无论如何可以说:

接受了一个不再是感觉材料之特征的特征。

但在这里要注意以下情况。由于每个感知相位都直观地表象时间客体的留存片段，因此，例如延续了一秒钟的声音并不仅仅是在秒感知的每个横截面中以现在的方式被感知到，并且并不仅仅在这个横截面中具有其瞬间的在场者；这个声音**直观地**通过立义内容的并延（Koextension）而在时间上延展地显现出来，这个立义内容只有在一个点上具有感觉的特征，而在其他方面则持续分层次地具有变异了的特征。① 只有在声音感知的开始相位上才缺少这种并延，在这个感知的每个进一步的横截面上，这种并延都是在此的，而且它从一个横截面到另一个横截面地增长着，直至这个声音感知的结尾横截面。在这里，对于在声音的感性连续统中的每个横截面来说都有一个定位在感觉中的上升连续被给予。如果旋律在继续前行，声音便不再是**被感觉到的**或被感知到的声音；因而在每个进一步的横截面中，只要声音还属于它的意向内涵，它就还

234 是以一种延展的形式被表象，但不带有一个感觉界限。对各个立义内容所做的阐述，也适用于**各个立义**：与感觉相符的是作为现在意识的感知意识。与在程度上分层次的立义内容相符的是在一个相位内的立义的分层次；而在这些分层次中的统一中，即在一个意向的统一中，本原的过去构造起自身，它与被感知的现在连续地相衔接。它当然是就一直流动到现在的时间客体而言的过去意识。

在一个连续地展开自身的行为中，时间客体如此地构造起自身，以至于时间客体的一个现在以一个瞬间接一个瞬间的方式作

① 胡塞尔在这里后补了一个说明：“说这些做什么？这不是本质性的。”——编者

为其当下点而被感知到，同时一个过去意识也一个瞬间接一个瞬间地与当下点的意识连续下去，并且使时间客体的一直流动到现在的块片得以显现为刚刚过去的。立义内容是一个瞬间接一个瞬间地在此的，感觉材料对于现在是一个瞬间接一个瞬间地在此的，想象材料对于过去是一个瞬间接一个瞬间地在此的，只要过去确实曾是直观的，只要原初的时间域在伸展。

〈第 34 号　关于一个相互接续序列的意识的问题。〉[①]

1)我感知 A，而后 B，而后 C。

2)我感知 B，并且将它感知为在 A 之后而来的，C 在 B 之后而来，B 在 A 而来，C 是在现在中，B 刚刚曾在，A 是在 B 前曾在。

3)我回忆 B(它如何曾是现在，我将自己置身于 B 的现在之中)并且回忆，当 B 曾是现在时，A 刚刚过去。

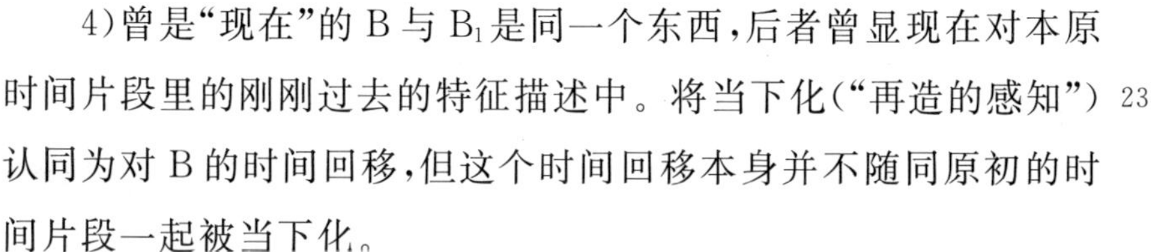

4)曾是“现在”的 B 与 B_1 是同一个东西，后者曾显现在对本原时间片段里的刚刚过去的特征描述中。将当下化(“再造的感知”) 235
认同为对 B 的时间回移，但这个时间回移本身并不随同原初的时间片段一起被当下化。

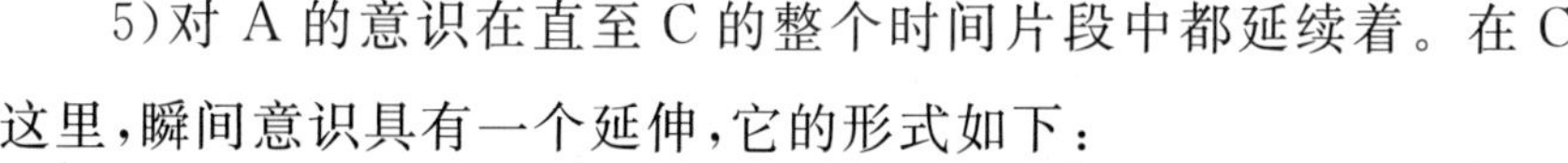

5)对 A 的意识在直至 C 的整个时间片段中都延续着。在 C 这里，瞬间意识具有一个延伸，它的形式如下：

$$\begin{array}{ccc} \bar{\bar{A}} & \bar{B} & C \\ \hline t_0 & t_1 & t_2 \end{array}$$

① 这是一个两页张的札记，胡塞尔将它当作一批页张的封面，这些页张是埃迪·施泰因在加工其时间讲座时没有使用的页张；背面的一个印刷品间接地表明这个札记的产生年代最早为 1905 年 2 月 15 日。因此这可能是为 1905 年时间讲座所作的最后准备的札记之一。——编者

但“A”、对 A 的意识具有一个时间延伸的特征，一种从现在向过去回坠的特征，以至于它在时间 t_1 中具有 t_1-t_0 的过去特征，在时间 t_2 中具有 t_2-t_0 的过去特征。情况不仅仅在于，在 t_2 的时间点上，A 带着“t_0”的特征在此，B 带着“t_1”的特征在此，带着相应的时间本身。而且更多地还需要注意：

1）A 的特征是一个变换的特征。它首先具有现在的特征，而后具有过去的特征，而且是 β，即：如果 B 是现在，而 β 标志着与 B 的一定距离，那么 C——我们臆想，是在距离相同的情况下——便具有现在的特征，B 具有 β 的特征，而 A 则具有 2β 的特征。

2）此外，我们知道这种持续的变化，知道这种持续的回坠。因此，

a）立义会在 A 向 B 向 C 过渡的同时不断发生变化。

236 b）这就是说：对 A 的立义并不消失在 A 的瞬间中，而是 A“下坠”，立义始终与立义相衔接。

当 B 是现在的时候，当 B 在主线上的时候，A 包含着 A_B。如果在 A 与 B 之间的时间中没有现在内容在此，那么在此之间的每个现在点，如 α，就包含着一个 A_α。但如果 α 是一个现在内容，那么它也下坠，并且是以同样的程度下坠，以至于所有那些属于与 X X′相同平行线中的点都不是同时的，毋宁说那些处在斜线中的点才是同时的。它们根据其时间特征来表达各个瞬间意识。在平行线中我们具有点，在这些点中，就像在 X X′中一样，一次始终只有一个点处在意识中。

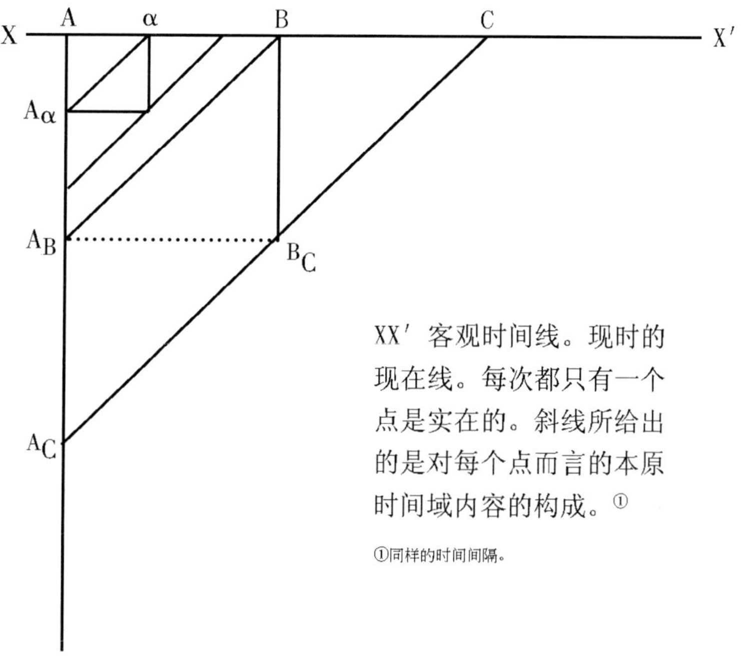

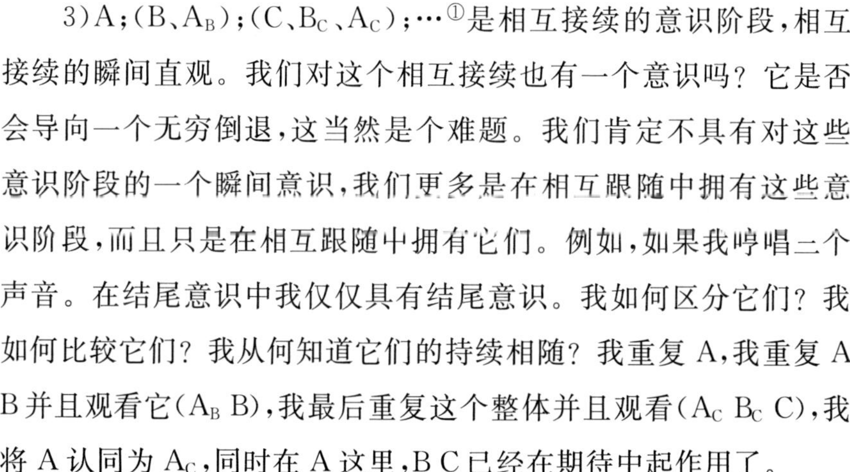

3）A；（B、A_B）；（C、B_C、A_C）；…[①]是相互接续的意识阶段，相互接续的瞬间直观。我们对这个相互接续也有一个意识吗？它是否会导向一个无穷倒退，这当然是个难题。我们肯定不具有对这些意识阶段的一个瞬间意识，我们更多是在相互跟随中拥有这些意识阶段，而且只是在相互跟随中拥有它们。例如，如果我哼唱二个声音。在结尾意识中我仅仅具有结尾意识。我如何区分它们？我如何比较它们？我从何知道它们的持续相随？我重复 A，我重复 A B 并且观看它（A_B B），我最后重复这个整体并且观看（A_C B_C C），我将 A 认同为 A_C，同时在 A 这里，B C 已经在期待中起作用了。

① 胡塞尔在边上说明："最好是反过来写，即从右到左地读，或者从上向下地写！"这里所说的反过来也可能是指以下所运用的书写方式：A；（A_B、B）；（A_C、B_C、C）。——编者

237 〈三　关于个体化的西费尔德文稿〉①

〈第 35 号〉　时间事物作为变化或不变的同一之物所具有的统一。②

我在现象学的感知中对什么具有明见性，并且我在现象学的感知中何时会具有一个间接的和超越的知识？我看见一个啤酒瓶，它是棕色的，我盯住这个在其广延中的棕色，“就像它现实地被给予的那样”，我将所那些在现象中仅仅被意指而没有被给予的东西排除出去。这里是一个啤酒瓶，它是这样和那样的。我区分诸

---

① 这里复现的所有札记都出自一个由胡塞尔自己归集起来的卷宗，上面写有如下的文字：“西费尔德文稿以及关于个体化的较老文稿。西费尔德，1905 年。个体化（历史笔记：在西费尔德页张中——1905 年——我已经发现‘现象学还原’的概念和对它的准确使用）。”没有被复现的正是那个还放在卷宗中的唯一“较老的”札记——出自“哈雷”时期，亦即 1900 年前。第 35 号文字被仔细而明确地标明了日期：“西费尔德，1905 年暑假”，后面的第 36 号至第 38 号文字是后来写下的，但最迟可能在 1909 年前后；也可以参见下一个注释。——编者［第 36 号文字至第 38 号文字所标明的日期：1917 年。——新编者补注］

② 胡塞尔明确标明这份札记的日期为“西费尔德，1905 年暑假”。此外他还对此札记作了注明：“普凡德尔—道伯特的尴尬”。因而这份札记显然是 1905 年暑假在西费尔德与 A. 普凡德尔和 J. 道伯特所作一次讨论后产生的。关于 J. 道伯特可以参见 H. 施皮格伯格，《现象学运动》(*The Phenomenological Movement*)，海牙，1960 年，第 1 卷，第 171 页。——编者

啤酒瓶—现象，我使它们成为诸对象。我发现这些现象的联系，我发现贯穿在它们之中的同一性意识。我发现我用这些语词来表达它：啤酒瓶始终显现，显现为延续的同一个和始终同样确定的。而与此同时有不同的显现；这些显现并不是那个在它们之中显现的啤酒瓶。它们是不同的，啤酒瓶是同一个。显现本身是对象。**一个**显现，这是一个持续同一的东西。它延续一段“时间”。在持存 238
于回忆中的同时，可以在其中区分出这些和那些部分与因素。这些部分和因素重又是对象，每个都是在其延续过程中的同一个，在回忆延续的同时，这个延续显现出来，这个因素显现为延续地同一地曾在的。如此等等。

因而“内”感知、相即感知的明见性应当是什么呢？明见性是“判断”的事情。**超越的**感知、对啤酒瓶的感知可能会“欺罔”(täuschen)。它的对象存在，并且如此存在，这是可以“怀疑”的。啤酒瓶或许“不是像它显现的那样”，或许它“根本不”在。这意味着什么？或者感知能够得到充实，它含有尚未被充实的意向，或者感知能够得到“进一步的规定”，或者受到“反驳”、经历“失实”。它所得到的充实等等是在这个和那个“方面”进行的。**内在**感知不含有任何“单纯的意向”，它的“对象意识”始终是被充实的，同一性意识是一个纯粹的意识，并且不是那种由意向与后加的充实组成的意识。在现象的这个(Dieses)之中我以充实的方式把握到一切。——“这个棕色在变化”。[①]

① 从外表上看，这里被放在前面的这段文字——通过一条横线被隔开——在文稿中是**跟随**在现在被放在后面的文字之后的，即跟随在第 239 页第 24 行之后，但根据胡塞尔的说明，在这个地方应当接上的是这个也在这里随后复现的文字。因此，整个

感知——现象学感知。

我感知——**这个棕色内容**。**它**是一个**延续者**。它始终是同一个。它覆盖了某种现象学的伸展。我昨天看到它，因此我今天回忆它。它直至今天都具有延续了的超越！我当然不能将今天和昨天带进来。[①]让我们限制在那些于感知中被给予的东西、现象学的
239 被给予之物上面："现在"被看见的在其延续中的棕色。**这个**棕色。**它**延续着。它始终覆盖**同一个伸展**。现在这个棕色**自身**变化了，它变深了，它改变了**它的**伸展，即它所覆盖的**那个**伸展。

我如何会绝对地确定，对于**延续的每个相位**而言，被给予的都确实**同一地**是这同一个棕色——如果我现在把棕色理解为种类（最小种差）？而且确实是"同一个伸展"？**有这样一种绝对的确然性吗**？棕色，这是什么？它是种类吗？不是。它是个体吗，它是个别吗，是棕色的最小种差吗？但这仅仅与瞬间相位有关。作为延续的个别相位的棕色并不延续，它仅仅是相位。我们具有许多个别相位。每个相位都是不同的。并不是有许多东西在延续，而是只有一个东西，即**这个**棕色在延续。**这个**棕色在延续，而我在它的延续中区分诸相位。这是一个抽象；我在本真的意义上区分片段、

札记是以——从外表看来就是如此——上面[应当是"下面"。——译者补注]所复现的小标题而开始的："感知——现象学感知"。但实际上有可能是胡塞尔一则已将从这个小标题开始至第239页第24行的文字后补性地放在了下面的文字之前，二则随后也为了作出进程说明而为这个放到前面的文字后补地附加了这段在附录中被复现的文字。——编者

① 注：但我难道不可以通过对啤酒瓶—感知的现象学还原而现在回忆这个如其曾被给予的棕色吗？

部分延续；棕色在每个片段中都延续，它贯穿在所有片段中延续着。这个在此延续着的棕色覆盖着一段伸展，而这同一个棕色蔓延地贯穿于这个伸展的所有部分。被分离的伸展具有“同一个东西”，在这里是相同的棕色，被分离的延续具有相同的棕色，这同一个种类的棕色。这个棕色不是最小种差，它也不是所谓最小种差的数学上精确的个别情况，不是绝对意义上的个体因素。[1]

但它又是个体因素。首先它是一个个体，它是一个这个，具有其绝对的个体性，是作为个体性而被意指的，而非作为普遍之物。已经预设了，它是一个被感知的**这个**，并且具有它的现在，当然，它是现在，这一点并未被意指。

其次，被意指的并不是一个具有这个棕色的个体，而是这个**棕色**，而它也不是指这个对象的棕色、这个具有一个个体的棕色；可以肯定，至少不必定是指这个，就像如果我意指这个快感，我并不 240
必定会意指我自己，并不必定会把这个快感意指为我的。即是说，我意指这个个体的棕色，这个种类的个别情况——这也是要强调的　　又不是将这个棕色意指**为**种类的个别情况，就好像这个关系现实化为“普遍对象”一样。

这个种类的个别情况、这个棕色在这里是意指的同一之物，这个**棕色—显现**是此意指的基础。棕色—显现指明**棕色—延续**，它是一个延展的显现，在其中站立着一个延展的对象；意指并不朝向延续，而是指向这个在延续着的并且在延续中是同一的棕色，即是

① 在这里开始的页张的边上胡塞尔作了一个说明：“1909 年看过”；这个注释或许也对这个札记的后面几个页张有效。——编者

说，这个**在统一性和自同性中被意指的**棕色。“反思”表明，它就是这样被意指的；如果我们“分解”时间延续，或者我们分解现象、分解在时间方面的显现，那么我们会直观到块片，它们本身是与整体同一类的显现，而在这个差异性（众多性）的基础上，我们直观到因此而被相互区分开来的诸对象的相同性：这一个棕色和**另一个**棕色是“同一个”，即相同者。但如果我们反思显现的统一，那么我们便直观到同一性，它是本真的同一性意识（一个范畴性的同一性意识），棕色在此意识中是作为连续同一地被意指之物、作为在统一性和自同性中的被意指之物而在此。

我们一方面具有**连续的统一意识**，它给出统一性、**不间断的统一性**、在时间连续性中的同一性、在时间的连续河流中的统一之物。

另一方面我们具有一个间断的意识、一个被分片的（zerstücktes）意识；在对块片（Stück）区分中，我们具有诸多的统一。每个统一都是在上述意义上与每个块片的时间连续性相关的统一。但这是不同的统一，它们并不组合成一个整体的统一，相反，由于它们建基于**连续的**显现和一个连续的统一意识的统一之上，因而这些有别之物的同一的统一重又得以形成：这个延续块片的棕色和那个延续块片的棕色是各不相同的，只要它们属于不同
241 的时间片段；但只要它们连续地充实一个时间片段，就会有一个延续的对象存在，就会有贯穿在整个时间片段中的同一个东西存在。①

① 胡塞尔对上面的文字加有边注：“参见休谟，《人性论》，利普斯，第 267 页及后

我们也许必须区分：

我们可以将**连续显现着的棕色**理解为延展了的棕色、伸展了的和始终为一的棕色，它贯穿地在时间中“展开”自身，但却随相位的不同而各不相同。即是说，**棕色—伸展**是一个统一，它根据时间被划分，而且每个部分都是不同的。这个棕色—伸展不是一个对象的延续，它不延续，延续着的是一个同一之物，它作为一个同一之物贯穿在那个始终为一个棕色所覆盖的时间伸展之始终。这个**贯穿的统一性意识或同一性意识**不应被混同于那种**完全另一种对时间上始终相互排列的各个瞬间的**一个**整体**的意识。当我们生活在同一性意识之中时，我们在始终的连续统中、在时间延伸的连绵河流中所具有的始终是一个东西。**客体并不是这个伸展，而是这个自身伸展的东西**。明见无疑的是，我们而后始终可以把这个伸展本身变为对象，划分它，并对部分作出区分。各个棕色—瞬间的连续性是作为连续性而被一个同一之物的统一所穿透的。

连续性与统一性。

在所有连续性中都生活着这种同一性，每个连续性意识[1]都是对一个统一性的意识，而且在这里必须始终区分自身连续着的 242

页。”他以此所涉及的是大卫·休谟的《人性论》(*Traktat über die menschliche Natur*)，特奥尔多·利普斯所作的德文翻译并加有一个索引；第一部分：“论知性”，汉堡和莱比锡，1895年，第267页及后页。胡塞尔用的这个版本被保留下来，并且带有他亲手所加的诸多边注、重点号等等。在第268页上，尤其是在休谟谈及“个体化原则”时，可以发现胡塞尔的如下边注：“我的关于时间的讲座和研究！”——编者

① 这恰恰是在时间展开中的一个同一之物(一个存在)的连续性；不是指“质的连续性”、颜色因素的持续分层次，等等。

统一之物和作为连续统本身之总体的统一性。这个连续性意识是一个时间意识(还不是一个“客观”时间的意识),而我们必须区分两种情况:**不变的**、延续的意识与**变化的**意识;在前一种意识中,在此站立的是作为不变之物的同一之物,连续的统一意识的相位根本不能被区分,除非是从时间上区分;在后一种意识中,这个始终的统一之物、同一之物发生变化。

这个棕色**始终在维持**,它在延续——这里指的是在棕色因素的连绵河流中的统一,即在对一个棕色对象的立义中构成这个同一棕色**标记**的统一:对象具有棕色这个规定性,它延续地是棕色的。

这个棕色在变化(从一个棕色—色彩层次变为另一个棕色—色彩层次);它始终是棕色,它是在时间上延展了的棕色—因素之连续性中的同一之物,它(在观念化的抽象中)同一地始终是**作为种类的棕色种类**。并没有进行观念化的抽象;它是一个**因素**,在变化“自身”并且一再地变化,在时间的连续统中贯穿着一个同一性。对象的颜色在变化,它是个体的同一之物,但也是“自身”在质性上变化着的东西。

在简单因素那里、在现象学领域中,情况便是如此。对在不变与变化中的一个连续的统一性(同一性)的感知:**建基于其上**的对片段的感知和对差异性的感知(我将连续的片段区分为部分、区分为多数),对相同性的感知等等。对一个“**因素**”的感知:**棕色**——以及对一个统一之物的感知,**统一性意识的进行**;棕色因素被给予——而后在重复的回忆中被认同。

而后是**各种复杂状况**。但我们最好应当说:上述情况适用于最小微差(形而上的诸部分)。**空间的广延在延续,在变化**。声音在延续,在变化,如此等等,**强度**、**音色**。如果我们走近**具体的整** 243
体,那么这里就会有这个**整体**的同一性附加进来,它建基于总体特征的种类同一性之中。需要注意:更高层次的对象:**旋律不变化**,它**延续**得这样和那样长,它通过"展开"的方式延续着,同时始终有新的声音出现。是什么构成了**这个**旋律("这同一个"在这里是种类的同一个)的"重复"?——

根据上面所说:**棕色**在延续,棕色在变化,它延续,它作为"棕色"在质性上保持不变;它就其作为棕色的本质而言"在质性上"变化,它在其广延方面发生变化,或它在其"广延"方面保持不变(它在质性上保持不变,它在其广延方面发生变化;它既作为棕色而变化,也在其广延方面而变化)。以及诸如此类。

另一方面是否可以说:作为空间的广延,**广延**在同样的意义上固持或变化?在广延方面难道不是必须要说:质性的广延、某个有广延的东西的广延,它保持不变还是在发生变化?这里难道没有区别和困难?——①

连续性与统一性。

我们需要区分:

1)**时间连续性**,被理解为时间点(时间点本身)的连续性。

2)**时间中**的连续性,被理解为**时间内容**的统一,统一被理解为

① 胡塞尔对上面的文字加有以下边注:"对这些略述的阐释在附页中",以后将"在附页中"修改为"在其他页张中"。下面文字新加了在这里复现的副标题"连续性与统一性"。——编者

连续统一和“**实在统一**”。时间内容“始终”在充实着时间片段，而由于它们进行这种充实，“实在之物”的同一性便束缚住它们，这些实在之物作为在这个时间中变化着的或不变地延续着的(在不变或变化中**固持着的**)统一之物，始终贯穿在时间延续之中。

244 3)一个“**持续**”**变化的连续统**。时间连续统是由一些“**持续**”**分异着的因素**的连续统所充实的，在这些因素中，一种最小微差得以个别化。一个颜色的持续变化：颜色差异始终在变更，而颜色因素的分异与时间的分异是“相合的”。

一个“质性的”连续统只有在一个时间伸展中才能成为本真的连续性意识，而后在时间的伸展中有一个“自身变化着的”同一之物被把握到，或可被把握到，它“自身变化着”；而且是“连绵地”、无“跳跃”地变化。跳跃和间断会撕开统一，但统一可以通过另一个自身相合的因素而被保留和被制作；例如，空间的连续性与一个颜色连续性相合。如果**这个**颜色连续性经历跳跃，广延便会自身**分开**，但它仍然还是一个统一。

在一个时间连续统之上的一个“空间的”和质性的连续的延伸

时间连续统不是一个“**实在之物**”，时间本身不是一个延续或变化的东西，一个时间差异的系列并不重又在时间中，并不含有贯穿地在这个系列中展开的同一之物(一般“时间”的情况则与此不同)。但每个贯穿在时间中的伸展者都是实在的，**时间内容**是**实在的**，它“持续地”充实着时间，而且通过它的充实，它以这种持续的方式论证着同一性。**同一之物是实在之物**。实在之物延续着或变化着，并且作为如此这般形成的、作为在这个时间因素 t 中的 α、作为在 t' 中的 α' 而“规定着自身”。如果在 $t_0 - t_1$ 时间片段中的规定性始终同一地是在最小微差中形成的，那么它就不变地延续着；如果这个规定性变换、持续地分层次或以不连续的方式跳跃，那么它就在变化着：在后一种情况中，同一性必定是通过其他规定性而始终得以维持的——？[①]

个人的同一性；同一个事物的同一性；变化中的同一之物 245

苏格拉底。**个体之物**是一个在变换中同一地保持自身的**属性**吗？显然是荒谬，对每个属性都可以想象无限多的载者。

个体之物在直观表象中是**无法找到的**；属性的复合，**连续地**变化，但我们在变化的连续性中“确定”(Konstatieren)同一性。(确定当然不是对一个**内容**的发现。)**同一个东西**在变化；只要我们感知到连续的变化，我们所认定的就是自身变化者的同一性、客体的同一性，而不是属性的同一性。属性不是同一的同一个，红变为橘红，但橘红与红并不是同一的。**只有亚里士多德的属才始终是同一的同一个**。先前的红的客体现在是橘红的，客体是同一个。这个同一之物仍然还是一个抽象之物吗？客体的复合形式、亚里士多德的属(在某种扩展中)对于变化了的和原初的形式而言是同一

① 随后还跟有一句后来被删去的话：“现在的问题是，我们以此而向‘经验’实在的分析走得有多远。”胡塞尔看起来是在删去这句话的时候在下面加了个注：“作为延续着的同一之物的‘实在之物’概念。‘延续着的’在这里常常意味着不变的，延续常常就和不变差不多。”——编者

的同一个吗？但这是不能令人满意的。**这个事物是同一个。**

诸变化对不同事物的依赖性。因果性。如果 a_{α} 过渡到 a_{β} 之中，那么 $b_{\alpha'}$ 也必定过渡到 $b_{\beta'}$ 之中。

时间性中、时间流连续性中的同一之物，在个体之物意义上的同一之物，或者易言之：在时间存在意义上的同一之物。时间中的实体化者（固持者）。在现象学时间中的现象学实体化者，现象学的静止者和自身变化者。（“内在者”）[①]

这个：这个颜色、这个颜色性的伸展，这个颜色和伸展的统一在延续，在变化。

246 **反思**：我“发现”时间连续性、延续，我可以在其中区分流动的“部分”。没有严格的划分。我发现“颜色”并且**一再地发现颜色**。颜色在延续。颜色属或复合属（颜色—广延），在延续的不同伸展中的种类之物“始终是同一个”。颜色（或颜色—广延）是“时间上的延展”，可以根据时间的延展而被划分。这就是

1）**作为时间充盈的颜色**。相反，

2）**延续着的颜色**，它贯穿在时间中，是在时间的颜色—连续性中的同一之物。是贯穿在它之中的同一之物：在种属上被规定为颜色的个体之物在延续扩展的同时或在延续的扩展中是同一个，

---

① 带有这个副标题的下列研究——直至第 249 页第 7 行——被胡塞尔特别称作“西费尔德基本考察”；写着这个研究的两个页张被标识为这个札记的“主要页张”。——编者

它延续，它是贯穿于连续时间充盈之始终并且连续地在它之中实体化着的东西，或者它被规定为空间上的颜色—广延，而且它“**随时**(je-derzeit)”都具有颜色规定性和空间广延规定性，以及最后一个规定性：在每个时间片段和每个时间相位中的同一个颜色与广延的差异。相位——这只是单纯的临界情况：任意小的时间片段(这是延续，延续的各个部分是与整体相似的：“种类”相同)在**内容**种类上是相同的，无论是仅仅就一般的属而言，还是也就差而言。撇开时间部分的秩序以及那个叫做时间扩展并可以具有不同程度(“大小”)的扩展不论，总是有一个相同的东西——在不变的情况中。

变化与变换。(跳跃。)

时间连续性中的**充盈**。具体的连续性：**随着**时间扩展的充盈。[①] 内容的连续性。具体的内容可以允许进行一个在较大或较小的**时间延展**方面的**比较**；与此相对的是那些构成时间展开之**内容**的东西。[②] “同一个”内容可以展开到不同的时间片段之上。例如同一个红—绿的连续性。

我们持留住时间片段，或者撇开内容的时间延展之程度区别 247
不论。我们进行**其他方向上**的**比较**和抽象。

a)**不变**。在不变的情况下，无论对延续做怎样的“划分”，这些内容都一再地是相同的，不带有作为时间状况(秩序)和时间“大

① “随着”(mit)也完全可以说成是：“在……中”(in)，时间扩展：所有这些都是形象的说法。

② 在延续方面就已经必须这样来阐述了。

小”区别的其他区别。在时间意识的连续性中始终有自身性(Selbigkeit),它被规定为不具差异性,被规定为完全相同的,在“**质性**”(在整个时间充实的本质)**方面的纯粹相同性**。

b)**变化**。变化的情况(颜色发生变化)则与此相反,我们在时间充盈方面发现——撇开时间扩展和时间秩序的程度不论——**充盈的差异性**,另一方面则发现**同一性**,即“自身变化着”的那个**东西**的自身性。这个东西(Was)在构成共同性的更高“颜色”属中始终受到不同的“规定”。在进行随意划分时,每个部分自为地看都有它的统一性,而所有这些统一性(基质)都是颜色这同一个属的,正如建基于它们之中的总体基质,而另一方面,局部统一的最小微差则是不同的。如果我们走向极限,那么我们便具有点的划分和点的差,它们自身无法[再]被划分,并且在不同的部分中不[再]能够包含差的区别。

(颜色在这里不能被看做是对通常意义上的颜色—质性差而言的更高属{纯粹质性、纯粹红色、纯粹色彩层次},而是对**时间充盈之统一**而言的更高属。我们从时间延展的大小、从那些由不同的时间延展或在时间延展之内的划分所导致的诸程度区别中抽象出来:留给我们的便是作为统一的**时间充盈**(作为某种时间上被延展的东西)。时间也在一旁,但问题并不在于这个或大或小的时间。这与一个空间广延的“着色”是一样的。)

如果我们根据时间延展来划分充盈,那么我们会在持续的变化上一再发现属一般的相同性——它始终是“着色”,另一方面则
248 是差异性——一再发现另一种[着色]。然而不仅仅是一般之物:
着色是相同的——即便在“着色跳跃”的情况下也是[如此]——而

且还有**质性的连续性**，没有跳跃，在任何部分中都没有。①

还有一种相同性：随意的时间相邻的充盈表明一种相似性，以及在这种相似性之内的上升状况，这些状况无须与时间的上升状况携手并进，同样也表明秩序状况。这需要作进一步的描述。

在**变化速度**不同的情况下，时间上不相同的片段在质性上"变化相同"，它们具有质性的差异性，但同时也具有相同性。根据这种连续性所做的划分，有别于根据时间连续性所做的划分，尽管随着一个划分的进行也会有在另一连续性中的划分发生。

各种跳跃：

1)在两个延续之间的跳跃；

2)在两个持续变化之间的跳跃，这两个变化没有组合成一个**持续**变化的统一；

3)从一个不变到一个持续变化的跳跃，或者反之。

质性上持续映射的**快**与**慢**。质性的映射(Abschattung)越慢，与一个质性固持(不变)的相似性就越大；质性的固持[是]质性映射的临界情况。

对基质与充盈之区别的澄清。②

如果我们反思时间片段并且将它看做一个整体、看做一个形式，即内容借它来展开自身的一个形式，那么这个自身展开的充盈

① 胡塞尔后加了一个说明："这里缺少对跳跃概念的定义(澄清)。"加入这个说明的时间应该要迟于后面写下关于"各种跳跃"的几行文字的时间，这几行文字本身显然也可能是后加的对正文之补充。——编者

② 这个副标题下面的段落是胡塞尔后来附加到前面文字边上的。——编者

无非就是**基质的连续统**，这些基质属于流动地凸显出来的时间部分，并且最终属于时间因素。因此我们也可以说：如果瞬间基质
249 (片段—基质的极限)在连续的时间序列内满足某个内容上的(即基质的)连续性的条件，那么瞬间基质就构造了**一个**基质，它本身不是这个瞬间基质的连续统，而是贯穿在它之中，并因此而长久地**保存**(währt)时间片段。

“时间种类”(a)——时间充盈的种类(b)。

从现象学上看：

就b)而言：我在视野中发现许多“**白色**”因素，它们是种类上的共同之物。[①] 视野——我们假定是在静止观看的情况下——[是]一个现象学的延续统一。它作为不变的统一而在统一性意识中“被持守”。在它上面或在它之中，我发现**一个白色**和**又一个白色**；每个都是在延续片段内的不同“时间”中被把握到的，却但并非随着这个时间而被意指的，而只是作为各种延续—**统一**。现在的问题并不在于延续，它们两个是“在种类上同一的”：认同中的统一。每个在个体上都是不同的：这个与那个是各不相同的。它们每个都有在视野中的不同“位置”：这个视野的每个部分都是不同的，而这些部分具有某种秩序关系。我可以谈论，一个部分在视野中“**自身**移动”。这个部分在这里除了颜色之外还有它“**形状**(Figur)”，它重又是一个可以在种类把握到的东西。这是一个在变化

① 这个基本解释可以用“共相”一词来概括。但译者仍然放弃“共相”的译名，因为它只能被视为一个基本解释。——译者

中的同一。本真的变化：这同一个统一在变化中一再具有不同的“状况(Lage)”。但也有非本真的变化：我可以**想象**这同一个由形状和颜色组成的统一忽而在此、忽而在彼(但这个个体性在这里已经不再是同一个了)。

时间延续在这里始终是可以自由变更的。这个白色延续得较长或较短，它在变化，或快或慢，在较大或较小的时间片段中。

就 a)和 b)而言：**时间扩展是那个自身扩展之物**、那个“充实着”时间的东西的一个**规定性**。在时间中的同一之物，这就是**个体之物**。不同个体之物的共同一般之物[共相]就是种类，是个体的 250
内规定性(构造性的规定性)，是这个个体之物可以与其他个体之物共有的东西：**不依赖于时间**。

个体是在时间中的同一之物，亦即在独立于时间片段的情况下论证着时间充盈的那个统一。因此，个体的构造性的东西就在于时间充盈的同一之物，而由此便产生出**构造性的规定性之种类**的概念，这些规定性可以为不同的个体在同一的或不同的时间片段中所拥有。因此，

α)时间**中**的同一之物、在时间流中连续的同一之物；

β)**种类**(Spezies)的同一之物就是**种类化**(Spezifikation)的同一之物，这种种类化是由不同个体的“共同之物”来确立的。

就 b)而言：但本身还是**普遍性**的**时间规定性**情况如何呢？认同可以涉及两个个体的**内容**；这便给出了构造性的种类(实在种类)。但它也可以在其“**时间形式**”方面、在其时间延展方面涉及这些个体；这两者可以充实**同一个**时间片段，它们是同时的。

时间片段不是两次在此，而时间充盈则可以完全相同地在同

一个时间片段上两次在此（种类上同一）。如果个体是同时的，它们当然不是“共同成长的”，因为在它们的构造性内容中并不包含时间。时间片段是某种抽象的东西。它必然是某个个体性的时间片段。但它不是个体的因素，而且它不是一个可以多重复制的东西（Zu-vervielfältigendes），不是一个可以种类化的东西（Zu-spezi-alisie-rendes）。**它不是个体的**。个体性是在它之中——而这是必然的。**它并不如此地造出个体性**，就好像绝对的、个别的时间片段以抽象的方式（in abstracto）（诚然，前提在于要有一个充实着它并从它之中抽象出来个体性），通过假定它已经为颜色这个种类的一个个别之物所充实，从而便将这个种类**个体化了**一样。因为**同一个**时间片段可以被颜色的许多个别情况所充实。

时间片段的同一性是**许多个体的**一个**同一之物**，但它并不是
251 一个可以在各个个体（所有那些充实着这同一个时间的个体）中多重复制的种类之物。这里不可能有多的意识（Mehrheitsbewuß-tsein）。

因此，时间还是可以被种类化的，即：不同的时间片段在一个总的时间片段的同一统一中可以是**同时的**和**不同时的**——时间范围属、时间片段、诸时间范围的种类。个体的时间扩展与个体构造因素的时间扩展也具有种类，根据**延续**和**变化**；速度、加速等等。我们可以将**时间充盈**连同其时间加以统一，并将它种类化。

空间种类。

“空间”的情况是如何的呢？在一个现象学的——前经验的——广延的统一中，**感性的质性**可以**多次被给予**。空间部分只能是一次性的。感性质性的最后种差可以被多重复制，但场所、一个质性所充实的广延却不能被多重复制。广延是**一次性的东西**，但却仍然是**抽象的东西**。如果一个感性质性与另一个在种类上与之完全相同的感性质性都属于同一个具体的广延统一，那么它们通过什么来相互区分呢？通过广延部分、通过“**场所**”。它们在空间上是不同的。可是广延部分或场所的区别并不在于颜色，颜色就是同一个！场所永远无法同一次被两个属于同一个属的（**视觉的或触觉的**）质性所覆盖，无论它们是**相同的**还是**不同的**质性。如果质性的种类是确定的，而且如果场所是确定的，那么（暂时处在一个包容性延续的空间具体化之统一以内的）**个体的块片**便是确定的。

这个场所将质性的最小微差“变为”（macht）个体的最小微差。场所是**个体地规定着的规定**。

在这同一个延续之内可以有两个个体，在它们的构造性内容中包含着场所和质性（空间形式和空间充盈），但在同一个延续之内的两个场所属于同一个“**空间**”。不用“场所”更好些：两个一次性的广延作为部分而属于一个唯一地包容它们的一次性广延，而且如果个体是分离的，它们就作为相互排斥的部分而属于这个 252
广延。[①]

一次性的广延始终是**某物的**广延；抽象地看，它们是**最终的一次性**，是不能在一个延续中被多重复制的个别性。这种一次性（犹

① 我在这里说的是“一次性的”广延，即个别的广延，（可能的）特定的个别一个体的广延，或广延一般的最低抽象。

如空间一个体)可以被比较、被种类化;**空间种类**生长出来;广延属、范围、形状等等。

空间个体。

还有一种认同,它将个体的同一性抬高到**绝对场所**之上。**空间个体**就是**场所变换中的同一之物**,就是场所变化(变化,一个任意的时间变化)的同一之物。如果空间充盈自身(在种类上)保持同一,并且在被充实的空间形式(形状)的种类之物得到保持的情况下自身**运动**,那么空间个体便是同一个。同样,我们可以**不去考虑**空间充盈。因此是在场所的变化中的同一之物。构造性的内容是:种类的形状和种类的质性。个体始终是种类相同地被规定的东西和改变着绝对场所的东西。当然没有质性的个体;空间个体的取决于空间和时间的特性。[①]

[这个]空间个体在不考虑其充实性内容或"几何"躯体的情况下是一个**固持的**(starres)空间事物。如果我持守住这个**充实性**内容,那么我就具有一个固持的躯体=场所变化的同一之物。[②]

在**声音领域**中没有空间。两个种类同一的声音只能在不同时间中出现。在同一时间中只有一个具有同一种类规定性的声音。253 在这里只有**不同之物**的**同时性**,而即便是不同之物也会转变为一个统一,转变为一种融合。声音并不构造感性事物,它们只是被这些感性事物**所唤起**,并且只是**间接地被置入**这些感性事物以及它

① 参见康德的空间与时间论证!

② 最后这个段落是后加给前面文字的。——编者

们在其中自身“扩散”(verbreiten)的空间。——

至此为止，我们试图尽可能现象学地进行操作。(当然所有这些都需要在这个方面受到复核。)如果以现象学的方式、而不是以经验—超越的方式来理解时间性和空间性，那么它们真的就是个体化的完全原则吗？如何从现象学的东西迈向经验的东西呢？而首要的是：**自我**的个体性以及“它的”现象的个体性、狭义上的它的感性显现以及它的心理体验的个体性——这些个体性与现象学的个体性处在何种关系之中？在这里当然很难说，“自我”的现象学的东西是由什么构成的？

〈第 36 号〉　〈关于〉西费尔德反思。〈时间对象的典型性、数学性和统一性。〉①

我感知到这个棕色；我进行现象学的还原，亦即如此地接受纯然的感觉素材，就像它现象学地被给予的那样，作为“现在”**延续着的**。**它**，这个**棕色**，在延续，它固持不变，它在其延续期间始终具有一个广延。它，这个棕色，在变化，它变化其质性，变化其亮度，它变暗了，变化其伸展，它所充实的**那个**伸展被覆盖了。

这关系到——先假定这一点——一个**感知**。在它之中、在这个现象学的感知之中，在多大程度上包含着绝对的确然性呢？即便是一个我在其中发现棕色不变地延续着的感知——我也具有并且可以具有绝对的确然性，即这个棕色在质性、亮度、伸展方面，在

① 胡塞尔在这个札记上加了——而且不是后加的——“西费尔德反思”的标题，这个情况本身表明，它被写下的时间至少迟于第 35 号文字。——编者[写作日期为 1917 年。——新编者补注]

这些因素的所有方面或在这些因素的一个方面，是不变的，或者说，这个伸展始终是同一个不变的伸展？

254 在感知中我们以明见被给予的方式具有被感知之物，就像它是被感知之物的那样，它是不变的或另一方面(在相反的情况中)是变化之物；从一个相位到另一个相位，或从一个延续部分到另一个延续部分，它是同一个或不同的东西；这是以划分和比较为前提的。我们可以说：在划分之前，并且重又通过对类似情况的比较，“不变”这个**类型**(Typus)和“变化”这个**类型**是可以把握到的，一个类型与另一个类型的区别是明见的。

在“不变”类型(类型本质)中包含着：“某种”划分所具有的结果是：不同的部分本身又是不变的类型，并且这时在内容方面是“相同的”，或者，如果对时间部分的选择是相同的(而且每个延续可以被划分为相同的部分)，那么就相互的关联而言，这些被充实的部分就只是一些重复。在“变化”类型中包含着：与相同时间部分相应的是不相同的具体项(Konkreta)；**如何**不相同，以及这里可能有哪些不相同性的类型——对此还需要进行先天的(apriorisch)思考。

我谈及“不变”**类型**和“变化”类型。如果我讨论类型之物，那么我就必须谈论“相同延续”的类型、“在相同延续时的时间对象之差异性”的类型或“在不同的延续充盈时的相同延续”的类型；另一方面则要谈论“在相同的延续充盈时的相同延续”的类型，或“在延续和充盈方面相同的时间对象”。而后在差异性的情况中：相同延续着的或充实着相同延续的时间对象是不同的，可是在其伸展方面是相同的，然而在这个(“空间的”)伸展的质性充盈方面却又是不同的。它们在较为狭窄意义上的质性方面是相同的，但在其强度（亮度等等）方面则是变换的。

这首先是**类型的**发生情况（Vorkommnisse），因此谈不上无限的（in infinitum）时间划分，而只能谈论［这一点］：划分是一种类型的情况，在这个情况中包含着相同划分的类型和不同划分的类型。

但在此之前［要考察一下］许多时间对象的比较情况以及从属的类型统一形式。

我们发现每两个时间对象都在延续中处在长—短的类型关系 255
中（或一个相对长，另一个相对短：处在它们的共处中）。或者：两个在一个感知统一中统一地被给予的“时间范围”在相互发生关联之前便含有一个类型的、感性的统一，这个统一是“时间范围”之差异性的基础，并且包含着“a 比 b 长”、“b 比 a 短”的关系。在这里，属于这个感性统一类型的是一个程度性，它接近这个类型，使它连续地过渡到“作为时间范围—相同性的相同性”统一类型中。而后这些情况便不言而喻地过渡到从一个划分中产生出来的某个时间片段的各个部分上去。

在与划分的类型情况的木质联系中包含着以下的东西：每个时间客体都具有一个延续，我们是这样说的。但在一个延续的类型中，我们具有在扩展着的、流动着的延续和瞬间的延续之间的区别，而且是在那些进行划分的企图之前就具有这种区别。这是一个质性的总体类型—区别。相关地说：扩展着的和流动着的延续——以及瞬间延续、闪电般的东西。

这里当然包含着关系和关系的发生情况，或者说，包含着奠基性的感性统一形式的类型。一个延展着的延续可以是一个延展得较长或较短的延续，或者两个延展着的延续可以是延展得同样长的延续。它们具有相同的时间长度。所有构成一个相同组的延展都具有同一个时间范围或时间片段（同一个片段一般的差）。与此相反，瞬间—延续、瞬间则不具有时间范围，不具有扩展，尽管我们在它们那里也发现程度上的区别。即使在这里我们也会像在一般的变级（Steigerung）情况中一样谈论"范围大小"，谈论较大或较小。即使在这里我们也可以想象构成了的同一"范围大小"的概念级别。但我们不能说片段，不能说延展。

可划分性属于现象学延展、片段的本质。在这里人们不能说，
256 片段在划分时必定一再地分解为片段，我们最终达到**瞬间**。每个片段都可以根据瞬间的较大或较小而划分为一个较大或较小的数字。另一方面，各个瞬间所具有的一种程度性会导向片段。小的片段虽然还作为延展而给予自身，但已经接近瞬间，而那个使较大和较短的瞬间得以区分的程度性，会在对瞬间的放大中导向小片段。最后还需要探讨的是在对感性共同体的比较和联结以外、至少是在延展时的长短之**准**—质性的区别。然而在这里，瞬间是作为"短的"而被纳入排序的，而这里的问题是：那个指向比较的隐含意向性在多大程度上一同地起着作用。

现在，类型之物是如何将我们引向**观念领域**的呢，如何引向这些数学上的纯粹临界概念：数学的点、数学的长度或片段、无限的划分的呢？休谟问题。

但我们要回到西费尔德问题上去。

棕色，这究竟是什么？它是一个种类？那么问题就在于："种类"与这里出现的类型的和数学的发生情况处在何种关系中？显

然这个概念预设了数学化的同一过程，它是精确的，从逻辑上理解是一个数学的临界概念（Grenzbegriff）。我们将类型的相同者、类型的完全相同性和在许多方面类型的相同性区分出来，而后获得作为极限概念（Limesbegriff）的精确相同性和精确的一般之物或本质，具体的或抽象的本质——所有这些都是精确"逻辑地"被理解的。因为**逻辑**是处在观念之物的领域中，而不处在单纯类型之物的领域中。但我们在数学的观点中重又对**这些观念**进行还原。即是说，与时间划分相应的是具体的部分，而且是具有一个数学的时间片段和一个数学地被充实的片段的具体项，或者本身就是这样的片段。而数学化将时间形式的精确相同者与时间充盈的精确相同者加以对置。无限的划分导向作为总体的不可分的时间点，而这些点"没有范围"，它们作为范围（即作为点）在数学上是不可分的，而且在这个点性（Punktualität）中具有其范围。在它们之中包含着作为相应的临界概念的点的充盈，即是说：充盈的点的种
类，以及这个点的具体项之剩余就像每个片段—具体项一样分解 257
为它的抽象"因素"，分解为颜色、强度、伸展的不同种类，或分解为无论哪种可以在各自内容方面有可能相关的东西。

如果我们现在已经处理过了这种数学化，并且用这种理想概念（Idealbegriff）来理解被给予的感性素材，那么我们就要说：**这个棕色**不是种类，既不是时间片段点（延续的点）的点种类，也不是具体延续充盈的种类，后者在数学化中被理解为点种类在其顺序中按延续点进行的连续融合。**这个棕色**也不是具体的**个体**。这个棕色作为延续的点状相位并不在延续，在时间点连续统中的棕色—因素之连续统并不在延续，而是时间片段在一定的顺序中被点状

的充盈所充实：恰恰是一点一点地被充实。时间片段实际上并不是就这些充盈才叫做**延续**。这个棕色在这个时间中延续着，穿越它而伸展，并且在穿越过所有点以及穿越过这些点的所有充盈时始终是**同一个**，而这些点作为时间上有别的，本身也是有别的。在意项上我可以划分时间片段、延续的时间，而后每个部分都有其充盈；但还不仅如此：每个部分都有其颜色（它的棕色），它穿过这个部分、穿过它的时间片段而延续，而这又意味着：同一个东西、同一个颜色是贯穿在所有这些充实性内容之始终的。

在这里，无论“自身”变化还是自身不变，这个**棕色**都可能是始终相同的。因而这里所说的同一性并不是那种有可能联结延续的所有部分和点的种类同一性。这适合于不变的情况。但我们不仅必须看到：我们在它之中发现有相对于种类同一性的另一种同一性，即延续之物的同一性，这个延续之物在所有时间点中都“自身始终是相同的”，即它的伸展贯穿在不同的、但就种类而言是同一的充盈之始终；[而且也必须看到，]在变化的情况中，“自身”变化
258 的东西在整个变化的始终是同一个东西，是这一个对象性、这一个“颜色”、这一个棕色，它自身变化并且在每个时间点都是不同的。这看起来是一个矛盾。我们称之为这一个棕色的东西，亦即这一个自身变化的东西，即便在这里也不是这个时间点的棕色—充盈，而是某种可以说是在它之中自身展示的东西、一个同一之物，它在不断更新的充盈中是同一个，并且只是它之所是，作为在这种有序的时间充盈中存在着的。

可以说，这个**棕色**是在连续的杂多的棕色—“显现”（Erscheinung）中（在时间相位的充盈中）“显现出来的”，并且作为“显现统

一”也贯穿在被充实的延续片段之始终的同一个自身的东西。我们具有一个连续的统一性意识，它的相关项是一个不中断的统一性、时间连续性中的同一性、一个在连续的时间流和在连续的时间充盈流中的同一之物。我们另一次具有一个中断的意识，在对时间块片或被充实的时间块片的区分中；我们随之具有许多这样的统一，但它们并不会紧凑地组合成一个整体的统一。相反，由于这个划分关系到一个统一，即是说，它分解了这个统一的被充实的时间片段，因此它便析出了在其中属于这个时间片段的各个统一，即总体统一以某种方式处于**其中**的那些统一。

时间片段的这个块片的棕色与那个块片的棕色是不同的，只要它们属于不同的时间片段；但一旦它们以某种方式连续地充实一个时间片段，它就是“**一个**”延续着的“对象”，就是在这整个时间片段中始终**维续着**的这同一个东西。

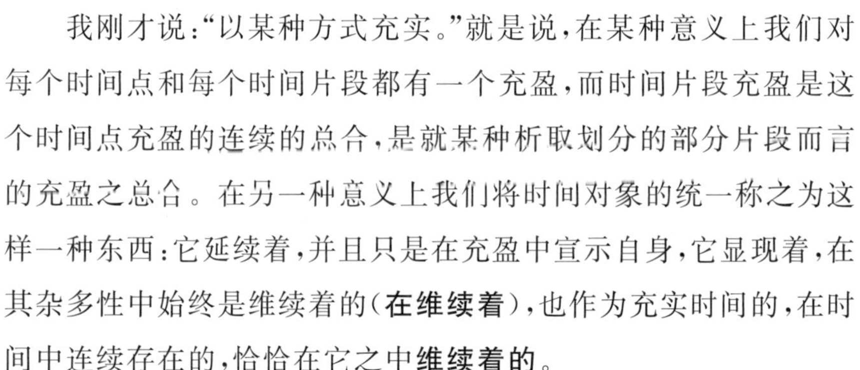

我刚才说：“以某种方式充实。”就是说，在某种意义上我们对每个时间点和每个时间片段都有一个充盈，而时间片段充盈是这个时间点充盈的连续的总合，是就某种析取划分的部分片段而言的充盈之总合。在另一种意义上我们将时间对象的统一称之为这样一种东西：它延续着，并且只是在充盈中宣示自身，它显现着，在其杂多性中始终是维续着的（**在维续着**），也作为充实时间的，在时间中连续存在的，恰恰在它之中**维续着的**。

或者，我们也区分： 259

1）**时间对象**、延续的东西、在时间中并贯穿于时间之始终而连续地维续着的东西；

2）自身**伸展着**的时间充盈、**棕色—伸展**，作为根据时间而自身分片(zerstücken)的统一,以至于每个块片都是不同的。

这个棕色—伸展并不**延续**。它是一个时间片段,连续地被棕色所充满、所覆盖。但在这种时间伸展的始终,有一个同一之物、时间对象在贯穿地表明自身。

与此相关的是这个贯穿的统一意识或同一意识,我们将它当作“某物在延续”(一个颜色、一个声音在延续)的意识,有别于对一个由时间上始终相互邻接的各个瞬间所构成的**总体**的意识。两者是共属的,是不可分离的一个东西,但需要有一个不同的目光朝向才能在课题上把握到这个统一或这个总体。时间客体是自身伸展的东西,而不是这个伸展;或者,时间客体是在时间中**固持的东西**(Verharrende)。

346

在这样一个固持之物(**时间实在之物**)的构造可能性中包含着什么?时间充盈的连续统;更清晰地说:我们在我们的例子中就统一性方面所必然发现的东西就在于:棕色并不是不连续地过渡为另一个棕色,甚或过渡为一个蓝色等等。这样的话,也就不再有什么过渡了。

〈第 37 号〉　时间客体。[①]

我有一个“**棕色**”**现象**,或者我们说,一个感性**素材**,完全具体意义上的。它**固持**着(在**固持**的意义上**延续**着),它是一个不变或变化的统一。它固持着,在其质性、强度、延展(准—空间的)方面不变,或在其质性、强度、延展方面变化。

① 写作日期为 1917 年。——新编者注

人们也可以说：**质性固持着**，或强度、伸展——固持着？**人们说**：质性保持不变，而后它变化了等等。大小和形状（空间的躯体性）保持不变或自身变化。

如果我关注质性，那么，我把握到它在变化或不变中与其自身 260
的同一性。我不进行“**观念化的**抽象”，我把握的不是纯粹的本质，而是个体的统一，它贯穿在质性的这个时间连续性中。对于每个因素都同样是如此吗？我关注延展，关注空间的躯体性，例如它保持不变，而后它变化形状等等。同样，我关注强度并且对它作类似的陈述。另一方面，这些因素彼此并不相同，并且是在这整个连续地坚持着的统一中的因素。

这个具体的声音素材是作为延续着的而被给予的（被构造的）。它始终不变，而“在其中包含着”：它的变化并不是**就**它的所有因素**而言**，而在其中又包含着：这些因素中的每一个本身都是一个固持的东西，但却是**不独立的东西**。

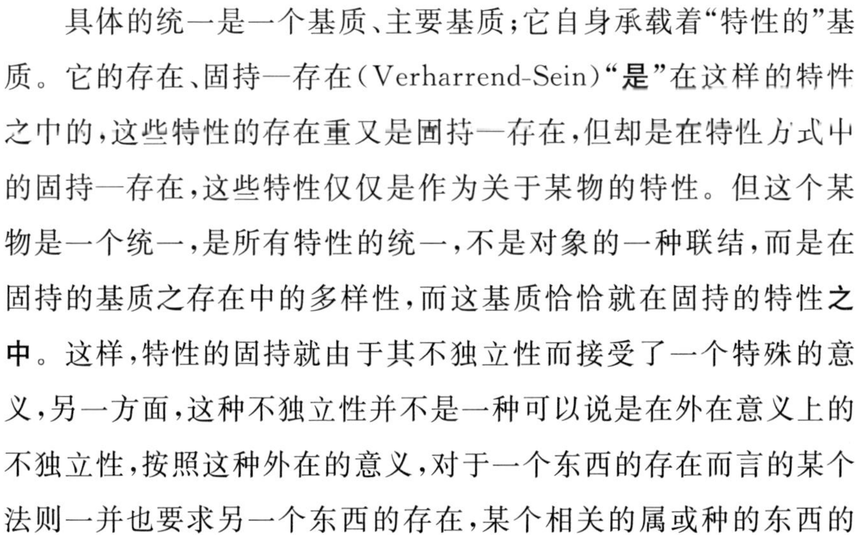

具体的统一是一个基质、主要基质；它自身承载着“特性的”基质。它的存在、固持—存在（Verharrend-Sein）“**是**”在这样的特性之中的，这些特性的存在重又是固持—存在，但却是在特性方式中的固持—存在，这些特性仅仅是作为关于某物的特性。但这个某物是一个统一，是所有特性的统一，不是对象的一种联结，而是在固持的基质之存在中的多样性，而这基质恰恰就在固持的特性**之中**。这样，特性的固持就由于其不独立性而接受了一个特殊的意义，另一方面，这种不独立性并不是一种可以说是在外在意义上的不独立性，按照这种外在的意义，对于一个东西的存在而言的某个法则一并也要求另一个东西的存在，某个相关的属或种的东西的存在。具体个体在与其他具体个体的关联中的不独立性，完全不同于特性的不独立性。特性是基质对象，然而是对一个基质的创造(Erzeugung)，这个基质可以说是生机勃勃地活在这些特性之中，而且这个基质就是它之所是，只是处在这些特性之中。

但现在我们还观察到本质区别，即这里在特性标题下总括地显现出来的那些因素彼此奠基的层次顺序的本质区别。

261 在声音素材的基质统一的例子中，我们将**延续**与它在延续特性方面的本质，或与在此固持的对象的整体**特有本质**(Eigenwesen)区分开来，前者并不是真正意义上的特性(延续本身并不延续，不固持)。这个在对象与特有本质之间的区分意味着什么？

诚实地说，它要么就只是一个口头的区分，即是说，对象本身与在这里被称作特有本质的东西一样，是同一的东西，即在延续中的固持；要么它意味着特性本质的融合(融合的整体)，并且因此而表达“对象”、作为其特性之统一的时间客体，或者它表达**埃多斯的**(eidetisch)本质，它可以为许多时间对象所同一共有，并且在它们之中个别化。个体的个别本质(埃多斯[ειδos]的个别化)是时间客体本身，它本身是固持的，而且据上所述是如此地固持，以至于在它身上可以区分出组元(Komponenten)，也就是固持的组元；而且只要它们组合成一个固持之物的统一(但不是结合起来的，而是在它身上可作区分的统一)，这个固持之物、具体一个体的时间客体就处在固持的特性**之中**，它在它们之中展开，并且在其存在中还伸展到它们之外。反过来，这些特性不仅在个体的时间客体中必然是被结合的，而且它们也存在，只要这个个体的时间客体存在，在这些特性中以特性的方式这样和那样地存在。

然而我们还是回到声音素材上来：

它存在于它的音质、强度、音色等等之中——但这些特性的地位并不是同等的。我们说，质性，例如 c，是或多或少有强度的；c 具有某种强度，而且有可能是一种变换不定的强度；但不会是这样的情况，即：强度具有一个质性，并且有可能具有一个变换不定的质性。（如果一个质性持续地过渡为另一个质性，那么强度可以始终保持不变。但我们不会说并且也看不到：一个固持的强度以不同的方式质性化，正如我们与此相反地看到：一个固持的质性会采纳不同的强度，或者在**其**强度上发生变化。）在音色和其他那些规定性方面，情况也是如此，这些规定性始终与作为基本特性的质性［相关联］，质性在它们之中得到进一步的规定，同时本身（即“作 262
为”质性）却不必经历变化。

如果我们另以颜色素材为例，那么类似的情况也适用于颜色质性，进一步适用于红色等等。但空间（或准一空间）**广延**的情况是怎样的呢？这个广延显然又具有一个不同的位置。［空间］将那个在广延中广延着的东西加以个体化。

颜色素材是一个广延着的素材，就像它具有一个带有强度的颜色质性等等一样。广延作为“特性”属于颜色素材（作为固持的素材），但它并不像强度那样属于质性。作为**其**概念界定而围绕质性组成的各个属性（Beschaffenheit）提供了一个相对具体的统一，它作为总体而进行的“延展”、伸展超出了广延，它分有着广延，延长着、扩大着广延。每个部分都有其特殊的质性，因此也就有其特殊的强度等等；而整个广延具有**一个质性**（**质性化的**一个**统一**），属于它的是在任何其他质性方面的一个**总体强度**和总体特性的

统一。——

连续性如何会成为课题？我如何可能以贯穿它本身的方式观察[它]？我在回忆中穿过一个过程，例如一个对象的变化序列，但坚持把握住每个相位、每个相位连续统、相互接续的整个连续性。这样我便在每个瞬间都同时把握到一个在“并存(Koexistenz)”中的连续统，只是在每个现在中都是一个不同的连续统，即老的连续统连同新的展开。如果我结束了，那么我就在现在中同时把握到作为课题的总体。即便我不把变化进程当作课题，我仍然可以在回忆中反思并且指向它，并且在一个创造性的再回忆中使这个进程以回忆的方式得以再创造，在此过程中我获得一个由各个并存—连续统组成的连续序列，这些连续统在连续的增长中使这个课题再次原初地产生出来。当然，像在(一个充实了的)空间广延的情况中一样，我并不具有连绵的演替，具体地说：不具有这样一个进程，它在一个时间点和一个时间片段中同时作为一个延展了的当下而被给予，但我以在一个当下中延展地被给予的方式而拥
263 有作为过去的过去连续统，而这里的被给予方式是指这类东西所能被给予的方式。只要在这里也有过去的连续统在时间点和时间片段中延续地和贯穿它们地(以某种固持的方式)被意指，并且是在某种原初性中被意指，这里便存在着一种与并存的(空间的)连续性的类似性。与此相反，一个连续统甚至一个多数和一个变化则只能以“明确的”形式在贯穿中被给予，亦即演替地被给予。个别—把握、关涉、总括等等则是在相互接续中进行的，是在不明确的并存基础上进行的。

时间内容的连续序列的统一。时间对象之**相位的时间序列**统

一、作为时间对象存在之**形式**的时间序列本身，对象存在就是“对象点”的一个相互接续，这些对象点借助于这种连续的存在形式而构成一个连续统——：

相位(Phasen)指的是什么？作为一个固持对象的对象统一是一个具有连续形式的统一，而我们可以关注统一并关注这个形式的各个部分，并且与它们相符，我们发现不独立的对象，它们是这些部分的部分形式的统一，以至于整体延续的对象就在这些部分**之中**，并且以特有的方式是由这些部分所聚合而成的。这些局部统一的连续序列是一个被结合在一起的诸对象的序列。但整体延续的对象统一并不只是一个结合的统一，而且还是这样一个统一，它穿过不间断的相位连续性(融合)而伸展，它处在每个相位中，并且从每个相位中选取养分，丰富着这个对象的存在内容，但它自身并不是这些相位的单纯相互连续(而且不是由相位所构建起来的，或不是通过划分而从连续的总体中凸显出来的块片)。如果我在对象的内容方面贯穿这个时间，那么我便具有一个对象的连续性。时间客体的统一的伸展从头至尾地贯穿它，但它并不是课题。如果我生活在时间流中，对象的连续性(进程)在流动，但它并不是课题。这一个和那一个是不可分的存在。

因此才有空间概念向时间性的引申，才有将时间形象地理解 264
为一条线的做法，才有将延续形象地理解为一个片段的做法，在这里，时间中的单维度的顺序同时也得到形象化。反过来，我们在并存的系列方面谈及在一个点序列，谈及一个持续的颜色序列、声音序列，即是说，把时间概念纳入并存。

如果时间上的后继之物满足了某些条件，一个**时间序列**自身便具有**统一**；如果这个后继之物展示着某种内容上的连续性，并且具有这种连续过渡的方式，即在一个持恒地（konstant）延续着的目光中被把握到的连续过渡方式，[那么就会出现]那种与并存的连续统的相似性。统一是对这个作为**进程**的连续统的同一基质而言的统一。

逐字逐句来自西费尔德页张：

我们**一方面**具有一个连续的**统一**意识，而它为我们提供（基质，作为）**不间断的**而且也真正不可分的统一、一个在时间连续性中的同一之物：在连续的时间流中的同一之物。另一方面我们具有（对延续的棕色的时间片段的划分）一个间断的意识、一个被分片的意识，而在对片段的区分中我们具有**诸多**上述意义上的**统一**。这些统一并不总合为或并不构造出这个棕色的延续基质的统一、这个整体片段的棕色的统一，[①]相反，我们在此所具有的恰恰是这两者：一方面是在不划分的贯穿进程中的不中断的统一意识，另一方面是与各个部分相符合的划分与多样的统一意识。如果我们可以说是重又取消这个划分，那么我们便获得整体片段的基质，而只要它们划分自己，而且只要对局部—统一把握的有序系列之进行与对中断的意识之进行本质上是“相合的”，那么整体基质也就与
265 诸局部基质是相合的；但这并不是指：整体基质被分片为诸局部基质。在生活于连续的贯穿中，连续地生活于延续着的意识中的同

① 从“逐字逐句来自西费尔德页张”的标题起至此可以参照第35号文字、第240页第25～34行。胡塞尔对自上而起的文字加了方括号，但这个方括号到第265页第5行在“……属于相应部分的基质”之后便已结束了。——编者

时，我在每个瞬间都具有延续者，而且它在每个瞬间都是与属于相应部分的基质相同一的，但它在任何瞬间都不是流逝的基质的总合。相关延续的这个块片的棕色和那个块片的棕色是不同的基质，但只要相关延续的这个块片的棕色和那个块片的棕色连续地充实着**一个**时间片段，它们就是**一个**基质、**一个**贯穿在这个时间片段及其基质之始终的延续之物。

"这个贯穿的同一性意识不应被混同于那种完全另一种对时间上始终相互排列的各个瞬间（或者没有划分：一条连续的河流）的一个**整体**的意识。当我们生活在同一性意识之中时，我们在被充实的时间的连绵流河中所具有的'始终'是**一个东西**。时间客体并不是这个伸展、这条**河流**，而是这个**自身**伸展的东西。但明见无疑的是，我们而后始终可以把这个伸展本身变为对象，进行划分、区分。棕色的伸展连同其各个棕色—瞬间的连续性是被一个同一的基质**所穿透的**。"①

〈第 38 号〉　对整个西费尔德考察方式的异议。②

一个**颜色**显现并且延续，它一段时间不变化，而后自身变化。一个声音响起，它有一段时间保持不变，而后自身变化，它变为另一个，过渡为第二个声音或持续地过渡为连续的新声音；我们在这里更恰当地说：声音 c 始终保持为声音 c，而后过渡为一个特别**流畅的**现象、一个质性流，它还有可能过渡为一个新的流畅的声音现

① 这段被胡塞尔加了引号的文字可以参照第 35 号文字、第 241 页第 14～24 行。——编者

② 写作日期为 1917 年。——新编者注

象，例如过渡为 h。

让我们在这里更进一步地考察这类事件。所有连续地在声音
266 上被充实的时间片段都为我们提供**具体项**[①]，它们具有一个普遍的、类型的共同性；我们将它们称作**声音现象**。在这里，在时间分片的过程中，连续地被声音所充实的片段（如后加的分析所揭示的那样）在相同的时间部分中、在单纯“**重复**”意义上都是相同的，所有这些片段都有一种特别的共同类型本质，它在分析前便已提供了一种特有的相同性；而我们将每个这样的个体具体项都称作**同一个声音**、一个**具有同一实事本质**的声音一个体，而两个这样的声音便叫做**在内容上同一的**。它们至多在**状况**方面和在时间长短（或延续）方面**相互有别**。两个具有同一个延续的个体的和具体的声音就叫做具有同一个具体本质的声音，它们仅仅在其时间状况方面是不同的。（但我们也有可能说，两个声音是对同一个声音的单纯重复，只是具有不同的状况和时间延续。）

然而**在内容中，特殊意义上的质性**仍然有别于其他的内容因素。撇开时间长短和时间状况方面的规定性不论，同一个声音通常说来并不是具体一内容方面的同一个（即是说，在如前所说的从那些始终变更着的时间规定性中抽象出来的情况下），相反，我们在遭遇许多声音的情况下总会谈论同一个声音：同一个声音，只是重复的声音，这里同时也就意味着，只是一个是响亮的，或者更响亮，而另一个则是低沉的，或者更低沉；再就是：只是一个具有小提

① 我最好是从例子出发，从所谓完全具体地被理解的声音出发；感性的具体项以及声音的课题的个体。

琴的音色,而另一个则具有长笛的音色。[①]

一个同一的本质在这里作为规定着的而出现在内容中,或者作为这样一种东西,它在突出的意义上构成了**特质**(das *quale*),但在许多方面具有变换的规定块片,只是通过对这些规定块片的确定,它才变得具体,而在这些规定块片发生变化时,它始终是同一的。

这个**特质**具有其种属(声音质性属、颜色质性属)。但还会有进一步的区分;或者毋宁说,这整个阐述都会陷入动摇。以上所述所涉及的难道不是那种通过划分而使各个相同具体的部分一再地得以产生的情况吗? 除此之外,人们还能够获得一个**特质**概念吗?

如果我们以始终被认定质性相同的(gleich qualifiziert)片段 267
类型为出发点,那么它们就会在数学上还原为同一个质性的时间点之连续统,而质性是一个点概念。这个展开了的东西并不具有一个质性(Qualität),而是具有一个质性认定(Qualifizierung)、一个着色(Färbung)、一个定调(Tönung),它是由各个点质性(Punktqualität)构建而成的;或者这个具体项是一个由质性点(Qualitätspunkten)组成的融合统一,或者毋宁说:一个由时间点连同其"具体"时间充盈所组成的融合统一。

在较为宽泛的质性意义上(不是在特殊的**特质**意义上)的**质性认定**,或者是一个**各向同质的**(isotrope)——始终是逐点地相同

① 即是说,同一个声音:a)如果完全具体的本质是同一的(状况是不同的);b)如果只有时间延续是不同的,"内容"是同一个;c)如果突出的本质,即这里叫做质性的本质,是同一的。

的——质性认定，或者是一个**各向异质的**(anisotrope)质性认定。如果我们从某个“位置”、从充实了的时间片段的某个瞬间或块片出发，并且穿过相邻的瞬间、块片，那么一切都在相合、相同性的意义上流逝，或者并不始终在这个意义上流逝。如果我以声音 c 开始，它在一个片段上始终是同一个，即是说，就其具体本质而言，而且也就其质性种类而言是同一个，那么声音 c 就“自身”有所变化，这个种类在进展中不再是同一个，而是另一个，并且重又是另一个。**声音** c 在变化——它始终是同一个。它在维续，在延续。质性始终是同一个，在与继续流动的相合中，我在质性方面经验到“同一个”[①]。——

个体的对象：它具有其具体的**本己本质**，它是由各个“构造”因素、由特性而“构建起来的”或“抽象地”区分为这样的因素和特性。它“**具有**”其具体的本质，它本身是这个本质的个体化；而且它会得到一个在时间中的位置、一个**状况**，而且它重又会得到一个延续，并与之相符地得到一个从属于其各个本质的连续**序列**：它得到一个进程。它作为一个发生(Vor-sich-gehen)的统一而存在，它作为延续着的而存在。

每个对象都具有内容与形式，或者它**是**内容，但仅仅是作为形式的内容。

268 现在，关于**独立的**和**不独立的内容**的旧学说与所有这些关于构造性的内容和特性的阐述处在何种关系之中呢？这个旧学说具

① 以后胡塞尔在这里接了一个说明：“在西费尔德页张上：更高层次的对象——一段旋律**没有**变化，它延续这样和那样长，它通过自身‘展开’、通过不断更新的声音的出现而延续。”对此参见第 35 号文字、第 243 页第 2～4 行。——编者

有一个超越出本真的**本质**领域的意义吗？即是说，一个超越出个体本质领域的意义吗？状况并不是不独立的内容（就好像它在本真的意义上是“对象性因素”一样）。另一方面，带着属和种我们难道不是具有了不同的普遍时间规定吗？现在在此一切都还是含糊不清的。这必须成为下一个课题！——

是否**可以**设想由“因素”所构建的对象？就好像对因素的一种结合或融合在最后一个因素没有出现之前就是不独立的一样。

在这个范式上，每个这样的“最后”因素都将是个体化的——究竟应当根据这个范式来进行，还是毋宁说，这是一个错误的范式？

一个东西是独立的，这是指：它可以自为存在，不依赖于其他的东西，没有某个他者的补充。在何种程度上这是一种有意义的表象方式呢？

时间延续是否是这样一个因素，我在它这里可以询问：它是否是自为的？

而作为相对于内容而言之形式的场所与空间广延的情况是如何的呢？

“形式”概念。

269 # 〈四　论立义内容—立义范式的消融〉①

〈第 39 号〉　感知中的时间。②

我们将目光朝向几个无论是**展示性的感知**还是**非展示性感知**（如我们至此为止所理解的那样：实项内在的感知）都共有的要点，并且朝向从这些感知的不同本性中产生出的变化。无论感知是展
358 示的还是非展示的，它们都指向一个切身的对象，而这个对象是一个**个体之物**。我们可以补充——至少就我们所区分的感知类型而言——个体对象每次都是一个**统一**，**相对于杂多而言的统一**。这

① 1907 年初至 1909 年初。——编者

② 这个为胡塞尔本人附加了标题的札记是由编者从胡塞尔 1906/07 年冬季学期在格丁根大学所作讲座的文稿中抽取出的，这个讲座的标题为“逻辑学与认识批判引论”。这份讲座稿的第一部分现存胡塞尔文库，在标号为 F I 25、F I 16（在第一部分）和 F I 10 的文档中，第二部分连同几个页张还存于 F I 17 以及 F I 7 中。胡塞尔显然未作本质改动便将这个第二部分纳入到他 1909 年夏季学期以“认识现象学引论”为题所作的讲座之文稿中。

在这里被复现的篇章产生于这个第二个、起初是在 1907 年初所作、而后在 1909 年重复的 1906/07 年冬季学期的讲座部分。下面我们会在脚注中标出文稿中因 1909 年的重复而加入的附录与修正。——编者（这份文字肯定不是出自 1906/07 年的讲座，该讲座现在已经作为《胡塞尔全集》第 24 卷出版。写作时间：1909 年。——新编者补注）

起初并不明显。我们宁可说:知觉(Perzeption)的功能是把个体之物切身地表象出来,这个个体之物是一个**时间性的统一**。

个体之物是必然的,无论是个体的"事物",还是个体的"进程"。它是一个事物,一个**延续着的**并且用其事物性内容来**充实**时 270 间延续、**充实它的**延续的事物,一个时而以变化的方式,时而以不变、静止的方式来充实其延续的事物。或者,个体之物是一个进程,我们对它——尽管是在显然的另一种意义上——又会说:它延续着并且在延续中本身或是不变,或是变化。我们根据这些本质的**时间事件**来考察被感知之物本身,没有这些事件,它作为被感知之物是无法想象的。

例如,这个事物是统一,它延续着,并且处在它的时间延续中。在它之中可以区分杂多的相位,每个相位都是事物的时间此在的相位。但**这个事物**并不是相位的众多性,也不是相位的连续性,而是这**同一个**事物,它在其时间中**始终**可以保持为同一个,在**每个相位**上都是同一个。这事物可以在它的延续期间始终**不变**,它可以在每个时间点上都赋予相同的内容充盈;但它并不只是在相同性意义上的同一个,相反,它,这个同一的事物,自身始终是相同的;在变化中也是如此:这个同一的事物**在质性上**并不始终相同,即是说,就它一再地变化而言;然而它却仍然是同一个事物;被把握的是一个**自同者**(Selbiges),但它却**自身**变化。

因此,相对于杂多的统一在这里就意味着这种在对个体的知觉中可以把握到的**同一性**,我们完全一般地将它标识为相对于事物相位之连续时间杂多性而言的**事物**同一性。这个连续性同样可以被关注、被意指并且在这个意义上被把握,它是在一个不同于事物的意义上的统一性，它同样是相位连续性的统一。而且进一步说是事物的**延续**或**变化**，是具体充实了的时间本身，事物作为所有相位的同一之物而穿过它展开，或者以本己的方式**处在**它**之中**，可以从它的被给予性中明见地获取。在这个方面显然包含着我们称之为**进程的统一**的东西，只要这指的不是这个事物静止或变化的**实事状态**。在进程的统一中包含着事物的统一，某个东西随着这
271 个进程静止或在这种或那种变化形态中自身变化。就这里所使用的**事物**一词所具有的广度而言（我们还会谈及这一点），我们无须区分个别的事物和关联的事物复合。后者也是一个时间中的同一一统一之物，总地说来还是一个“事物”。

但我们究竟是在何种宽泛的意义上使用关于**事物**的说法，以及随之还有关于**进程**和**时间**、**延续**、**静止**、**变化**的说法？我们明确地说：这里谈及的不仅仅是展示性的感知，而且还有非展示性的感知，不仅仅是超越的感知，而且还有内在的和相即的感知，简言之，谈及任何一种对个体统一的客体的感知。因此，这里所谈的不仅仅是自然客体意义上的事物客体。如果我们过渡到在实项内在感知方面对事态的更为特殊的考察中去，在这些感知中相即地被给予的不是自然客体，而是一个个体之物，那么在这里得到证实就不只是关于事物统一和时间杂多的一般说法，而且我们很快也会发现，**一与多的对立**获得了**一个新的意义**，它会将我们回引到一个关于构造意识的更深层次上。

每个能思(cogitatio)[①]都是在实项内在中被给予我们的，我们

---

① 胡塞尔是在笛卡尔的意义上使用“cogitatio”或“cogitationes”的。这里根据习

在反思中观看它，并且我们以被还原了的笛卡尔式明见性所要求的那种方式来如此地看待它，就像它**绝对地自身被给予**的那样。在现象学分析中，就其是在反思以内被给予的而言，**如此被给予**我们的例如有外感知，在它之中有展示性的物理内容的复合、感觉的颜色、感觉的声音、感觉的粗糙等等。我们以一个声音—内容为例。一个提琴声被听到，但我们并不生活在对提琴声音的听之中，而是我们看向这个**声音—显现**，以及其中作为物理内容的声音，如它在自身中之所是，并且在抽象于那些连同它一起显现的东西，和以外事物感知的方式作为对在空间现实中所拉奏的提琴弦之产物而站立于此的东西。易言之，我们从声音所展示的那些东西中
抽象出来，并且将它视为**感觉的声音**。而后我们显然必须说：在声 272
音被给予我们的实项内在的感知中，它是在**其时间相位河流中**的一个**统一**。这声音延续，而且在内容上，它时而作为不变的站立于此，时而作为变化的，例如它的强度发生变化，此起彼伏，或者它也变化它的所谓质性、它的音色等等。

声音，作为这个时间统一，乃是一个**相即地**被给予的客体，我们也可以说，一个内在被给予的客体，而且我们在这里有一个在一般意义上被我们称作**事物**的例子。这是一个在内在领域中的**事物—被给予之物**，即：恰恰作为一个时间上的延续之物，而且无论它是不变之物，还是自身变化之物，它在其延续中都是时间的**同一**

常对笛卡尔的"我思"的翻译而译作"能思"。但需要注意：笛卡尔所说的"思"与我们通常理解的"思维"（即作为高级智力活动的意识行为）概念并不相互涵盖。笛卡尔在"cogitatio"的标题下所理解的意识行为有：怀疑、肯定、否定、领会、意欲、厌恶、臆想、感觉等等，也就相当于胡塞尔所说的"意识"。——译者

之物，具有其特性，质性、音色、强度的特性，它们对它而言或者是延续地始终保持的，或者在它、在这同一个事物上连续地或间断地发生变换。即便是**特性**也是在时间中的统一，类似于具有特性的事物本身。例如我们说，**声音**的强度在延续，此起彼伏，它有一个片段保持不变，如此等等。在其完全的具体性中、这个从其作为自身封闭之物的背景中突显出来的**声音**，就是事物；但强度却是**声音的强度**，**它也**是时间的统一、在其时间相位之连续中的同一之物，但它恰恰是**声音**的强度，它是一个**附在**声音上的不独立之物，在相即的特性感知中被把握为从属于声音的。这种“特性”的统一的特点在于：它们明见地只能以独特的方式附在另一个东西上存在，这个东西恰恰就“拥有”它们，而且这个东西本身是自在的或自为的，而且并不是在这种独特的意义上为另一个东西所具有。当然，恰恰与事物一样，特性也是一个**内在的东西**，并且有别于我们在自然领域中，并且尤其在超越的领域中称作特性的东西。但事物与特性这两个词都标识一个共同的东西——已有的描述适用于这两方面：自然事物与内在事物一样，都是时间统一，它们具有特性，但不
273 是特性，而特性是时间的统一，它们可以回溯到它们所**附着**的、拥有着它们的那些统一之上。对事物的**感知**和对特性的**感知**双方都是本质地联系在一起的；我们试着这样说：这里有**同一个**感知，这一次是注意力指向这个同一的事物，另一次是注意力指向这事物的这个或那个特性。以下这点是正确的：在关注这个事物时，那些特性是同一的，并且始终是同一的，而反过来在关注这些或那些统一的特性时，那个事物始终作为统一而站立于此。完整意义上的感知包含**对……的关注**（Achtsamkeit auf...），因此要比单纯的

知觉更多，后者可以与其他的注意模式联结在一起。（“Wahr”-nehmungen[感—知、认之为真]一词。）

与事物和特性两者一样，**进程的统一**也是两方面被给予的；进程的统一是**这个**实在地充实了的时间的统一。但在实在充实了的时间中确然地（eo ipso）有一个**事物**在此，它在此时间中延续，而且是带着它的构造性的**特性**而在此时间中延续。就**进程本身**而言，它在**延续**并变化。但进程所具有的是在**有别于**事物—统一之物的**另一种**意义上的延续，它是一个充实了的延续，但事物则是**在延续的每个点上的同一之物**，在每个充盈的相位上的**同一之物**。而倘若说到进程，即便它在每个点上存在，这个在一个点上的存在也还是不同于在这个点上的**事物**之存在。每个点都为进程作出贡献，构建进程，但一个点并不为事物作任何贡献，而是在它之中的完整事物，只是在这个瞬间的事物。即便进程也是一种同一性，而且我们甚至说：进程始终是在形式上与自己相同的，它自身不变化，而且它自身变化，它改变它的形态，它变得更慢了而后又变得更快了。即便进程也是一个统一并且具有它的特性。但所有这些都是在一种本质上不同于事物连同其构造性的事物—特性的意义上。与所有这些相关联的是：一个事物的所有可预见性明见无疑地都是同一的；例如，构造性的事物—特性与事物的属性连同它的变化 274
方式、它的变化形式和流程，这是本质上不同的。

但在两方面，即在内在的实在领域和超越的实在领域中，时间都是上述样式中的个体实在之无法扬弃的形式。我们在这里是在被知觉到的实在之物**身上**把握到时间性的因素，因此我们必须说：如果这是现在，或如果这延续是现在或是**一个内在被给予之物**的

延续，那么时间因素本身就是内在被给予的，它又作为一个超越之物的时间样式超越地被给予。另一方面，“**这时间**”在某种意义上而且明见地显现为**一种唯一的时间**：从相应的时间样式来看，两个实在之物、两个事物、诸特性、诸进程在时间上可以是同一的。

以此为例：对一个实在之物的感知本身就是一个实在之物，而它们的时间是相合的。感知的现在与被感知之物的现在是同一的自同者，感知的延续与被感知之物的延续是同一的，如此等等。如果被感知之物是一个**超越之物**，那么即使它不是实项被给予的，它也**显现在**那个本身成为实项被给予性的感知所在的同一个现在中。如果我们将此感知反思和把握为一个刚刚过去的东西，那么它的被给予之物是在过去之物的同一个时间点上显现的。如果被感知之物是一个**内在之物**，并且因此也是在其实存(Existenz)方面的被给予之物，那么这两个实在个体就是**相合的**：感知与在其——同样相即地被给予的——时间样式中、在其延续和延续的各个点上的被感知之物(例如感觉声音)。**时间并不是双重地在此**，同时性就是时间的**同一性**，尽管时间因素是在实在之物上被给予的。

我们无法对这些在至此为止只是被勾画的方向中所需进行的艰难分析作出进一步的阐释，而是要过渡到一个特别重要的考察中。让我们首先局限于纯粹内在物理素材而作如下思考。

275 在被还原的现象学感知中，**声音这个物理内容**是作为**内在的“事物”**而站立于此，它是诸声音相位的流动的杂多的统一。声音这个事物——它属于事物性一般(überhaupt)的本质——具有一个时间形式和充实时间的内容。这时间形式[是]一个诸时间点的连续性，它们之中的每个点都具有各自的充盈。客体的充实着的内容伸展到那个就是它的延续的时间延续之外。声音延续着，它是现在的，并且一再地是现在。现在一再地是一个新的现在，并且它在新的现在中的同时并不也在老的现在中，而是**曾在**老的现在中。这将我们领向一个新的连续性，不是构成客体之延续的新的声音相位或时间点的连续性，而是声音的**时态映射**的连续性。让我们看一下声音现在（它当然一再地是一个新的现在）。现在是各个声音—曾在之连续性的**边界**，而在这里显然有一个目光朝向是可能的，在这个目光朝向中，我们无法看到曾在的声音相位和这样一些声音相位，在其相对于不断更新的现在而一再后移的同时，它们随其个体同一性也保持时间点的同一性；相反，我们看到的是它们的**被给予性的"现象"**。[①] 这意味着什么？现在，我们显然必须区分对于声音**感知**的每个瞬间而言的**实项内在之物**与**在它之中客观显现出来的东西**。在其延续中的声音乃是在声音感知中内在被给予的，而这个声音感知本身是一个延续的东西。声音感知的每个现在都把握着一个声音相位，而且是相关的现时现在的声音相位。但不只是这些。**流逝的声音相位的连续性是在同一个现在中被意识到的**。这些流逝了的声音相位在感知的相关现在点中被感知到，但并不像那些在它之中作为一个现在而站立于此的声音相位一样被感知到。它们还是被意识到的，它们还**显现着**，但却是以**变异了的**方式。这个流逝的现在连同其充盈并不始终是现时的现在，而是在新的现时现在中以某种**映射**的方式展示自身，而每个这

① 胡塞尔对以上内容加了一个边注："时间意识"。——编者

276 样的映射都可以说是代表了在现时现在中的曾在之物。它在声音感知的相关现时现在点中构成了一个**实项内在的内容**;而这也适用于流逝的和仍然活跃地被意识到声音相位的整个连续性。因此,如果我们将目光朝向在现时现在中的声音感知,那么这是声音的各个时间映射的一个连续性,它限定(terminieren)在一个**边缘相位**中,这个边缘相位**不**只是**映射着**声音的现在,而且是**绝对地自身把握到**它。现在,如果现时的现在移到前面,那么就有一个新的声音现在绝对地被把握到,而**刚刚**曾以此方式被给予的东西,则是由一个映射来代表的。但以前的诸映射的整个连续性就要再次经历映射。感知—现在的整个实项内涵**连同**其所有那些实项地包含在它之中的映射都"**坠入到过去之中**",这样,每个相位、每个映射都会重新地得到映射,如此等等。

我绝不是想把这个分析称作最终的分析,我们这里的任务不可能在于解决所有现象学问题中的这个最困难的问题,即时间分析的问题。我认为这里所做的仅仅在于略微地掀开这个至此为止还对我们隐而不显的时间意识之神秘世界的面纱,我尤其想要强调**相对于杂多而言的统一**所具有的新意义,与此相关的是关于内在感知、关于相即感知的多重意义,甚至是关于与绝对自身展示相对的**展示**的多重意义。根据以上所说,你们将会容易理解下面的论述。

我们曾以一个感觉声音为例,在强度、质性、颜色方面如此这般地变异,并且此起彼伏,如此等等。一个内在感知、一个排除超越的立义组元的感知,将这个感觉声音自身地和切身地把握为时间统一,把握为这个延续着的、此起彼伏的声音的统一。这里的**杂**

多，是诸声音相位**在时间上的**杂多，它同样可以在其作为进程的统一中被对象化，而且同样是以感知的方式被对象化。但与此重又 277
不同的是**完全另一种“内在感知”**，即**朝向声音映射之河流**的内在感知，在这些映射中，同一的声音“展示”自身，它在每个感知—现在中，通过一种减弱着的变异的连续性，以不断更新的方式，在其现在中并按其流逝的延续来再现自身。这里涉及的显然是一个完全不同的感知；不是对在其连续性中的声音相位的感知，即不是对声音**进程**的感知，而是对连续性的感知，即这个**展示着**它所再现之声音—过程的连续性的感知。如果我们反思对这个统一声音的感知，或者反思对声音—进程的感知，并且抓住它的现在以及在这个现在中实项地属于它的东西，那么我们就会发现它是一个**连续性**，特别是在那些寓居于它之中并经历了**立义—连续性**的物理内容方面，我们发现一种连续性：声音感觉的现在相位和一条余音的河流，在这些余音中，声音的流逝了的存在、曾在的（gewesene）存在以及延续地曾在的存在不断地在这同一个感知—现在中映射自身。映射显然是在此站立于映射的特征中，站立于一种**展示**的特征中，即是说，在其特殊变异中的物理内容具有一个持续的意识特征，某种与立义同类的东西，它恰恰是将展示特征描述为展示的东西。①

① ［**产生于** 1909 **年夏季学期的补加**：］我们以前就已经常常使用显现学（phansiologisch）这个表达，以便在现象学分析的内部明确地强调在能思（cogitatio）的实事与所思（Kogitierten）本身的实事之间的区别，后者也是可以得到明见描述的。我们依据笛卡尔式的考察而坚持能思（cogitatio）这个表达。我们将这样一种研究称之为显现学的（phansiologisch），它根据能思的实项组成来研究能思。但在这里得以确定的是：能思在反思的感知中成为统一，因为在此可以把握和描述明见的统一被给予性；就像我们

278 我们**作一个扼要的重述**。[①]以一个相即地在实项内在感知中被给予的声音为例，我们确定，这个声音是一个个体的统一之物，只要它作为延续的声音站立于此，即作为在这个延续过程中的同一个东西站立于此，它就是统一的。“在延续的过程中”是指：在这个延续的所有可区分的部分中和在这个延续的所有抽象可区分的相位中。在这里，这些相位是充实了的相位，而充实它们的是声音内容，是声音通过其内容来充实，这些内容在每个相位上都是不同的。而声音内容并不是**同一的声音本身**，不是同一之物，不是我们所说的那个延续着并在它的延续中时而静止、时而又变化的东西。这个同一之物如果没有内容就什么也不是，它是它连同其内容之所是。同一之物并不是单纯地被放置到内容中去的，就好像它还可以被重新拿出来并且可以被看做是自为的一样。声音这个**事物**的同一性是**贯穿在**所有相位以及所有从相位连续性中所获取的内容之始终的，声音作为这个同一之物只能被看做是穿过这个连续

将感知、回忆和判断看做统一，并且以统一的方式谈论作为感知显现或回忆显现，谈论设定的特征、注意力的特征等等。但另一方面，这些统一的是杂多的统一，亦即这样一些统一，它们必然回指到最终时间流的杂多上，在此时间流中它们必然展示自身，在显现学的时间流中映射自身。在这个河流中包含着绝对之物，所有现象学的分析都回归于它。我们谈论的是绝对的显现学的时间流，而且我们说，所有统一都是在它之中构造起自身的。

所有这些客体性都在某种意义上是[上面所说的]那种意向的客体性，是统一，并且可以说是由统一所建构的，而且在这个意义上的所有统一都是时间的统一、实在的统一，是在某种意义上单纯的意向统一。每个这样的统一都先天地，即本质地与一个构造性的意识流相一致。

① 胡塞尔加有边注：这里涉及的是对“从 87 起”所做考察的扼要重述，准确地说，从——在文稿中所标明的——这个地方起，即从这里第 39 号文字——第 269 页——所再现的地方开始。——编者

性而自身伸展的东西、在它之中延续的东西、一个静止和重又变化的自同者。

我们看到，这里有各种不同的——类似的——统一处在本质联系中。声音的统一曾是事物—统一，我们从中区分出我们称之为事物特性的从属统一；这里也应当提到事物性的关系。此外我们还要强调那些叫做进程的统一。

每个感知都在设定这样一种统一，实际上与这些统一的基本形式相符合的还有感知的形式与类型。这些感知类型之间有本质规律性的联系，从一个感知类型可以过渡到另一个感知类型，随着一个对象性的被给予性还有其他的对象性一同被给予，即在对感 279
知的相应转向中，在从一个感知类型相一两个感知类型的过渡中把握到另一些对象性。无论这些统一是内在的、相即被给予的统一，还是超越的、亦即通常意义上的外在事物、外在特性、自然过程等等。

如果我们从一个通常的外感知过渡到一个对其感觉内容的内在感知，那么这个过渡的可能性是先天地建基于外感知的本质之中的。例如，我们感知一辆邮车驶来，并且留意车轮滚动的噪音或邮车号角的音响，从所有那些意味着超越的东西中抽象出来。而后我们就这个内容说：它是一个内在的客体；车轮滚动的进程、邮车号角的音响，它们在这里都是相即的被给予性。**这里的内在意味着什么呢**？它是否意味着，客体不是在意识之外，而是**在意识之中**，而且意识就像一个口袋，统一的内在的客体就藏于其中？我们当然应该关注现象学还原的学说。邮车号角的音响在外感知中是一个超越的实在之物，在内在感知的本质上变化了的观点中，它不是超越之物，而是内在之物，而在其中——初看起来就是如此——事实上也包含着客体在感知中的一种实在蕴涵。然而，从前一讲结尾的各个考察中已经得出，这里必须极为小心。我们在这里将这些考察继续进行下去。

对音响的外感知不是音响，而且**也**不是对此的一个在其他方面[①]空乏的观看。这在这里是完全自明的。就内在感知的情况而言，音响作为单纯的物理内容是客体，并且是作为客体而相即地被给予的，这里存在着一个较大的诱惑，它让我们如此这般地看待这个事态，并且把感知解释为一种对实项地寓居于它之中的内容的无区别的把握和拥有。但是，如果我们采取一个反思的新步骤，即

280 采取一个作为观念可能性而建基于感知本质之中的步骤，即是说，如果我们从对内在音响的感知过渡到**对这个感知的感知，时间意识的奇迹**便会开显出来。对不断处在更新的现在中的声音的感知并不是对声音的一种单纯拥有，即便是在现在相位中的声音。毋宁说，我们在每个现在中除了现实的物理内容之外还有一个映射，或者更确切地说，我们发现一个特有的声音—映射，它限定在现时感觉到的声音—现在中。如果我们反思地关注那个从被吹奏的邮政号角的声音中或从车轮的滚动中于现在、于现时的现在中被给予的对象，并且就像它被给予的那样关注它，那么，我们就会发现**扩展着**这个声音或滚动之现在点的**回忆—尾**（Erinnerungs-Schweif）。这里明见无疑的是：要不是感知意识在包容现时感觉点的同时也一并包容了以前的各个现在的感觉所具有的减弱着的

① “无区别的。”（胡塞尔原先加在文稿中的注释。——译者补注）

相位之连续性，内在的事物就根本不可能在它的统一中被给予。如果过去的东西不在现在中再现[①]自身，它对于意识来说就什么也不是，而如果现在(Jetzt)不是**作为一个过去存在的界限而**在意识中站立于此，那么现在也就不是现在，亦即对于相关瞬间的感知意识而言不是现在；过去的存在必须在这个现在本身之中再现自身，[②]而它是通过那个限定在**感觉点**中的、在其他方面变得模糊不明的映射连续性来再现自身的。[③] 但这个映射连续性显然并不是一个感觉点的连续性。[④] 与声音的现在相位相符合的感觉相位，乃是这个现在的唯一感觉相位。过去的感觉并不是作为感觉而被保留下来的。只有感觉的余声、本质上改变着声音素材的印象特 281
征的特殊变异[⑤]，才作为统一的连续性而在现在中是当下的。而在其中，每个相位又都在特征上有别于另一个相位，连续性是作为连续性而站立于此的；作为减弱的系列、映射的系列[⑥]。这个连续性在感知的每个瞬间中都在最真正的意义上是实项内在的，而无论我们如何在感知中一个现在点一个现在点地追溯它的相位，我

① “再现”(repräsentierte)一词后来被胡塞尔——最迟约于1909年——修改为“当下化”(vergegenwärtigte)。——编者

② “再现”(repräsentieren)一词后来被胡塞尔修改为“当下化”(vergegenwärtigen)，前面的语句从“自身”(sich)开始加了间断的重点号，表明胡塞尔对此有疑虑。——编者

③ “映射的连续性”(Abschattungskontinuität)一词后来被胡塞尔修改为“滞留的连续性”(retentionale Kontinuität)。——编者

④ “映射—”(Abschattungs-)这个语词部分后来被胡塞尔删除了。——编者

⑤ 在“变异”一词后，胡塞尔后来加入：“当下化变异，更确切地说：滞留的变异。”——编者

⑥ “减弱的系列、映射的系列”这几个词后来被胡塞尔删除了。——编者

们也无从发现这个**声音**、这个**现象学的事物**，甚至在本真的意义上连这个声音的相应的现在相位都无从发现。后者是很明显的，我们只需注意到，对同一声音的感知并不会简单地消融在映射系列——这些映射系列在每个新的现在中都限定在一个新的感觉内容中——的流动着的和映射着的后继之中。情况并不仅仅是这样的：感知在其开端现在和第一现在中只是感觉内容，而这个感觉内容立即开始映射，并且同时连续地出现一个新的感觉内容，它立即又过渡到映射中，如此等等。即使再加上下列情况也还不够：在这条河流的行进中，每个**映射**都在进一步地映射着自身，这个新生成的映射又再次映射自身，如此等等；与此重又相关联的是：每个属于某个现在的映射连续性作为整体来看都经历着统一的映射，并且整个过程也可以被看做是**映射连续统的映射**，它在这里始终通过新的感觉点而扩展自身，而后立即将它们转变为映射相位的形式。所有这些都还不够。这个自身变异的连续性的复杂河流自身还不是对延续着的、此起彼伏的声音的感知。在感知中站立于此的是这个统一的对象性，而不是那些混乱的杂多。邮政号角在响
282 起。声音在延续，在扬起，如此等等。关于声音的意识是关于**它在时间延续中**的意识，因此它是作为**相对于一个诸曾在**(Gewesenheiten)**的连续性而行进着的当下**而站立于此，这些曾在是它自己的曾在。显然在这里包含着这样的状况：在对此在的声音连同这个声音的现时当下点的意识中也每次都意向地包含着这同一个声音的过去，亦即它的曾在的当下点，而且是作为同一个声音的曾在的当下点。虽然这个现时地一同被包含的声音过去的每个时间点都在与不断更新的当下点的关联中持续回移，但它在其个体统一

中却始终是意向的，它始终作为同一个声音站立于此。如果现时的声音—现在转入到过去之中，并且不断地回坠，那么可以说它对于感知意识而言仍然还被视为同一个声音现在，被视为同一个声音相位，只是这个声音相位在其与更新现在的关系中连绵不断地回退着。

因此，延续的客体是一个时间统一，而它的延续是客体时间点的一个连续性，这些时间点本身是统一，即相对于感知流的统一。在这里，每个事物相位的统一都与各个映射的杂多形成对照，这些映射本质上属于这个事物相位，而且如果没有它们，对这同一个事物相位的意识就是不可能的。如果我们从声音的当下点出发，并且让它挪移到过去之中，那么就**有一个声音感觉映射的连续统与它的意向同一性相符合**；[1]但感知意识所感知的并不是这些映射[2]，而是（抽象地说）这个同一的声音相位。因而对于时间点或

声音客体平行相位的意向统一而言，映射的连续统[3]具有再现[4]的 283
连续统的特征。一个在特殊意义上的“**意识统一**”，我们也可以说，一个**立义的统一**，恰恰是在这个映射连续性[5]中把握到同一的统一的时间相位。当然这些是抽象的说法。我们强调了属于一个时态客体点的杂多。但**整个延续**正是这些点的持续统一，因此这是

---

① “感觉映射”（Empfindungsabschattungen）后来被胡塞尔修改为“感觉滞留”（Empfindungsretentionen）。——编者

② “映射”（Abschattungs）后来被胡塞尔删除了。——编者

③ “映射—”（Abschattungs-）后来被胡塞尔删除了。——编者

④ “再现”（Repräsentationen）后来被胡塞尔修改为“当下化”（Vergegenwärtigungen）。——编者

⑤ “映射—”（Abschattungs-）后来被胡塞尔删除了。——编者

立义的统一,这个立义根据映射系列的整个复杂性来把握整个延续,并且以另一种立义的方式来把握**在此延续着的统一客体**。

在每个感知的瞬间,由声音的每个过去了的现在所组成的映射系列,都在作为对直至声音—现在为止的过去声音之相位系列的再现[①]而起作用。在感知**流**中,立义的统一在这些再现[②]的持续变化中自始至终都得到保存,以至于这种立义统一会始终贯穿在这些变异的线索之中,即贯穿在那些每次都在感知的流动中与同一个声音点相符的诸变异的线索之中。[③] ——

我们此时看到,看似最素朴的感知、对一个内在声音的感知,是一个多么巧妙的东西。而且我们同时看到,声音这个同一时间客体的内在应当区别于那种构成对声音的被给予性意识的声音—映射以及对这些映射之立义[④]的内在。作为统一被给予的以及——如我们这里所预设的——作为个体的存在,因此而是时间的存在而相即被给予的东西,这在最终的绝对的意义上并不是实
284 项内在地被给予的,即不是作为**绝对意识的组成部分**而被给予的。

---

① "再现"(Repräsentation)后来被胡塞尔修改为"滞留的当下化"(retentionale Vergegenwärtigung)。——编者

② "再现"(Repräsentationen)后来被胡塞尔删除了。——编者

③ 胡塞尔后来——最迟约 1909 年——对上述文字作了说明:

"再现、立义——它们在这里是不合适的语词。这里所涉及的并不是展示,而是滞留。在 95[即第 279 页第 37 行至第 282 页第 6 行]上已经强调过:这不是感觉(即不是较弱的感觉,不是像糟糕的比喻所说的那种'减弱的感觉')。'立义'——这可能是无法避免的。现在中的本原立义本身经历着滞留的变异,但这个变异成为统一。"——编者

④ "—映射和对这些映射的立义"(—Abschattungen und der Auffassungen dieser Abschattungen)这几个词后来被胡塞尔删除了。——编者

内在的可以意味着**超越的**对立面，这样，声音这个时间事物就是内在的；但内在的也可以意味着在绝对意识意义上的存在者，这样，声音便不是内在的。

我们也可以这样论述：**无论被感知的是什么，无论作为个体的客体**[①]**而自身被给予的是什么，它都是作为一个绝对未被给予的**[②]**杂多的统一而被给予的**。在这个作为时间统一的统一之本质中包含着：它在绝对意识中“构造”自身。尤其是就相即被给予的统一而言，就像那个声音统一所曾是的那样，我们认识到这样一个奇妙的事实：如果这样一个统一不是某种自身构造的统一，即如果它不是回指向某种具有特别形式的和有关联的**意识流**，它的此在就是不可思议的。如果这个意识流存在，那么统一的客体也就在此，而如果这个客体站立于此，那么这个内涵的绝对意识流也就必定存在，这个客体是在此意识流中的统一被给予性，或可以从这个意识流中作为统一而被给予。在某种意义上，内在的声音—事物的**存在**(esse)消融在对它的**感知**(percipi)中。这个**感知**本身不是一个事物，并且具有别样的存在方式，但这一种存在方式是随着另一种存在方式一同先天地(a priori)被给予的。在那种**意识流**意义上的感知以及随之而作为可能性被给予的统一——感知意义上的感知“创造出”事物，只要这条意识流的绝对存在是对声音的可能拥有

① “无论自身被给予的”(was immer selbstgegeben ist)这几个词后来被胡塞尔修改为“无论被把握为自身被给予的是什么”(was immer als selbstgegeben erfaßt ist)——编者

② “未被给予的”(nicht gegebenen)这几个词后来被胡塞尔修改为“未被把握到的”(nicht erfaßten)。——编者

和把握，而没有这种可能性它就什么也不是。客体本身是其所是，只是作为相即感知的意向客体，或者说，作为绝对意识的某条河流，它使得这种相即的感知成为可能。——

这个内在客体与一个给予性意识的本质关系在这里要求解决
285 这个被给予性问题，即：必须仔细地研究意识杂多及其统一，客体便是在其中“构造起自身”，在其中意向地作为相即被给予的而站立于此，而且没有它们，客体就什么也不是。①

但在继续进行之前，我们现在必须解释某些或许已经对你们涌现出来的**困难**。个体的声音、这个时间的统一，是在一个具有特殊建构的相即感知中被给予的。我们回溯到这个感知上，并且研究即便只是粗糙地研究：内在统一在这种感知的绝对意识杂多中意向地构造起自身的方式。如果我们就这样来研究对声音的**感知**，它**本身**是在二阶的反思感知中被给予我们的，而且在这个反思感知中的声音—感知这个客体、这个个体的、时间的客体，重又是内在的被给予之物。对声音统一有效的，当然也对声音感知的统一有效。因此，与这个在所有的内容时间点方面的整个延续统一相符合的又是一个由杂多组成的构造性河流，这些杂多从属于绝

① 人们当然可以问：是否恰恰必须说：这样一个客体的存在是在相即感知中的存在，而不只是在可能的相即感知中的存在。我的想法是这样的：如果映射的杂多是在绝对意识之中，那么它并不因此而必须是一个相应的内在立义*，而后才把内在客体摆置出来。在外感知的情况中，例如内在的感觉是否真的被客体化为内在的客体？姑且不论它们是否是在被意指的客体，即在被析出意指的(herausgemeinten)客体意义上的客体。

*“立义”(Auffassung)一词后来被胡塞尔修改为“把握”(Erfassung)；胡塞尔后来在这个注释的整个剩余部分上面加了一个问号。——编者

对意识，而且是以二阶感知的形式。但对这个二阶感知的反思重又使它作为一个时间客体而站立于此，若没有一条由杂多组成的构造性河流，这个时间客体就不可能存在，这条构造性河流本身重又是一条时间流，并且在构造一个时间的统一，如此**直至无限**(in infinitum)。

接下来需要作以下的陈述。如果我们谈及对声音的感知，那么在这里始终要区分作为绝对意识的这个感知和**被客体化的**感知，更进一步说，作为反思它的感知之**对象**的感知。在我们反思时，我们不仅将感知把握为现在，而且也把握为明见的曾在；但在 286
它现在作为被关注的和特别对象的感知而站立于此的同时，这个感知的过去的片段却并不作为被关注的曾在之物而站立于此。此外，如果我们反思地关注声音—感知，那么我们会发现映射系列以及对它们的立义，即将它们立义为从属于声音被给予性之本质的。如果我们关注与此同时进行的二阶反思感知，相应的情况当然也是有效的。但我们显然不会在下阶的感知中找到从属于这个感知的立义，它们毋宁说是在较高阶次的感知中进行的。

对这个事态的更深入的分析肯定会面临巨大困难。这个分析必须澄清：**持续的自身映射属于绝对意识的本质**，感知立义的观念**可能性**就包含在这个意识的本质之中，这些感知立义可以说是从这条绝对的映射河流中获取作为一个内在—意向统一的时间统一，或者说，在其中构造出作为一个内在—意向统一的时间统一。这是建基于所有绝对意识的本质之中的，因此也建基于每个被进行的统一设定、每个被进行的感知的本质之中。即便是它们也在映射自身，即便是在这里，新的立义的观念可能性也建基于这个绝对的映射河流之中，这些新的立义从那些映射杂多性中获取那些属于它们的、在它们之中自身映射的统一，这便是二阶的绝对感知。同样的情况也对这些感知有效，如此等等。从某种意义上说，绝对意识处在所有统一设定之前，即在所有客体化之前。统一是客体化的统一，而客体化是客体化着的，但不是被客体化的。所有未被客体化的客体化都属于绝对意识的领域。

〈第 40 号〉 客体性的各个阶段。①

1.“意识”之河流。

287 2. 前经验素材的(präempirische)“时间”连同过去、“现在”、而后；以及前经验性的“存在者”、延续着的和变化着的“存在者”(声音作为“意识内容”)。

3. 经验素材(empirisch)存在的阶次、经验(Erfahrung)存在的阶次、经验的被给予之物和被思考之物、我们称作实在现实的存在。实在之物在前实在之物中构造自身。

A)感知的事物和前逻辑的经验、还在客体化层次的“思维”之前的——在逻辑的或前逻辑的思维之前的经验直观的统一；我们尤其要从作为人格的经验自我的构造中抽象出来，因此也从“其他人格”的构造中抽象出来。因而事物还不是交互主体世界的、交往世界的同一事物；还不是科学的事物。实际上我们可以有两项：

1)直观的——逻辑的；

---

① 根据在这个札记页张上的一个出自埃迪·施泰因之手的说明，她曾将这个札记“用于”编辑第 34 节、第 119 页(边码[427])。——编者

2)在精神客体化之前的意识——交往的意识与精神客体化之后的个体意识。

因此,倘若我们限制在个别意识上,并且人格客体化不牵扯自我与其他自我,那么事物客体化的层次究竟会延伸得有多远(或一个构造自身的“事物”究竟会获得何种意义)? 如果我们这样问:那么我们便具有〈这样的问题〉:

a)纯粹直观的事物—客体化会获得什么? 而且

b)逻辑的客体化(经验逻辑的客体化)会获得什么? ——

仅就在没有交往共同体的情况下能够做些什么而言。(可以在何种程度上将科学建构为非交往的?)

B)同感进入到作为身体的事物之中。身体与心灵(精神)。本己自我——陌生自我。精神事物、人、人格或心灵的交往(commer-cium),通过它们的身体。同一事物的构造,同一个世界连同一个空间和一个时间的构造,作为交往同一的世界的构造、作为一个自然的构造、作为一个自然科学的构造。——

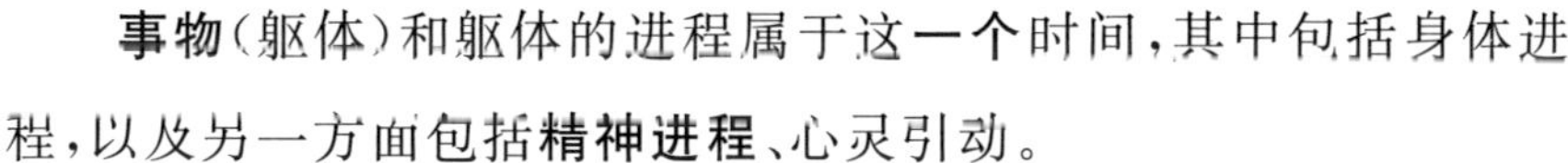

事物(躯体)和躯体的进程属于这**一个**时间,其中包括身体进程,以及另一方面包括**精神进程**、心灵引动。

因而在显现活动和显现者之间存在着一个时间关系,即:如果 288
我们追随直觉,那么显现活动和显现者在每个**感知**的情况中都是同时显现的。(另一方面,回忆活动和被回忆之物却并不显现为同时的;感知的图像表象和被表象之物重又显现为同时的,但作为图像被表象之物的被表象之物却仍然不会显现为此时和此地的——因而实际上[显现为同时的]只是表象和图像客体,而不是图像主体;期待和被期待之物当然不会显现为同时的。)

问题：这个同时性究竟是某种原初的、原本质的东西呢？还是从精神事物和心灵的客体化中才生长出来的呢？究竟是这种客体化以那种同时性为前提，还是反之？

这个同时性“显现着”，但它一般说来“实际上”根本不存有，这是不言自明的。我现在看到的星星或许在几千年前就不再存在了（当然在非本真的显现情况中也是如此：听到的锤声）。“显现”（实际上我们在这里不能谈论它），或者不如说，内在的立义和被立义之物在同一在场的现在中是同时的，这属于绝对意识的本质吗？自身构造的同一内在声音与构造它的行为是同时的。对被构造的声音—现在的立义、认同以及它连续性的河流。

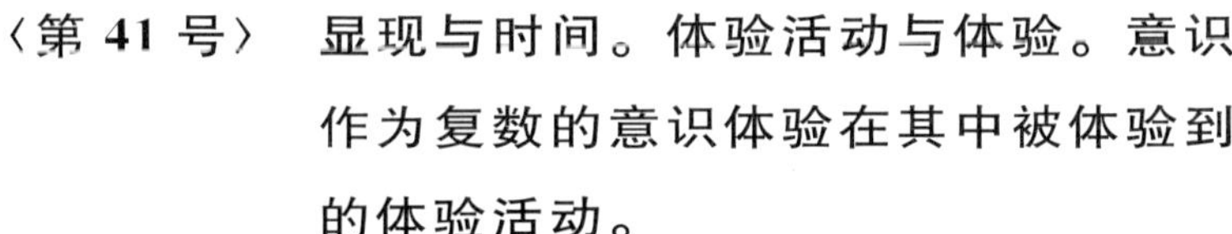

〈第 41 号〉　显现与时间。体验活动与体验。意识作为复数的意识体验在其中被体验到的体验活动。

显现与时间。

在格丁根的最初几年里，显现（Erscheinung）这个概念给我带来一些麻烦。有一个显现的概念似乎得到了界定，它似乎排除了“任何时间特征”，即：人们在某种意义上可以这样说：我在感知中、
289 在一个相应的回忆中、在一个纯粹想象中具有同一个显现。这所房子恰恰是从同一面显现给我，在同一种颜色中等等，而且在这里是从同一个位置出发，即在颜色的同一种映射中、在形式的同一种映射中等等——**同一个显现，“只是”一次是感知的显现，一次是想象的显现**等等。然而，这里的区别不就像在同一所房子之间的区

别，只是一次是被感知，另一次是被回忆，如此等等？

如果我们使显现成为客体，那么我们事实上就是一次具有作为客体的现时感知显现，一次则具有想象的显现，它当然是同一个显现，只是被想象化了。并没有两种房子：被感知的房子和被想象的或被回忆的房子，与此相同，也没有两种显现；**显现肯定就是感知的显现**，一个想象的显现是关于一个显现的想象。**回忆显现是对一个显现的回忆**。

诚然，现在人们会说：在回忆中我们回忆这所房子、这些和那些进程，但我们这时回忆的不是相应的显现。

对此的回答当然是：问题在于人们把感知、想象表象、回忆称作什么。应当在这里对这些概念作不同的了解：我们并非“**朝向**”(gerichtet)两个东西：房子和房子显现。但这两个东西在某种程度上都是在此的。如果我们把此**朝向状态**(Gerichtetsein)算做行为，或者，如果我们把感知理解为行为，把回忆理解为恰恰是这种朝向状态的行为，那么我们就需要一个适当的语词来表达这个单纯的显现以及它的想象的、回忆的变异。

这一点当然还要得到进一步的研究：回忆这所房子，这就是具有一个回忆显现，但不是使这个显现成为客体，不是朝向这个显现，不是在确切的意义上意指它。这里的问题在于：

1)我们具有一个基本的变异，它将显现(未变异的显现)导向变异了的显现(想象)。这样的话，意指的区别便属于另一个维度，它是一个被奠基的区别。

2)在单纯想象和回忆之间的区别是什么，在清新的回忆(它是 290
“感知”的一个组成部分)与再回忆之间的关系又是什么？

体验活动(Erleben)与体验(Erlebnis)。意识作为这样一种体验活动,在它之中,复数的意识体验被体验到。

体验活动作为**河流**的统一[①],在此河流中,本原的显现学(phansiologisch)时间构造起自身,伴随着作为显现学—时间**统一**的**体验**的构造。

因而每个**体验**都作为统一而属于被构造的统一的秩序;每个这样的统一都可以成为一个内在感知的客体,而这个感知重又是一个统一的体验,并且属于被构造的统一的秩序。此外,一个统一在其中构造自身的**河流**同样可以在一个观看的目光中被把握到,在一个反思中**被把捉到**(同样的情况也适用于此,这个把捉重又成为统一,如此等等)。

由于一个体验成为**内在感知**的客体,它便作为一个**自身当下的、绝对的被给予之物**而站立于此,作为一个现在,同时这个现在具有它特有的现在,后者具有它的此前和它的此后。这属于时间构造。

在**诸体验**中也有这样一些体验,这些体验与内在感知是类似的,因为在这些感知中某物是以"**相似的方式**"站立于此,只是不以自身当下的方式,而是以**拟—当下**的方式。根据观念的可能性,每个感知都有一个想象表象与之相符合,而且还有一个回忆(如果我们把想象与回忆区分开来),同样还有期待。每个内在感知也都有

① 不是在被构造意义上的统一。——编者

一个与内在想象与之相符合；此外，正如每个内在感知都与这样一个体验相符合一样，这个体验可以说是“通过目光的朝向”而成为内在的感知，内在的想象也有一个变异了的体验与之相符合。

现在我们将体验划分为两类，一类是本原的体验，一类是非本 291
原的体验。每个自身—当下—意识（Selbstgegenwarts-Bewußtsein）都是本原的体验，无论它是一个通过一种意指的目光才变为一个感知的体验，还是一个已经是感知的体验。

或者每个体验[①]都是“意识”，而意识是关于……的意识。然而每个体验**自身都是被体验到的**，并且**在此意义上**也是“被意识到的”。**这个**被意识状态（Bewußt-sein）是关于体验的意识，并且它要么是原生的、**本原的**意识，即对作为体验—**当下**（Erlebnis-Gegenwart）的体验本身的意识，要么就是次生的意识，即它虽然是对一个体验—当下的意识，但当下的体验则是这样一种体验，它是关于一个非自身当下的意识、一个当下化的意识，并且是对一个体验的当下化，而这个体验重又可以是一个关于某物的意识，有可能是关于某个拟—当下的东西，例如关于一所房子的意识。

对每个体验来说，都会有一个基本的变异与之相适应，根据这种变异，它成为“想象材料”（Phantasma），关于体验、关于意识的想象材料。但当下化可以是“真实的”（wirklich）当下化，可以具有回忆的特征（完全具有真正当下化的特征），或者它可以具有单纯想象的特征。

---

① Erlebnis（体验）。在尾音“-nis”上胡塞尔后来补加了一个问号，并且同时加有边注：“与此相反，时间流。”（Dagegen Zeitfluß）——编者

因而我们具有:本原的体验(感觉)——非本原的体验:单纯想象材料——回忆;相应地:内在感知——内在的单纯想象表象——内在的回忆表象;而后是瞬变的(transient)[1]体验。每个瞬变的感知都以经历着本原立义的感觉为前提;每个瞬变的想象表象都以经历着想象立义的想象材料为前提;每个瞬变的回忆都以经历着回忆立义的回忆为前提。

292 **再次思考:**

诸流体[2]的河流——"内在"时间统一的构造、绝对意识内容的构造:被感觉到的内容的构造——颜色映射、"声音";被感觉到的事物显现的构造——房子显现、事物显现;特殊意义上的"行为"(作为被感觉性)的构造——"目光的朝向"与意指。喜悦(对重现的好天气的喜悦)、希望、谓项判断等等。

所有这些都作为在内在时间中的统一,以及"无论是否被注意到的"统一。总体意识是一个总体统一。总体意识构造一个总体统一:即是说,总体意识是一个完完全全的**意识**,是一个完完全全

---

① 胡塞尔在1906/07年冬季学期"逻辑学与认识论引论"的讲座中(参见前面第269页注2)对一词作了如下定义:"我们将这样一些感知称作'实项内在的感知',这些感知的本质在于:实项地把握被感知之物,并因此而实项地与它成为一体。即是说,我们在各种例子中从各个能思(cogitationes)中作为感知而了解到的那些相即(adäquat)感知,同时也就是实项内在的感知。那些并不在上述意义上实项地把握其客体的感知,被我们称之为瞬变的(transiente)感知。如果它们的本质在于:只是以非相即的和瞬变的方式把握其对象,那么我们就将这些感知称作'超越的'(transzendent)。"——编者

② "流体"一词,胡塞尔的原文是"Fluentien",但他在该词后加有括号内容"(Fluxionen?)"。英译作"flows"。——译者

的**诸流体的河流**,而每个这样的流体都属于一个统一。因而这便是**第一性意义上的意识内容**,作为被体验性(Erlebtheit)(统一)或被意识性(Bewußtheit)(被感觉性)的体验。现在我们在它们之中发现一个特殊的群组:**统觉**(Apperzeptionen),并且在其中发现事物立义,或者更确切地说:事物显现。

事物显现是被意识性、内容、内在时间统一。但它们本质上构造着新的统一。即是说,显现在某些从属于显现的显现杂多性中流逝,与此同时,显现构成在第二性意义上的统一意识。它们不是在原初意义上的意识,而更应当说是已被构造出来的东西。因而如果我们将显现和显现的杂多性称为意识,我们实际上就必须回溯到构造它们的**原意识**上,并且将此原意识标识为**构造着的**。而后我们就应当说:这个原意识构造着二阶的统一。或者我们不把显现称作意识,并且不把显现的杂多性称作意识联系,而是毋宁称作关于……的统觉、关于……的显现。

根本性的东西在于:从观念的可能性上说,每个内容都可以变为被意指的内容,并且作为一个此物而被设定。每个内容都可以被给予:对它的意指的设定就是给予者。这种被理解为内容的意指并不重又是一个在原初意义上的意识,但却是属于此原意识的 293
河流。意指是一个"行为"(一个行为就已经是统一),而这是一种新的意义上的意识的复合。

每个显现的对象(二阶的统一)都可以成为被意指的对象和被设定的对象。可以看向它,可以在它上面加上这个(Dies)(观念的可能性)。而后它便成为一个在第二性意义上的意识的对象。

如果我们就此而论把这个设定为此物的活动称作**行为**,那么显现本身就不是行为。

在被体验性、被意识性中包含着一个在本原被意识性或印象与再造的被意识性(再造、想象材料)之间的基本区别。我们在这里需要研究回忆和单纯想象材料,而空乏的被意识性、空乏回忆、空乏想象材料也可以说是一种变异。显现作为完整的和空乏的被意识性,同时却构造着新的统一。

“帕纳斯的进阶”(gradus ad Parnassum)[①]。作为更高统觉的象征表象。因而统觉是一个比素朴显现更为宽泛的概念。象征(图像或客体)映像着、类比着或标识着另一个客体。

综合。

可惜,帕纳斯还在云雾之中。

〈第 42 号〉　明见性。

386

每个被体验到的内容都隶属于一个内容的连续性(一个内容的减弱着的诸相位的连续性),它可以被理解为个体的(时间的)对象性,而且是一个延续对象之诸相位的连续性。

我作一个编排整理:

1)内容本身的连续性(无论立义是否出现)。这时人们会说:内容本身在延续,并且同时在变化或不变。但这里不可混淆:在内在时间事物意义上的内容,即时间中的个体对象——以及最终时
294 间流的内容,它们在延续,并且不是时间客体,而恰恰是意识的最

① 帕纳斯是希腊的山名,为太阳神和文艺女神们的灵地(日后也转义作“诗坛”解)。“帕纳斯山的进阶”(gradus ad Parnassum)是多首著名乐曲的标题。胡塞尔在这里是在双重的意义上使用这个名称。——译者

终河流。**原初的**变异始终将**现在**—内容(它们在受到立义时便"成为"现在—相位)[转变为]映射,它们按其本质是对非现在的展示。

2)立义特征的连续性。

作为个体客体化之形式的**时间意识**、作为每个可能显现之形式的时间意识。在这里我们重又要区分:绝然的显现(印象的显现)——以及它们的再造性变异。因而时间意识要么就是印象性的,要么就是再造性的。

因此我们具有根本不同的区别:

1)最终的**起源**区别(印象与再造)。

2)属于显现形式的区别(我们在这里从一开始就在印象的领域内活动,在再造的领域中"一切又都复归","只是发生了变异")。

〈第 43 号〉　难题。

现在我说:"我刚刚感知 A,A 刚刚曾在,而这是我亲眼看到的。"难道不可能我现在具有这个原生的回忆,而实际上 A 根本不曾在,实际上此前根本没有一个对 A 的感知吗?"清新的"回忆究竟是如何为一个此前的现在感知提供保证的呢?——①

从时间分析中得出:我以前讨论"明见性"的方式是含糊的。我常常在与自身被给予性[相同]的意义上使用"明见性"。的确必须区分:[一方面是]明见性,另一方面是被给予状态本身;前者是从属于判断的明察,即这样的判断:某物本身在此,它是,并且又作

① 此札记的这个第一段落几乎逐字逐句地重新采纳了对这个"难题"的一个较早札记;参见前面第 25 号文字、第 202 页及后页。——编者

为这个而被给予。

我意指某物，而它是如其被意指的那样被给予的，并且是作为被意指的而被给予的。明见性＝被给予状态＝以“内在”方式的被给予状态、“相即的被给予状态”。如果从那个著名的成见出发，人
295 们在这里就会说：我如何能够得到**延续**的明见性？刚刚曾在的明见性？“清新的回忆”所展示之物的明见性？参见上面的难题。

当然，明见性并不是被布伦塔诺理解为点状现在—感知的“内感知”之明见性。每个认同、区分、每个判断都以演替为前提，都以延展了的感知、把握为真（Wahr-Erfassung）为前提 。这就是自身本质规律性的明察。明见性与现在点的关系必定是一个臆想。能思（cogitatio）就已经是一个延续者本身的明见性。

〈第 44 号〉 意识的时间形式。

这里要进行区分的考察：

1）在感觉和想象材料之间的区别，在伸展到所有现象上的对“印象”与再造的划分的意义上。

2）连续的减弱，它既涉及印象，[也]涉及再造。

每个现象都有其彗星尾，或者每个现象都是一种诸相位的连续性，连同最高的相位，对这个最高相位我们说：它在减弱。每个现象都“产生”、“延续”、“变化”——这是客观的说法。但另一方面，一切都在变化（在新的意义上）。在客观立义中一个现象的产生就是一个新东西的出现，现象的延续就是一种自身变化，因为连同那个保持不变的东西一同被给予的是“这同一个内容”的各个减弱着的相位的彗星尾，如此等等。

因此，在绝对意义上的现象领域（显现学的杂多性领域、客体化之前的体验领域）中，只有变化，只有一条永恒的河流。

如果说，印象在减弱，而再造同样也在减弱，那么就需要关注：再造的系列连同其种种减弱仍然是并且始终是一个再造的统一，而且每个再造的本质就在于：它们被理解为对……的展示（有可能是对……的回忆；而何时是后者，这需要更为仔细地考虑）。现在 296
这会引起误解。但我们必须区分再造本身和再造性的表象，完全就像我们必须区分印象本身和印象性的表象＝感知表象一样。

3）感觉的减弱有可能不产生想象材料。想象材料的减弱则一再地产生出想象材料，但以某种方式发生了变异，恰如印象的减弱会一再地产生出印象，但以时态的方式发生了变异一样。**时态的变异与从印象到观念的变异是根本不同的**。后者是分立的（diskret），前者是持续的。

4）根据2），在现象性（Phänomenalität）的本质中（在所有绝对显现学之物的本质中）包含着一种“生成”。这对于我们来说就是唯有通过**时间立义**才以产生、进行、延续和自身变化方式完成的生成。这个绝对的生成是所有时间立义的基础，但不是时间立义本身。**时间**是所有个体客体性的**形式**。客体性尚未在单纯“内容”和单纯内容的河流中被给予。只要意识不进行综合，并且例如在延续中不以认同的方式设定一个延续者的同一性，也就**没有延续**，而只有某个有待进行特征描述的内容的河流。这种特征描述重又是通过一种对内容**本身**的客体化而发生的，并且是通过**构造**客体性的行为而发生的。时间并不是那些构成意识本身的体验、“内容”的形式。另一方面，人们当然不得不说：内容[也有**其**时间]，意识流具有**其时间**，而且在意识中一切都是时间上被编排整理了的。

然而恰恰需要**区分**：[一方面是]这种属于意识本质一般、即属于所有体验和体验联系的本质的意识之秩序，以及[另一方面是]**客观地**归属于体验的时间秩序。**时间形式**并不是在后一种意义上的显现学形式，不是绝对存在的形式，而只是一种“诸显现”的形式，但这就是说，只是一种个体客体的形式。我们必须说：它不是一种**绝对的**形式，而只是一种**范畴的**形式。

因而**时间意识**是一种**客体化**意识。若没有认同和区分，没有
297 现在设定、过去设定、将来设定等等，也就没有延续，没有静止和变化，没有相互接续的存在，如此等等。这就是说：没有所有这一切，绝对的“内容”也就始终是盲目的，也就不会**意味着**客观的存在，不会**意味着**延续等等。而当下拥有(Gegenwärtigung)和当下化(Vergegenwärtigung)的区别也属于此，混乱的意见。在客观**时间**中有**某个东西**。**某个东西**！这是由客观的立义决定的，如此等等。

〈第 45 号　意识流的双重意向性。〉①

内在时间客体、这个在此的内在声音内容，只是在此意义上才是它所是，即：它在其“现时的”延续中前指向一个将来之物，并且回指向一个过去之物。现在被意识到的这个声音就以一种方式成为这种内在时间客体，它在一个构造时间的现象中起作用，从而使这个现象获得一种观念的可能性：恰恰把这个声音的过去进程重

① 这份札记的很大部分都已在第 23、25、26、27、28、29 节中得到了复现，下面还会个别地予以标明。——编者

新当下化，以当下化的方式重新构造它。同样也有持续的“意向”指向将来：现时当下的延续块片一再地启动一个新的现在，而一个**前摄**就附着在那些构造声音的“显现”上；一个前摄，只要声音在延续，这个前摄就在充实自身，作为对这个声音的前摄，如果有某个新的东西开始取而代之，它便自身扬弃并自身变化。[①] ——

对内在之物的回忆本身是内在的，关于内在之物的本原意识本身不是内在的，亦即在内时间意识的**时间之物**之意义上。这不是很讨厌吗？人们会想说：当下化意识与当下拥有意识仍然是“完全同一个东西”，只是“有所变异”而已，难道它会有一种完全不同的建构吗？这难道不是个**问题**吗？

如果我将声音 C 当下化，那么它便作为过去的而站立于此。298
我在当下化的同时听到其他的声音，我看到我的周围环境等等。当下化作为一个现在站立于此。在内在的时间点中开始，例如以刚刚听到的噪声 X 开始，并且同时随它而结束。它延续，并且与 X 延续得一样长，X 是一个内在的感性客体。声音 C 以一种“或多或少清晰的方式”浮现在我面前。但被当下化的东西，作为曾在的东西以及同时拟—流逝的或刚刚流逝了的东西，以及这种不清晰性的各种样式，它们都与这整个被当下化的内在之物以及它的意识样式相关联。

（对关于 C 的本原意识而言有效的是，声音 C 首先显现为生动的、真实的、清晰的，而后带着减少的清晰性而过渡为“空乏之

---

① 胡塞尔在边上后加了一段文字：“但在前摄与滞留之间的区别是本质性的，前摄不去决定将来之物可能是什么，以及客体的延续是否可能终止以及‘何时’终止，而滞留则是受束缚的。”——编者

物”。这个变异属于**河流**。但恰恰在这同一种变异出现在对此河流的当下化中的同时，还有**其他的**“不清晰性”会在此出现，即是说，“清晰的东西”已经像是披了一层面纱，不清晰地站立于此，并且或多或少是不清晰的，如此等等。因而不可将这些和另一些不清晰性混为一谈。）

当下化的这些生动性或不生动性、清晰性或不清晰性的特殊样式并不属于被当下化之物，或者只是借助于当下化的样态才属于它，相反，它们属于当下化的现时体验。

一般说来，当下化的建构显然完全遵循本原的当下拥有的建构：即是说，当下拥有是我们所描述的纯然的当下拥有相位的**河流**，它的意向性在于：这种相位是关于同一个东西的意识，而且是关于一个内在时间之物的意识。对C的回忆现在重又是一条河流，但却是一条当下化相位的河流，这些当下化相位乃是对相应的当下拥有相位的“变异”、“再造”，并且以此方式而是它们的准确“反映”（Spiegelungen），整条河流也是如此。

当下化具有一个与当下拥有不同的意向性。这两条河流的要
299 素和瞬间是不同的，就此而论，这里完完全全地存在着一个区别。当下拥有的河流是由体验瞬间组成的，当下拥有的河流也是由体验瞬间组成的。体验瞬间在这里意味着什么？我们在这里只能指出一点：在被当下化的东西和未被当下化的东西（本原的东西）之间有一个区别，而且这个区别对于意识流来说也存在：反思的目光当作本原的而把握到的一条意识流就是体验，恰恰就是我们称之为体验的本原河流，并且根据这河流的样式而进一步称作现在—体验、减弱的体验，等等。当下化的河流也是体验流，但它的体验

是当下化的体验，就是说，每个体验都是**关于**……的当下化，而在此意义上的当下拥有不是**关于**……的当下拥有。当下拥有着的乃是与一个在它之中构造起自身的内在客体有关的当下拥有。但当下化着的乃是一个双重意义上的体验，因为它是对一个相应的当下拥有的当下化，并且因为在当下化河流的连续统中，就像当下拥有(Gegenwärtigung)当下拥有着(gegenwärtigt)一个内在的客体一样，这个当下化(Vergegenwärtigung)也当下化着(vergegenwärtigt)这个内在客体。

这样我们便结束了吗？而后就可以说：

当下化河流①是一条体验的河流，它的建构与任何一条构造着时间的体验河流是完全相同的，即是说，它本身是构造着时间的。所有那些构造着时间形式的映射、变异都可以在这里[重新]找到，而且，完全就像内在的声音(它本身不是体验)在声音体验的**河流**中构造起自身一样，声音—当下化的统一、即声音—回忆的统一(同样还有声音—想象的统一)也在声音—当下化的体验中构造起自身。普遍有效的是：我们在现象学的反思中从所有那些在最宽泛意义上的显现者、被表象者、被思考者等等而被回引到体验上去，并且所有体验都处在构造着时间的河流中，亦即经历着一个内 300
在的客体化：即对感知显现(外感知)、回忆、期待、期望等等的客体化，使它们成为内意识的统一；也就是说，任何一种当下化，只要它们是体验，就在构造着那些具有普全地构造着时间的形态的体验

① 这个札记的文字从这里开始到第300页27行已作为第23节的结尾在第94页(边码[409])第22行至第95页(边码[410])第22行上得到复现，只有略微的变动。——编者

流动,即构造着内在的客体:“延续着的、这样或那样流动着的当下化进程”。

但另一方面,当下化的本己特点在于:它们自己本身并且根据所有体验相位都是在另一种意义上的**关于……的当下化**(Vergegenwärtigung *von*...),它们具有一个第二性的、另类的意向性,一个并不对于所有体验、而只对它们而言是本己的意向性。但这个新的意向性的特殊之处在于:它就形式而言是那个构造着时间的意向性的对立形象,而且正如它在每个要素中都再造着一个当下拥有之河流(Gegenwärtigungsfluß)的瞬间,并且在整体中再造着一个整体的当下拥有之河流一样,它也如此地制作着一个再造性的意识,即关于一个被当下化的内在客体的意识。因此这个新的意向性构造着一个双重的东西:一方面是通过它的体验流的形式构造起作为内在统一的当下化;并且,由于这条河流的体验瞬间是一条类似河流(它在通常情况下是由非再造性的瞬间所组成)之瞬间的再造性变异,并且由于这种再造性变异意味着一种意向性,这条河流便组合成一个构造着的整体,在它之中有一个意向统一被意识到:被回忆之物的统一。

为了澄清瞬变之物的当下化的情况,显然首先有必要澄清意识流的双重意向性,在这些意识流中,一方面,通过河流的形式,一个外部显现或一个外部显现进程的统一得以构造;另一方面,通过这条河流的显现体验要素所特有的意向性(由于这些要素,每个显现体验作为河流的体验瞬间便具有一个外部的意向性),一个外部的以及本身重又是时间性的客体便构造起自身,它的时间就是客观的时间。

在这里和在当下化的情况中一样，在时间构造中构造起来的内在对象是“显现”。但在这里，它们是当下拥有的显现，而不是当 301 下化的显现。可是这会导致这样一个状况：显现体验这一次乃是具有当下化特征的意向性，另一次则具有本原意向性的特征。

这里有一个大问题：这种本原的意向性或本原的“关于……的显现”（内在）不仅是内在的时间性，而且还构造着（瞬变的）时间性，它们的特征何在？在于相对于自发性而言的“素朴性”、被动性吗？那么一个被当下化的、但却被设定为现在的东西的情况如何呢？同感（Einfühlung）的情况又如何呢？是否要事先确定外感知的最素朴的瞬变的客体化？因此，这就导向了事物性与空间和时间相一致的构造。

每个体验都有其关联意向，这是肯定的，而且这一同属于它作为**时间统一**的构造。但我怀疑的是，究竟应当怎样理解这一点，以及这里是否在任何方面都是完全清晰的。必然会有一个延续的存在构造起自身，而且首先是一个体验—存在。就此而论，每个**生活**都是迎向生活（Entgegenleben）。但生活不是体验。生活是构造着的意识的河流。但**每个体验**都前指向将来之物和回指向曾在之物吗？在每个体验中，例如在一个期望体验中，都包含着这样的状况：这个体验被意识为现在，并且在现在中有一个意向朝向非现在，朝向将来之物。但这些意向还是作为在时间意识中的存在者而属于存在样式，亦即属于生活，而不属于在其自身之中存在着的体验本身。属于存在者的是什么？**时间顺序**以及时间顺序的规定性、必然性：B 在 A 之后，而后 C—B 属于这个联系。现在，在原初的时间意识中、在生活中就包含着与现时的、构造着现在之生活的

"联系",即是说,每个回忆都含有这样的意向,它们的充实会导向当下。提出这个顺序的客观可能性:当时是这个,而后有这个,直到现在。

时间中的**顺序**:这不是一个建基于想象内容中的区别,类似颜
302 色区别,在相关颜色的显现中的一个颜色秩序。**再造**以再造的方式给出一个现在、一个刚刚—刚才和一个刚刚到来。但被再造的现在应当是一个过去或将来或现在(被当下化了的);而在这里,再造可以是直接直观,以回忆或期待的形式,或以非滞留和非期待、直接的时间直观的形式,最终是以间接的形式。[①] 而我们认为,这些可能性中**必定**有一个是存在的。没有一个再造的现在是能够被设定的,而且没有一个再造的现在不是在时间统一中的现实性,即包含着现时现在的现实性;根本就没有再造的时间之物。另一方面,一个再造的时间之物可以在**任何**时间之中,除去当下不论。而时间位置并不是某个能够作为被给予之物而以某种方式在这个内容中被找到的东西。另一方面,时间位置却是可以被指明的,例如在回忆中:我追随回忆的联系。而明确无疑的是:每个回忆都已经具有某种对其被回忆之物的位置的"意向",哪怕是一个还不确定的;但它这时便是一个可以确定的不确定性,而不会随意地变成[确定性]。这样,例如我在回忆时便受过去束缚,而且有可能受前天的束缚等等。因此(首先对于回忆和期待而言)我们具有:

1)对于每个再造、而且是设定的再造而言都有一个**内容**,而且

① 从"而在这里"到"以间接的形式"这几句话是在一个边注中后补上的,这个边注还继续包括以下内容:"对此参见后面。在回忆与期待方面,我把一切[都当作]被回忆之物[来处理?],并立即将它普遍化。但这是容易修改的。"——编者

是在意向方面的一个组成。这些意向[涉及]在此内容之延续方面的被再造的存在；

2)每个延续都有一个内容，或者说，每个延续的存在都有其延续中的形式，有其延续充盈中的内容——但这同一个形式和充盈可以在“这个”时间的联系中具有一个不同的时间位置①。

在对一个延续着的存在的再造中，除了具有对被充实的延续 303
的再造以外，我们现在还具有、并且是**必然地**具有与此位置相关的意向。倘若一个延续没有在联系中被设定，即是说，倘若**联系的意向**不在此，一个延续是根本无法被表象的，或者更确切地说，是根本无法被设定的。而在这里必然的是：这个意向(在回忆和期待的情况中，但这只是特殊的情况)或者具有过去意向的形式，或者便具有将来意向的形式。而后，在它的本质便包含着：被设定为与“现在”意识相一致地“在相反的方向上”与此意识相联合。但这个联合是一个一般的和非本真的联合。它不是充实。

就第一点而言的各个意向，即这整个意向复合体，构成了过去延续的客体显现，它们在属于同一个延续者(同一个延续，为同一个客观规定的内涵所允满)的各个显现之体系中具有其可能的充实。但所有这些显现都必然具有它们的第二种联系意向。时间中的联系意向，指向的是完全不同的方向。这里所涉及的是对直至现时当下的被充实的联系的制作。因此我们当然需要区分——对于回忆而言(但并不始终以同样的方式)：

① 这个札记的文字从这里开始到第307页第32行已在第25节、第26节中，以及在第27节的第一段(第97页(边码[411])第23行到第102页(边码[415])第2行)中得到复现，带有一些改动。——编者

［其一，］对那个过去延续着的客体在其中被给予，即被感知的意识的再造；

以及［其二，］那些以对于“过去的”或“当下的”（与现时的现在同时）或“将来的”意识而言构造性的方式依附在这种再造上的东西。

那么后者是什么呢？它也是再造吗？这是一个容易使人误入歧途的问题（它会诱惑人们将现时性与印象混为一谈）。当然，这个整体是再造。不仅是当时的意识当下连同其河流，而且**以隐含的方式**还包括整个直至活的当下的意识流，它们都是“被再造的”。“**隐含的**”（implicite），这在心理学上就是说：回忆是处在一种连绵的河流之中，因为意识生活是处在连绵的河流之中，而不仅仅是一个环节一个环节地加入到链条之中。毋宁说，每个新的东西都回

304 复地作用于旧的东西：它的前行着的意向在此同时得到充实和规定，并且这为再造提供了一个特定的色彩。因此，我们在这里具有一种回复作用。新的东西重又指明新的东西，后者在出现的过程中规定自身并且为旧的东西变异着这些被再造的可能性，如此等等。在这里，回复作用的力量是循着这链条而回溯的。因为对一个过去的再造带有“**过去**”的特征，并且带有一个不确定的意向，即对某个相对于现在而言的确然时间状态的意向。因此，并不是我们具有一个单纯的“**被联想到的**”意向链：一个东西让人回忆起另一个（流动着的）东西，这个东西又让人回忆起下一个（流动着的）东西；而是我们具有**一个**意向，它自身就是朝向这个可能充实的系列的意向。然而这个意向是一个非直观的意向，一个“**空乏的**”意向，并且它的对象之物就是各个事件的时间系列，而这个时间系列

就是环境(Umgebung)。

"环境"的特征不就在于：一个统一的意向，它朝向许多相互联系的对象性，并且在它们的不同的、多重的、渐次的被给予性中得到充实？一个空间"背景"的情况也是如此。因而在感知中的每个事物也都具有其作为背面的背景(因为这里所涉及的不是注意力的背景，而是立义的背景)。我在讲座[①]中描述为"非本真感知"、共感知的东西，就是一个"复合"意向，它可以在特定类型的联系中、在被给予性的联系中得到充实。没有背景也就没有前景。没有不显现的面也就没有显现的面。在时间意识的统一中情况也是如此：被再造的延续是前景，那些编排意向(Einordnungsintention)使一个背景、一个时间背景被意识到。而这种状况在延续者本身时间性的构造中以某种方式随着它的现在、此前、此后而持续。我们可以作以下类比：[一方面]是将空间事物编排到全面的
空间和空间世界之中，另一方面是空间事物本身连同其前景和背 305
景(至少作为幻象)。对于时间事物而言，是编排到时间形式和时间世界之中，另一方面是编排到时间事物本身以及它的相对于活的现在的变换着的定向之中。可是不要完全从字面上理解和简单地接受这种类比。只有仔细的研究才能确定，它们作为严格的类比真正可以伸展得有多远。

但重要的是要研究，**回忆与期待是否真的能够平等**。直观的回忆为我提供对一个事件之流逝延续的活的再造，而非直观的则

① 这里指的可能是 1906/07 年冬季学期的讲座"逻辑学与认识论引论"；参见前面第 269 页注 2。——编者

始终只是这样一些意向，它们回指着此前，并且前指，直至活的现在。对一个将来事件的直观表象的情况是如何的呢？

我“随后将会下楼去餐厅……”。我“随后将会吃晚饭……”。我现在直观地具有一个以再造方式流逝着的进程的再造“图像”。与此相衔接的是不确定的将来意向和过去意向，也就是那些从此进程的一开始就涉及那个限定在活的现在之中的时间环境的意向。**就此而论**，期待直观是倒转过来的回忆直观，因为在回忆直观那里，现在意向并不“先”行于这个进程，而是后随于这个进程。它们作为空乏的环境着色处在“相互对立的方向”上。

现在，进程本身的被给予方式是怎样的呢？在回忆中，这个进程的内涵是确定的内涵，这是否会构成一个本质的区别？即使是回忆也可以是直观的、但却不十分确定的，因为有一些直观的组元(Komponente)根本不具有真正的回忆特征。在完善的回忆那里，一切都清晰具体，并且具有回忆的特征。但**从观念上说**(idealiter)，这种情况在期待直观那里也是可能的。它在一般情况下为许多可能留下空间，而这种始终开放的状态重又是相关组元的一个特征。

306 **图像性、回忆图像、期待图像。**

这整个直观在某种程度上只提供一个将来之物的范式，甚至是一个图像，因为我在直观被给予之物中看到了某个东西，它没有被给予我，并且它会被给予我，倘若没有任何东西在“图像”中为我开启了某种东西的话。但回忆不也同样——至少一般说来——处处在我具有一个显现的地方都为我提供了一个单纯的图像，但带有这样的意识：曾在的东西在此显现中乃是在具体的特征中摆出自身（sich stellen），在其他地方则是展示自身（sich darstellen）。但这两方面的特别之处都在于：**一个完善的表象原则上是可能的**，亦即一个不再带有任何被给予之物与被意指之物之分歧的表象，一个不再带有**图像客体**（Bildobjekt）与**主题**（Sujet）之区别的表象，原则上是可能的。

难道一个预见的意识（一个自诩为预见的意识）原则上是无法想象的吗？人们难道不能说，我们事实上并不常常具有一个完全确定的计划，并且在直观地表象被计划内容的同时将它可以说是毫发不差地当作将来的现实接受下来。此外，直至现时现在片段的这个块片，在两方面都是不确定的，并且可以是或多或少不确定的（在力量上[δύναμις]）。

但原则性的区别在于充实的方式。过去意向必然是通过对直观再造之联系的确定来充实自身。对过去事件的再造在其有效性方面——或者我们说：在再造本身及其有效性方面（在内意识中）——只允许证实回忆的不确定性，并且允许通过向一个再造的转变来进行完善，在这个再造中，所有的组元都具有再造的特征。这里关涉到这样的问题：我是否真正地看到了这些，感知到了这些，我是否真正具有这个显现，具有恰恰带有这些内容的显现？（另一个问题是：这曾是一个现实性吗？这个显现者曾是现实的吗？）所有这些都必须同时编排到恰恰由这些显现所构成的、直至现在的一个联系之中。

与此相反，期待是在一个感知中得到充实的。在被期待之物的本质中包含着：它是一个将被感知的东西，或者是在生成中的感 307

知。环境意向的情况也是如此。所有这些都是通过体验活动的现时性以及印象的体验活动的现时性而充实自身的。但一言以蔽之,期待直观完全与过去直观一样是某种原初的和特殊的东西。

需要关注的是:在通过再造而完成的时间意识样式中,**回忆**与**期待**只是构成了一个**突出的群组**。在再造性体验的本质中不仅包含着对时间存在的单纯再造性设定,而且还包含着与内意识的某种关联。

在回忆的本质中原生地包含着、并且作为基本实事包含着这样的状况:它是关于被感知的曾在的意识。如果我直观地回忆一个外部的进程,那么我便具有对它的一个再造性直观。而这是一个设定性的再造。但这个外部的再造必然是通过一个内部的再造而被意识到的。(一个外显现必须通过外部进程在某种显现方式中的被给予而被再造。作为体验的外显现是一个内意识的统一,而与内意识相符合的是内再造。)但现在存在着两种可能性。内再造可能是一个设定性的再造,因此这个进程的显现可能是被设定的,而后是在"内"时间的统一中被设定的;或者,外再造可能是一个设定性的再造,客观时间中的时间进程可能是被设定的,但内再造却不是设定性的,即显现本身并不被设定为内时间的进程,因此,相应的、构造着时间的河流也就不是在总体体验流的统一中被设定的。

[①]**回忆与期待的本质**(即直接直观的回忆与期待的本质,参见

① 这个札记的文字从这里开始到第308页第28行已在第28节的第2段(第103页(边码[416])第35行到第104页(边码[416])第15行)中得到复现,带有一些改动。——编者

后面)就在于,它们将被再造的显现编排到内时间的存在联系之中,编排到我的体验的流逝着的系列的存在联系之中。设定(Setzung)通常也伸展到外部显现的**对象之物**上,但这种设定也可以 308
被扬弃,它也可以被反驳,这样,留存下来的便只是回忆和期待了,就是说,我们不会停止将它们称作回忆和期待。我们只是会说:我回忆:我当时"误以为"(vermeintlich)感知了这个,但那曾是个错觉。我期待看到这个或那个(我以前曾期待它,并且以为这是真的,现在我知道,这将是一个幻觉的看。)但通常"我期待这个事件——我回忆这个事件"这两者都意味着:"我将看到这个事件"(或者说,"我将得到消息说这是真实的")——"我看到这个事件"(或者说,"我已得到消息说这是真的")。

我现在看出,这里需要作一个补充:**直接直观**的回忆和**直接直观**的期待——相对于非直观的或间接直观的、非直接地象征化的、建基于非直接认识之上的回忆与期待,等等。在这个意义上直接直观的是**同等级次**上的行为:对外部事物的直接感知、直接直观的回忆和期待,它们都具有同样的建构,即不仅设定被直观到的外部事物,而且设定直观活动,亦即设定内感知、内回忆、内期待,如果这里从一开始就涉及对心理之物的直观,而且是**直接的**直观,那么这个层次系列的区别就不复存在,而我们从一开始就具有同等的级次。

[1]如果我们停留在对外部事物的直观上,对外时间与对象性

① 这个札记的文字从这里开始到第310页第10行已在第29节(第105页(边码[417])第16行到第106页(边码[418])第37行)中得到复现,带有一些改动。——编者

的直观上，那么，我们就还需要顾及**另一些类型**的直观，亦即对时间对象的直接直观。我现在表象容斯[1]；但不是表象为对先前所见的容斯的回忆，而是表象为现在存在的，一如他现在所是。而且我直观地表象一个曾在的事件；但即使我并不回忆它，我也把它当
309 作真实过去的：我根据一个描述来直观它；在将来方面也可以如此。我也可以直观一个当下之物、一个被设定为当下的东西，尽管我有可能从未见过它。在第一种情况中，虽然我具有回忆，但我给予被回忆者以一个直至现时现在的延续；而对于这个延续，我并不具有内部被回忆的“显现”；这个“回忆图像”服务于我，但我并不设定被回忆之物（在其类似延续中的内回忆的对象之物：就像它那时曾以对象的方式所是）。我在这里如何设定，以及我设定什么？无论如何，我们所设定的是在此显现中自身展示的延续者，以及这个显现着的现在，并且设定一再更新的现在，如此等等；但我们并不将它设定**为**“过去的”。

我们知道，在回忆过程中的“过去”也并不是意味着：我们在现在的回忆中为自己制作一个关于以前的回忆的图像以及其他类似的构建。相反，我们只是设定这个显现者、这个被直观者。按照它的时间性，它当然只能在时间的模式中被直观到。而对这个在此同时的显现者，我们以回忆的方式通过这个显现的环境意向而给予它相对于现时性的现在的位置。也就是说，在将一个不在场的当下拥有当下化的同时，我们也必须探问直观的环境意向。这些

[1] “容斯”是对原文“den Roons”的音译。它应当是一个人名，所以后面用代词“他”。但英译者用了代词“它”。——译者

环境意向在这里当然是另一种类型：它们根本不会通过一个在总体上被设定的内显现的持续系列来与现时现在发生关系。自然，这些再造的显现并非没有联系。应当有一个延续者存在，它在此显现，它曾经存在，并且现在存在，并且将会存在。因此，我“能够”在某一条道路上前去观看，并发现事物还在；而后我可以再回来，并在一再“可能的”显现系列中去直观它。假如我此前就出发并已经到达那里的话（而这是可能的，与此相符的是可能的显现系列），那么，我现在就已具有作为感知直观的直观，如此等等。即是说，虽然这个再造地浮现在我面前的显现并不在特征上被描述为以内印象方式曾在的，虽然这个显现者并不在特征上被描述为在其时间延续中被感知为曾在的，但在这里也有与**此地此时**（hic et nunc）的关系，而且我们可以说，这个显现也带有一个特定的设定特征：它被归属到一个特定的显现联系之中（它完全是由“设定着的”、执态着的显现所组成的联系），在与这个联系的关系中，它具 310
有动机引发的特征：环境意向为“可能的”显现本身提供了各自的意向晕。对于我当时没有见到的过去之物（例如一小时前的房子，而我现在第一次看见它）的直观而言也是如此，对于未来也是如此。所有这些都是直接直观。

而后还要**加上**图像化的直观，根据显现等等，亦即非直接的直观：当然，只在这里，时间设定和对未被回忆之物或未被期待之物的设定才真正不再是附加在直观上的一个单纯设定特征。此外，同感（Einfühlung）、融情（Introjektion）重又具有**它们的**间接性。

〈第 46 号　将所有区别都归结为立义方式之做法的可疑性。〉①

通常意义上的回忆与期待处在同一个阶次上，而它们两者都与想象表象处在同一阶次上。

通常意义上的或在某种确切意义上的感知，是现在感知。但也有回忆感知(原生回忆)。对一个遥远的过去之物的回忆或者是空乏的(有可能是象征的)回忆，或者是想象的回忆。后者(直观的再回忆)与对一个未被感知的当下(一个“熟悉”的现在存在者)的直观当下化处在同一个阶次上，[例如]与对我回忆的那条在我房前的熟悉的街道的再当下化处在同一个阶次上；因此，这是对某物的回忆，但这个某物并不是作为曾在之物，而是作为(未被感知的)当下之物而被设定并直观地站立于此。

406

311 但回忆也可以是回忆感知。过去的客体是作为过去的而“被给予的”。过去的客体直观地“显现”，但不是在知觉的意义上。以前我曾倾向于认为这里只是一个立义的区别，并且倾向于说：同一个作为知觉的在场者(perzeptive Präsentant)而起作用的感性内容，在这里经历了一个变异了的立义。

① 可以留意一下这个札记与前面第 15 号文字，尤其在第 173 页及后页中被复现的札记的一些相似之处。尽管如此，这里的札记的写作时间显然——与那个札记相比——要迟很多，这一点至少可以从它的结尾一句中可以看出来。——编者

〈第 47 号 "内容因素"和"立义因素"与清新回忆的明见性。〉[①]

[②]当本真的感知过渡为清新回忆时，人们谈及感觉在场者的**减弱**(Abklingen)、**退散**(Verblassen)等等。但根据前面的研究可以明了：滞留的"内容"根本不是感觉内容，更不是本原意义上的"内容"。当然，在这里很难悉知一切。"内容"这个词究竟想要说什么？当一个声音在减弱时，它自身首先带着特殊的充盈(强度)而被感觉到，而且与之相衔接的是一个强度的迅速消减，这个声音还在此，还被感觉到，但只是在余音中。这种真正的声音—感觉有别于在清新回忆中的声音因素。清新回忆的声音并不是当下的声音，而恰恰是在现在中刚刚被回忆的声音：它在回忆意识中不是实项(reell)现存的。但从属于这个回忆意识的声音因素也不可能是另一个实项现存的声音，甚至也不是一个非常微弱的同样质性的(作为余音的)声音。一个当下的声音虽然可以使人回忆"**起**"一个过去的声音，可以展示它并将它图像化(verbildlichen)。但这已经要以另一个过去表象为前提了。过去直观本身不可能是图像化。

---

① 胡塞尔后来估计这个札记写于"席尔瓦普拉纳或之后"；他曾于 1909 年 8 月滞留于席尔瓦普拉纳(Silvaplana)。但从实际的内容来看，这个札记的写作时间却很难迟于 1908 年秋——这个札记的大部分——带有许多修改——在第 12 和 13 节(第 71 页(边码[392])至第 74 页(边码[394]))中得到复现：更为详细的说明还可以参见随后的注释——编者

关于"席尔瓦普拉纳"可以参见对第 13 号文字的译者补注。——译者补注

② 这个札记的文字从这里开始到第 314 页第 6 行已在第 12～13 节(第 71 页(边码[392])第 13 行到第 74 页(边码[394]第 7 行)中得到复现，带有一些改动。——编者

它是一个本原的意识。当然不应否认余音也是有的。但每当我们认识和区分它们时，我们都立即可以确定，例如它们不属于回忆本
312 身，而是属于感知。小提琴声的余音恰恰是一个微弱、当下的小提琴声，并且与那个刚刚曾在的响亮声音根本无关。余音本身乃至所有那些从较强的感觉被给予性那里（从物理学上讲：在刺激终止之后）保留下来的后像，都与回忆的本质根本无关，更不能将它们看做是必然属于回忆之本质的东西。

但在时间直观的本质中或许包含着这样一个状况：它在其延续（我们可以反思地使它成为对象）的每个点上都是关于刚刚曾在之物的意识，而不仅仅是关于这个显现为延续着的对象之物的现在点的意识。而在这个意识中，这个刚刚曾在之物是在恰当的连续性中被意识到，并且是在每个相位中以特定的“显现方式”，连同“内容”与“立义”的各种区别而被意识到。我们注意一下刚刚响起的汽笛声：在每个点上都有一个延展（Extension）站立于此，而且是在“显现”的一个延展中，这个显现在此延展的每个相位中都具有它的质性因素以及它的立义因素。另一方面，这个质性因素不是实项的质性，不是现在实项地存在的声音，即是说，不是作为现在存在的声音，哪怕它可以被说成是内在的声音内容。现在意识的实项内涵有可能含有被感觉到的声音，而后这些声音在客体化的立义中必然可以称作被感知到的声音、被当下拥有的（gegenwärtigt）声音，但却绝不能称作过去。回忆意识实项地含有关于声音、声音—回忆、直观的、原生的声音—回忆的过去意识，而且它不能被分解为被感觉到的声音和作为回忆的立义。就像一个想象—声音不是声音，而是对声音的想象一样，或者就像声音—

想象和声音—感觉是原则上不同的东西，而不是仅仅受到不同解释、不同立义的同一个东西一样，或者，无论人们在这里想说什么：原生直观地被回忆的声音原则上不同于被感知的声音，或者说，对声音的原生回忆不同于对声音的感觉。

现在，有没有这样的**法则**：原生的回忆**只**有在与前行感觉或感 313
知的连续衔接中才是可能的？每个原生回忆的相位只是作为相位才是可以想象的，就是说，它不能扩展为一个在其中所有相位都是同一的片段？人们会坚定地说：这是完全明见的。当然，习惯于把所有心理之物都当作单纯事实性来对待的经验心理学家会否认这一点。他会说，为什么就不**能想象**一个起始着的意识，它以一个清新的回忆开始，而在此之前却并不曾拥有一个感知？也许在实际过程中的确必须要先有感知，而后才能创造出清新的回忆。也许在实际过程中的确是这种情况：人的意识只有在具有了感知之后才可能具有回忆，即便是清新的回忆。但是，相反的情况也是可以想象的呀。

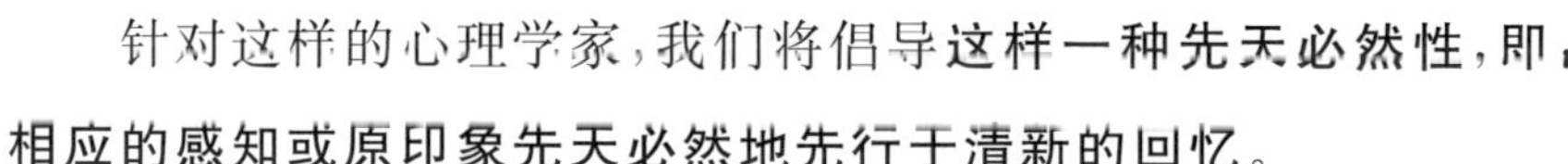
针对这样的心理学家，我们将倡导**这样一种先天必然性**，即：**相应的感知或原印象先天必然地先行于清新的回忆**。

人们首先必须坚持，一个相位只有作为相位才是可以想象的，它不具有延展的可能性。而现在相位只有作为一种清新回忆的连续性界限才是可想象的，就像每个清新回忆的相位本身只有作为这样一个连续的点才是可想象的一样，并且对于时间意识的每个现在来说都是如此。然而至此，如果没有先行的相应感知，一个全部完成的清新回忆串(Serie)也应当是不可想象的。这就意味着，这个从属于一个现在的清新回忆串自身就是一个临界点，并且必

然要发生变化：这个被回忆之物“不断地下坠到过去之中，同时却不改变其时间性”，但还不只如此——它必然就是某种下坠着的东西，某种必然地允许一个明见的再回忆的东西，这种再回忆将它回引到一个再被给予的现在之上，这个现在以相同的方式在回坠的（然而是再回坠的）过程中自身还原为这个相同的串。

但人们现在可以说：我难道不可以拥有一个对 A 的回忆、哪怕是一个清新的回忆，而同时 A 却事实上根本没有发生过？当然可以。甚至还可以确认得更多些。我可以具有一个对 A 的感知，而实际上 A 却根本没有发生。

314 而我们以此并不是例如想申言，以下的事实是明见的：如果我们具有对 A 的清新回忆，那么 A 必定是已经先行的，但我们的确是想申言这样一种明见性：如果我们具有对 A 的清新回忆，那么 A 必定是已经被感知到的（无论它现在是否被原生地关注到，都有某物以被意识到的、即便是未被注意的或附带被注意的方式切身地站立在此）。

当然，在我们看来，也有**一种**清新明见性的明见性：它是通过向内在的还原而产生的，自然也是通过向与内在感知之相应内容有关联的内在回忆之内容的还原而产生的。

所有这些现象学—认识论的**明见性**都需要得到最为仔细的研究。——

有人可能会提出如下的指责：我们的现象学时间分析的整个进程都受一个**经验假设**的制约。人们会说：我们认定了客观的时间进程，而后基本上只是对一种时间直观和一种本真的时间认识的**可能性条件**进行了研究或构想；同时我们从一开始就认定：**确实**

发现了在对时间关系的直观中——也在朝向时间意识进程的现象学的直观中——现存的时间素材和时间秩序。因此我们始终**预设了**时间直观的确切性。

然而在这里需要考虑：我们仅仅在何种意义上从一开始就认定了一个**客观的**时间进程？正是在这样的意义上，就像我们在对事物的分析中认定了一个事物，在对感知的分析中认定了一个被感知之物一样，如此等等。然而我们并没有认定某个**世界**时间和一个世界的真理，没有认定某个事物和一个事物性延续的真实的实存。可是我们要接受显现着的延续本身、显现着的事物性本身，如此等等。这是绝对的被给予性，对它们的怀疑是无意义的。受到研究的并不是一个事先被认定的现实实存的世界时间和世界以 315
及对它们之认识的可能性条件，而是一个世界时间本身、一个事物延续本身等等的可能性条件。

此外，我们也预设了存在着的时间，即不是那个经验世界的时间，而是现象学的（更确切地说：显现学的[phansiologisch]）时间、在意识进程中的内在时间，这当然是正确的；例如，对这个声音—进程的意识、对我听到的这个旋律的意识，确实是直观意识的一种相互跟随。但这“确实”不是在完全心理学意义上的相互跟随，而是在内在意义上的相互跟随。但我们为此需要一种明见性，一种有利于这种以及任何一种完全绝对的被给予性的明见性。而在这里，我们认为，怀疑和拒绝是无意义的。原则上说，可以合理地怀疑的东西，也可以合理地被看做是不存在的。因此，它合理地不存在并且被拒绝，这是可能的。这对于**每个**清新回忆都是确切的吗，包括对内在之物的清新回忆？

我想说：如果可以否认**一个**内在回忆，那么每个内在回忆都可以被否认，如果**一个**内在回忆是确切的，那么每个内在回忆都是确切的。怀疑、认定、否认的动机始终都是相同的。

人们说，能思（cogitatio）的存在是无可置疑的。这是否可以意味着：在一个数学点意义上的能思的现在存在是无可置疑的？就其本质而言，一个能思存在多久，它就必然延续多久，这里的明见性难道会更少吗？

而如果我们对一个哪怕极短的延续都具有明见性，那么我们因此不也就已经具有对清新回忆的明见性了吗？或者应当用合理的或然性来说服自己？人们会说：如果真的存在某个时间关系"a在b之前"，那么原则上就有可能直观到它，有可能使它成为充分证明的被给予性。在每个存在的意义中都先天地包含着：一个被给予状况是可能的。这种可能的被给予状况看起来应当是怎样的呢？它可以是一个间接地被给予状况吗？某个间接地被给予状况的确切性难道不以某种方式预设了对其时间性进行把握的可能性吗？甚至每个个体都必然是一个时间之物。我必须论证的东西，只要它尚未被论证，就是可疑的。如果每个清新的回忆都是可疑的，并且只要它尚未被论证就是没有权利的，那么值得怀疑的就
316 是：这个论证究竟是否是根据已迈出的步伐而进行的，而且它是否可以被置疑，我如何能够申言：我已经进行了论证？

无论如何，还有什么能比以下主张要求更高的权利：[①]当一个

① 这个札记的文字从这里开始到第26行已在第13节（第75页（边码[395]）第8到第31行）中得到复现，带有略微的改动。——编者

序列、一个变换、一个变化显现出来时，本质上属于这个序列等等之显现的内在序列、变化等等就是绝对确然的。有人想要对此作出证明：由于我不能用现在（即那个在现在中现存的回忆图像）来与已经不在了的非—现在作比较，因此我如何能够在现在中知道一个非—现在？这种论证是**根本错误的**。它给人的印象就好像是在回忆的本质中包含着这样的特征：在现在中现存的图像是为另一个与它相似的实事而预设的，并且我可以而且也必须像在图像表象那里一样作出比较。回忆不是图像意识，而是完全不同的东西。被回忆的东西当然现在不**存在**，否则它就不是曾在的东西，而是被当下拥有的东西了；而且在回忆中，它并不是作为现在被给予，否则回忆也就不是回忆，而是感知了（或原—印象）了。对一个不再被感知的、仅只被回忆的东西与某个在它以外的东西进行比较，这是根本没有意义的。正如我在感知中直观到现在存在，并且 413
在扩展了的感知（就像它自身构造的那样）中直观到延续的存在，我也在回忆（只要它是原生的）中直观到过去的东西，它在其中被给予，而过去之物的被给予性就是回忆（作为原生回忆的本原被给予性、作为再回忆的再被给予性[Wiedergegebenheit]）。

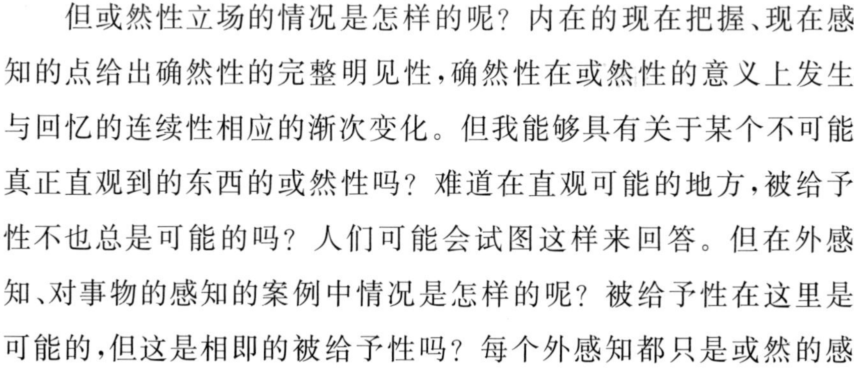

但或然性立场的情况是怎样的呢？内在的现在把握、现在感知的点给出确然性的完整明见性，确然性在或然性的意义上发生与回忆的连续性相应的渐次变化。但我能够具有关于某个不可能真正直观到的东西的或然性吗？难道在直观可能的地方，被给予性不也总是可能的吗？人们可能会试图这样来回答。但在外感知、对事物的感知的案例中情况是怎样的呢？被给予性在这里是可能的，但这是相即的被给予性吗？每个外感知都只是或然的感 317

知吗？这大概行不通。可是，在相反的动机尚未合理地否定其他动机的情况下，谈论或然性是有意义的吗？在一个连内在的相互跟随和相互并列都还没有合理地被设定的情况下，谈论或然性是有意义的吗？

但我认为，所以这些事情都必须得到更为敏锐的透彻思考，并且得到最为仔细的表述。我还没有完全满意。——

我们以一个**声音**为例。在我们听见它的同时，“它在减弱”，而时间意识给予它的位置，是对各个感知的现在而言下坠着的位置。在我们生活的同时，我们在各个回忆中关注这个时间之物，关注这个进程的这些或那些突出的相位，或者关注延续着的、自身如此这般变化着的声音。但我们也可以对象性地关注这些回忆本身，感知它们，而在我们这样做的同时，我们发现它受时间法则的支配，它们在时间中下坠：即是说，对回忆的感知在构造自身，自身扩展为对回忆**的**回忆，而我们便可以获得一个对原初回忆之相互跟随的意识。

这里存在着这样的**法则：两个相位**在下坠时**始终维持着同一个间距**。持续的同一性意识在下坠中将 A 持守为同一个的 A、将 B 持守为同一个 B，借助于这个同一性意识，A 和 B 这两者始终保持着**同一个时间间距**。——

我们在这里始终认为，时间之物是通过一个在时间意识中实项地被体验的内容而被构造起来的，这个内容是由时间性的再现、由时间立义而被激活的。这样便有一个**问题：同一个**内容，刚才是**一个感知的在场者**，现在难道不能**任意**作为**一个回忆的在场者**起作用吗？或者，这是一个其**特征**与自己相关联的**偶然**吗？即是说，这是一个心理事实吗？例如它只是在心理学—经验的法则方面受到规定？**回答**是：否。**回忆相位只有作为相位才是可能的**，“原生”回忆**只能作为附件**、作为一个感知意识的**连续**出现。**我们是从何** 318
而知道这些的呢？

我们明见到：“过去”指向“现在”，而现在和过去相互排斥。虽然同一的同一个可以同时是现在和过去，但只能是通过这种方式：它在现在与过去之间曾有过延续。我们明见到：一个回忆相位不能延续，而且它只能存在于一个从感知出发的回忆连续性的联系中。一个同样明见的法则是：一个感知若没有一个与之相衔接的回忆连续性就不能延续。这里还包括：并非每个感知都可以延续，即是说，对一个构造时间的回忆的感知是不能延续的。是什么使得这样的明见性得以可能的呢？一个兑现这些明见法则的相即直观看起来是怎样的呢？

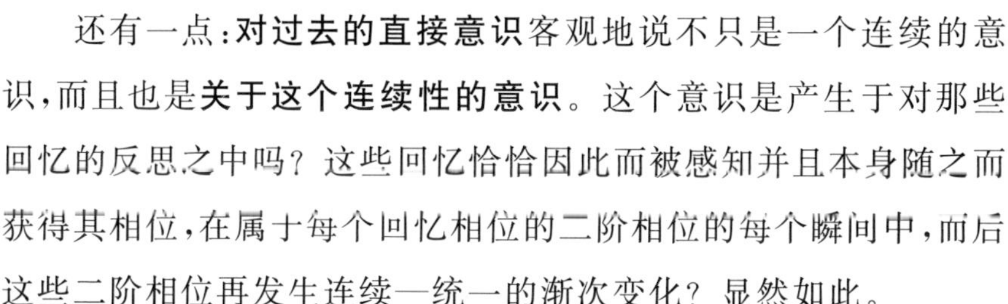

还有一点：**对过去的直接意识**客观地说不只是一个连续的意识，而且也是**关于这个连续性的意识**。这个意识是产生于对那些回忆的反思之中吗？这些回忆恰恰因此而被感知并且本身随之而获得其相位，在属于每个回忆相位的二阶相位的每个瞬间中，而后这些二阶相位再发生连续—统一的渐次变化？显然如此。

〈第 48 号〉　原初的时间回移。

课题：“再现”。对意识—存在者（Bewußtseins-seiende）的感性内容的“体现、再现”，如此等等。简言之，它们“就在此，并且一旦在此，便是相应地如此这般被立义的”。

我们假定，红色显现出来。而它现在是刚刚曾在的（eben-

gewe-sen)。还是直观性的。那么一个现时当下的红色这时可以继续维持，并且作为“代表”起作用吗？用再现理论(Repräsentationstheorie)可以说得通吗？倘若一个红色还现实地被体验到，与以前的红色在同一个意义上在此，那么这个红色就还在延续，最多是有所减弱，在充盈、强度上有所减少，如此等等。同样，如果我们在原初的时间回移中截取一个随意的相位，并且询问，若我们将
319 此减弱视为一种“内容变动”，则“减弱着的内容”在这里如何可能是“代表”。

在最早的页张上曾讨论过这个难题。无论如何，这里有对我的原初看法、对我用被体验到的“内容”(例如感性内容)来操作并将它们看做是相应地如此这般被立义的再现理论的各种指责。一切都仅仅是立义的区别，它只是与其他被体验到的和在意识中存在的内容相衔接，并且给它“赋予灵魂”。但这样一种诠释有可能是完全站不住脚的，而特殊的任务就是要在这里创造出完全的清晰性。

〈第 49 号　我们在现在点上同时地具有一个原生内容的连续统并且还同时地具有一个“立义”连续统吗？〉①

如果像在这里的旧页张中所做的那样，将**感知**和**当下化**理解为一种**立义内容**和**特殊立义**的**产物**，那么感知立义(现在立义和原

① 第 49 号和第 50 号文字的写作时间不会早于 1909 年 9 月，因此不会晚于第 51 号和第 52 号文字的产生时间。——新编者

生回忆立义的连续统）的连续性就会产生出当下延续着的对象，并且以变异的方式产生出在一个过去的当下中曾延续着的再回忆对象。立即会产生一个问题：这同一个内容是否真的能够原则上以时间不同的方式被立义，而后，例如这个同一的**同一个**内容是否也**同时**能够以这种不同的方式被立义？同一个内容、同一个内容规定性这一次以现在的方式被立义，同时又以原生—过去的方式（Weise des Primär-vergangen）被立义。我们先做更为一般的思考。

在对一个延续对象的感知之连续统中，与这个延续的每个相位相符合是一个**特有内容**。对象在时间中伸展，在延续中它是同一个对象，但这同一个延续的对象是时间上延展的，而与这个延展相符，它在时间上是可分的，与每个时间部分相符的是对象的不同时间块片。过去的东西是过去的，连同所有构成时间充盈的规定性。时间充盈从一个相位到另一个相位都各自不同，至多是一个完全同样的，即在不变的情况中。对象是同一个。但它是它自己 320
的——无论是保持不变的、还是自身变化着的——时间内容的延续统一。因此，每个时间内容、每个时间片段的内容和每个时间点的内容也都必然有**另一个再现**与之相符。因为在对对象性的延续的直观中或在对在延续中的对象的直观中，对象的块片或相位应当统一地被直观到和被给予。对一个连续之物的直观本身必然是一个连续统，对于一个延续的直观本身在某种程度上是延续着的，它是伸展了的直观，而与被直观的延续的每个相位相符合的是一个直观的相位，作为对这个相位的直观。

因此，与被直观的、延续着的对象性的每个块片、每个相位相符合的是一个特有的“再现”，一个特有的部分直观连同“立义”和

“再现的内容”。双重的“立义”将意味着：时间可以说是切割自身，对象的过去相位与当下的相位是同一的。对象在其延续中是同一个对象，但却是“过去了的对象本身”，它的过去存在与它的现在存在并不是同一的。

就主要情况来看，以上所说并不依赖于任何诠释：即无论我们是否用“立义内容—立义”的范式来诠释时间直观。在任何情况下我们都应当承认这样一个先天必然性：对延续的直观是一个在显现(phansischer)方面的连续统，并且在每个相位中我们都具有对对象的一个时间相位的直观，同时需要以某种方式区分内在的内容和“立义”，前者“再现”对象性的内容，使它显现出来，而在后者之中则宣示出显现活动。可是这所涉及的是**略去了时间性的“显现”**——一所房子(它延续地站立于此)得以显现，在时间直观的每个相位中，或一棵树等等，或一个提琴声(即使就这些对象而言，

321 “显现”与原生的事物性相比也具有其根本的区别)。无论如何，这个以后构造时间区别的东西，是在一种**根本不同**意义上的“立义”，但又是某种与对象性的立义原则不可分的东西。对象只是在时间立义、时间意识中才将自身构造为自身，构造为延续着的、自身变化着的或不变的。

在各个现在中现存的内容通过它们所经历的立义而作为时间的对象性站立于此，这应当会有什么意义呢？首先，意识的现在与对象的现在点正相对立。房子作为当下的、作为当下延续着的站立于此。而关于现在的意识本身是一个现在，关于延续着的当下的意识本身是一个延续着的当下。但我也可以说：这个杯子延续地显现。但不止如此。杯子的显现、从这个特定的面对延续着的

杯子的展示和从属于此的一切、对这个杯子的面的各个规定性的展示、这些展示内容以及它的展示活动本身，这些是延续地显现出来的。这个显现是一个“内在之物”的显现。现在目光转向其他，不是朝向杯子，而是朝向杯子的展示（杯子显现）。在时间意识中经历着不同“立义”的“内容”在这里是什么？“感性内容”与“显现意识”（展示）。在其他情况中也是如此，只是“目光”朝向不同而已。延续着的杯子始终作为杯子而站立于此，即便我“关注”它的延续显现；反过来，延续的显现始终在此，即便我关注杯子本身。这个关注、这个朝向和意指也是某种可以是反思对象并具有其“时间位置”的东西。属于被关注的杯子之现在的是关注活动的现在，而属于被关注的杯子之刚才的是刚才曾被关注的状态（Vorhin-beachtet-gewesen-sein），如此等等。由于对关注的反思的进行，即一个对关注的关注的进行，这个二阶的关注也是一个现在，并且它被编排到一个时间联系中，被编排到时间领域中，而且所有这些时间领域都必然具有相互联系：关注活动的现在并不是一个不同于被关注之物的现在的东西——它将自身给予为同一个东西，杯子的显现的现在重又将自身给予为与杯子现在的同一个东西；对各 322
个过去点来说也是如此。

在这个于此延续或作为延续着的而站立于此的杯子之显现的本质中包含着：它具有一个连续的伸展，而且在杯子的现在点中已经包含着一个显现的连续统，直观的非现在就在此连续统中被瞬间直观到。显现的原生核心在其中具有其伸展。这是一个什么样的伸展呢？**我们在现在点上同时有一个原生内容的连续统**，并且**此外还同时具有一个“立义”—连续统**吗？由于我们自己在这个被看到的现在点上将一个现在归属给关于这个对象性、关于我们的杯子的“意识”，因而所有“实项地”属于这个意识的东西在其中都是同时的，而且是“现在的”。

现在是否可以说：各个实项的组成部分就在于原生内容（即与杯子的直观延续片段的各个相位相应的原生内容）的一个伸展，以及与此一致的、使得杯子得以自身展示的各个立义的伸展？而这个使得时间伸展被意识到的东西，是一个自身变异着的意识特征吗？就像一个更高的立义或一个与立义类似的东西？

首先需要注意：**同一个原生内容可以展示不同的东西**，通过不同的事物立义可以显现出不同的事物。这并不适用于**时间—“立义”**的连续性。恰恰相反：在现在中伸展的原生内容**不能调换它们的时间功能**，现在不能作为非现在站立于此，非现在也不能作为现在站立于此。[否则，]内容的整个连续统最终就都可以被看做是一个现在，并因此而被看做是一个并存，而后又被看做是一个演替了。这明见无疑地是不可能的。

但我们还要看得更仔细些。

我们谈到原生内容，它们都在现在点上联合为一，也在此与对它们的立义联合为一：两方面联合为一个达到相合的连续性。在
323 这个连续性中，临界点应当作为代表（Repräsentant）而直观地展示出对一象（Gegen-Standes）之现在，其余的点应当根据这个连续序列而直观地展示出对象的曾在相位。但一个**并存的**原生内容的系列每次都能使一个**演替**被直观到吗？一个红的内容系列每次都能使一个红的一个延续被直观到吗？一个声音 c，以及如此等等？这是**原则上**可能的吗？

我们设想一个内在延续的对象性，就像在瞬变的被给予性的情况中（在它们的显现形式中）也始终出现的那种对象性。这样，例如对延续的声音 c 的时间直观所选的现在点就会同时含有一个诸 c—相位的连续性。这样，各个 c 相位**就会是**同时的，尤其它们还都会是**现在的**。红色的情况也是如此：我们就会同时具有一个诸红—点的连续性，就像诸红—点连续地充满一个面积（在它们的存在的现在点上）一样。倘若这些同时的内容同时也可以被理解为是演替的，那么在同一内容的基础上就既有可能进行对**并存**的直观，也有可能进行对**演替**的直观，而且明见地也就会有这样的可能：曾同时并存过的同一个内容（而且它们在现在意识中应当始终是同时并存的）同时也就会是演替的，而**这是荒谬的**。这不仅适用于各个原生的内容，而且也适用于**各个事物立义**，因此也适用于**各个完整的显现**。

实际上，任何坚守于现象本身的分析都没有表明：在对象意识的连续性的现在点上存在着这样一种显现连同其原生内容和立义特征的连续性，这种连续性允许我们说：在这个现在中有一个**显现**的连续性是**实项地被给予的**，而这意味着，与对象的现在点相应的显现（在一种最为狭窄意义上的感知显现）会具有在同时性形式中的伸展；或者，就好像那些在相关现在的延续直观中活跃的不同相位都是都是现实地、实项地相同一样，而且就好像它们与那些临界显现、对象性的现在的显现是相同的一样。

也许用一段旋律来做案例分析会更好些，这里的情况必定在
本质上是相似的。只要刚刚过去的声音落到在场时间中（落到在 324
所选的现在点上的旋律之现时直观块片中），它就**还是被意识到**

的,但不是在这个意义上被意识到,就好像它现实地、实项地“被感觉到”,以一个现在—声音的方式在此一样。一个以事物的方式作为现在而站立于此的现在—声音,必然是通过一个现在—声音—内容而被再现的,这个内容的特征同样是现在。仍然活跃的、“仍然”处在时间直观的目光中的声音已经不再存在,而属于它的显现的东西不是“声音—感觉”(一个现时的现在),而是感觉的“余声”(Nachhall),是一个变异,它不再是现时意义上的原生内容(不是内在的声音—现在),而是某种变异了的东西:一个对过去感觉的意识。但在其中找不到现实的声音,而只能找到声音—曾在(Ton-Gewesenes)。

简言之,这是一个**彻底的变化**,并且是**一个永远无法以描述那些重又导向感觉的感觉变化的方式来描述的变化**。感觉就其本质而言是现在意识(或包含着一个现在的延续的显现)。连续性是意识变化的连续性,这些意识变化例如不可以被看做是含有一个始终是共同的组成部分的产物——例如一个声音 c、红色,如此等等——,而变化则应当归结为那些被称作立义的新因素。这里的情况与感觉—红和对红的再造性的再当下化的区别的完全一样。不能把意识内涵事物化,不能将意识变异篡改为原则上不同的变异,如此等等。

〈第 50 号〉 原生的回忆变异。[①]

声音 c 响起并且延续,在强度上如此这般地变化。延续充满

① 这个札记的写作时间肯定是在 1908 年 10 月 15 日与 1909 年夏季学期之间。

了变换着强度的“声音”，持续地。延续的每个点都包含着一个声 325
音—内容点。但在这里，与对这个的点的感觉意识（我们设想任意一个点，第一个切入点[Einsatzpunkt]除外）相衔接的是**一系列**的以前点的**映射**（一个连续的原回忆意识），而如果我们沿着这个延续前行，那么在切入点中包含着一个对它的连续回忆之映射系列。对延续的每个时间点而言，我们都有一个意识连续性，它包括：意识相位，即关于声音现在点的原印象（声音—内容，它在这个点上是“现在”，是在这个点上“被感觉的”），以及对它的回忆系列（它在这些回忆中连续地被意识为越来越“过去的”），而这个回忆系列对于每个现在来说都是不同的，并且自身是始终变动的。

让我们首先**抓住**一个现在点（显现着的客观延续的一个点）。例如对**切入点**的“**原生**”**回忆**看起来是怎样的呢？（原初的过去意识。）“回忆”这个术语通常包含“**意指**”（Meinung）。意指例如恰恰指向这个切入点。意指生活在回忆现象中。但这是在具体的意识流中的一个持续之物，而意指就如此地生活于其中，以至于它通过这个持续的系列而意向地朝向起始点；而且对于每个点来说都是

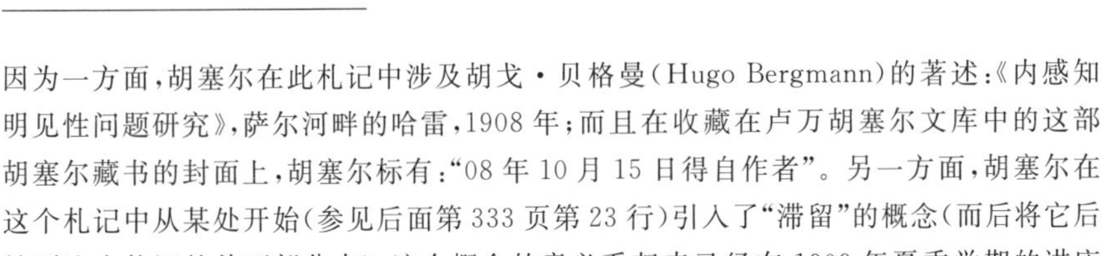

因为一方面，胡塞尔在此札记中涉及胡戈·贝格曼（Hugo Bergmann）的著述：《内感知明见性问题研究》，萨尔河畔的哈雷，1908年；而且在收藏在卢万胡塞尔文库中的这部胡塞尔藏书的封面上，胡塞尔标有：“08年10月15日得自作者”。另一方面，胡塞尔在这个札记中从某处开始（参见后面第333页第23行）引入了“滞留”的概念（而后将它后补到这个札记的前面部分中），这个概念的意义看起来已经在1909年夏季学期的讲座中得到确定（参见第51号文字，第335及以后各页）。

看起来胡塞尔自己已经确定将这个札记的诸页张加入到他1905年2月时间意识讲座的原初文稿中；这个札记的一个部分也在第11节、第68页（边码[390]）第6行至第69页（边码[390]）的第6行得到复现，下面对此有更为详细的说明。——编者[写作时间不早于1909年9月。——新编者补注]

如此。现在这意味着什么呢？

我们首先具有**原印象意识、绝对本原的**意识，在这个意识中，
326 各个声音—点作为自身当下的、作为现在的、切身的而站立于此。[①] 这个意识处在持续的变动之中。河流就在其中，它是一个绝对的被给予性。而一个自身当下之物、一个在现在形式中的自己（Selbst）的构造，乃是以连续性为前提的。原印象是某种抽象的东西。[②] 而我们想要描述的是作为绝对被给予性的某物，它可以在相关延续的显现中找到，而且是对这个延续的每个可以把捉到的点而言。

变动就在于：切身的声音—现在自身持续地[③]变异为（即：以意识的方式、在意识"中"）一个曾在（Gewesen），而且持续地有一个不断更新的声音—现在去接替那个过渡到变异之中的声音—现在。但如果关于声音—现在的意识、原印象过渡到滞留的回忆[④]中，那么这个回忆本身重又是一个现在，即属于一个新的声音—现在[⑤]，即是说，回忆是自身被给予的，现时的，是切身的东西。它的本质在于：它本身是现实的东西、切身的东西，但它本身却不是声音，而是对曾在的声音的回忆。意指可以朝向现在："回忆"。意指

① 文稿中后加的边注："我说**原印象**，它标识出原本性的不独立相位；绝然感觉标识出整个构造时间的意识，一个内在的感性内容在此意识中构造其自身。"——编者

② 前面这两句话可能是后加到文稿之中的。——编者

③ 这个札记的文字从这里开始到第 327 页第 21 行已在第 11 节、第 68 页（边码[390]）第 6 行至第 69 页（边码[390]）第 6 行中得到复现，带有一些改动。——编者

④ 这里的"滞留的"（retentional）和"滞留"（Retention）都是胡塞尔后加到字里行间的：参见后面第 333 页注 2。——编者

⑤ **[后来用铅笔做的边注：]**但这不是同一个意义上的现在，而且并非两者都是相同种类时间性的。

可以朝向被回忆之物。可是，意识的每个现在、[每个]现时之物[①]都服从变异的法则：它转变为对“回忆”的原生“回忆”；而这是连绵不断的，即是说，这是一种**连绵的“回忆”之连续统（滞留），以至于每个以后的点都是对于以前的点而言的回忆、滞留**。而每个回忆都已是连续统；即是说，声音响起，并且“它”始终在继续。声音— 327
现在转变为声音—曾在（感觉意识、声音被给予性的意识，以与河流的序列相应的、流动的方式过渡到不断更新的回忆意识之中）。在这里，沿河流而行或随河流而行，我们具有一个属于声音之切入点的回忆、滞留[②]的持续系列。但不只如此。这个系列的每个以前的点都重又在“回忆”的意义上自身映射为一个现在，因而每个这样的回忆都有一个回忆映射的连续性与它相衔接，而这个连续性本身重又是一个现时性的点、一个以回忆方式映射自身的“现在”。每个回忆自身都是一个连续的变异，它可以说是以一种映射序列的形式在自身中承载着整个先行发展的遗产，这并不会因此而导向无穷倒退。并不是说，在河流的纵向中，每个以前的回忆都被一个新的回忆所取代，即便是以持续的方式；而是说，每个以后的回忆都不仅是从原印象中产生出来的连续变异，而且还是同一个切入点的所有以前持续变异的连续变异，即是说，它本身、这个回忆点，是一个连续统。是不是更应当说：关于一个连续统的**意识**？持续地在自身中意向地隐含着所有对过去变异（Vergangenheitsmodifikation）的以前回忆意识的意识？但却不是实项的？**这**

① 这里的“现时的”（aktuell）和“现时之物”（Aktuelles）和“意识的[每个]现实之物”（<jedes> Aktuelle des Bewußtseins）都是胡塞尔后加到字里行间的。——编者

② 参见第326页注4。——编者

是确然的。可是这样一来,它自身就是一种意识的持续性:其中的每个相位都是对那个切入—声音的一个以前的回忆相位的意识,而且是以这样一种方式,即:如果我们比较两个这样的相位,那么以后的相位就会一并以某种方式与以前的那个相位的对象性发生联系。我现在对这个声音的切入点的回忆,是一个**回忆的统一,对我刚刚对这同一个声音相位的回忆之回忆也属于这个统一**。而每
328 个如此被回忆的回忆完整地看也都[包含着]对那些就这同一个声音相位而言是先行的回忆之回忆。(在这里可能始终要区分回忆本身和回忆意指。)

事情当然还要复杂得多,因为适用于切入—声音—点(Einsatz-Ton-Punkt)的东西,也会适用于在其延续中的每个新的声音点。

无限性——它应当处在哪里?参见胡戈·贝格曼所提到的布伦塔诺的指责,第82页(论述"内感知"的著述)[①]:在他看来,如果"内感知"在每个时间点上都指向当下之物和过去之物,就会产生一个有无限多维度的连续统:我的内感知是指向当下之物和过去之物的,为它所把握的过去的内感知重又指向当下之物和过去之物,如此等等。[②]

---

① 参见前面第324页注1。——编者

② 在该书相关处的文字是:"因为不只是我的当下的内感知,而且我的过去的内感知也据此而部分指向当下,部分指向过去,同样还有被这个内感知作为过去来把握的内感知,如此不断地接续下去。这里似乎已经产生出了一个有无限多维度的连续统。似乎还可以进一步推导出:如果我们的内感知持续地包含着一个如此之小的时段(Zeitspanne),那么它也就必定包含着我们的整个心理生活了。"贝格曼在一个脚注中对此解释说:"这个指责是我于1906年夏从布伦塔诺教授先生那里听到的";同上书,第82页注1。——编者

无限性在这里相互交织在一起，而且是无限多次地相互交织。现时的现在以回忆的方式包容着一个过去的连续统。每个新的现在重又包含着这个回忆的连续性，更新的现在又包含新的回忆连续统，如此等等，连绵不断。我们具有连续统的连续统，而每个衔接的连续统又不同于每个其他的连续统：对回忆的回忆与一个素朴的回忆永远不会是同一的。

这不是一种**荒谬**吗？一个包含着其他连续统的连续性是可能的，甚至包含无限多的连续统。在一个目光束中的目光束之连续性：它是一个连续统，其各个点本身是连续统。我们在这里具有一个二维的连续统；或者说，三维的连续统。

在我们的案例中是怎样的呢？**我们的确具有一个有着无限多维度的连续统吗？我们所具有的难道不更多是一个二维的连续统** 329
吗？什么东西在连续地变化？声音一点（切入点）是被感觉到的。感觉被给予性不断地过渡到（在河流的路线上）感觉被给予性中。因而，回忆的持续连续统仅仅具有这样的特殊性：以持续的方式，每个回忆也都是过去回忆的回忆。“仅仅”——难道困难是在这里吗？同一个现象如何能够是**对** t_0 **的回忆**以及**对** t_0 **回忆的回忆**呢？[①] 在每个通常的运动中，对来自起始相位 t_0（为简便起见我们想这样称呼［它］）的某个相位的“创造”，同时就是对来自每个随意的中介相位的创造。这个类比表明了我们的意图何在。我现在对切入点 t_0 所具有的回忆意识向我表明它在某个过去之中（某个“刚

① **［后来用铅笔做的边注：］**我必须区分对 t_0 的回忆以及对 t_0 的原印象的滞留。这个滞留自身持续地变化为新的滞留。就 t_0 而言，它们是一再下坠之物的回忆。——编者

才”），而它必然也是对所有以前的原生回忆的回忆，每个这样的原生回忆都始终具有另一个“刚才”。而这些回忆的客体始终是切入点，只是这个切入点在每一个回忆中都以回忆的方式带有一个不同的、相对的刚才，因为每一个回忆都有其现在，它也是一个被回忆的现在。

无限性的无限性难道不在于：那些实项地适用于对 t_0 的现在回忆的东西，以回忆的和意向的方式也适用于每个应当包含在现在回忆中的[对这个点的]回忆？我不相信。这从下面的图式可以看出。我现在想以一种比在讨论课上①更为合适的方式来描画这个图式：我们用它们在 O X 横坐标轴上的各个点来标示客观的延续，并且在某个角（它不应当具有象征的含义）下标示一条直线。在
330 这个方向上的连续性应当以下列方式大致地说明回忆的连续性：

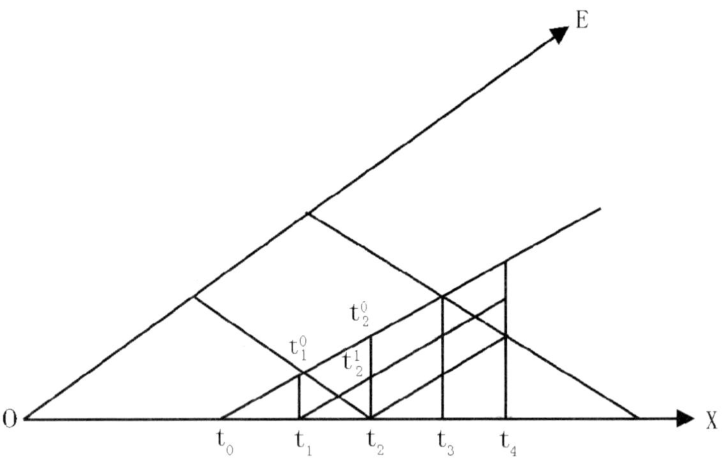

纵坐标给出回忆连续统。例如在 t_1：终点是这个在 t_0 开始响起的声音的切入点在 t_1 中所具有的映射。在 t_2 中，这同一个声音点就

① 显然是指在1905年2月的时间讲座中。——编者

等于是经历了 t_2^0 的变异，在此期间，t_1 点所经历的是 t_2^1 的变异。t_1^0（我在 t_1 中所具有的对 t_0 的回忆）所经历的是 t_2^0 的变异。这样，整个纵坐标 t_1—t_1^0 都经历了一个推延，即一个由 t_2^1—t_2^0 组成的变异。

这些纵坐标整体上是一个回忆连续统，而每个以后的纵坐标自身都包含着对每个以前纵坐标的回忆。纵坐标在各点（各个回忆）上所包含的一切，都是在其时间点上“同时的”（现时的体验）。在E—方向上的变异（可以说）**就一般而论和就原则而论始终是同一个**。故而 t_3^0 也可以理解为对 t_1^0 对 t_2^0 的回忆，如此等等；这也适用于这些纵坐标的整体。因为它们就是一个“现在”，例如在 t_2 上，纵坐标是对先行的声音块片的“被感觉到的”回忆，而这个整体在回忆中过渡为 A A′。

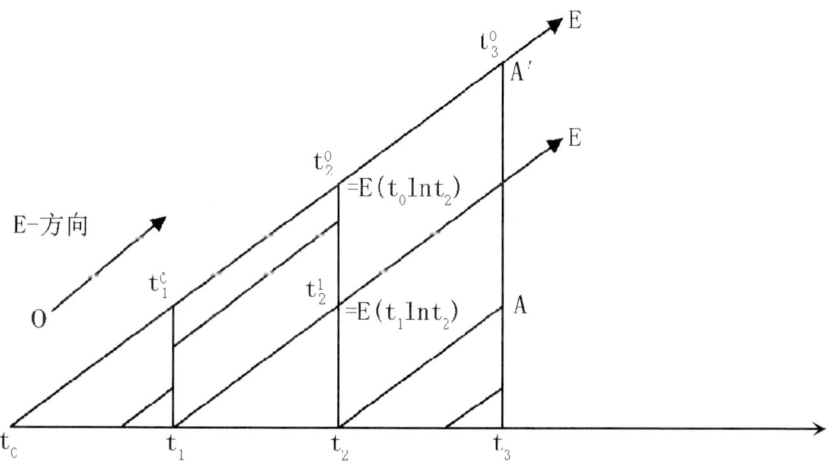

这个扇形的展开要是反过来向下会更好，可以形象地说明下坠的情况。①

① 这是胡塞尔对这个图式所做的一个边注。——编者（此外在英译本所提供的图式中，所有的 E 均改作 M。——译者补注）

但这是正确的吗？任何一个这样的片段都可以随意地被理解为任何一个先行回忆的回忆吗？现在我是这样想的：我们不能做
331 到完全随意。但如果我在 t_3 上关注 t_2 的回忆，在这个回忆中有一个声音现实地迫使我们关注，那么对我来说，与对这个声音的回忆相一致，**一个对先行之物的回忆就现实地显现为与这个声音“同时的”**。即是说，我在 A 上关注过去的 t，并且同时在其余的回忆连续统中用[对它的]意指来如此地确定位置，以至于我将这个过去的 t 就看做是**对** $t_2—t_2^0$ 的回忆。我通常——或常常——在 t_3 上指向整个声音系列 $t_0—t_3$：这样我便具有恰恰对这个声音系列的意识。

现在的问题是：所有这些是否完全正确。

我在对一个旋律块片或声音运动的回忆中（亦即在“原生的”回忆中、在**滞留**[①]中）与此同时地具有一个对这些曾属于每个声音
332 点或个别声音的回忆的回忆？亦即作为某种可以区分的东西？根据我现在的阐述是**不行的**。对声音系列的回忆意识自身同时是对那些曾属于每个声音—现在的回忆的回忆意识[②]。事实上，如果我转向**声音系列**，那么我是否能够在对它的回忆中**额外地**找到这些回忆呢？大概是不行的。这样就会产生**困难：我难道不也具有一个对河流运动的回忆**，对不断更新的现在的出现的回忆，对那个促使**纵坐标**之连续性从 t_0 中产生出来的**发展**的回忆？**这里是否有无穷后退的威胁**？为了具有对声音系列的意识，我必须具有对回

① 这里的“滞留”（Retention）一词是胡塞尔后加到字里行间的。——编者

② [**后加的铅笔边注：**]这里对回忆的理解是在双重的意义上：对对象的回忆——对行为的再造。

忆连续统(纵坐标)系列的意识。而为了具有它,我难道不又必须要做第二个图式吗,而且如此直至无限?

但我恰恰认为,这种**变异的本质**就在于:它不会使这种无穷后退出现。这从图式中已经显露出来。正是通过 t_0 向 t_1 t_2…的过渡,各个回忆系列才构成自身,我们将它们标识为纵坐标,而这些纵坐标**同时也彼此相互过渡**。如果 t_0 客观上过渡到 t_3,并且在横坐标方向上的纵坐标内容同样在客观上过渡,那么 t_0 便以意识的方式过渡到 t_1^0 t_2^0…,而后 $t_1-t_1^0$ 过渡到 t_2^1 t_2^0,而正是由于有不断更新的纵坐标构成,所以被构成的纵坐标便是在意识变异的同一条路径上行走。但这难道不就意味着:这些纵坐标相互过渡,以及这个过渡本身无非是回忆变异的过渡吗?或者更确切地说:**虽然意识的河流本身重又是相互接续,但它自发地满足后继意识的可能性条件**。但是,一个不是回忆系列的感觉系列只有以上述方式来**论证回忆系列**,而后才能作为**时间序列**而被意识到。必须有作为新东西的原生回忆与感觉相衔接,而后关于这个感觉的意识才 333
不会丢失,感觉内容和时间对象的延续,如感觉变化(实在变化)才应当能够构造起自身。相反,就**回忆的河流**而言,新出现的回忆并不需要与任何东西相衔接,因为它本身已经**在自身中隐含了对先行回忆的"回忆"**。(**滞留**。①)

然而这是完全正确的吗?问题在于:我应当如何获得对"河流"的感知,类似于对声音运动的感知。我曾经具有对河流的感知吗?我难道不能在现象学上采取一种态度,以至于我不去关注声

① 这里的"滞留"(Retention)一词仍然是后加到字里行间的。——编者

音，而是关注意识，关注声音—现在的秩序连同其回忆尾？即是说，看起来我们必须无限地重复这个图式。这是无法想透的。

难道荒谬就在于，时间流被看做是一种**客观的运动**？**是的！**另一方面，回忆却是某种本身具有**它的现在**的东西，而这同一个现在是一个类似声音的东西。**不是**。根本的错误就藏于此。**意识样式的河流不是一个进程**。**现在—意识并非本身是现在的**。与现在—意识"一同"滞留的存在者不是"现在"，**不是**与现在**同时的**，否则将毫无意义：

如果将那种与以前的意识相位有关的滞留称作**回忆**，那么错误就已经犯下了。回忆始终只是与一个被构造了的时间客体有关的一个表达；但**滞留**则是一个可以用来标识意识相位与意识相位之意向关系（一个根本不同的关系）的表达，在这里不可以将意识相位和意识连续性本身重又看做时间客体本身。

334 因此，**感觉**——如果以此来理解**意识**（而不是内在延续的红、声音等等，即不是被感觉之物）——、同样还有**滞留**、**再回忆**、**感知**等等，是**非时间的**，亦即**不是在内在时间中的东西**。（它在何种程度上可以在自然中、在"客观时间"中被客体化，这是特别的问题。）

这是极为重要的实事，也许是整个现象学的最重要的实事。

〈五　这项研究的首次结束〉[①] 335

〈第 51 号　在现象学的基本考察中的时间问题。〉[②]

我们也曾说过，借助于能思（cogitatio）的意向性或“意识”的意向性，**现象学**——我们也可以将它称作**纯粹意识的科学**——**在某种程度上包纳了所有那些被它仔细地排除出去的东西，它包纳所有认识、所有科学**，并且在对象方面包纳**所有对象性**，也包纳整个自然。现象学当然要排除自然的现实性、天地的现实性、人与动物的现实性、本己自我与陌生自我的现实性，**但可以说保留了它们的心灵、它们的意义**。自然，或者说：事物、实在的进程、联系，对我们来说是前科学认识的或科学认识的客体，是在其多种形态的殊相中的认识客体，这些认识包括自身感知、对其他心理本质的感知、对物理事物的感知、回忆、期待，而后是感知判断和回忆判断，再后是在其不同的殊相中的间接思维，如此等等。现在，所有这些

① 1909 年初至 1911 年底。——编者

② 这个札记是由编者取自胡塞尔 1909 年夏季学期以“认识现象学引论”为题在格丁根大学所作的讲座文稿。这个讲座的完整文稿现藏卢万胡塞尔文库，标号为 F I 18、F I 17 和 F I 7；对此参见第 269 页注 2。根据下面复现的胡塞尔记载的日期，这里复现的片段写于或首次宣讲于 1909 年 5 月和 6 月。——编者

336 都是体验和体验联系。它们具有其意向的内涵，同样具有其实项的内涵，并且会在这些方面根据现象学的还原而受到研究。每个对象性在这里都作为意向的对象性出现，每个按其本质而与这种对象性相关联的认识种类也是如此出现。作为现实的事物应当始终被搁置起来，但我们可以说，作为现象的事物则属于现象学。

诚然，我们在这里会面对**现象学这个词**所具有的一个无法避免的**双重意义**。一方面，现象（Phänomen）（始终在现象学意义上理解的）是指各个实项的能思（cogitatio）、**实项的意识**，但它其次也是指**意识的意向内容**，即在相关的感知、表象、意指中被意指的东西、被感知的东西、被表象的东西本身。这第二个现象概念更符合本来的词义。它恰恰就是 φαινόμενον，即显现的东西，而扩展之后便是指：被意指的东西，也指非直观地被思考的东西本身，但不涉及现实或非现实。所以我们在通常的生活中谈到：彩虹不是现实的东西，而只是现象，或者，一个展示在立体镜像中的东西、一个展示在艺术作品中的东西只是一个现象，一种显现。**因而现象在这里是显现者本身**；当然，人们在通常的生活中不会将每个被意指者本身称作现象，例如一个被思考的、但未被直观的东西。因此，如果我们在现象学中在这个标题下也包含了被思考的东西本身，那么这个表达便有了一个非常大的扩展。

另一方面，心理学引入这个术语来将心理行为本身、感知、表象、判断等等标识为心理现象，据此也就根据现象学的还原而产生出**现象**这个名字，用它来标识**被还原的行为本身**。因此，现象时而是指显现活动（Erscheinen）（在其中显现的意识），时而又是指显现的东西（Erscheinendes）。凡有必要鲜明地将行为本身意义上的现象标识为**意识**的地方，即**对某物显现的意识到**，我们将使用**显现**(Phansis)一词，而每个实项的意识分析都被强调为**显现学的** 337
(phansiologische)**分析**。我或许不得不放弃用一个专名来标识更原初的和更自然的意义上的现象；当然人们也可以说幻象(Phantom)或幻像(Phantasma)，但它们有其非常不利之处。

在《逻辑研究》中，我在谈及现象学时想到的始终是行为(Akte)，而且我把现象学理解为在纯粹内在考察中进行的关于行为的科学。现在，一门关于行为的科学从自身出发会导向不仅是实项的、而且是意向的分析，即意义分析。——

我们今天从这样一个**问题**开始：前几个讲座的考察是否已经足以确保**一门纯粹意识科学的一般可能性**。我们**似乎**通过对笛卡尔基本明见性的适当诠释而标识出了**一个绝对被给予性**(实项的和意项的被给予性)**的无限领域**，而看起来不言自明的是，这个领域可以受到科学的研讨。**然而，在现象学科学的确立上，存在着**自然科学无法了解的**特殊困难**。如果我们个别示范地指明了某个种类的自然客体或自然事件，而且它们引发我们的理论兴趣，那么我们不会长思，我们是否能够对它们进行科学研究。**我们干脆就开始了**。在指明这些客体是实存的之后，它们在自然中、在空间—时间的关联中便以**不依赖于认识者的偶然认识的方式**确立自身，它们便可以被定义为有自然规律的变化流程的关系点，这甚至是不言自明的。我们在这里首先进行一种客观确定的考察，而后进一步实施对经验上的普遍联系的分类、确定的任务，而后同样去实施因果分析的任务，从中得出这些变化在功能上的依赖性，我们会上升到普遍的自然规律上，并且借助这些规律来对个体被给予的和

特定的客体进行因果解释，或者从这些被给予的客体出发去预先
338 规定尚未被给予的未来客体，或去确定未曾被给予过我们的客观上已过去的进程。

但**现象学领域**的情况如何呢？**在这里存在的是个别意识，是行为，不是指心理学的个别性**。倘若行为被当作心理学的个别性，那么它就是某种可以客观确定的东西，并且在其——相对于与它有关的变换不定的体验而言的——同一性中可以一劳永逸地被规定的东西。这样的话，它就作为一个空间—时间自然的组成部分而存在；它甚至与一个身体、一个物理事物联结在一起，同样可以与另一个在空间和时间中带有可规定的位置的东西联结在一起。**通过与身体的联系，测量空间和时间的装置获得了在心理之物上的可运用性**，心理之物现在可以在它的时间位置、时间延续方面，在它的内容因素和对中枢神经系统的功能依赖性等等方面得到客观的规定。这里也有可能对将来出现的心理之物进行预先规定，或对过去之物进行重构。**对每个规定的客观表达都是在这样一些陈述中完成的，这些陈述在记录下来之后可以一再地在其对象含义的同一性中得到运用**。这种运用是在不同心理物理个体的不断更新的行为中进行的，但相对于客观被确定的东西而言、相对于客观有效陈述的同一意义而言，行为和个体是偶然的。

可是，如果我们进行现象学还原，并且在排除自然以及所有可疑的超越设定的情况下回撤到**能思**（cogitatio）的**绝对被给予性**上，情况会怎样呢？这里是否还仍然存在一种客观有效判断的可能性呢？即是说，我们进行某些行为（能思），进行感知、回忆、期待、判断等等。我们在其自身被给予性中纯粹地把握它们，我们不

只是将那个在能思中被设定的自然排除出去，而且也将本己自我
的自然实存和作为其状态的行为的自然实存排除出去。这样一 339
来，**所有自然科学的规定手段显然就都被排除掉了**，没有任何标准、没有任何经纬仪或高差计[①]、没有任何计时器、没有任何瞬时计留存给我们。**它们都被现象学还原所革出。我们还保留下什么呢？纯粹的能思**（cogitatio），**这里的这个**（Dies-da）！例如这个感知，而且甚至都不是我们的感知。因而**失去的**是与经验的人的自我的联结，随之是**与空间的关系**。但也包括它**与客观时间的关系**。［例如，感知行为］便是一个现在，并且是一个从现在继续向更新现在伸展的东西，它延续着。而在它延续的同时，它自身同时也在其实项的组成部分方面发生如此这般的变化，并且与此同时朝向如此这般变化的、作为被意指之物的客体。**这里出现的时间不是客观时间，不是客观可规定的时间。它无法被测量，任何计时器和任何其他瞬时计都不适用于它。在这里只能说：现在、刚才和更远的刚才**，在延续中变化或不变，如此等等。如果所有自然科学的辅助手段都作为经验规定的手段而被排除，那么，应当如何来确立科学的陈述呢？它们应当限制在能思的纯粹自身被给予性上。那么，**自身被给予性的范围究竟有多广呢**？人们总不至于把**相关自我所具有的，甚至将要具有的能思之总体区域**都看做是他的可以用作现象学研究的和科学可规定的能思的范围。可以把这个范围的陈述变为现象学陈述一般吗？在现时地进行一个感知时，我可以在

① 这里的德文原文为“Katheter”，即“导液管”，与这里的语境不符，可能是作者或编者的笔误。因而在此参照英译本而改为“高差计”，即“Kathetometer”。——译者

反思中说：这里的这个，而且我可以用直观的目光在纯粹内在中探究它，只要它还在延续。我可以关注它的**各个实项划分**，只要它们突显出来，而后也关注**被意指之物本身**以及它内在突显的组成部
340 分；而且我可以将此**付诸表达**。**但陈述难道不是完全束缚在这个现时地处在其延续中的现象上吗？与它一同到来并一同消失？无论如何很快就会重又失去它所需的有效性？**感知延续着它的时间，从现象学上说，它开始，延续，重又**消失**，从经验上说就是我把**目光转开**。**结束了就是结束了**。如果目光又转回到老的状态中，那么，这已然是一个新的感知了。因此，**从这个**并不叙述现在感知的**旧陈述中**，还会**留剩下些什么**呢？现在人们会说：在目光转向之后与感知，也与每个流逝的意识相衔接的是一个**滞留意识**，而且**在以后的意识流瞬间中**可以**出现再回忆**，它们回溯到以前曾有的感知上，回溯到以前进行的判断意识、感受意识、意愿意识上。如果以适当的方式对这些再回忆进行现象学的还原，即是说，如果也不在它们之中对以前被感知的花树的现实、我的以前的自我和从属于它的自然关系做任何运用，那么，**现象学的目光**现在就会**伸展到以前的意识流上**，伸展到这些行为以前曾发生的来来去去、延续、变化上。而这就是现象学的领域。

但现在会有怀疑产生。再回忆是一个现时的现象，我们可以在它的“**这里的这个！**”中把握它。譬如说它与一个以前的、现象学还原了的感知有关。它的这个关系构成它的意向内容，而我们也可以将它理解为被再回忆的东西，它是属于再回忆的东西，而且是作为绝对之物被给予的东西。但如何对待这个问题：**这个被再回忆之物是现实曾在的吗？**如何对待再回忆的**有效性**问题？

再回忆涉及以前的感知，并且将它**设定**为现实曾在的。我们 341
的确承认它是如此，这是被给予的。但这个**设定**必定是一个有效的吗？对一个自然存在的感知是对一个自然的设定，但我们排除这个设定（即在现象学中将它的有效性搁置起来），因为这里有一个谜；与此完全相同，**再回忆的有效性**看起来也**必须被放到我们现象学的括号中，因为它也超越了再回忆的现象**，并且使之成为我们的谜。**对再回忆有效的东西**，看起来也必定适用于**直接跟随这个流逝着的现象的意识，即我们称作滞留的意识**。**据此，看起来我们在我们的现象学陈述中完全束缚在现时的现象上**，束缚在**现实在场**的现象上；只要现象在延续，它们设定为在现象学上存在的东西、设定为具有如此这般属性的东西就还在此。而一旦现象消失，陈述也就失去有效性基质。**因而我们在现象学上甚至没有权利来谈论一个意识流**、一个不断更新的行为之流程。在回顾一个被给予的行为时，我们只能确定**这个回顾的行为**，并且**只**能将在它之中被直观到的东西**当作被意指之物**，却不能当作真实曾在之物来运用。

因而所有陈述都是无关紧要的，我们仅仅附着在**这里的这个**(Dies-da)上！它始终是我们所能谈论的唯一的东西。当然这也一并涉及我们至此为止的全部反思。我们完成对自然的排除。但如果要求我们**也排除在回忆与滞留中包含的那种超越，那么，我们最终所处的瞬间就是我们在开端时所处的瞬间**。很容易看到，我们预设了回忆和滞留的某种有效性。接下来，**怀疑论**的列车**还会不断地前行**。那么，**现时**现象的情况是如何的呢？现实进行的意识的情况是如何的呢？以及朝向它的观看活动的情况是如何的呢？

342　**一个感知可以开始。但现在随即就已经过渡到了非现在中，而且一个新的现在便已在此。**我们说，感知在延续。这个延续具有一个终点、流动的现在以及曾在的现在的一个片段，因而具有一**个向过去之中的伸展。即是说，我们始终具有滞留。由于看的目光所设定的是延续的感知本身，即实项地唯一被给予的东西、现在，并且还一同设定不再是实项地被给予的东西：**曾在的感知—现在的连续性，因而**看的目光现在不是在进行超越吗**？**我们难道不是必须将它排除，并且回撤到真正的被给予之物上，**回撤到**绝对的现在**和不断更新的现在上吗？**而后，所有陈述当然也都会终结**。因为，如果我说，感知朝向盛开的、现在正在风中如此这般飘动的客体的意向客体，那么，感知会与什么发生联系呢？**如果我们不能在延续中坚持这个统一，它是伸展着贯穿在刚刚曾在的现在之连续性中的变化和不变的统一，那么也就没有任何东西可以陈述**。陈述是自行流动的，它如何能固定现在，后者在固定状态中会一再地变为一个新的现在？因而这与绝对的怀疑论已经相差无几。我们甚至可以放心地说：这就是**绝对的怀疑论**。

我们显然误入了迷途。我们如何重新找回理性和明晰？这当然意味着：回溯到**原初提问的意义**上，以及回溯到那些能够**筛选出无疑之物的明见性之意义**上。自然认识是有问题的。原因何在？因为它们回溯到直接的自然设定上，这些设定就其本质而言原则上并不具有**自身给予的设定**的特征，或者易言之，因为它们**原则上开启了这样一个可能性：尽管自然感知要求使自然成为被给予性，但自然感知仍然会进行欺瞒**，即事实上没有使任何**自然**成为被给

予性。倘若我们无法使**认识本身成为绝对的被给予性**；倘若这一 343
点不是确定无疑的，即：它是对这个和那个当时内容的认识，是对自然存在的认识，例如感知恰恰是对这个盛开的树的感知，如此等等；而且，倘若我们无法对此做出这样的**陈述**，它们与关于自然的陈述不同，它们不仅是有效的，而且是**无疑有效的**（之所以无疑，是因为它们无非是**将绝对的被给予之物绝对地表达出来**），那么这整个提问自身就是无意义的。现在，笛卡尔式的明见性已经帮助我们有把握地确定：这些对于**理性提问**而言的前提**得到了满足**，它们明见地就是**对于每个提问一般而言**的前提。如果某个东西成为问题，那么对我来说至少有一点是绝对确然的，即它是有问题的，而从这里便进一步走向能思（cogitatio）一般以及在其中之所思（Cogitierten）的明见性。因而绝对的自身被给予性肯定不是一个空乏的语词。我们具有它，即便我们在现象学的还原中排除所有自然实存，也排除经验的自我实存。因此，**问题就应当是：绝对的自身被给予性究竟能伸展得多远**。而在这里**完全显而易见的是：看的目光朝向**例如**感知显现和被感知之物本身**，通过这种方式而将这个**在其延续中**的被感知之物**内在地把握**为绝对的自身被给予性，而且**局限在这个始终处在流动中的现在之上的做法是一种臆想**。据此已经说明，在对延续的把握中减弱着的相位，亦即刚刚流过的现在的相位并没有消失，而且它显然可以**作为绝对自身被给予性来使用**；在感知中**已经寓居着一个滞留**，在这个滞留中，**刚刚过去之物**在其与现在和不断更新的诸现在的统一性中成为绝对的被给予性。如果我们回顾盛开的树，那么树就会在一个时间形态中成为被给予性，而如果我们听到一段旋律，那么，我们根据那些

344 抽象地思考出来的**现在点**而听到的**不仅仅是个别的**声音，乃至个别声音的瞬间，甚至数学的声音一现在，相反，我们听到的是**延续的声音**，并且是联结为一个**音形**（Tongestalt）的声音，而我们将这整个音形把握为持续构建自身的音形，把握为被听到的东西，**我们**在朝向它的持续统一的目光中**将这个音形的总体感知显现的统一把握为绝对的自身被给予性。而如果整个声音相位**[①]**过去了，滞留还仍然会把握住在此流逝的这整个相位的刚刚一曾在**（Eben-gewesen），而且滞留还仍然会把握住这整个感知显现，以一种刚刚曾在，并不再包含现时感知之瞬间的[滞留的]方式。在这里，明见性所涉及的是**刚刚一曾在**，以此方式，对象之物与流动的现在的联系便一同被给予了，而且与之密不可分。所有这些都是在现象学的还原中、在始终排除当下的或曾在的自然现实的情况下进行的。

如果有人说，在实项的现实中被给予的不仅仅是现在，那么我们会回答：我们在这里不想为实项的或非实项的现实进行争论，而只想获得**绝对的确定、真实的自身被给予性**，它们在所有合理的怀疑面前都是可靠的，而我们拥有它们。在这里，在自身给予的意识统一中，过去仅仅宣称自己是作为过去而自身被给予的，现在仅仅宣称自己是作为现在而在意识统一中自身被给予的。我们就像我们所看见和所拥有的那样诚实地对此作出陈述。**这可能是一个问题域**，亦即朝向对**这种自身被给予性的类别和要素的分析提取**，但

① 这里的和后面的“相位”，对应的原来是德文原文中的“Phrase”（短语、空话），应为“Phase”（相位）之误。现参照英译本修改之。——译者

这里没有任何东西是在自然认识的问题性意义上的问题。**滞留**是一个现在活跃的和可以成为自身被给予性的行为，它确然地超越自身，将某个并不实项地寓居于它之中的东西**设定**为存在的，即设定为过去存在的。但这里需要学到的东西是：在绝对自身被给予性的领域之内出现一个超越的有效性，它是并且必定始终是无可 345
争议的，因为它不仅意指对它而言实项的超越者，而且还以显然有效的方式、以绝对有效的方式设定它，并且不会像在外感知情况中所发生的那样总是无法避免非有效性的可能性。

当然，**再回忆的情况却并不完全那么好**，例如会出现一个回忆，它并不以滞留的方式在其向连绵流动的现时现在的连续性中仅仅持守刚刚曾在的东西本身。我们在它之中也可以进行现象学的还原，只要我们排除那种进入再回忆的自然此在，但一般说来，**这并不保证它能够摆脱那种原则上的欺瞒可能性**。另一方面，人们在现象学还原的范围内也会确信：再回忆并不始终是可以合理怀疑的，至少并不在任何方面都是可以怀疑的，例如，当我们[通过]一条连续的回忆途径而从它到现在并从现在通过滞留和通过持续激活的滞留一再地向那个在再回忆中被设定的东西回返时，情况便是如此。但这是一个需要受到特别研究的问题。——

我们回顾一下圣灵降临节前我们沉思的状况。[1] 意图超出自然认识和自然科学层面的**主导问题**是“**超越的问题**”，首先是超越**自然**的问题。或者也可以用散漫的和误解性的表达来阐释：这里的问题是：认识意识在其杂多构形的和相互交织的认识行为之河

① [**边注：**]1909年6月9日。对至此为止的讲座进程的扼要重述。重复。

流中如何能够超越它自己，并且如何能够以有效的方式设定和规定这样一个对象性，这个对象性就其任何组成部分而言都无法在[此认识意识]之中实项地被找到，它在[此认识意识]之中从未曾成为绝对无疑的自身被给予性，但这个对象性按照自然认识的意
346 义却应当自在地实存着，无论它是否被偶然地认识到。由此出发，这个问题似乎**以不确定的一般方式在扩展自身：关于某个在类似意义上自在存在之物的认识是如何可能的**，应当如何理解它的客观有效性要求，并且应当如何保护它不受那种背谬的怀疑——反思似乎一再地会逼近这样的怀疑——的威胁？

我们已经看到，在这些关系中应当为我们提供帮助的那些研究听命于**现象学还原的要求**。这无非是要求：始终不懈地专注于在这里活动的问题以及它的本真意义，并且不把其他的认识问题强加给它。但这就意味着，我们不能将任何东西预设为在先被给予的，不能将任何东西当作前提来运用，不能允许任何与此问题附着在一起的研究方法。就自然认识而言，这就表明：有关在刚刚所阐释的意义上的自然认识之可能性的研究，**自身不能具有自然科学认识的特征**，自身不能是自然科学的研究。我们并不真的就是怀疑论者，但我们必须如此行事，就像我们对所有自然实存都持有怀疑一样：不能运用对自然的任何实存设定。生理学、生物学、心理学，所有自然科学一般都以同样的方式是可疑的，始终都以同样的方式被排除。

现在，笛卡尔式的基本考察提供了一个开端。能思（cogitatio）是一个绝对的被给予性，它没有附着超越的问题。面对笛卡尔的迷失，面对依据笛卡尔的内感知明见性学说以及它对认识论

的所谓基本意义，我们确定：能思的绝对被给予性并不意味着我思(cogito)、我在(sum)，并且也不意味着在心理学意义上的所谓心理现象的实存。朝向怀疑的体验、判断的体验、愿欲的体验的现象学反思的看，可以说就意味着：这个，以及随之而观看地把握和设定，并不是心理学的自身感知。

现在看来，纯粹能思领域摆脱了所有一同交织的经验实存设 347
定，无论是对所思的自然的设定，还是对能思的本我(ego)的设定；**获得了这个能思的领域，我们便获得一个可用的和独立的研究领域**，获得了一门现象学——如果我们把那些纯粹的能思称作现象的话。看起来，我们要分析这些现象，要将分析的结果以相即描述的方式表达出来，我们可以将它们如实地加以分类，以及如此等等。**这里很快就可以看出，这种研究的领域比我们起初所想象的要宽泛得多。实项的分析**有别于**意向的分析**。已经表明，在诸能思上有一些不单纯是实项的组成部分能够得到指明，并且可以在分析中使这些部分成为绝对的自身被给予性；在能思的本质中包含着：它们与某物发生“意向的”联系，在它们之中显现出一个对象性的东西，或在它们之中有某物以某种方式“被意指”，而**显现者本身、被意指者本身可以得到明见的描述**，可以在意向分析中成为绝对的自身被给予性，即便是在与能思的联系中。在感知时，我们可以描述被感知之物，一如它在此所显现的那样，我们对它的描述，与它在这个感知中被意指的状况，与它在感知中站立的状况是一致的，无论实存与非实存的情况、感知认识之可能性的情况究竟如何。在其他的能思(cogitationes)那里，情况也是如此。**因此，自身超越自身以某种方式属于能思的本质**，这始终是一个绝对的被

给予性,即:所谓的事物感知、判断等等在意指着某个它们本身所不是的东西,或者说,**有两种表达自身被给予性的绝对判断是可能的**,一种是**设定能思连同其实项组成部分之存在**的判断,一种是涉及**它们与那些对它们来说并非实项内在之物以及非内在之物的内容之关系**的判断。**这里似乎分裂出各种不同的存在概念:在现实和自然意义上的存在者**,但我们不能在其现实性中运用它。**在意**
348 **识的意义上的存在者**,即在能思意义上的存在者,最后是**所思的存在者**(Cogitiert-seiende),例如在臆想中的**被臆想状态**(Fingiert-sein),我们虽然不能将它看做是真实的存在,但我们另一方面却可以明见地将它标识为被臆想之物,标识为所思,并且根据它的内容来描述它,一如它在此被意指的那样。

根据对笛卡尔式明见性所具有的这种双重性的认识(根据对它进行的适当还原),亦即根据对在**纯粹现象**或纯粹意识标题下所标识的绝对被给予性的**本质双重性**的认识,看起来可以得出:现象学**获得了**一个极具扩展了的、**甚至包罗万象的范围**。看起来它包纳了所有认识和科学,并且在对象方面包纳了所有可设想的对象性,其中也包括所有自然对象性。当然,自然的现实不可以被运用,自然科学的确定不可以作为前提起作用。另一方面,绝对的**被给予性**是所有的能思,因此也是所有在认识的标题下可以被把握到的能思、所有感知、表象、回忆、**所有意指,无论何种类型**,所有正确的和错误的、明晰的和不明晰的判断,与这所有一同的当然还有所有被表象的、被意志的、有可能明晰地被认识的**对象性**,作为相关认识—能思的意向对象性。随每个能思一同被给予的恰恰是它的意义,而意义恰恰构成它与这个或那个对象性之关系的本质特殊性。

随之，**不仅对于一门现象学、即作为在实项的和意向的两个方面对纯粹意识所做的内在分析的现象学而言，而且也对于引领性的认识论问题的解决而言，最为有力的预兆已经得到显现**。因为现在会有这样的想法展现出来：如果超越的认识的可能性，或者在 349
较为狭窄的出发点问题的意义上：如果**自然认识**的可能性是一个问题，我们就必须在现象学还原的范围内研究不同的认识种类，自然在这些认识种类中被意指，受到时而被论证的、时而未被论证的确立与规定。通过对认识在所有关系中的现象学本质的研究，即通过在实项的组成、意义方面、在合理论证（Rechtsbegründung）或合理否证（Rechtsentgründung）方面、在证实与反驳方面对认识的现象学本质的研究，所有与认识可能性相关的问题必定都可以得到解决。而另一条穿透认识问题之意义的道路是根本无法想象的。我刚才说：所有与认识可能性相关的问题，我指的是：认识在每个领域中有可能摆出来的所有类似的问题、所有超越的谜。

但现在出现了一个突变。一个新的沉思告诉我们：至此为止的工作，并没有为一门现象学科学的可能性提供充分的准备，甚至还有困难在阻碍着它，这些困难似乎在将它挤逼到一种绝对的怀疑上去。

在其实项组成和意向组成方面的各种能思应当是现象学的一个领域。但这是什么样的能思呢？当然是在笛卡尔式的明见性中和在现象学还原中被给予的能思，亦即在现象学反思之瞬间中的体验。例如，如果我在怀疑，并以沉思的方式意识到：我在怀疑，那么这个怀疑的被给予状态是绝对确然的；如果我感知，那么我感知，如果我意欲，那么我意欲。但**所有体验都在流逝，意识是一条永恒的赫拉克利特式的河流**。刚刚被给予的东西，会下沉到现象学的过去深渊，而后永远逝去。没有什么东西能够重返并在同一性中二次被给予。因此，我们真的具有一个无限的领域，而不更多只是一个每每来而即遁的点？对于我们来说，现象学家曾具有的、甚至所有其他人所具有的和曾具有的无限丰富的现象作为被给予性都是不可能的。我们排除自然、本己自我和陌生自我，而且我们
350 是因为超越之谜的缘故而排除它们。但我们难道不需要坚定地贯彻到底，始终追踪这个谜，在它的所有类似形态中？对所谓自然在实存方面予以置疑，而不去触碰相同的问题，这会有用吗？自然从来不是绝对的被给予性，我不理解，它如何能够被确立，并且是合理地被确立，而后如何能够进一步在科学上被规定。另一方面，在**能思**的情况中，我在其反思地被给予的那个**瞬间**具有绝对的被给予性：在我的能思情况中，我也具有这种被给予性，只是我要排除我自己。对一个他人的能思，我当然不具有绝对的被给予性。他人可能会具有绝对的被给予性。但如果我必须一同排除它，连同他人的实存，那么他的绝对设定还有什么用呢。**现在，我超出一个绝对被给予性以及对它的设定——现在设定——了吗**？我们讨论的是**滞留**和**再回忆**的问题。直接的滞留持守着那个还在逃遁中的流逝的体验，但只是以刚刚曾在之物的方式，这种直接的滞留似乎已经附着了超越的问题。滞留甚至已经不再是那个曾在的能思本身了。因此，如果这种有可能进行描述的判断缺少本真的客观性，它被一同拽入到能思的河流之中，而且一旦这些能思逝去就无法再成立，那么，对能思的设定以及那种有可能进行描述的判断对我

还有什么用处呢？或者我们只应从中得出回忆判断？但由于滞留不是去设定“这个在”，而更多地是设定“这个刚刚曾在”，它不是超越了被给予之物了吗？再回忆就更不用说了。**所有再回忆不都有可能是欺瞒吗**？难道它不会向我们保证说，以前曾有过某物，然而实际上却从未有过某物吗？

这个怀疑看起来甚至会牵扯到现象学的感知。每个对延续现象的把握也会随延续把握（Dauererfassung）而隐含着滞留。**因此，我们应当说：唯有绝对的现在才是现实的被给予性**，并且不带有超越的问题，而向过去——它本质上属于延续——的最细微的展开就已经是成问题的了？这样我们便陷入了**极端的怀疑论**。**最** 351
后我们甚至都不敢谈论一条意识的河流，并且不敢谈论任何东西，因为如果我们试图以抽象的方式来取消这条河流，甚至试图将它看做问题，那么绝对的现在看起来是根本无从把握的。

然而，**假定**有人执拗地站到**笛卡尔式的明见性**基地上去，并且说，这是笛卡尔为所有时代确定的一个真正的阿基米德点，我们可以怀疑一切，只是不能怀疑我们反思地把握到的作为被给予性的能思之存在，那么我们也可以问：**他以此究竟想怎样开始呢**？例如，像笛卡尔那样从中得出**推论**，这些推论甚至应当导向上帝的此在、一个物体和精神的外部世界的此在、一个对它们有效的数学和自然科学的此在，以及如此等等？但每个从被给予之物导向未被给予之物的推论不重又附着了超越的问题吗？作为能思的推论可以是在反思中的绝对被给予性，但被推导出的东西和未被给予之物是现实的，这又给出了一个谜：意识如何能够无可辩驳地超越自身。最终甚至是根本没有什么会符合被推导出的东西。如果有人说，推论作为**正确的和明晰的推论**，会带有一个**突出的必然性特征**或必然有效性特征，带有**一种在错误推论那里所缺失的感受**，带有**一种绝然无欺的感受**，那么我们当然会说：是的，这恰恰就是谜。我们并不想否认推论的无可辩驳性，我们并不是独断的怀疑论者，但我们是**批判的怀疑论者**。我们承认，明晰的推论必定在意识中以某种方式有别于不明晰的推论，我们也真心地准备承认：明晰之物是客观有效的，而明晰性的特征保证了客观有效性。**但我们不理解，它是如此做到这一点的以及它如何能够做到这一点**。未被给予的存在与依附于我们的推论体验的特征有什么关系？如果像人们所说的那样，明晰性是一种感受，并且在明晰起来的假特征之谬误中是一个不同的、否定的感受，那么我们要问：这些感受是否
352 有可能颠倒它们的功能，而那时我们还应当如何作出更多陈述，因为这一次是感受 a 在此，另一次是感受 b 在此。但我们这一次说，未被给予的和被推导的东西是**现实的**，另一次又说，它是**非现实的**。

在所有这些问题、难题、怀疑面前首先只有一种态度：凡在我们这里的思维取向中有问题的东西，我们都必须作为问题来处理，并且仅仅**持守那些我们的提问和思考（作为有意义的提问）奠定基础的东西。因而我们不能放弃笛卡尔式的明见性**，但另一方面我们必须**正确地理解它**、正确地把握和界定；也不能界定过窄。它诉诸于在怀疑中的怀疑的绝对自身被给予性、在感知中的感知的绝对自身被给予性，如此等等，它以此而向我们指明**原则上无问题的东西，并且随之而事先从形式上标识出那个在其中问题必定可以得到解决的领域。绝对的自身被给予性恰恰就是在超越问题意义**

上的原则无问题之物。对一个不是在绝对意义上自身被给予的此在的设定乃是一个谜，恰恰因为它不是自身被给予的。**如果我们拥有和把握某物本身，而不在我们的意指、陈述、判断中超出真实的自身被给予之物**，那么一个怀疑就会没有意义。我们常常说话和判断，不是漫不经心，而是理由充分。如果我们要求给出理由，如果我们想要得到业已指明的理由，那么**这个要求的意义不总是在于：从远离被给予性的意指回归到指明的、自身给予的意指之上吗**？我们至少感受到，这是意义所在。即便在**经验领域**中，即在我们要求经验判断回归到现时感知和回忆的经验领域中，情况也是如此。这就是如此，我**看见它**：怀疑便随之而被切断了。当然，进一步的考察会表明，经验的感知不是一个**绝对**自身给予的行为，而且它这方面重又附着了超越的问题。正因为此，才要做出进一步 353
的研究。**我思**(cogito)**是一个绝对的出发点，并非因为它涉及我们本己的心理体验，而是因为我们具有关于这些能思的——如笛卡尔所说——明白而清晰的感知**(clarae et distinctae perceptiones)。但更正确地说，是因为在这里被设定的东西，乃是**在纯粹自身被给予性中被设定的**，而且**以此也就在以下的意义上标识出这个研究的第一基地**，即所有认识超越的问题恰恰都必须从**认识本身的被给予性**出发，**以及从所有那些在认识本身中绝对被给予的东西出发，无论它是实项的，还是意向的**。但在这里我们必须继续前行并且恰恰要探问：这个自身被给予性究竟伸展得有多远，而且我们例如不能认为，自身被给予之物就不会带来任何问题。本质性的东西在于：这是自身被给予的，而且**在自身被给予性中，它所提出的问题完全可以内在地解决**。在这个意义上，延续活动

(Dauern)和感知中的刚刚曾在、也包括滞留,已经被我们确定为绝对的自身被给予性。**滞留与感知一样,是一个绝对给予的行为,**而这是一项特殊探讨的实事,即:研究在这些行为中所有属于绝对被给予性领域的状况。而从这里出发还要继续前行。笛卡尔已经自问:我思(cogito)的明见性为什么被看作是绝对的?什么东西能够与它相并列?而他说,是我们在同一个意义上**明白而清晰地感知到的**(clare et distincte percipimus)一切。可是他却**没有把握到这些实事的本真意义**。这里所涉及的感知(perceptio)是纯粹的、**向被意指之物的绝对自身挺进**或对**纯粹自身给予行为**的所有形态**进行探究的看**(Schauen);而且我们将会充分地看到,这个领域究竟有多大。

354 **〈第 52 号〉 对各个进程或对各个个体(延续)对象的**
452 **单纯表象。记忆感知的明见性。对被当下拥有之物的感知的明见性。**[①]

但是,对被当下之物的感知还只是一个在延续感知(Dauerwahrnehmung)中的**界限**,或者毋宁说,我们需要区分**意指**和感知显现,后者始终是**连续的**;一个完全充实了的时间片段显现出来,而被意指的是这个同一之物,它是现在的,并且在新的现在中始终是同一个。另一方面,我所意指的却不是这个单纯的**相位**。我意指的是这个**声音**,而不是这个声音的不可立义的、短促易逝的现在

---

① 希尔斯—巴塞尔基亚(Sils-Baselgia),1909 年 8 月底。(希尔斯—巴塞尔基亚是瑞士的一个度假地。——译者补注)

相位，不是这个单纯的抽象。

如果我谈论**相即的感知**——这里的问题究竟何在？相即感知意指的是在场者，一如它在此所是，一个在感知中实项被给予的东西——这样说有没有意义？

声音是相即被感知的。这意味着什么？声音无非意味着自己本身。但声音已经是**统一**了。

我们在每个**外**感知中都有一个“感性内容”，我们看向它，并且在那里发现一个**对象**，如声音、颜色等等，它延续或变化。或者毋宁说，我们发现**许多**这样的内容，一个声音统一、一个触觉复合。是谁给了它们以统一？“意识”、事物立义的统一。如果我们不去考虑统一化的(vereinheitlichend)立义，我们便可以自为地看待每个内容，这时它便是一个前经验的事物，重又是一个统一，但若撇开提取把握(Herausgreifen)(提取界定[Herausgrenzen])不论，它并不是一个像经验的事物统一那样的统一，不是一种聚合思考的(zusammenden-kend)统握。这里的统一在于内容本身。它本身是**一个**内容。而**感知**本身，它不也是一个统一吗？我们在这里有许多统一，但一同交织在感知的统一中，在所有这些之中都显现出一个事物，都有一个东西站立于此，例如一头步履沉重前行着的母牛。

在所有显现变化中的总体显现(视觉的、触觉的等等)的统一。亦即**统一**。这个统一是内在地被给予的。每个这样的统一都是如此。“内在地被给予”在这里意味着什么？

而如果我设想这些统一在其中**构造起**自身的所有这些**流动的** 355
瞬间，那么人们却不能又说，它们正是这些统一。例如，声音在其中将自身展示为同一声音的声音—相位，而且不仅仅是现在相位，而且还有过去相位。这样一个相位，以及这些相位的连续性，并不是一个像“**声音**”、颜色那样的统一，它现在具有这些内涵，现在具有那些内涵，从这个本性上说，它是不变的，而后又具有那个本性。

因此，我们具有**感知**，而且是作为对这些统一之把握的相即感知，摆脱了所有的“超越”；首先需要确定的是，这应当是指什么，以及在其中本真地包含着什么；而另一方面是对在活泼流动着的意识上的**那些相位**、那些构造性的内容、内涵的**把捉**。它以某种方式也是统一；但不是这样一种统一，即在河流中被理解为贯穿在河流的各个相位中、贯穿在河流连续性中的同一之物的一个东西，而是这个意义上的统一，即：我将目光朝向它，并且将回坠中的它持守在河流中，并且而后在再回忆中和新的再回忆中一再地认出它。

当然人们会说：因此，即便是一个相位也是一个统一，它被理解为一个这个，而在我这样理解它时，它**也重又回坠**，它也具有**其**余声，具有**其**诸相位的彗星尾等等，它在其中被看做是和被设定为这同一个。而我——人们想这样说——可以将目光朝向这样的一个相位，而它也重又流逝。如此继续，直至无限吗？困难就在这里。

它不可能无限继续下去。如果我在邮车摇铃时对准一个相位，现在全神地关注它的减弱，这难道不是最终的东西吗？我不可能在一个新的系列中关注这个减弱过程的相位。我可以再回忆，并且（抽象地）对准其中的这些流逝和瞬间。这就是一切。而后我在再回忆中可以一再地说：“这里的这个，这个同一的东西。”这是一种最原始的统一。

但另一方面我具有统一,它贯穿地生活在河流中,其次我可以 356
在再造中像每个统一一样,将这个统一确定为是这同一个统一。

相即(Adäquation)现在只能意味着:统一如此地被把握,"就像它所是";当它在一个自身不包含任何仍需充实之意向的感知中被把握到时,情况便是如此。只要统一能够在一个意识中完完全全地被给予,它便是一个封闭的统一。统一可以是封闭的和不封闭的,它们可以是带有超出自身的指向的、并且在不断更新的行为中自身展开的统一,也可以不是这样的统一。这样我们就需要区分两种**感知**,一种是朝向**封闭统一**的感知,这就意味着:它们是一种类型感知,这种感知本身就是封闭的统一,它们封闭地展示其被感知之物;另一种是类似事物感知的感知,它们可以并且必须得到无限的扩展,而后才能恰当而完整地给出事物,因为事物的本质就在于,它是无限可规定的和重新可规定的。**不相即**在这里就是指:感知朝向一个**不封闭的**统一,感知意指这个统一,但它并未完整地得到展示。感知是不完善的。

另一方面,明见无疑的并非是感知本身,而是判断。而如果作为判断之基础的感知不完善,那么判断就是不明见的。但它具有一种明见性程度,即根据完善性的明见性程度,而明见的判断是一个朝向被给予性的判断,只要这样的感知在进行着被给予性(只要它是被给予性意识),并且在这些感知的关系中进行对被给予性的朝向,那么在这里唯有提出以下的要求才是有意义的:判断,并且在感知上证明这个判断之所说(事物—判断),只要此判断要求某种证明。

另一方面,如果判断的客体不是事物,而是一个自身"封闭的"

357 客体,那么判断就是明见的;如果对这个客体的感知恰恰在此,并且只要感知在这里不包含任何未被充实的东西(因为这在这些客体那里不会提供任何意义),那么在这里提出更多的要求也就没有意义了,如此等等。

在事物的情况中去考虑封闭感知的可能性的做法是错误的,正如以为在"声音"这类个体统一那里"非相即的"、非封闭的感知是可能的这种看法也是错误的一样。当然,**术语**还需要改进。就相即感知而言,于"感知行为"中实项地被给予的东西,就是在它之中以感知的方式被设定的和被意指的东西。

感知,对此我们可以说,具体的(in concreto)显现,它本身是一个内在的被给予性,而显现者在内在感知中就是显现本身。在声音—显现中显现出什么了吗?显现出它自己。

如果我们将声音—显现理解为现在被给予性和曾在被给予性(Jetzt-und Gewesenheitsgegebenheit)的**河流**,声音在其中作为同一个而站立于此(它从中可以作为这一个而被提取出来,可以在其中被设定),那么**声音—显现活动**(Ton Erscheinen)就有别于那个显现着的声音。

在外部事物的情况中:**显现**,在这里是**统一**(不是**河流**),有可能是变化统一,就像我们说:显现在自身变化,这是显现的连续性。所有这些都不是**显现活动的河流**。

因此我们区分:如果我们将**显现**称作一个客体在其中"**表象**"自身、展示自身的**统一**(个体的、时间的统一),那么就要说:在外部事物那里我们具有显现的统一,它展示某个不同于它的东西,因为感知意识是这样一种意识:一方面"可以发现"显现是从属于它的、统一地在它之中现存的，但客体却不是显现。这个意义上的显现(Erscheinung)仅仅为“外感知”所具有，亦即有别于显现的客体，在内在感知的情况中，这个意义上的显现与客体本身就是同一个东西。

在外感知的情况中我们具有： 358

1)**显现活动**(das Erscheinen)(**河流**)，

2)**显现**(die Erscheinungen)，

3)**显现的客体**(erscheinendes Objekt)。

“不可能有对过去之物的**相即**直观(感知)”——“在记忆感知中，在刚刚过去之物方面的体现性内容永远不可能与被体现之物相同一”——这是否**有误**？“体现性的内容”与被体现者在**任何一个感知中都不**可能是同一的，无论是在我们称作现在感知的感知相位中，还是在一个其他相位中；除非是唯一的一个例外：对一个河流相位的“把捉”(Erhaschen)。但问题在于，是否还能将它称作感知，而不是称作抽象。

根据我现在的明察，体现性的内容是什么？当然，整个术语现在都必须得到转变。在外感知的情况中，各个物理内容(每个都被看作**统一**)的复合是“体现性的”吗？应当可以这样说。因为统一是“体验”，即是说，它没有**被意指**，但却仍然是显现的统一(必须一再考虑这一点)。我们具有这个体现性的内容和对象的内容之间的关联。但其次可以称作体现性的是河流的现在—内容(不作为统一)。这样一来，每个感知显现一方面具有一个体现性的内容，另一方面具有一个再现性的、构造着时间的过去、延续等等的内容。这整个注定用于展示的内容(河流意义上的内容)并不是在统一展示统一（可以在第一个意义上这样说）的意义上进行展示，而如果我们划分体现性的和再现性的（复原性的[1]）内容，那么前者当然与对象的构造性内容不同一，并且在这里根本不比后者优先。

359 “不可能在当下对一个过去之物，也包括对一个最近的过去之物进行相即直观”——难道对一个当下之物的相即直观不是不可能的吗？相即感知、相即直观——这究竟是什么？

这样一种感知是可能的：对象（它们的本性使此成为可能，但也要求如此）在它之中成为自身被给予性，完完全全地，不做超出自身的指向，不是通过“单纯的显现”。但这里是体现性的内容：感觉现在：不是对象、统一。统一只能在统一中展示自身。

复原性的（repristinierenden）[2]内容也只是河流内容。因而下列说法是否具有可用的意义：过去的东西在现在中不能得到相即的展示？过去之物可以在现在中作为非现在站立于此。这是不言自明的，它只能作为曾站立于此，通过原初的复原。可以考虑这里还有什么会剩余下来。

要求对一个演替之进程的感知做出比它——如我们所见——所做的更多的东西，这有意义吗？

① 这个在此和后面三次出现的表达在文稿中首先清晰完整地写为“repristinierenden”，在第二处简写为“reprist.”，第三处加省略号写做“reprist...”，因此每次都像这里写作“reprist”。——编者

② 参见第358页注1。——编者

〈第53号〉　内意识的意向性。[①]

我们试图作一个描述：我听见一个**声音**，例如一个短暂延续的声音[②]。我排除所有瞬时的解释[③]，我接受纯粹感性原素的声音—素材。它开始并终止，而整个延续统一、它开始和结束于其中的整个进程的统一，都在结束之后“移向”越来越遥远的过去。只要我可以在滞留中追踪它，它便保留其本己的时间性，它就是这同一个声音，它的延续就是这同一个延续。我可以将注意力朝向它的被 360
给予**方式**。它与它所充实的延续是在一种“诸方式”的连续性中被意识到，在一条“连绵的**河流**”中被意识到，而这条河流的一个点、一个相位就叫做“关于这个响起的声音的意识”，而在其中，这个声音的延续的第一个时间点是以“现在”的方式被意识到的。这个声音被给予，这就是说，它被意识为现在，但只有“在”它的某个时间相位作为现在而被意识到“时”，它才被意识为现在。但是，如果声音—延续的某个时间相位、一个客观的时间点是一个现时的现在（开始相位除外），那么时间点的连续性就会被意识为“刚才”，而从开始点到现在点的时间延续之整个片段都被意识为流逝了的延

① 胡塞尔将这个札记的写作时间仔细地确定为：1911年11月10～13日。他显然还曾确定将它纳入到1905年2月的时间讲座的原初文稿中去。这个札记的文字大部分已在第8、9、10节和第20节中得到复现，带有一些改动，下面还会个别地予以标明。——编者

② 在开始时，这个声音并未事先被期待。

③ 这个札记的文字大致从这里开始到第362页第4行已在第8节和第9节的第一段、第62页（边码[385]）第2行至第64页（边码[387]）第16行中得到复现，带有一些改动。——编者

续，但这个延续的其余片段则尚未被意识到。在结束点上，这个结束点本身就是现在点，而整个延续被意识为流逝了的（或者说，这已经处在一个不再是声音片段的新的时间片段的开始点上）。在这整个“意识进行”或流动“期间”，这同一个声音被意识为延续着的，被意识为现在延续着的。“此前”（如果它例如不是一个被期待的声音的话）它未被意识到。此后它在“滞留”中“还有”“一段时间”被意识为曾在的声音，它可以被抓住，并且可以在固定的目光中站住或停留。这个声音的整个延续片段或“这个”在其延展中的声音，都是作为某种可以说是死的东西、某种不再生动地创造着的东西而站立于此，它是一个不为任何现在的创造点所激活的构成物，但却持久地变异着并回坠到“空乏”之中。这样，这整个片段的变异都类似于、本质上等同于这样一种变异，即在现时性时期，延续的流逝部分在意识向不断更新的创造的过渡中所经历的那种变异。

这里有什么可以描述的呢？客观时间之物如何于一个连绵的河流中“显现出来”、如何“被给予”的方式。而对这种方式的描述并不意味着对显现着的时间延续本身的描述。因为这是同一个声音**连同**从属于它的延续，这个声音虽然没有被描述，但却在这个描述中**被预设了**。这同一个延续是现在的、现时地构建着自身的延续，并且是过去的、“流逝的”延续，还被意识到的或在再回忆中“仿
361 佛”被新创造出来的延续。现在响起的这个声音与那个在“以后的”意识流中被称作“曾在的”、“其延续已流逝的”声音是同一个。时间延续的各个点离开我的意识，就像当“我”离开空间中的静止对象时它的各个点离开我的意识与我的显现活动一样。这个对象

保留它的位置，同样，这个声音也保留它的时间，每个时间点都是不移动的，但它遁入到意识的远方，与创造着的现在的距离越来越远。这个声音本身是同一个声音，但那个“以此方式”显现着的声音则是一个越来越不同的声音。

更确切地看，就“声音这一个内在对象，即在其显现的不同方式上得到描述的那个声音”（完全就像一个在不同显现方式中得到描述的空间对象的情况）而言，我们现在可以作出如下区分，即：

1）我可以进行描述的、明见的陈述，关于内在客体自身，以及关于它现在延续，关于此延续的某个部分已经流过，关于在现在中被把握到的声音延续点（连同其声音内容）持续地向过去挪移，以及一个不断更新的延续点踏入现在或者成为现在，关于流逝的延续自身疏离开现时的现在点（它始终是一个在某种程度上充实了的点），移挪到越来越“远”的过去，如此等等。

2）但我也可以谈论类似的**意识方式**，谈论这个内在声音及其延续内容所具有的所有这些“显现方式”的区别是如何“被意识到”的方式：我们就这个延伸到现时的现在之中的声音延续来谈论**感知**，并且我们说，这个延续的声音是被感知到的，并且每一次从这个声音的延续展开中都只有这个在特征上被描述为**现在**的延续点才是完全地、本真地被感知到的。对于已流逝的片段，我们说，它是在**滞留**中被意识到的，而且，那些与现时的现在点距离“最近的”、无法明确划界的延续部分或延续相位是带着不断降低的清晰性而被意识到的；那些距离更为遥远的过去相位则完全是不清晰地、空乏地被意识到的。而在这个延续流逝之后也同样如此：随着 362
临近现在点的距离的不同，离它最近的可能还有少许清晰性，而这

个整体已经消失在昏暗之中，消失在一个空乏的滞留的意识之中，并且一旦这个滞留不再进行，它就会完全从意识中消失（如果可以这样说的话）。

我们可以**一再地**让一个声音延续流动，在一再的回忆中，而后也可以描述回忆方式，描述在它之中所有那些被标识的事件以何种方式被意识到，但却被意识为回忆事件，但我们也可以根据这些来研究意识的本质，一个内在的、时间的存在便是在意识中“构造起自身”，而且是连同那些就第一点而言的各个显现方式一起构造起自身。

对在其客体性中的对象之物进行描述，这是**另一回事**；而对在其“显现”的方式中的对象之物进行描述，则又是另一回事；而对必定以一种样态（Wie）显现出来的对象之物在其中被意识到的那个“意识”进行描述，则最终还是另一回事。

类比空间事物、空间显现与空间意识。[①]

在**空间事物**方面有什么类似的东西呢？

1）我可以根据它的本己存在、根据它的对象性内容来描述它。

2）但我也可以对它的**疏离**做出陈述，并且不是作为“客观的”的陈述，而是我纯粹“经验地”进行陈述，对象（它保持它的位置）这一次显现于**此**，非常近，另一次显现得较远，它移向远处，它从侧面显现出来，诸如此类。也可以是这样的：在移向远处的同时，它显

① 对此参见第 65 页（边码[387]）注 1。——编者

现为缩拢着的，来到近处的，延展着的。它这次展现这一面，另一次展现那一面。

我可以在这里描述对象的这些“显现”，并且将对象描述为如此这般显现着的，同时不去顾及与这些显现方式相互交织在一起的关系（唯有经验才能告知这些），即显现对象与我的身体和我的 363
并不显现出来的（至少在我纯粹依据视觉之物的同时不会以视觉的方式显现出来的）感觉器官的关系。

3）最后我还可以描述对空间事物而言的“意识”；不是事物的显现，而是描述这些：这个显现方式如何**被意识到**；如何在“感知”中，如何在“回忆”或想象中被意识到；当这个事物从一个面显现，从这个或那个面显现出来时，那个在此“实际上没有显现出来的东西”是如何被意识到的；这同一个正面的显现方式的差异如何产生出意识的差异，如此等等。

空间事物也是时间事物，因而在**其**时间性方面也产生出各种显现方式，以及对各种意识方式之研究[的可能性]。——

但我们重新回到**内在的**领域中。[①] 我们在这里能够发现和描述为构造着时间的意识现象的东西究竟是什么呢？这里的构造着时间的意识，乃是指时间客体连同其时间规定性在其中构造起自身的那个意识。

也可以将它们称作“显现”；我们此前将在流逝**样式**中的延续

① 这个札记的文字大致从这里开始到第366页第20行已在第9节和第10节、第65页（边码[388]）第29行至第68页（边码[390]）第2行中得到复现，带有一些改动。——编者

客体（或也将延续进程）称作显现，而这里的“在样态（Wie）中”就意味着：客体（或进程）现在在延续着或已延续过（现在流逝着或已流逝过），它显现为现时当下的或过去的：易言之，当下的东西在流逝，并且在流逝之后成为过去，而且越来越多地成为过去。每个时间存在都在某一个流逝样式中以及在不断变动的流逝样式中“显现出来”（如果它真的被意识到的话），而“这个在流逝样式中的客体”在这种变动中恰恰会一再地变为另一个，然而我们却说，这个客体以及它的时间的每一点以及这个时间本身，都是同一个。我们不能把“在流逝样式中的客体”这个显现称为意识，就像我们不能把空间现象、将处在“这个”或“那个面”、由近或由远的显现样态中作为物体的物体显现称为意识一样。

364 “**意识**”、“体验”与客体**发生关系**，而且必然是与借助于一个显现而显现出来的客体发生关系：先天明晰的是，意识**可以**与这个同一的客体发生关系，如果它“内在地”具有这个客体的一个**显现**，而恰恰在这个显现中，这个“在样态中的客体”站立于此。显然我们必须认识到，“与对象的关涉性”以及“意向性”的说法具有**双重含义**：这要看我们指的究竟是“显现”与显现者的关系，还是意识与“在样态中的显现者”（Erscheinende im Wie）这一方面（即在体［ontisch］意义上的显现）以及与绝然显现者（Erscheinende schlechthin）另一方面的关系。

定义：我们在这里要有所区分地谈论“**意识现象**”、构造时间的现象，以及［另一方面］谈论那些构造**内在时间客体**［的现象］。我们很难使用“显现”的说法来表达这些在流逝样式中的时间客体。因为可以确认，内在客体本身重又是——在一种完全不同意义上的——显现，如外部客体的显现。我们在这里最好是说“**流逝现象**”，并且就内在**客体**本身而言所说的是它们的“流逝特征”（例如，现在、过去）。关于流逝现象，我们知道，这是一个不断变化的连续统，它构成一个不可分割的统一，不可分割为各个能够自为存在的片段，并且不可划分为各个能够自为存在的相位，不可划分为各个连续的点。我们抽象地分离出来的那些部分只能存在于整个流逝之中，那些相位（流逝之连续的点）也是如此。我们也可以明见的方式就这种连续性说，它以某种方式就其形式而言是不变的。无法想象这些相位的连续性是这样一种连续统：它两次含有同一个相位模式，或者，它甚至展开地含有这个相位模式，使其超出一个完整的部分片段。就像每个时间点以及每个时间片段都可以说是“个体地”区别于任何其他的时间点，不能两次出现一样，也没有一个流逝样式可以两次出现。

但我们这里还必须进行进一步的区分和更清晰的规定。我们 365
首先强调，一个内在时间客体的流逝样式具有一个**开端**，可以说是具有一个**起源点**。这就是内在客体开始存在所具有的样式。它的特征就是现在。

而后我们在流逝样式的持续前进中发现这样的奇特性：每个以后的流逝相位本身都是一个连续性，并且是一个持续延展着的连续性、一个由诸多过去组成的连续性。我们把客体延续的流逝样式之连续性与这个延续的每个点的流逝样式之连续性加以对置，这个客体延续不言自明地被包含在那些最初的流逝样式的连续性之中，也就是说，一个延续的客体的流逝连续性是一个连续 366

统，它的各个相位就是客体延续的不同时间点的流逝样式之连续统。

现在系列(不断更新的生活)

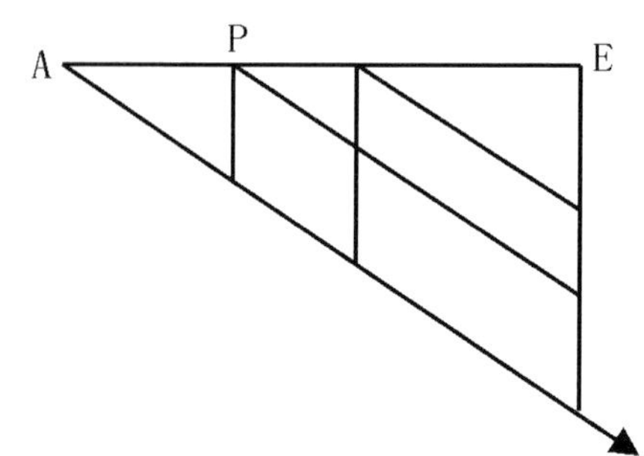

下坠到过去之中(迈向死亡迁移①)

有可能由其他客体来充实的现在系列

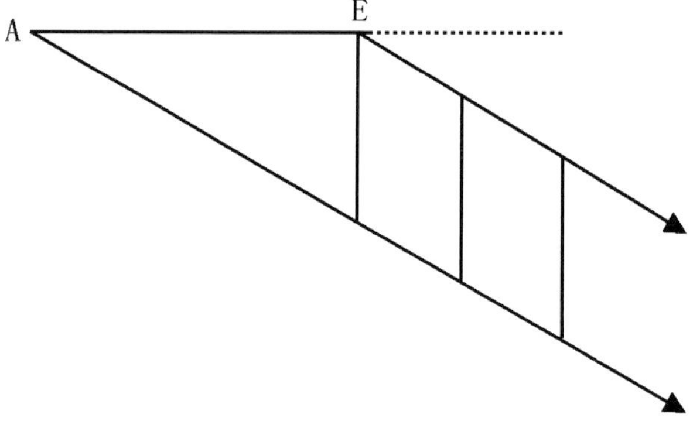

如果我们沿着这个**具体的**连续性行走，那么我们便是在持续变化中前进，在这些变化中持续变化着的是流逝样式，即相关时间点的流逝连续性：只要有一个新的现在出现，这个现在就转变为过

① “迁移”一词的德文原文是(Zug)，也有“特征”的含义。即是说，也可以译作“死亡特征”。英译作“march of death”。——译者

去，而且与此同时，前行点的诸多过去的整个流逝连续性都挪移"下去"，均衡地挪移到过去的深处。在我们所画的图表中，纵坐标的持续系列描绘出延续客体的流逝样式。它们从0(一个点)开始生长，直至一个特定的片段，这个片段的终点是最终的现在。而后，流逝样式的系列便开始了，它不再含有(这个延续的)现在，这个延续不再是现实的延续(这个词所表达的通常是在A与E之间这个系列的流逝样式的一般之物)，而是过去的并且持续更深地沉入到过去之中的延续。

因而这个图表提供了一个流逝样式之双重连续性的完整形象。——

现在所涉及的便是对**构造性的意识现象**的描述。流逝现象在构造性的意识现象之河流中流逝，在意识的统一中流逝，延续的客体便持续地显现在这个意识中。它持续地显现，但恰恰是以一种 *467*
作为活的当下而进行着的延续的形式显现，与此延续相衔接的是流逝了的延续的显现之连续性。这意味着什么：同一个东西显现出来，同一个东西在构造意识中流逝？正如我们可以对准流逝现象、对准客体的正在延续和已经延续一样，我们也可以对准一个进一步的样态(Wie)、对准这个流程的自身进行的样态；它不**是**简单的，它处在一个**样态**之中。不仅是这个延续的客体现在延续着，并具有一个作为现在存在的时间点，并连续地将流逝了的延续的其余各个点描述为流逝了的过去，而且在现在点上的声音也以某种方式要比在属于现在的"瞬间"—流逝样式的其余相位中的声音更为清晰；确切地说，清晰性发生渐次的变化，并且最终过渡到"空 367

乏”之中，过渡到“昏暗”之中。[①] 我们于此而在清晰的领域以内发现一种较大的明白性和相互离散性，而且它离现时的现在点越近也就越大。但[我们]越是疏离现在，就有一个越来越大的流失性和聚合性(Zusammengerücktheit)宣示出来。只要我们反思地回溯一个**分环节的**进程的统一，我们就会观察到，这个进程的一个清晰部分在向过去回坠时会“缩拢”(zusammenzieht)自身——一种与空间透视相类似的(在**本原的**时间显现领域中的)时间透视。当时间客体移向过去时，它便缩拢自身并且同时就变得昏暗起来。

可是现在，这个时间客体，而且是这个充实了的延续、一个进程，不仅是在**本原的**构造性的时间—感知中被意识到的；即是说，它不仅是在这个延续之流逝的生成和回坠过程中被意识到的，在此过程中，客观的流逝样式以越来越昏暗和缩拢的方式被意识到，而且也以**再回忆**的方式被意识到。在时间客体还被意识到、还在回坠的同时，这种再回忆就有可能已经在进行；而在当下**化**[②]所进行的“**复新**(Erneuerung)”中，有可能就进行着同一性的意识，即延续的和置身于回坠中的昏暗之物的被再回忆的开端之同一性意识。或者毋宁说，再回忆必然与那个昏暗的样式“**相合**”，但**可能**会有一个注意力的目光朝向那里，并为这样一个陈述奠定基础，这个陈述用语词来表达就是：“我对这个刚刚流逝的和继续回坠的东西进行再当下化”。被当下化的现在不是现在，正如被当下化的这里不是这里一样，它将一个**现在**当下化，但这个现在**曾是**现在，即是

① 这个札记的文字从这里开始到第13行已在第9节、第64页(边码[387])第17～28行中得到复现，带有略微改动。——编者

② 这个当下化是质性的原信念。

说，它以新的方式使一个时间点被意识到，这个时间点的流逝样式是某个过去之物。在某个范围内可能有一个时间点、一个在不变 368
的过去样式中被意识到的一个时间点，以**双重的**方式被意识到，一次是在本原的滞留中，在关于这个回坠之物的本原意识中，同时也是在一个再造的样式中，作为当下化，即对以前的原本显现的当下化，因此同时也是对与此相衔接的本原的回坠的当下化。

[①]在显现中的各个流逝样式的本原显现和结束是某种**固定的东西**，是通过“**触发**”(Affektion)而被意识到的东西，我们只能**看向**它(倘若我们真的实施观看的主动性的话)。相反，当下化则是某种“**自由的东西**”[②]，它是一个自由的穿流，我们可以“更快地”或更慢地、更清楚明白地或更迷惘地、疾速地一口气或分步骤地以及如此等等地进行当下化。

在这里，当下化本身是一个内意识的发生事件(Ereignis)：**如果**它进行，它便具有其现时的现在、其流逝样式等等，而在它现实地进行的同一个内在的时间片段中，我们可以“自由地”处置被当下化的过程的较大和较小的块片连同其流逝样式，并因此而较快或较慢地将它经历一遍。

在这里，这个片段的被当下化的各个点的相对流逝样式(在继续同一相合的前提下)始终保持不变。我所当下化的始终是同一个东西，始终是时间片段的流逝样式的同一个连续性，始终是在其

① 这个札记的文字从这里开始到札记结束的第29行已在第20节、第91页(边码[406])第30行至第92页(边码[407])第20行中得到复现，带有略微改动。——编者

② 但与过去的领域有关。

样态(im Wie)中的它本身。但如果我如此地一再回返到这同一个起点和各时间点的这同一个序列,那么这同一个起点本身就会越来越远地和不断地回坠。

〈第 54 号　意识(流)、显现(内在客体)与对象。〉[①]

这个创造系列是一个创造着的**意识**,在它之中始终有延续被
369 意识到,以这样一种方式:第一个客观点被意识为现在,而后,下一个客观点被意识为现在,并且前一个客观点被意识为刚才,如此等等。与此同时,作为被充实的时间系列扩展自身,在这个系列中,延续者显现为客观的时间系列,并且每次都显现为一个延续,统一之物在其中一直延续到现在,延续到这个不断更新地充实自身的现在,这个被意识到的延续也就随之而不断地扩展自身。

但是,人们**在自然的观点中**会完全不言自明地说,并且会认为这种说法是完全不言自明的:**现在**我把握到一个声音,它在其延续期间保持自身,或者我把握到一个内心体验,例如对事物显现以及与此相联结的、超出它的延续而伸展的中意(Gefallen)的体验。由于我现在关注内意识的**构造显现**,因此我将它把握为现在存在的,我现在把握关于现在的意识和刚才一意识的整个连续性,而这整个连续性是同时的,它属于现在,在现在发生,作为现在而在此站立。而如果我沿着这个连续性的**河流**行进,那么它们会**相互接续地**发生,而这个整体便充实了一个延续。这个延续当然与内心

① 这个札记的大部分已在第 35～39 节中得到复现,带有一些改动。后面还会作个别的说明。——编者

显现者的延续是同一个，内在声音的延续与意识的延续是同一个，声音就是在此意识中按其延续而不断地构造起自身。

但问题在于：**这是否有意义**，即在现实的和本真的意义上说，**时间意识**（内时间意识）**的构造显现本身落入**（**内在**）**时间**。我们会立即注意到下面几点：

[①]1）每个个体的客体都在延续着并且必然在延续着，而它延续着，这就意味着，它连续地存在于时间中，并且是在这个连续存在中的同一之物，这个连续存在同时也可以被看做是进程，反之，在时间中的存在，是在时间中连续的，并且是作为进程的统一而连续的，这个进程在其前行中不可分离地带着这个延续者的统一。我也必须这样表述：如果一个进程在时间中被意识到，那么这也只有在某物在进程中进行时才是可设想的。在声音—进程中包含着 370
声音的统一，它在这个进程中延续着，而声音的统一则相反是被充实的延续中的统一，就是说，在进程中的统一。因此，如果某个东西被规定为在一个时间点中存在，那么它只能被设想为一个进程的相位，在此相位中，一个个体存在的延续具有它的点。

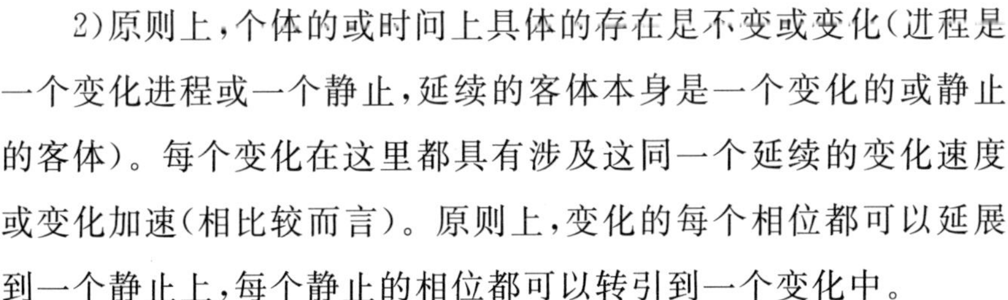

2）原则上，个体的或时间上具体的存在是不变或变化（进程是一个变化进程或一个静止，延续的客体本身是一个变化的或静止的客体）。每个变化在这里都具有涉及这同一个延续的变化速度或变化加速（相比较而言）。原则上，变化的每个相位都可以延展到一个静止上，每个静止的相位都可以转引到一个变化中。

---

① 这个札记的文字从这里开始到第 327 页第 12 行已在第 35～37 节、第 119 页（边码［428］）第 26 行至第 122 页（边码［430］）第 23 行中得到复现，带有略微改动。——编者

如果我们现在来看一下内时间意识的**构造**现象，那么我们在这里就会发现：它们构成一条**河流**，而这河流的每个相位都是一个**映射的连续性**。但原则上与第二点相矛盾的是：这条河流的每个相位都不能延展到一个连续的后继中（即不可能设想这个河流如此地得到改变），以至于这个相位自身蔓延到（perpetuierte）它自身所带有的同一性之中。相反，我们原则上必然发现一条持续“变化”的河流，但这种变化的荒谬就在于，它完全就像它所流逝的那样流逝着，既不能“更快地”，也不“更慢地”流逝。但还有，在这条河流中变化的客体在哪里？在每个进程中都先天地有某物在前行？但这里没有任何东西在前行。变化不是变化，因而关于某个在此延续的东西的说法也就没有意义，而且在这里寻找某个在一个延续中不变化的东西就是无意义的。

因而明见无疑的是，这些构造着时间的现象是一些原则上不同于在时间中被构造的对象性的对象性，它们不是个体的客体或个体的进程，而且这些现象的谓项不能有意义地被归属给它们。因此，也就没有意义这样去谈论它们（并且是在相同的意义上谈论它们）：它们存在于现在之中并且以前曾经存在，它们在时间上相
371 互后继并且相互是同时的，如此等等。但人们或许可以说并且必须说：某个显现的连续性，即这样一个连续性，它是这个构造着时间的河流的相位，这个连续性**属于**一个现在，即属于这个**构造着它**的现在，并且属于一个以前，即属于一个对此以前来说是（我们不能说：曾是）构造性的东西。

但这河流不正是一种相继吗？它不就具有一个现在、一个现时的相位和一个由诸过去构成的连续性吗？而它们现在在滞留中

被意识到吗?我们在这里帮不上忙,而只能说:这条河流就是我们**根据这个被构造者**来称呼的东西,但它不是时间上的“客观的东西”。它是**绝对的主体性**,并且具有一个**形象地**被标志为“河流”的东西的绝对特性:现时性点、原源泉点、“现在”涌现出来的东西,如此等等。在现时性体验中,我们具有原源泉点和一个诸余音瞬间的连续性。对所有这一切我们都还缺少名称。

还需要注意:如果我们谈论“感知行为”并且说,它实际上是本真感知的一个点,这个点与“滞留”的连续性的后继相接,那么我们以此并没有描述时间性的内在统一,而恰恰是在描述这个河流的瞬间。就是说,**显现**,例如一个房子的显现,是一个时间的存在,一个延续的、变化的存在,如此等等,同样还有那些并不是显现的内在的声音。但另一方面,房子—显现并不是感知意识和滞留意识。这种意识只能被理解为构造着时间的意识,理解为这河流的瞬间。同样,回忆显现(或被回忆的内在之物,有可能是被回忆的内在的原生内容)也应当区别于回忆意识连同它的回忆滞留。我们始终要区分:**意识**(河流)、**显现**(内在客体)和**对象**(如果[一个]原生内容不是内在客体)。

并非所有意识都像例如外感知的意识一样具有与“客观的”时间之物、客观个体性**的关系**。在每个意识中我们都找到一个“内在的内容”,它与那些被称作“**显现**”的内容在一起,这些显现或者是 372
关于个体之物(一个外部的时间之物)的显现,或者是非—时间之物的显现。例如,在判断行为中,我具有“判断”显现,即作为内在的时间的统一,而**在其中**,逻辑意义上的判断“显现出来”,如此等等。判断行为始终就是河流,而且我们称作行为的东西始终是一

条河流，一个内在的时间统一在这个河流中构造起自身（判断、愿望等等），它具有其内在的延续，并且有可能较快地或“较慢地”[进行]。内在的时间在这里是**一个**时间，亦即在这里有同时[性]（Gleichzeitig[keit]）、同样长的延续（或者有可能是这同一个延续，即对两个内在的现象而言的延续），也有某种客观的可规定性，无论是此前、此后，还是“同时”。——

[①]一个声音 c **响起**，延续得如此这般长，在强度上时而相同，时而有所跳跃，如此等等。这个声音是一个**在其时间延续中的统一**，而这个时间延续是被声音—进程、在变换不定的强度中被声音 c 的流程所充实的。在延续的每个点中都包含着一个**声音—内容点**、一个声音—进程点（还有对此延续及其部分和点的流逝样式的描述）。我们从第一点、**切入点**开始。它的特征被描述为现在。我
474 们将**关于它的意识**称作**原感觉意识**（Urempfindungsbewuß-tsein），同时并不想说：在这里确实应当区分这两者：原感觉意识和声音—现在。我们不排除这样的可能性，即：这两者是同一个，只是在不同视角下被标识而已。声音—现在是一个声音—延续的开始，而这个延续的每个点都作为现在而以原感觉的形式连续地被意识到，但在意识的一条“**河流**”中被意识到。原感觉意识**在流动**，这就是说：如果存在一个属于河流的原感觉，那么就整个系列而言，一些处在持续系列中的原感觉“尚未”存在，另一些则“不再”存在，而现实的原感觉是“尚未”和“不再”这两个连续统的交界点。

① 对这个札记从这里开始的部分直至第 373 页第 14 行，胡塞尔加有边注：“实事上是正确的，但阐述上是笨拙的；因此非常要紧的是对它进行重新加工。”——编者

流动还进一步意味着："首先"是原感觉，它构成切入点，而所有其他点都还未存在。在"持续的后继"中始终有一个新的原感觉，而 373
每个新的原感觉都吞噬着以前的原感觉，并将它们的模式改变为"不再"。而后它便不再是原感觉，而是不再—感觉(Nicht-mehr-Empfindung)。而后它具有一个"不再"的片段，并且在前面具有一个"尚未"的片段，直至这个延续的终点。如果它在原感觉中被意识到，那么它的所有其他点都会以"不再"的形式被意识到，而"不再"事实上是一个与"现在"一样的意识形式。但这个声音的**整个延续**都是某种消逝着的东西：与声音—结尾的原感觉相衔接的是这样一个原感觉，它不再是这同一个延续的声音的原感觉，而是另一个对象的原感觉，这个对象就其延续的一个片段而言，曾是与这个声音部分地同时的，并且在这个声音已经不再存在的同时却仍然延续着。——

1)**这一个内在的时间；**

2)**时间流逝的唯一河流；**

3)**构造时间的意识的统**　。

[①]在反思中我们发现一条**唯一的河流**，它分为许多河流；但这些河流具有一个统一，它允许我们说，这是**一条**河流。我们发现许多河流，因为有许多原感觉的序列在开始和结束，但我们发现有一个**有束缚力的形式**，因为对所有这些河流来说，不仅分别有从现在

① 这个札记的文字从这里开始到第376页第2行已在第38节、第123页(边码[431])第28行至第125页(边码[432])第39行中得到复现，带有一些改动。——编者

向不再(Nicht-mehr)、另一方面从尚未(Noch-nicht)向现在的转变规律在起作用，而且还有一个如现在的共同形式、一个在流动模式中的相同性一般这样的东西。几个、多个原感觉是“一下子”(auf einmal)存在的，而且如果一个流动，那么这些多数也“同时”流动，并且是在完全相同的模式中、带着完全相同的映射、以完全相同的时速：只是当一个原感觉停止时，另一个却还具有其“尚未”，即具有它的新的原感觉，这些原感觉继续着那些在它之中被意识之物的延续。或者，更好的描述是：这许多原感觉在流动，并且从一开始就支配着这同一些流逝样式，只是这些对于延续的内
374 在客体来说，构造性的原感觉序列是以不同方式继续着，这种继续是与这些内在客体的不同延续相符合的。它们并不都以相同的方式使用这些形式的可能性。

这是首要的一点，还需要仔细地和更为恰当地得到描述。我们需要**客观地**指明对于所有内在客体和进程而言的内在时间的统一连同本质上属于时间的起源样式和流逝样式之河流的统一；我们需要相关地指明内在之物的时间—**意识**之统一性(唯一性)。与此同时还要指明这样一些样式：包罗万象的现时原感觉的“聚合”、“同时”，包罗万象的所有刚刚过去的原感觉的“**刚才**”、“先行”，原感觉的每个聚合向这样一个“刚才”的持续转变，这个刚才是一个连续性，它的每个点都构成一个对于这个总体的聚合来说同类的、同一的流逝形式。原感觉的这个**整体“聚合”**受这样一个规律的制约：它自身转变为意识样式的一个持续的连续统、已流逝性(Abgelaufenheit)样式的连续统。在这同一个持续性中有一个一再更新的原感觉之聚合在本原地产生出来，而后又持续地过渡到已流

逝性之中。**无论一个聚合作为原感觉的聚合是什么，它都始终是在已流逝性样式中的聚合**。

原感觉具有其在连续流逝意义上的连续的“相继”，而且原感觉具有其聚合，具有其“同期”(Zugleich)。同期存在的东西是现实的原感觉，但在相继中的是一个——或聚合的一组——**现实的**原感觉，其他的原感觉是已经**流逝的**原感觉，而这就不是现实的原感觉了。但这意味着什么呢？我们能说的无非是：“你看”！意识到一个内在的现在的一个或一组原感觉（一个声音—现在、在这同一个现在中的一个颜色等等），持续地转变为刚才，转变为刚才—意识的样式，在这个刚才—意识中，这个内在客体被意识为过去，以及越来越过去，并且与此“**同时**”出现了一个新的和一再更新的原感觉和原感觉组，一个一再更新的现在被确立，随之一个一再更新的声音—现在、形态—现在等等被意识到。 375 477

一组原感觉是同时的、聚合的——“聚合”是指：这是所有现实的原感觉或现在感觉？但聚合并不意味着在一个现在中的聚合；原感觉是意识—现在，而且原感觉有别于仅仅通过内容而产生的原感觉：现在是同一个，不是客观现在的存在者，而是现在意识。就其形式而言，意识作为原感觉意识是同一的。

但与原感觉意识“**聚合**”在一起的是“以前的”原感觉、以前的现在意识之流逝样式的连续序列。**这个**聚合是一种从形式上看连续**转变了的**意识模式的聚合，而原感觉的聚合则是一种纯粹由**形式同一的**样式所组成的聚合。在流逝模式的连续性中我们可以取出一个点，然后我们发现在这个点中也有一个由形式相同的流逝模式组成的聚合，或者毋宁说一个同一的流逝样式的聚合。

必须从本质上区分这两种聚合。一个是对**同时性**(Gleichzeitigkeit)构造而言的基本部分,另一个是对时间**后继**之构造而言的基本部分,尽管另一方面同时性不会没有时间后继,时间后继也不会没有同时性,故而同时性和时间后继必定是相互关联并且不可分离的,即是说,这些基本部分重又是本质互属的。

例如我们在术语上可以区分:**显现的**(phansis)"**瞬间—同期**"、**显现的**"**时间片段—同期**"。在此需要在这个笨拙的表达式方面留意:我们并不把这个或那个同期(Zugleich)称之为一个**同时**(ein Gleichzeitig)。出于非常严肃的理由,我们不说意识的时间,我们把原感觉理解为**关于**一种同时性的意识,亦即声音、颜色的同时性,以及任何一个在同一"现时现在"中的东西的同时性,但我们**不**把它们本身称作同时的,更不会把"时间片段—同期"的相位称
376 作同时的意识相位,就像我们同样也不能将意识的相继称作一个时间相继一样。

我们继续进行描述。我们所说的是原感觉的相互接续,进一步说是属于一个内在延续统一的、"在其延续期间的"原感觉的相互接续。我们并**不**将这种相互接续标识为时间后继,就像时间客体的"被感觉到的"相位(在流动的现在中被标识为不断更新的现在的那些相位)的相互接续一样。与每个原感觉瞬间—同期的是那个关于其他客体的原感觉,这个或那个关于其他客体的原感觉,而**一个**客体的原感觉有可能被看做是复合体,它的各个要素是瞬间—同期的。随着在原感觉的显现的(phansischen)相互接续中的每个原感觉,我们都会发现一个片段—同期,而这个片段—同期是样式的片段,就像片段一词所暗示的那样,是一个连续的、一维

的系列（它的各个点自身重又隐含着瞬间—同期）。我们研究片段—同期及其相位的本质。这些相位中的每一个都有这样的特性：它们是关于以前的现在的意识，是关于它或对它的“原初回忆”，并不以一种再回忆的方式将它“当下化”，但却将它当下化，或将此前以现在方式、以一种原感觉的方式曾被意识到的东西留存下来，以一种新的并持续从原感觉活动中产生的样式留存下来。但通过它对原感觉的表象，它以某种方式而将早先那个以现在样式被意识到的时间点当下化。对此的理解应当是这样的：[①]如果原感觉回退，持续地变异，那么我们就不仅具有一个体验，它是以前体验的一个**变异**，而且我们还有可能已经将目光转到这个体验之中，以至于我们在已变异者中可以说是“看到”这个以前**未变异的**体验。如果一个不太快的声音后继在流逝，我们可以在第一个声音流逝后不只是“看向”作为一个“还当下的”、尽管不再被感觉的声音的它，而且我们还可以关注：这个声音刚刚还具有的意识样
式，就是对它在其中曾作为现在而被给予的原感觉意识样式的一 377
个“回忆”。如果这是正确的，那么，另一方面就必须明确地区分：

我们将**回忆**称作关于内在时间客体的意识，因为它被意识为一个此前被给予的，或许我们将它称作**过去意识**更好（带有“滞留”意识与“再当下化”意识、“回忆”意识的区别）；相反，我们**从不**把过去意识称作**关于以前的原感觉**（现在意识）的过去意识，而是称作**关于它的滞留**。如果这里涉及的是一种在感觉变异的原初河流中

① 这个札记的文字从这里开始到第377页第26行已在第38节、第126页（边码[433]）第5～34行中得到复现，带有一些改动。——编者

的意识，此外还称作**关于它的再造**。这一点必须得到彻底的坚持。

因此，如果一个内在客体之延续的某一个相位是现在相位，即在原感觉中被意识到，那么，在片段—同期中便有各个相互衔接的**滞留**与它连续地联合起来，而且是原感觉的滞留，这些原感觉从属于这个延续的所有其他已在时间上流逝了的点。每个这样的滞留都具有一个特定的样式，与此样式相符合的是现在点的时间距离。每个滞留都是关于相应的以前的现在点的过去意识，并且给予它以此前的样式，这个此前的样式是与它在已流逝的延续中所具有的位置相符合的（它的在体的时间流逝样式）。①

我们考虑一下：我听见一个声音，它现在显现，它在下一个瞬间显现为同一个，在质性和强度方面的同一个声音，但"过去了"并且越来越远地回坠到过去之中。与此相对，我们谈论这个声音的内在时间意识：关于在场的声音的意识，关于刚刚曾在和一再回坠的声音的意识。我可以关注这些意识方式，我可以"看见"：当下的声音是如何持续变化的，一个新的现在是如何出现的，一个回忆的
378 尾巴、一个回忆的彗星尾是如何持续地与原回忆相衔接的，而这个彗星尾是如何持续变化的。

在这个意识中我发现一个"相互接续"，我发现它是一条"河流"，而且我在其中发现一个"现在"相位，即一个使声音—现在本原地被意识到的相位：原初体现性的相位。但我与此"同期"地发现一个相位的连续性，它构成以前—意识。而这整个由原初的体现和过去的（präterital）相位之连续性所组成的"同期"构成了意识

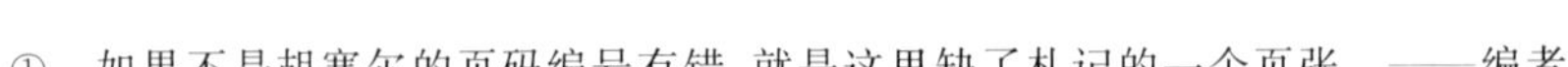

① 如果不是胡塞尔的页码编号有错，就是这里缺了札记的一个页张。——编者

现时性的运动瞬间，这个意识现时性在不断的变化中构造起内在的客体。

但现在会有困难产生：我知道**作为**河流的意识流，我可以看向它，即是说，我在一个把握性的意识中具有这条河流的现时性相位，并且同期具有一系列对以前相位的回忆。[①] 如果一条完结了的（从属于一个延续的进程或客体的）河流已流逝，那么我就可以回顾它，它似乎在回忆中构建起一个统一。因而意识流在意识中不也作为**统一**而构造起自身？即是说，在意识流中构造起一个声音—延续的统一，但意识流自己则重又作为声音—延续—意识的统一而构造起自身。而我们是否也必须进一步说：这个统一是以完全相似的方式构造起自身，并且同样也是一个被构造的时间序列，因而人们还是必须谈论时间上的现在、此前和此后？

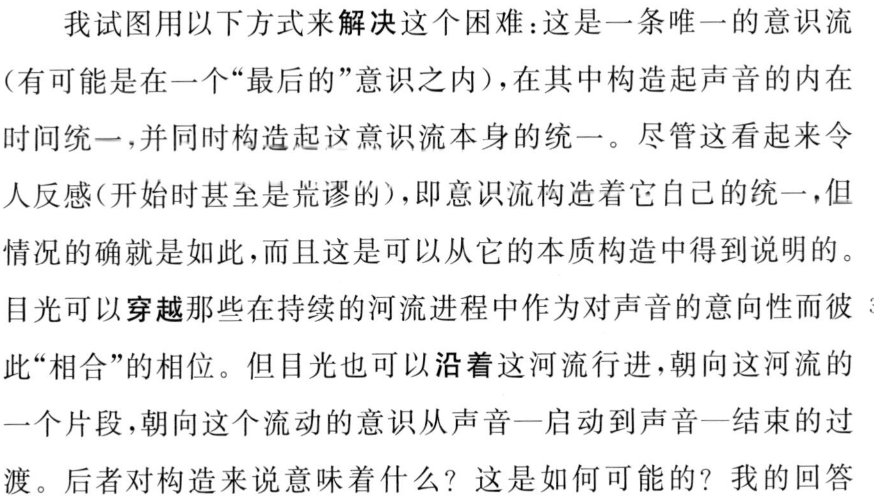

我试图用以下方式来**解决**这个困难：这是一条唯一的意识流（有可能是在一个"最后的"意识之内），在其中构造起声音的内在时间统一，并同时构造起这意识流本身的统一。尽管这看起来令人反感（开始时甚至是荒谬的），即意识流构造着它自己的统一，但情况的确就是如此，而且这是可以从它的本质构造中得到说明的。
目光可以**穿越**那些在持续的河流进程中作为对声音的意向性而彼 379
此"相合"的相位。但目光也可以**沿着**这河流行进，朝向这河流的一个片段，朝向这个流动的意识从声音—启动到声音—结束的过渡。后者对构造来说意味着什么？这是如何可能的？我的回答

① 这个札记的文字从这里开始到第382页第7行已在第39节、第127页（边码[434]）第7行至第130页（边码[437]）第30行中得到复现，带有一些改动。——编者

是：每个这种“**滞留**”的意识映射都具有一个**双重的**意向性：一个是为内在客体的构造、为这个声音的构造服务的意向性，即我们称作对（刚刚被感觉的）声音的“回忆”的意向性；另一个是对在河流中对这个原生回忆的统一而言构造性的意向性；就是说，滞留是与此相一致的：它是对这个声音的回忆，是对消逝了的声音—感觉的再造，更确切地说，对原感觉的再造。再更确切地说：它是在它于河流中持续地自身映射中的、关于持续先行了的相位的**持续再造**。如果我们观看意识流的某个相位（在这个相位中显现出一个声音—现在以及显现出在刚刚流逝性之模式中的声音—延续的一个片段），那么，它会包含着一个在瞬间—同期中统一的各个再造的连续性；这个连续性是关于这河流的各个连续先行的相位的总体瞬间连续性的再造（在启动环节中，它是新的原感觉，在后继而来的持续的第一环节中、在第一映射相位中，它是先行的原感觉的直接再造，在下一个瞬间相位中，它是对先行的原感觉的再造的再造，如此等等）。如果我们让这河流继续流动，那么，我们就具有在流逝中的河流连续统，它使这个刚刚被描述的连续性以再造的方式发生变化，而在这里，由各个瞬间—同期存在的相位组成的每个新的连续性都是与在先行相位中的同期总体连续性相关的再造。所以也就是说，有一个**纵的意向性**（Längsintentionalität）贯穿在此河流中，它在河流的流程中持续地与自己本身处在相合统一之中。第一个原感觉在绝对的过渡中流动着地转变为它的再造，这个再造又转变为对此再造的再造，如此等等。但同时随着第一个再造而有一个新的“现在”、一个新的原感觉在此，它与第一个再造
380 以连续—瞬间的方式相联结，以至于这河流的第二相位是这个新

的现在的原感觉，并且是以前的现在的再造。因而第三个相位重又是一个带有对第二个原感觉的再造的原感觉，并且是对第一个原感觉的再造的再造，如此继续下去。在这里应当一同考虑到，关于一个再造的再造的意向性不仅与直接被再造者相关，而且也关系到二阶的在再造中的被再造者，就像对一个事物显现的当下化不仅仅是与这个事物显现相关的意向性，而且也是与显现着的事物相关的意向性一样，或者更好的说法是：就像一个对A的回忆的回忆不仅使这个回忆被意识到，而且也使作为此回忆之被回忆者的A被意识到一样。

据此，我们认为，在意识流中，河流本身的统一作为一个一维的**拟**—时间秩序的自身构造是借助于各个再造变化的持续性而进行的，并且是借助于这样一个状况：这些变化持续地是关于彼此的再造，关于持续先行的再造的再造。如果我朝向这个**声音**，如果我关注地进入到“**横的意向性**”（Querintentionalität）之中（进入到作为关于各个声音—现在之感觉的原感觉之中，进入到作为在流逝的各个声音—点序列的原生回忆的再造映射之中，并且在原感觉的再造变化和已经现存的再造的河流中始终地经验着统一），那么这个延续的声音就已经在此，并在其延续中不断地延展着。如果我指向“**纵的意向性**”以及指向在它之中构造着自身的东西，那么我就将反思的目光从声音（已经如此这般延续了的声音）投向那个在“瞬间—同期”中于一个点之后的原感觉的新东西以及那个在一个持续的瞬间序列之后与此“同期”的被再造者上。这个被再造者是在其相位序列（首先是其先行相位）之后的过去意识，而在持续的意识流动中，我把握到这个流逝的意识的被再造的序列连同这

些现时的原感觉的界限点以及这个序列随着被再造之物与新的原感觉的新开启而进行的持续回移的界限点。

然而人们在这里可能会问：我是否可以在一个目光中例如一
381 下子就在瞬间连续性中发现并把握这整个再造地包含在它之中的对过去意识进程的再造意识呢？必然的过程难道不更多地是这样的吗：我必须先要把握这个"瞬间—同期"[①]本身；而它在再造中是持续变异的，它只是如其所是地处在河流中；而只要这**河流**改变着这个"瞬间—同期"，它便与自身意向地相合，并在流动中构造着统一；而这同一者含有一个持续的回移模式，一再更新的东西从头开启，而后很快又在其瞬间联系中流失。在这个过程期间，目光可以始终固定在这个下坠着的"瞬间—同期"上；但再造的统一之构造远远地超出它，不断地附加新的东西。目光可以在这过程中转到这个方向上，而它作为被构造的统一始终还是在河流中的意识。

因而看起来这一切即使是如此困难，也仍然是可以理解的。据此，在这条唯一的河流中有**两个**不可分离地统一的、就像一个事物的两面一样相互要求的**意向性**彼此交织在一起；借助于这一个意向性，内在的时间构造起自身，它是一个客观的时间、真正的时间，在它之中有延续和延续者的变化；在另一个意向性中构造着自身的，是这条河流各个相位的**拟**—时间编排，这条河流始终并且必然具有流动的"现在"—点，具有现时性相位，并且具有前现时的相

① 胡塞尔后来用铅笔对这整个段落作了一个说明："可惜我用**瞬间—同期**（Momentan-Zugleich）这个表达时处处都指的恰恰是片段—同期（Strecken-Zugleich）。因此处处都要修改。"——编者

位串和后现时的(尚未现时的)相位串。这个前现象的、前内在的时间性是作为构造着时间的意识之形式而意向地构造起自身的,而且是在此意识之中构造起自身的:

构造着内在时间的意识流**不仅存在着**,而且是以如此奇特、但却又可以理解的方式存在着,以至于在它之中必然有此河流的一个自身显现,因而这河流本身必然是可以在流动中被把握到的。这个河流的自身显现并不需要第二条河流,相反,它是作为现象而在自身中构造起自身的。构造者与被构造者是相合的,但它们当 382
然不是在每个方面都相合。意识流的各个相位是在这同一条意识流的各个相位中现象地构造起自身的,后一类相位与前一类被构造的相位是不可能同一的,而且也不是同一的。在意识流的瞬间—现时中得到显现的东西,就处在这意识流的这同一些过去相位的再造瞬间序列中。

但现在的问题是:是否我们必定不能说,还有一个**最终意识**在管辖着河流中的所有意识。若按这种说法,内意识的各个**现时**相位就是一个通过最终意识而意识到的东西了,而这个最终意识就是向再造(滞留)变异过渡的东西,而后这个变异本身重又是某种在最终意识中被意识到的东西。这种最终的意向性可以在自身中采纳注意力的风格,据此,它的内容便能够以被注意到的东西的方式而被意识到。此外我们发现,只要发生对某物的注意,总是已有某物"显现",注意力的风格始终贯穿在一个意向性之始终。但如果我将目光朝向这河流的一个现时瞬间相位呢?然而需要认真地思考:是否应当假定这样一个最终意识,它将是一个必然"无意识的"意识("unbewußtes" Bewußtsein);即是说,作为最终的意向性,它可以(如果注意活动[Aufmerken]始终已经预设了在先被给予的意向性)是未被注意到的东西,亦即从未在这个特殊意义上被意识到。——

声音的现在借助于**原感觉**而构造起自身,这个原感觉不可能是现在—红(Jetzt-Rot)[1]本身。这在原感觉红(Urempfindung Rot)[2]向滞留性再造的变化上得到表明。唯有意向性才可以变异为意向性。

① 原稿如此。——编者

② 原稿如此。——编者

附　　录

引用文献索引

胡塞尔原著

A.《胡塞尔全集》部分，海牙，或者：多德雷赫特/波士顿/兰卡斯特：

——第 1 卷：《笛卡尔式的沉思与巴黎讲演》，编者：B. 施特拉塞尔，1950 年(Band I：*Cartesianische Meditationen und Pariser Vorträge*. Hrsg. von St. Strasser，1950)。

——第 2 卷：《现象学的观念(五篇讲座稿)》，编者：W. 比梅尔，1950 年(Band II：*Die Idee der Phänomenologie* (Fünf Vorlesungen). Hrsg. von W. Biemel，1950)。

——第 3 卷/1：《纯粹现象学和现象学哲学的观念》第 1 卷，第 1 册，《纯粹现象学通论》，编者：K. 舒曼，1976 年(Band III/1：*Ideen zu einer reinen Phänomen-ologie und phänomenologischen Philosophie*. Erstes Buch：*Allgemeine Einfü-hrung in die reine Phaenomenologie*. Text der 1. —3. Auflage. Neu hrsg. von K. Schuhmann，1976)。

——第 6 卷：《欧洲科学的危机与超越论现象学。现象学哲学引论》，编者：W. 比梅尔，1954 年(Band VI：*Die Krisis der europäischen Wissenschaften und die transzendentale Phänomenologie. Eine Einfuehrung in die phänomenologische Philosophie*. Hrsg. von W. Biemel，1954)。

——第 10 卷：《内时间意识现象学(1893～1917)》，编者：R. 波姆，1966 年(Band X：*Zur Phänomenologie des inneren Zeitbewußsstseins* (1893～1917). Hrsg. von R. Boehm，1966. —Engl. *On the Phenomenology of the consciousness of Internal Time*, trans. by J. B. Brough, Dordrecht u. a. 1991)。

——第 16 卷:《事物与空间(1907 年讲座稿)》,编者:U. 克莱斯格斯,1973 年(Band XVI: *Ding und Raum*. (Vorlesungen 1907.) Hrsg. von U. Claesges, 1973)。

——第 17 卷:《形式的与超越论的逻辑学。逻辑理性批判论》,编者:P. 江森,1974 年(Band XVII: *Formale und transzendentale Logik. Versuch einer Kritik der logischen Vernunft*. Hrsg. von P. Janssen, 1974)。

——第 18 卷:《逻辑研究》第 1 卷,《纯粹逻辑学导引》,编者:E. 霍伦斯坦,1975 年(Band XVIII: *Logische Untersuchungen*. Erster Band: *Prolegomena zur reinen Logik*. Hrsg. von E. Holenstein, 1975)。

——第 19 卷/1:《逻辑研究》第 2 卷,第 1 册,《现象学和认识论研究》,编者:U. 潘策,1984 年(Band XIX, 1: *Logische Untersuchungen*. Zweiter Band: *Untersuchungen zur Phänomenologie und Theorie der Erkenntnis*. Erster Teil. Hrsg. von U. Panzer, 1984)。

——第 19 卷/2:《逻辑研究》第 2 卷,第 2 册,《现象学的认识澄清之要素》,U. 潘策,1984 年(Band XIX, 2: *Logische Untersuchungen*. Zweiter Band: *Untersuchungen zur Phänomenologie und Theorie der Erkenntnis*. Zweiter Teil. Hrsg. von U. Panzer, 1984)。

B.《胡塞尔全集》以外的著述和资料:

——《经验与判断。逻辑系谱学研究》,编者:兰德格雷贝,汉堡,1985 年(*Erfahrung und Urteil. Untersuchung zur Genealogie der Logik*; redigiert und hrsg. von L. Landgrebe, Hamburg 1985)。

——"私人札记"(Persönliche Aufzeichnung),瓦尔特·比梅尔(编),载《哲学与现象学研究》(Philosophy and Phenomenological Research),第 16 期,1956 年。

——"对基础逻辑学的心理学研究",载《哲学月刊》第 30 期,1894 年,第 159~191 页。

——《内时间意识现象学文本》,鲁道夫·贝耐特编辑,1985 年(E. Husserl: *Texte zur Phänomenologie des inneren Zeitbewußtseins* (1893~1917), hrsg. von Rudolf Bernet, Hamburg Felix Meiner Verlag, 1985)。

其他文献

奥古斯丁,《忏悔录》(*Confessiones*)。

F. 布伦塔诺(Brentano, F.),"心理学与感性学的问题选要"(Ausgewählte psychologische und ästhetische Fragen),于 19 世纪 80 年代在维也纳所作讲座标题。

W. 比梅尔(W. Biemel),"编者引论"(Einleitung des Herausgebers),载《胡塞尔全集》II ("Einleitung des Herausgebers", in: Hua II)。

R. 波姆,"胡塞尔与古典观念论"(Husserl et l'idéalismus clsssque),载《卢万哲学评论》(*Revue philosophique de Louvain*),第 57 期,1959 年。

——"两种观点:胡塞尔与尼采"(Deux points de vue: Husserl et Nietzsche),《哲学文库》(*Archivio di Filosofia*),1962 年,第 3 辑,第 360～362 页。

H. 贝格曼(Hugo Bergmann),《内感知明见性问题研究》(*Untersuchungen zum Problem der Evidenz der inneren Wahrnehmung*),萨尔河畔的哈雷,1908 年。

D. 休谟,《人性论》(*Traktat über die menschliche Natur*),德译本,特奥尔多·利普斯(Th. Lipps)译,并加有一个索引,汉堡和莱比锡,1895 年。

R. 英加尔登(R. Ingarden),"埃迪·施泰因谈她作为胡塞尔助手的工作(特别从埃迪·施泰因的信中摘出,并附有一个评论和导引说明)"[Edith Stein on her Activity as an Assistant of Edmund Husserl (Extracts from the Letters of Edith Stein with a Commentary and Introductory Remarks)],《哲学与现象学研究》(*Philosophy and Phenomenological Research*),第 23 卷,1962 年,第155～175 页。

O. 利普曼(O. Liebmann),《思想与事实——哲学论文、箴言与研究》(*Gedanken und Tatsachen. Philosophische Abhandlungen, Aphorismen und Studien*),第 1 卷和第 2 卷,斯特拉斯堡,1899 年和 1904 年。

H. 洛采(H. Lotze),《形而上学——本体论、宇宙论和心理学三书》(*Metaphysik. Drei Bücher der Ontologie, Kosmologie und Psychologie*),莱比

锡，1879 年。

A. 马尔悌，《关于颜色感觉的历史发展问题》(*Die Frage nach der geschichtlichen Entwicklung des Farbensinnes*)，维也纳，1879 年。

A. 迈农(A. Meinong)，“心理分析理论诸论”(Beiträge zur Theorie der psychischen Analyse)，载《心理学与感官生理学杂志》(*Zeitschrift für Psychologie und Physiologie der Sinnesorgane*)，第 6 卷(1893 年)，第 340～385 页和第 417～455 页。

——“论更高级次的对象及其与内感知的关系”(Über Gegenstände höherer Ordnung und deren Verhältnis zur inneren Wahrnehmung)，载《心理学与感官生理学杂志》(*Zeitschrift für Psychologie und Physiologie der Sinnesorgane*)，第 21 卷(1899 年)，第 187～272 页。

M. 梅洛－庞蒂(M. Merleau-Ponty)，《感知现象学》(*Phénoménologie de la perception*)，巴黎，1945 年。

H. 施皮格伯格(H. Spiegelberg)，《现象学运动——一个历史引论》(*The pheno-menological Movement. A historical Introduction*)，海牙，1960 年。

R. 索科洛甫斯基，《胡塞尔构造概念的形成》(*The Formation of Husserl's Concept of Constitution*)，海牙，1964 年，“现象学丛书”(Phaenomenologica)，第 18 卷。

L. W. 斯特恩，“心理的在场时间”(Psychische Präsenzzeit)，载《心理学与感官生理学杂志》(*Zeitschrift für Psychologie und Physiologie der Sinnesorgane*)，第 13 卷(1897 年)，第 325～349 页。

——《变化观点的心理学》(*Psychologie der Veränderungsauffassung*)，布雷斯劳，1898 年。

C. 施通普夫，《声音心理学》(*Tonpsychologie*)，第 2 卷，莱比锡，1890 年。

概念译名索引[①]

(德—汉)

(概念后的数字为原著页码,即本书边码)

Abklingen/Abklang 减弱、余音 XXXIX,[392],[463],213,277,311,355

Ablauf 进程

Ablaufphänomene 进程现象=Ablaufsmodi als die zeitkonstituierenden Phänomene 作为时间构造现象的进程样式 [388]

Quellpunkt und Kontinuum der Ablaufsmodi 进程样式的源点和连续 [390~391]

Absolutes Bewußtsein 绝对意识

① 该索引由三个部分组合而成:

第一个部分是由L.兰德格雷贝制作的索引。这个索引并未附在1928年发表于《哲学与现象学研究年刊》第9卷上的《胡塞尔内时间意识现象学讲座》一文后,也未出现在该书的单行本后。但它显然是为该书而作的,因为其中标出页码均为该书的页码,即《哲学与现象学研究年刊》第9卷的页码。这些页码在本书即《胡塞尔全集》第10卷中作为边码列出,并加有方括号,以有别于本书自身的页码。这个索引所标明的只是《胡塞尔全集》第10卷的A部分的主要概念出现的主要位置。

另一个部分是由鲁道夫·贝耐特编辑、1985年出版的《内时间意识现象学文本》后面所附的索引组成。它所标明的是《胡塞尔全集》第10卷的B部分的主要概念出现的主要位置,特别重要的地方是以斜体标明的。

最后一个部分是译者所加的概念译名。译者之所以加入它们,理由不外乎有二:或是因为它们对文本的理解起着有一定的重要意义,或是因为它们在汉语语境中需要得到特殊的处理。——译者

A. B. als Bewußtsein von immanenten Zeitgegenständen (doppelter Begriff der Immanenz) 绝对意识作为对内在时间对象的意识(内在的双重概念) 283f.,290,292,301,321,360f.,364～367

A. B. und unendlicher Regress 绝对意识与无穷倒退 285f.,332～334,355

A. B. als unzeitlicher Fluß 绝对意识作为无限的河流 293,296f.,333f.,369～373

A. B. als Form des Fließens und als Fluß von Inhalten (Urimpres－sionen, Retentionen) 绝对意识作为流动形式和作为内容河流 374～378

A. B. ist Bewußtsein sowohl von der Einheit eines immanenten Zeitgegenstandes als auch von der Einheit des Flusses selbst 绝对意识既作为关于内在时间对象之统一的意识,也作为关于河流本身统一的也是 378～382

Erfassung des einheitlichen Flusses des a. B. 对绝对意识之统一河流的把握 285f.,332f.,355,378～382 (参见 Konstitution 构造、Retention 滞留、Auffassung und Auffassungsinhalt 立义与立义内容)

Kritik an der Anwendung des Schemas 'A. u. A' auf die Analyse des Zeitbewußtseins 对'立义与立义内容'模式之使用的批评 319,322～324(参见 Retention 滞留)

Abspielen 发生、进行 [458]

Abstraktum/Abstrakta 227

Abstufen/Abstufung 渐次变化 [405～406],367

Achtsamkeit 注意力、关注 273

Affektion 触发 [406],[489]

Ähnlichkeit 相似性

Gegebenheit der Ä. 相似性的被给予性 [403～404]

Begriff der Ä. 相似性概念 [440～441]

Akt (意识)行为

zeitkonstituierender Akt 构造时间的行为 [399]

A. als konstituierte Einheiten im Fluß 行为作为河流中被构造的统一

[430],[473],[486 ff.]

Aktimpression s. Impression. Originärer A. und Vergegenwärtigung 相位印象参见印象、本原行为和当下化 [482]

Akte und Nicht-Akte 行为与非行为 [482]

Alteration/alterieren 变衍 [378]

Apparenz 显象 [454～457]

A. als der identische Kern aller anschaulichen Akte 显象作为所有直观行为的同一核心 [454]

Imaginäre A. bleibt unmodifiziert in allen Reproduktionsstufen 想象显象在所有再造阶次上都保持不变 [455 f.]

Apprehension 统握 354

a priori/apriorisch 先天的 254

Assoziation 联想

Brentanos Auffassung von der ursprünglichen A. 布伦塔诺对原初联想的理解 [374 ff.]

Aufeinanderfolgen 相互接随 [405],[438]

Auffassung 立义

A. konstituiert in Aktimpressionen 在行为印象中立义的构造 [443]

Konstituierte A. und Ur-A. 被构造的立义与原立义 [444]

Gleichzeitigkeit von A. und Empfindungsdatum 立义与感觉材料的同时性 [462]

A. von Erlebnissen durch Zuwendung 通过朝向而对体验的立义 [484 f.]

A.-akte als konstituierte immanente Dauereinheiten 立义行为作为被构造的内在延续统一 [473],[486 ff.]

Aufmerken 注意 146

Aufmerksamkeit 注意力 [485]

A. und Bemerken 注意力与留意 146f.

A. und Meinen 注意力与意指 170

Ausbreiten/Ausbreitung 伸展 [474], 238, 244～245, 253～254,

259，322
Ausdehnung/ausdehnen　广延、延展　168，225，295
Auseinanderentwicklung　相互离散的展开　137
Ausgestaltung　构形　[377]

Beachten　关注　146,321
Befassen　包含　282
Bemerken　留意　146
Beseelen (beseelen)　赋予灵魂、激活　360
Bewußtsein　意识
B. und Erscheinung　意识与显现　[388]
Anfangendes B.　起始的意识　[393]
Inneres B. in der Retention　滞留中的内意识　[471 f.]
Inneres B. von Erlebnissen　对体验的内意识　[481 ff.]
Immanenter Inhalt des B.　意识的内在内容　[430]
Impressionales B. (参见 Impression　印象) als Einheits-B. immanenter und transzendenter Art　印象意识作为内在类型的和超越类型的统一意识 [443]
Scheidung alles B. in Empfindung und Phantasma　将所有意识切分为感觉与想象材料　[454]
Waches B. als Leben von Jetzt zu neuem Jetzt　清醒的意识作为从现在到新的现在的生活　[458]
Ur-B. des Jetzt　现在的原意识　[473]
Zeitkonstituierendes B. als Fluß stetiger Erzeugung von Modifikationen 构造时间的意识作为对变异的持续生产　[451 f.]　z. B. als eindimensionale orthoide Mannigfaltigkeit　例如作为一维的、相邻的杂多性 [468]
Bewußtseinsstrom: Reproduktion des ganzen B. in der Wiedererinneruug 意识流：在再回忆中对整个意识的再造　[411 f.]/ Absoluter zeitkonstituierender B. im Unterschied von Erscheinungen und Dingen　绝对的

构造时间的意识不同于显现和事物 [428f.],[430] / Notwendigkeit stetiger Veränderung im B. 意识中持续变化的必然性 [428],[466 f.] / Zeitkonstituierender B. als die absolute Subjektivität 构造时间的意识作为绝对的主体性 [429]

Gegebenheit des absoluten B. 绝对意识的被给予性 [464 ff.]

Doppelte Intentionalität des B. und Identifizierung des Stromes als Einheit [436], 意识的双重意向性与对作为体验的河流的认同 [469 ff.]

Einheit des B. [431],[433 ff.]

Selbsterscheinung des B. 意识的自身显现 [436 f.]

B. und immanente Zeitobjekte 意识与内在时间客体 [486 ff.]

Einheitsbewußtsein hergestellt in der Reihe von Urimpressionen und stetigen Modifikationen 在原印象和持续变异中被制作的统一意识 [460 f.]

Bildbewußtsein 图像意识

B. und Erinnerung 图像意识与回忆 [416]

A. und Retention 图像意识与滞留 [394],159f.,164f.

B. und Wiedererinnerung 图像意识与再回忆 165,173,180,184～186, 191f.,306～310,316

B. und Phantasie 图像意识与想象 183

Verbildlichung und Phantasie 图像化与想象 [452 f.]

Kinästhetische Bilder 动感图像 [462]

Cogito 思、我思 346,353

Cogitatio/cogitationes 能思 [438],[483],271,295,315,335,336,338, 343,346～353

Cogitiertes 所思 343, 347

Dahingestelltbleiben 始终搁置 336

Dahingestellthaben/dahingestellt sein lassen 搁置 341

Datum 素材 359

phänomenologisches Datum　现象学的素材　[379]
Dauer, dauernd：　延续/延续的　[375], [438]
Dauer und Kontinuität ihrer Erscheinungsweisen　它们的显现方式的延续和连续　385～386
D. (Kontinuität) der Zeit und D. (Kontinuität) des Zeitgegenstandes　时间的延续(连续性)与时间对象的延续(连续性)　241～244, 264 f., 275～277, 280～283
D. der Zeit　时间的延续　255 f.
D. eines Zeitgegenstandes　时间对象的延续　137 f., 256～261, 263 f., 266～268, 272 f.
D. eines Zeitgegenstandes und D. eines räumlichen Gegenstandes　一个时间对象的延续和一个空间对象的延续　270～274　(参见 Wahrnehmung　感知)
Bewußtsein der gegenwärtigen und der abgelaufenen D.　当下的和流逝了的延续意识　[386], [392], [460 f.]
Gegebenheit der D.　延续的被给予性　[401 ff.]
Evidenz der D.　延续的明见性　[438 ff.]
D. nur setzbar im Zeitzusammenhang　只有在时间联系中，延续才能被设定　[411]
Unmöglichkeit der D. im zeitkonstituierenden Fluß　在构造时间的河流中延续的不可能性　[428 f.], [466 f.]
Ablaufskontinuität dauernder Objekte als Doppelkontinuität　延续着的课题的流逝连续性作为双重连续性　[389 f.]
D. der Wahrnehmung und D. des Wahrgenommenen　感知的延续与被感知之物的延续　[462]
Deckung　相合
D. von Wiedererinnertem mit Retiniertem　再回忆与滞留的相合　[397], [418], [425]
D. in der Folge gleicher Objekte als Voraussetzung des Unterschiedes　在相同客体之后继中的延续作为区别的前提　[403 f.]

D. von phänomenaler und objektiver Zeit 现象时间和客观时间的延续 [445 f.]

D. als homogenes Einheitsbewußtsein und D. im Bewußtsein der Veränderung 延续作为同质的统一意识与在变化意识中的延续 [439 f.]

Dehnung, gedehnt 延伸/延伸了的 155, 178, 192, 241, 244

Deuten (deuten) 释义 189

Diagramm der Zeit 时间图式 [388 f.]

Dies(-)da 这里的这个 343

Differenz/differenzieren 差异、差、分异 [380], 202, 243～244

Dingkonstitution 事物构造 [427],[430],[443 ff.],[447 ff.],[474 ff.]

Diskontinuität 间断 [439]

Diskret 分立的 [406], 141, 296

Disposition 禀赋 139

Eben 刚刚 [477]

Eben-gewesen 刚刚曾是 [458]

Ego 本我 347

Eigenwesen 特有本质 127

Einbildung 臆想 212

Einigen 统合 228

Empirisch/präempirisch 经验素材的、经验的/前经验素材的、前经验的 286 f.

Empfindung, empfinden 感觉 [371 ff.]

Urempfindung s. Urimpression unter Impression 原感觉参见印象条目下的原印象

Zeitliche Modifikation der E. 感觉的时间变异 [376 f.]

Ursprüngliche Temporalform der E. 感觉的原初时态形式 [423]

Empfindung und Phantasma 感觉与想象材料 [441],[454]

E. als primärer Inhalt und "Bewußtsein von" 感觉作为原生内容与"关

于……意识” [442]

E. -Inhalt konstituiert in sinnlichen Impressionen 在感性印象中被构造的感觉内容 [443]

Empfinden als das ursprüngliche Zeitbewußtsein 感觉作为原初的时间意识 [458 f.]

Gleiehzeitigkeit von E. -datum und Auffassung 感觉素材与立义的同时性 [462]

Empfindung als inneres Bewußtsein des Empfindungsinhaltes 感觉作为感觉内容的内意识 [482]

E. als Gegenstand der inneren Wahrnehmung 感觉作为内感知的对象 [483]

Empfundenes 被感觉之物

Begriff des E. 被感觉之物的概念 [371]

Entgegenleben 走向生活 [458]

Ereignisse 发生事件 [412]

Erfahrung 经验 287

Erhaschen 把捉 355,358

Erinnerung 回忆(Primäre E. 原生回忆,参见 Retention 滞留)

Allgemeines:E. und Bildbewußtsein 一般情况:回忆与图像意识 [394],[416]

Unterschied von primärer und sekundärer E. 原生回忆与次生回忆的区别 [404 ff.]

E. und Erwartung 回忆与期待 [413 f.]

Ur-E. 原回忆 [441],[451]

Gegenwarts-E. 当下回忆 [417 f.]

Jede E. zugleich E. von Immanentem 每个回忆同时都是对内在之物的回忆 [448]

E. an Erinnerung 对回忆的回忆 [455]

Sekundäre Erinnerung = Wiedererinnerung: W. analog der Wahrnehmung aufgebaut; Unterschiede gegenüber der primären E. 次生回忆=再回

忆:回忆的构建类似于感知 [395 ff.],[404 ff.]

Vollzugsformen der W. 再回忆的进行形式 [397]

W. als,“Gleichsam-Bewußtsein” 再回忆作为“仿佛—意识” [401],[458]

W. als Sphäre des,“Ich kann”; Bedeutung der W. für die Gegebenheit von Bauer und Folge 再回忆作为“我能”领域;对于与后继而言,再回忆的重要性 [402 f.]

W. und Retention 再回忆与滞留 [404 ff.]

Evidenz der W. an Zeitobjekte 对时间客体再回忆的明见性 [407 f.][459 ff.]

W. als setzendes Bewußtsein im Gegensatz zur Phantasie 再回忆作为设定的意识对立于想象 [408 ff.],[452 ff.]

Doppelte Intentionalität der W. 再回忆的双重意向性 [411]

W. und Erwartung 再回忆与期待 [413 f.]

Äußere und innere Reproduktion in der W.; ihre Beziehung zum inneren Bewußtsein 再回忆中的外部再造和内部再造;它们与内意识的关系 [414 ff.]

Einordnung der W. in den inneren Zeitzusammenhang 再回忆在那时间联系中的编排 [417 f.]

Beziehung der W. auf das aktuelle Jetzt und Zusammenhangsintentionen der W. 再回忆与现时现在的关系和再回忆的联系意向 [456 f.],[458 f.]

W. und Konstitution der einen objektiven Zeit 再回忆与这一个客观时间的构造 [425 f.]

W. als Erfüllung der Retention 再回忆作为滞留的充实 [472]

W. und imaginäre Apparenz 再回忆与想象显象 [454]

Erlebnis 体验 (参见 Akt 行为、Bewußtsein 意识)

Jedes E. entweder Impression oder Reproduktion 每个体验或是印象,或是再造;所有体验都通过印象而被意识到 [441]

Die beiden E.-Grundklassen 体验的两个基本种类 [442]

Inneres Bewußtsein von E.　关于体验的内意识　[481 f.]
Präphänomenales und phänomenales Sein der E.　体验的前现象存在与现象存在　[484]
Erscheinung　显现、显现者、现相　258
Erscheinungsmannigfaltigkeit gegenüber Ding und absolutem zeitkonstituierenden Bewußtsein　相对于事物和绝对的时间构造意识而言的显现之杂多性　[427 ff.],[430],[436 ff.]
Transzendente E. konstituiert im inneren B.　在内意识中构造起来的超越显现　[444]
E. und Erscheinendes in eins konstituiert　显现与显现者一致地被构造　[445 ff.]
Äußere E. als immanentes Objekt　作为内在客体的外部显现　[447]
E. als Präsentation　显现作为体现　[449]
Wahrnehmungs-E. und Phantasie E.　感知显现与想象显现　[452 ff.]
E. der objektiven Zeit　客观时间的显现　[479 f.]
E. von Immanentem und von Dinglichem　内在之物与事物的显现　[476 f.]

Erstrecken　展开、蔓延　[387],[465～467], 239, 240, 244, 246, 262, 360
Erwartung　期待
E. und Erfüllung　期待与充实　155f., 306
E. und Erinnerung　期待与回忆　[413 ff.]
E. und Täuschung　期待与失实　154
E. und Wiedererinnerung　期待与再回忆　305～307
Einordnung der E. in den inneren Zeitzusammenhang　将期待编排到内时间联系之中　[416]
Erweiterung　扩展　[477]
Erzeugung　生产、创造　[386～387],[390], 260, 329, 360～361
Extentiv/Extension　延展的/延展　[392],[469],[478], 220, 225

Folge　后继、序列　[402], 152, 267, 326, 372

Gegebenheit der F.　后继的被给予性　[376],[401 ff.]

F. und Gleichzeitigkeit　后继与同时　[431 ff.]

Folgendes　后继者　264

Forthalten　继续维持　XLI,318

Früher　早先的　[477], 377

Gefallen　中意　[459], 369

Gegenwart als Grenzpunkt　当下作为临界点　[424](也可参见:Jetzt　现在)

Gegenständlichkeit　对象性　[429]

Gegenwärtigung (Gegenwärtighaben)　当下具有(参见 Vergegenwärtigung)

G. und Erinnerung　当下具有与回忆　[397 ff.]

Jetztgegenwärtigung und Soeben-G.　现在东西拥有与刚刚当下拥有　[459]

Gegenstände in der Zeit　时间中的对象

Meinongs und Sterns Unterscheidung zwischen zeitlich distribuierten und indistribuierten Gegenständen　迈农和斯特恩对被分配的和不被分配的对象的区分　216～220

Husserls Neuformulierung dieser Unterscheidung und Kritik　胡塞尔对此区分的新表述和批评　220～222(参见 Wahrnehmung　感知,Dauer　延续)

Gleichheit　相同性

Gegebenheit der G.　相同性的被给予性　[403 f.]

Begriff der G.　相同性概念　[441]

Gleichsam-Bewußtsein　仿佛一意识　[458]

Gleichzeitig　同时的　[432], 375

Gleichzeitigkeit　同时性

G. im Verhältnis von Wahrnehmung und wahrgenommenem Gegenstand　感知与被感知对象关系中的同时性　182,201,207,226,274,288

G. im Verhältnis von absolutem Bewußtsein und seinen Gegenständen　绝

对意识及其对象关系中的同时性 288

Kritik an der G. im Verhältnis von absolutem Bewußtsein und seinen Gegenständen sowie von Urimpression und zugehöriger Retention 对在绝对意识及其对象以及它的原印象与从属的滞留关系中的同时性的批评 333f., 370

G. und ihre Konstitution im absoluten Bewußtsein 375

Konstitution der G. 同时性的构造 [431 ff.],[468 ff.]

G. von Wahrnehmung und Wahrgenommenem 感知与被感知之物的同时性 [461 ff.]

Grenzbegriff 临界概念 256

Hyletisch (感性)原素 359

Ich 自我

I. und Zeitbewußtsein 自我与时间意识 154

I. und Retention 自我与滞留 191

I. und Wiedererinnerung 自我与再回忆 195

Ausschaltung des empirischen I. 对经验自我的排斥 287, 335, 338 f., 343

Identität 同一(性)

Herstellung des I.—Bewußtseins in der Deckung vou Retention und Wiedererinnerung 在滞留与再回忆的相合中制作同一性意识 [418 f.], [472]

I. und spezifischer Bestand des Objektes 同一性与客体的特殊组成 [419]

I. der Zeitpunkte in der objektiven Zeit 客观时间中的时间点的同一性 [420 ff.],[425],[460 f.]

I. von Materie und Zeitstelle in der Vergangenheitsgegebenheit 过去被给予性中质料与时间位置的同一性 [423 f.]

I. des Individuums als I. der Zeitstelle 个体的同一性作为时间位置的同

一性 [424]

I. der Zeitfelder in der Überschiebung 在叠推中的时间领域的同一性 [425 f.]

I. von objektivierter und vorobjektivierter Zeit 客观时间和前客观时间的同一性 [427]

I. als Voraussetzung des Veränderungsbewußtseins 同一性作为变化意识的前提 [440]

I. von Zeitobjekten nur durch Wiedererinnerung zu geben 时间客体的同一性只能通过再回忆而被给予 [459]

I. des Dinges nicht adäquat zu realisieren 不能相即地实现事物的同一性 [480]

I. durch Wiederholung und Reproduktion 借助于重复和再造的同一性 148 f., 155, 215 f., 355

Individuation und I. des Zeitgegenstandes 个体化与时间对象的同一性 196,239～241, 265, 272 f.

Individuelle I. des Zeitgegenstandes und abstrakte I. der Zeitstrecke 个体的同一性与时间片段的抽象同一性 245 f., 249～251

Individuation und I. des Raumgegenstandes 个体化与空间对象的同一性 251 f., 270

Idealbegriff 理想概念 256

Ideation (ideierende Abstraktion) 观念直观(观念化的抽象) 242,259

Ideell 意项的 [439], [475], 141 f., 257, 337

Illusion 幻想 103

Imagination 想象(参见 Phantasie 想象)

Impression 印象

Apriorische Notwendigkeit des Vorangehens einer I. vor der Retention 印象先行于滞留的先天必然性 [493 ff.]

I. und Phantasma 印象与想象材料 [423],[454]

Jedes Erlebnis bewußt durch I.; doppelter Begriff von I. 每个体验都通过印象而被意识到 [441 f.]

I. als primäres Bewußtsein 印象作为原生意识 [442]
Akt-I. und sinnliche I. 行为印象与感性印象 [443]
Unterschied zwischen I. und Imagination 印象与想象的区别 [454]
Urimpression: U. und Übergang in die Retention 原印象:原印象与向滞留中的过渡 [390 f.],[450 ff.]
Unterscheidung einer U. von der anderen durch das Jetzt 通过现在而将一个印象与另一个印象区分开来 [423]
Das Zugleichsein von Urempfindungen 原感觉的特殊存在 [431 ff.]
U. als Urschöpfung 原印象作为原创造 [451]
Individualität 个体性
I. konstituiert durch die Zeitstelle 通过时间位置构造的个体性 [422 f.],[424]
Erhaltung der I. der Zeitfelder 时间流于个体性的获得 [425 f.]
Individuelles Sein als veränderlich oder unveränderlich 个体存在作为变化的和不变的 [428]
Individuation 个体化(参见 Identität 个体性)

Ineinander 相互蕴涵 [370],188
Inhalt 内容
Immanenter Inhalt 内在内容 [430],[437]
Evidenz der immanenten I. 内在内容的明见性 [438 ff.]
Bewußtsein des immanenten I. 内在内容的意识 [473 f.]
Primärer Inhalt und “Bewußtsein von” als Erlebnisgrundklassen 原生回忆与作为体验基本种类的“关于……意识” [442]
P. I. als Träger von Auffassungsstrahlen 原生内容作为立义光束的载者 [456]
P. I. als Nicht-Akt 原生内容作为非行为 [482]
Urinhalte als Träger von Urauffassungen 原内容作为原立义的载者 [444]
Intention, Intentionalität 意向,意向性
Doppelsinn der Rede von Intentionalität 意向性说法的双重意义 [388]

Transzendente I. nur durch immanent Konstituiertes möglich　超越的意向只有通过内在的被构造之物才是可能的　[443]

Gegenständliche Intention als identische durch die Zeitmodifikationen　对象的意向性作为贯穿在时间变异中的同一意向　[418 f.]

Originäre I. von Jetzt zu Jetzt　从现在到现在的本原意向　[457]

Doppelte Intentionalität: der Wiedererinnerung　双重的意向性：再回忆　[411 f.]/ d. I. der Retention　滞留的双重意向性　[433 ff.]/ d. I. des Bewußtseins　意识的双重意向性　[436],[469 ff.]

Umgebungsintentionen: Bedeutung der U. für die Konstitution von Zeitobjekten　环境意向：环境意向对于时间客体构造的意义　[412] / U. der Gegenwartserinnerung　当下回忆的环境意向　[417]

Zusammenhangsintentionen von Wahrnehmung und Erinnerung　感知与回忆的聚合意向　[455 ff.]

Intergrierend　统合性的　218

Introjektion　融情　310

Intuition/intuitiv　直觉、直观/直觉的、直观的　233

Iteration/iterieren　迭复　[469]

Jetzt　现在

Selbstgegebenheit des J.　现在的自身被给予性　211 f.

Unselbständigkeit der jetzigen Phase (Querschnitt) eines zeitlichen Prozesses　一个时间过程的现在相位的不独立性　199 f.

J. als Grenzpunkt mit retentionalem sowie protentionalem Horizont　现在作为带有滞留的和前摄的视域的临界点　167～169，176，237，275，280，297，313，315

J. und absolutes (urimpressionales) Bewußtsein　现在与绝对的(原印象的)意识　333 f.，370～372

J. und Urempfindung　现在与原印象　325～327，372～382

Brentanos Bestimmung des Jetzt　布伦塔诺的现在定义　[378]

Jetztbewußtsein von Dauerndem　关于延续之物的现在意识　[385 f.]

Wandlung des J. in Gewesen 现在变为曾在 [390 f.],[450 ff.]
"Grobes" und "feineres" J., Jetztauffassung als ideale Grenze "粗糙的"和"较细致的"现在 [399 f.],[424 f.]
Phantasie-J. 想象现在 [400]
Verschiedenheit eines J. von anderen 一个现在与另一个现在的不同 [421]
Identität des J. im Zurücksinken in die Vergangenheit 在向过去回坠中的现在同一性 [418],[422]
Jetztpunkt als Urquell der Individualität, definiert dutch die ursprüngliche Empfindung 现在点作为共同性的原泉源 [423]
Das J. als einheitliches, eine Zeitstelle konstituierend 现在作为同一之物、构造着一个时间位置 [426 f.]
J. als Modifikationsergebnis 现在作为变异结果 [450]
Originäre Intention von Jetzt zu Jetzt 从现在到现在的本原意向 [457]
J. in sich intentional enthaltend alle früheren Stufen 现在在自身中意向地包含着所有的早先阶段 [463]
Bewußtsein des J. kein auffassender Akt 现在意识不是立义行为 [473]
Klang 音响 279
Koextension 并延 233, 322
Koexistenz 并存 [438], 262
Komponent 组元 [414], 305, 306
Kompossibel 可共存的 177
Konkretum/Konkreta 具体项 254~256
Konstitution 构造
K. und absolutes Bewußtsein 构造与绝对意识 277f. (Anm.), 290, 381 f.
K. und Wiedererinnerung 构造与再回忆 300
Kontinuität/Kontinuum 连续性/连续统 318
Kontinuität der Ablaufsphänomene und ihr Quellpunkt 流逝现象的连续性及其源泉点 [388 ff.]

K. der Empfindungen und der Phantasmen　感觉与想象材料的连续性 [406]

Abschattungs-K.　映射连续性　[429]

Kontinuum von Phasen als Vor-zugleich　作为前一同时的相位的连续统 [433]

Kontinuität als Voraussetzung der Diskontinuität　连续性作为间断性的前提　[439]

Kontinuum der zeitlichen Modifikationen als einseitig begrenzte orthoide Mannigfaltigkeit　时间变异的连续统作为单面有限的相邻杂多性 [450 ff.],[468]

Lage　状况　249，266

Limesbegriff　极限概念　256

Logisch/vorlogisch　逻辑的/前逻辑的　287

Lokal　地方　189

Material　材料　[489]

Merkmal　标记　[378]

Mitvergegenwärtigung　共当下化　[459]

Modifikation (modifizieren)　变异

Wesen der temporalen M.　时态变异的本质　[450]

Phantasie-M.　想象变异、Erinnerungs-M　回忆变异参见 Phantasie　想象等等

Moment (n)　瞬间　253

Moment (m)　因素　254～255

Nacheinander　相互跟随　[369],[382],[401]，236，315，317

Nachhall　余音　[463],370

Nachklang/nachklingen　余声　[463],166,277,323

N. und Retention　余声与滞留　[392]

Serie von N.　余声串　[463]
Nativismus　天赋论　[370],188
Nebeneinander　相互并列　[370],188

Objekt　客体(= Gegenstand　对象)
Dauerndes immanentes O. und O. im Wie　延续的、内在的客体与样态中的客体　[387]
Außerzeitliche und zeitliche Komponenten der Gegenstands-(Objekt-) konstitution　对象(客体)构造的外时间组元和时间组元　[419]　Zeitliche Objekte als dauernde, unveränderliche oder veränderliche　时间客体作为延续的、不变的或变化的客体　[428]　(参见 Zeitobjekt　时间客体)
Unterscheidung von Gegenstand, Bewußtsein, Erscheinungen　对象、意识、显现的区别　[430]
Erscheinende O. konstituiert in transzendenten Erscheinungen　在超越的显现中构造出显现的客体　[444]
O. als Identisches der Intentionen　客体作为意向的同一之物　[460]
O.-Dauer und Dauer der Wahrnehmung　课题延续与感知延续　[462]
Konstitution von nichtzeitlichen O.　非时间客体的构造　[448]
Spontane Einheiten als immanente Objekte　自发的统一作为内在的客体　[486 ff.]
Objektive Zeit　客观时间
O. Z. und göttliches Bewußtsein　客观时间与神的意识　175
Phänomenologische Ausschaltung der o. Z.　对客观时间的现象学排除　169,187～189,314,339
Phänomenologische Konstitution der o. Z.　客观时间的现象学构造　214 f.
Ontisch　在体的　[446],[454],376
Originär　本原的　XVI,[379～380],[457～458]
Originell　原发的 [489]
Ort　场所　189

Phänomen　现象　336～337

Phänomenologie　现象学　336 f.（参见 Reduktion　还原）

Phansiologie/phansiologisch　显现学、显现学的　277,295,315,337

Phansisch　显现的　320,336,375

Phantasie　想象

P. und Wahrnehmung　想象与感知　164

P. und Wiedererinnerung　想象与再回忆　152～154,162～164

P. und Bildbewußtsein　想象与图像意识　183，308

P. als Vergegenwärtigung　想象作为当下化　183，289，308～310，312

Ph. als Ursprung der Zeitvorstellung nach Brentano　布伦塔诺将想象理解为时间表象的起源　[375]

Ph. und Vorstellung der Zukunft　想象与未来表象　[377]

Ph. als “Gleichsam”-Bewußtsein　想象作为“仿佛”—意识　[400 f.]

Ph. als nicht selbstgebendes Bewußtsein　想象作为不是自身给予的意识　[404]

Unterschied der Ph. gegenüber der Retention　想象与滞留的区别　[404 ff.]

Unterschied der Ph. gegenüber der Wiedererinnerung　想象与再回忆的区别　[409 f.]

Einordnung der Ph.-Zeit in die objektive Zeit　将想象时间编排到客观时间之中　[426]

Urphantasie als Ursprungsmoment eines Kontinuums　原想象作为一个连续统的起源因素　[451]

Ph. und Vergegenwärtigung bzw. Erinnerung　想象与当下化或回忆　[452 ff.][456 f.]

Phantasma　想象材料

Bedeutung des Ph. für das vergegenwärtigende Bewußtsein　想象材料对于当下化意识所具有的意义　[405]

Ph. als Kontinuum　想象材料作为连续统　[406]

Ph. und Impression　想象材料与印象　[423],[442],[454]

Ph. und Empfindung　想象材料与感觉　[441]

Ph. kein intentionales Erlebnis　想象材料不是意向体验　[442]

Ph. als Auffassungsmaterial　想象材料作为立义材料　[453]

Ph. und Erinnerung　想象材料与回忆　[455]

Phase　相位　XXXIX,[385],[473],263,276

Unwiederholbarkeit der Ph. 相位的不可重复性　[389]

Retentionale Ph. ohne Möglichkeit einer Extension　不具有延展可能性的滞留相位　[393]

Ph. des zeitkonstituierenden Flusses als Abschattungskontinuitäten　作为映射连续性的时间构造流的相位　[428 f.]

Potentialität/potenziell　潜能性　[456]

Präsentes/Präsentant　在场者　196,317,223,233,311

Primär　原生的　[380],[455]

Primitiv　原始的　[442]

Protention　前摄　[410]

P. als "Fortsetzungstrieb"　前摄作为"继续本欲"　138f.

P. und Jetzt　前摄与现在　167～169,297

P. im absoluten Bewußtsein　绝对意识中的前摄　297,301

Punktualität　点性　236

Pure　纯然的　254

Quales　特质　266

Qualität　质性　260～262

Qualifizierung　262

Raum　空间

objektiver und erscheinender R.　客观的和显现的空间　[370 f.],[473]

Reduktion　还原

Phänomenologische R. und Doppelbegriff des Phänomens　现象学的还原与想象的双重概念　336 f., 347

Phänomenologische R. und Umgrenzung des Forschungsgebietes der Phänomenologie 现象学还原与现象学研究领域的划界 335f.,338f.,346～348

Phänomenologische R. und Analyse des Zeitbewußtseins 现象学还原与时间意识分析 314 f.

Phänomenologische R. und die zeitlichen Bedingungen einer phänomenologischen Wissenschaft 现象学还原与一门现象学科学的时间条件 339～342(参见 Ich 自我、Objektive Zeit 客观时间)

Reell 实项的 336～337

Reflexion 反思

R. und vor-reflexives Bewußtsein eines Bewußtseinsaktes 反思与对一个意识行为的前反思意识 161

R. und Retention 反思与滞留 380

R. und Analyse des Zeitbewußtseins 反思与时间意识分析 168,240,285 f.,290 (参见 Wiedererinnerung 再回忆)

Möglichkeit der R. 反思的可能性 [394 f.],[467 f.],[471 ff.],[483 ff.]

Regreß,unendlicher 无穷倒退 [467],[473],[481],209,236,327,332

Vermeidung des u. R. in der Erfassung des Zeitbewußtseins 在对时间意识之把握中避免无穷倒退 [467 f.],[471 ff.]

Reproduktion,Repräsentation 再造,代现(参见 Vergegenwärtigung 当下化)

Retention 滞留(= primäre Erinnerung 原生回忆)

R. als Noch-Bewußtsein 滞留作为仍然—意识 [386]

R. als kontinuierliche Modifikation aller früheren Modifikationen und als aktuell Daseiendes 滞留 [390 f.]

R. als Intentionalität, R. und Nachklang 滞留作为意向性和余声 [392 f.]

R. und Bildbewußtsein; R. weist auf Impression zurück 滞留与图像意识;滞留回指向印象 [394 f.]

Evidenz der R. 滞留的明见性 [394],[407]

R. und sekundäre Erinnerung 滞留与衍生回忆 [395 f.],[404]

Erfassung des Retinierten in der Wiedererinnerung 在再回忆中对滞留之物的把握 [397]

R. als Wahrnehmung 滞留作为感知 [401]

Bedeutung der R. für die Gegebenheit von Dauer und Folge 滞留对于延续和后继的被给予性的意义 [402]

R. und Vergangenheits-Bewußtsein 滞留与过去意识 [433]

Doppelte Intentionalität der R. 滞留的双重意向性 [433 ff.]

Innere und äußere R. 内滞留与外滞留 [471]

Unmöglichkeit der Retention von Unbewußtem 无意识的滞留的不可能性 [473]

R. und Jetztbewußtsein 滞留与现在意识 167～169,328 f.

R. setzt Wahrnehmungsbewußtsein voraus 滞留以感知意识为前提 313 f.,317 f.

(Begrenzte) Anschaulichkeit der R. 滞留的有限直观性 193 f.,232 f.,294 f.,315～317,343 f.,353

R. und Wiedererinnerung 滞留与再回忆 158,164～167,198,212 f.,295,333,367 f.,376 f.

R. als Auffassung von (bildlich) modifizierten Inhalten 滞留作为对(图像)变异内容的立义 152,159 f.,174～176,209 f.,214 f.,233 f.,276,280 f.,318 f.

R. ist keine aktuelle Auffassung von einem (aktuellen) modifizierten Inhalt (= Phantasma) 滞留不是对一个(现时)变异了的内容(=想象材料)的现时把握 296,311 f.,322～324

R. als eine Art von Vergegenwärtigung 滞留作为一种当下化 281(注),324,376,382

R. einer vergangenen Dauer und R. eines vergangenen Zeitpunktes 一个过去的延续的滞留和一个过去的时间点的滞留 325

R. eines vergangenen (Zeit-)Gegenstandes und R. der vergangenen Wahrne-

hmung von ihm　一个过去(时间)客体的滞留和对它的过去感知的滞留　193 f.,203 f.,234～236

Stetige retentionale Modifikation　持续的滞留变异　208～210,214 f.,276,281,313,327～332,365 f.

R. der Folge von immanenten Zeitgegenständen und Zeitpunkten sowie R. der Folge des (absoluten) Bewußtseins (= retentionale Quer－ und Längsintentionalität)　内在时间对象和时间点以及(绝对)意识(=滞留的横意向性与纵意向性)的后继的滞留　329～333,379～382

Kritik an Brentanos Bestimmung des ursprünglichen Bewußtseins der Vergangenheit　批评布伦塔诺对原初的过去意识的定义　171～173

Rückwirkung　回复作用　[411]

Sachverhalt　事态

"Erscheinung" von S.　事态的"显现"　[499]

Sehding　看之事物　[477]

Selbstbewußtsein　自身意识

S. und Wahrnehmung eines Gegenstandes　自身意识与对一个对象的感知　161

Simultant　同时的　323

Soeben gewesen. Erschaubar in der Retention　刚刚曾在。在滞留中可直观的　[401]

Soeben-vergangen　刚刚过去　[457]

Spontaneität　自发性

Ursprüngliche S. des inneren Bewußtseins　内意识的原初自发性　[468]

Gebilde der S. als immanente Zeitobjekte　自发性的构成物作为内在的时间客体　[486 ff.]

Starr　固持的　252

Stetigkeit　持续性　171

Strahlen　目光束　[456]

Strecke　片段　[462],200,255,272,341

Stufen des Zeitbewußtseins　时间意识的阶次(参见 Absolutes Bewußtsein

绝对意识,Objektive Zeit　客观时间)
Subjektivität,absolute　绝对主体性　[429]
Substanz　实体　[480]
S. als das Identische im Wechsel des Zeitflusses　作为时间变换中同一之物的实体　[479 f.]
Substrat　基质　[480], 247
Sukzession　演替　[383],[439],189,322
Sukzessive Wahrnehmung und Wahrnehmung der S.　演替性的感知和对演替的感知　152 f.,190 f.,193～195,322 f.
Absolutes Bewußtsein und Bewußtsein der S.　绝对意识与演替意识　332,375 f.
Möglichkeit der Wahrnehmung von S.　演替的感知可能性　[376]　(参见 Folge　后继)
Sukzessionsbewußtsein　演替意识　[401]
Symbol (symbolisch)　象征(象征的)　173

Temporalzeichen　时态符号　[372],[382],188
Terminieren　限定　[391],276,280
transient　瞬变的　291,300,323
Typus　类型　254

Übereinander　相互叠加　[370]
Überschiebung　叠推　[425]
Unveranderung　固持、不变　223
Urempfindung　原感觉(参见 Jetzt　现在)
Urimpression　原印象(参见 Impression　印象)
Ursein　原存在　[424]
Ursprünglichkeit,Ursprung,ursprünglich　原初性/起源 /原初的、源初的　190
Ursprungsfrage. Psychologische und phänomenologische　起源问题。心理学

的和现象学的 [373 f.]
Urteil 判断
Konstitution des U. als immanenten Zeitobjektes [448 f.],[486]
Urzeugung 原生成 [468]

Veränderung 变化
Stetige V. 持续的变化 [428 f.],[439 f.],[465 f.]
Bewußtsein der V. Einheit voraussetzend 变化意识以统一为前提 [440]
Verblassen 退散 [392],311
Verbleiben 持留 201,205
Verbreiten 扩散 253
Vereinheitlichen 统一化 354
Verfließen 消逝 373
Vergangenheit 过去
Gegeben durch Phantasie nach Brentano 在布伦塔诺看来通过想象被给予 [375]
Kritik dieser Auffassung 对这种理解的批评 [378 ff.]
Vergangenheitsanschauung als originäres Bewußtsein 过去直观作为本原意识 [392]
Wahrnehmung des V. 对过去的感知 [394 f.],[398 f.],[401]
Erfüllung von Vergangenheitsintentionen 过去意向的充实 [413 f.]
V. als Modifikation der identischen Zeitmaterie und Zeitstelle 过去作为同一时间质料和时间位置的变异 [423 f.],[460 f.]
VergangenheitsBewußtsein und Retention 过去意识与滞留 [433]
Vergangenheitsintentionen von Wahrnehmung und Erinnerung 感知与回忆的过去意向 [456 ff.]
Vergegenwärtigung/vergegenwärtigen 当下化 [379](= Reproduktion 再造；als Obertitel für sekundäre Erinnerung und Phantasie,s. d. An dieser Stelle sind nur die für beide gemeinsam geltenden Ausführungen zitiert. 对于次生回忆与想象的总标题。在这里仅仅给出对两者都共同有效的陈

述）
V. und Gegenwärtigung　当下化与当下拥有　185 f.,234,291,297～301,310,367 f.(参见 Phantasie　想象、Retention　滞留、Wahrnehmung　感知、Wiedererinnerung　正义）
Unterschiede der V. gegenüber der Retention　当下化与滞留的区别 [404 ff.]
Freiheit der V.　当下化的自由 [406 f.]
Klarheitsstufen und Evidenz der V.　当下化的清晰阶段和明见性 [407 f.]
Vergegenwärtigungsfluß als zeitkonstituierender; doppelte Intentionalität der V.　当下化河流作为构造时间的河流；当下化的双重意向性 [410]
Scheidung von setzenden und nichtsetzenden V.　对设定的和不设定的当下化的区分 [416]
Setzende Reproduktion s. Wiedererinnerung.　设定的再造参见回忆
V. und Impression　当下化与印象；V. als sekundäres Bewußtsein　当下化作为次生意识 [441],[482]
V. als gegenwärtiges Bewußtsein　当下化作为当下意识 [441]
Vergegenwärtigungsbewußtsein als immanentes Objekt　当下化意识作为内在客体 [448]
V. und Phantasie　当下化与想象 [452 f.]
Durchgängige Korrelation von V. und Wahrnehmung　当下化与感知的贯穿关联 [483]
Vergleichung　比较 [404]
Verharrendes　持恒之物 [479]
Verklingen　逐渐消散　199,212
Verlauf　流程 [376],158
Vermeinen/vermeintlich　臆指、臆指的 [416]
Vorher　先前　169
Vorhin　刚才 [477]

Vorkommnis　发生情况　254～255

Vorstellung　表象　[452 f.]

Wahrnehmung　感知

adäquate (evidente) und inadäquate (nicht-evidente) Wahrnehmung　相应的(明见的)感知与非相应的(非明见 的)感知　[478 ff.]

äußere und innere Wahrnehmung　内感知与外感知　[446 f.]

Innere W.　内感知

Evidenz der i. W.　内感知的明见性　[394 f.]/ i. W. von Erlebnissen　关于体验的内感知　[481 ff.]/ Doppeldeutigkeit im Begriff der i. W.　内感知概念中的双重含义　[480 f.]/ I. W. als setzende Meinung　内感知作为设定的意指　[483]

W. als ursprünglich-intuitive Erfahrung der Wirklichkeit　感知作为原初—直观的现实性经验　287

W. konstituiert Gegenwart　感知构造当下　182

W. und Phantasie　感知与想象　164,288～291

W. und Wiedererinnerung　感知与再回忆　213,288～291

W. von immanenten und transzendenten Gegenständen　对内在对象和超越对象的感知　237 f.,269～273,278 f.,354～358,361 f.

Gegenwartige W. und ihr retentionaler sowie protentionaler Horizont　当下感知与它的滞留和前摄的视域　167～169,190 f.,231

W. eines Zeitgegenstandes　对一个时间对象的感知　149 f.,205 f.

W. eines Zeitgegenstandes (in Veränderung und Unveränderung)　(在变化与不变中)对一个时间对象的感知　238～243,246～249,253 f.

W. eines Zeitgegenstandes und W. der Zeitlichkeit　对一个时间对象的感知与对时间性的感知　170,275～277,280～283

W. eines Jetztpunktes und W. einer Dauer　对一个现在点的感知与对一个延续的感知　141

W. als ein zeitlicher Prozeß　感知作为一个时间过程　148 f.,153 f.,156 f.,167 f.,177 f.,190 f.,199 f.,222～223,319～321

W. eines räumlichen Gegenstandes　对一个空间对象的感知　142 f.

W. eines räumlichen Gegenstandes und die Kinästhesen　对一个空间对象的感知与动感　144～146，151

W. eines räumlichen Gegenstandes als ein Erfüllungsprozeß　对一个空间对象的感知作为一个充实过程　149（参见 Vergegenwärtigung　当下化）

W. als Gegenwärtigung　感知作为当下拥有　[397 ff.]

W. als selbstgebender Akt im Gegensatz zur Reproduktion　感知作为自身给予的行为　[400 f.]

W. als Erfüllung der Erwartung　感知作为期待的充实　[414]

Zeit der W. und Zeit des Wahrgenommenen　感知的时间与被感知之物的时间　[427],[461 ff.]

Zweifellosigkeit der W. von zeitlich Extendiertem　对时间上延展之物的感知的无疑性　[438]

W. und Wahrgenommenes im selben impressionalen Bewußtsein konstituiert　感知与被感知之物是在同一个意向意识中构造起来的　[443]

W.-Erscheinung und Phantasieerscheinung　感知显现与想象显现　[452 f.]

Zusammenhangsintentionen der W.　感知的联系意向　[455 ff.]

W. in vierfachem Sinne　在四重意义上的感知　[463 ff.]

Durchgängige Korrelation von Wahrnehmung und Vergegenwärtigung　感知与当下化的贯穿的关联　[483]

Wiedererinnerung, Wiedervergegenwärtigung　再回忆，再当下化（参见 Erinnerung　回忆）

W. und mögliche Täuschung　再回忆与可能的欺瞒　153 f.，158，195～197，308，340 f.，345

Zeit　时间

Allgemeines: Empfundenes und wahrgenommenes Zeitliches　一般情况：被感觉到的和被感知到的时间　[371]

Der "Ursprung" der Z.　时间的"起源"　[373 f.]

Vermengung von subjektiver und objektiver Z. in der Psychologie vor Brentano　在布伦塔诺心理学中对主观时间与客观时间的混淆　[375 f.]

Gewinnung der Vorstellung der unendlichen Z.　[377 f.]

Die Zeitcharaktere als alterierende irreale und reale Zeitprädikate nach Brentano　布伦塔诺将变衍的非实在时间谓项与实在时间谓项视为时间特征　[378]　Unterschied von Z. —Wahrnehrnung und Z. —Phantasie bei Brentano nicht Berücksichtigt　布伦塔诺没有顾及时间感知与时间想象之间的区别　[379 f.]

"Unmöglichkeit" der Auffassung des Zeitmoments als Zeitinhalt　"不可能"将时间因素理解为时间内容　[380 f.]

Zeitliche Perspektive　时间透视　[388]

Zeitanschauung und Retention　时间直观与滞留　[392][470 f.]

Apriorische Zeitgesetze　先天的时间法则　[426]

Z. der Erfassung des Zeitbewußtseins　对时间意识之把握的时间　[467]

Immanente und objektive Z.　内在的和客观的时间:

Erscheinende Z. als absolute Gegebenheit　显现的时间作为绝对的被给予性　[369]

Ausschaltung der objektiven Z. als Transzendenz　对作为超越的客观时间的排除　[369 ff.]

Konstitution der objektiven Z.　客观时间的构造　[420 ff.],[460 f.],[476 f.]

Anteil der Wiedererinnerung an der Konstitution der objektiven Z.　再回忆对客观时间构造的参与　[425 f.]

Identität vorobjektivierter und objektivierter Z.　前客体化的和客体化的时间的同一性　[427]

Immanente und präimmanente Z.　内在的和前内在的时间　[436]

Objektivierung der immanenten Z.　内在时间的客体化　[444 f.]

Deckung von phänomenologischer und objektiver Z.　现象学时间与客观时间的相合　[445]

Subjektive Z. als Z. der Erscheinungen konstituiert im absoluten Bewußtsein 主观时间作为显现的时间在绝对意识中被构造 [464]
Objektive Z. konstituiert durch "äußere" Retention 客观时间通过"外"滞留而被构造 [471]
Die "Darstellung" der objektiven Z. 对客观时间的"展示" [475 ff.]
Fluß der objektiven und der phänomenologischen Z. 客观的和现象学时间的河流 [478 f.]
Zeitbewußtsein 时间意识
Z. und Apriori der Zeit 时间意识与时间先天 [374]
Ursprüngliches Z. und Empfinden 原初时间与感觉 [458 f.]
Die wesentlichen Modi des Z. 时间的本质样式 [459]
Zeitobjekte 时间客体
Begriff des Z. 时间客体概念 [484 f.]
Erscheinungsweisen der immanenten Z. 内在时间客体的显现方式 [385 ff.]
Auffassung von Zeitlichem in einem Aktkontinuum 对一个行为连续统中的时间之物的立义 [385],[424]
Reproduktion von Z. 时间客体的再造 [395 f.]
AdäquateWahrnehmung von Z. 对时间客体的相即感知 [398]
Umgebungsintentionen und Konstitution von Z. 时间客体环境意向和构造 [412]
Objektivation von Z. 时间客体的客体化 [422]
Stufen der Konstitution von Z. 时间客体的构造阶段 [427 f.]
Identität von Z. und objektiven Zeitpunkten in der Wiedererinnerung 时间客体的同一性与再回忆中的客观时间点 [459 ff.] Konstitution von immanenten Z. 内在时间客体的构造 [486 ff.]
Phantasiezeit: Einordnung der Ph. -Z. in die objektive Z. 想象时间:将想象的时间客体编排到客观的时间客体中 [426]
Zeitspanne 时段 327
Zugleich 同期的、同时的 [432～433],[435],375

Zukunft　未来、将来

Vorstellung der Z.　未来表象　[377]

Zukunftsintentionen der Erinnerung　回忆的未来意向　[457]

Zurückbleiben/zurückliegen　留存的　206,233

Zurückschiebung　回移　XXXIX－XL,[318～319]

Zurücksinken　回坠　[385],[406]

Zusammen　聚合

Z. von formidentischen und kontinuierlich abgewandeltenModis　形式同一的和连续变动的样式的聚合　[432]　Zusammenhangsintentionen der Wahrnehmung und Erinnerung　感知与回忆的聚合意向　[455 f.]　Zusammen-Bewußtsein　聚合—意识　207

Erfassung des Zusammen des Gegenstandsbewußtseins　对对象意识之聚合的把握　[465]

Zuwendung auf Erlebnisse　对体验的朝向　[484 f.]

译后记

拖延多年之后，《内时间意识现象学》的翻译总算是完成了。这本书的翻译实际上要早于舍勒的《形式主义的伦理学与质料的价值伦理学》。在决定翻译舍勒书时便出于种种考虑而同时决定此后不再翻译胡塞尔的著作[①]。其中最主要的考虑是想把目光转向意识哲学的其他向度。因此，这里对《内时间意识现象学》的翻译出版，还是对此决定前的一个承诺的兑现。

很欣慰的是：这个计划完成后，胡塞尔思想的一个重要部分便通过译者的翻译而比较完整地被引入了汉语学术领域。这个部分是理解胡塞尔的一个重要视角。尽管如此，由于胡塞尔的思想资源极为丰富，这个视角也只能提供窥视他的思想大厦的少数几个窗口。好在现在有许多致力于胡塞尔翻译的学者而且成果卓著，[②]因此自己也就偷得借口，不准备再每每攀上胡塞尔的肩膀，首先借他的高度、从他的视角出发来思考问题，而是意图沿着自己

---

① **译者补记**：在完成本书翻译和“译后记”的初稿之后，收到人民出版社的邀请：组织翻译出版《胡塞尔文集》，现暂定为16卷，计划于2010年之前完成出版。由此看来，命运是在刻意地安排我对胡塞尔的现象学要多承担一些义务。

② 例如中国社会科学院的前辈学者王炳文先生已经译出几大本胡塞尔的主要著作：《欧洲科学的危机与超越论的现象学》（商务印书馆，2001年）和《第一哲学》上、下卷（商务印书馆，2006年）。

的问题线索往其他可能的方向再走一走。[①]

回到《内时间意识现象学》上来。刚才提到的胡塞尔思想的重要视角，与他早期的意识分析的主要意图有关，尤其也与译者的胡塞尔翻译有关。去除零碎的一些胡塞尔文章与文集的翻译不论，译者至此为止的主要胡塞尔著述翻译为：《逻辑研究》、《现象学的观念》、《哲学作为严格的科学》和这本《内时间意识现象学》。它们都是胡塞尔的早期著作，其主要部分再现了胡塞尔从 1900 到 1907 年期间的思想发展，即在超越论现象学的转向发生之前的基本思考方向，尤其是在《逻辑研究》与《内时间意识现象学》之间所贯穿的一条红线。

译者之所以始终割舍不下《内时间意识现象学》，也主要是因为它与译者所译的另一部胡塞尔代表作《逻辑研究》之间存在着内在的联系。我们完全可以把《内时间意识现象学》看做《逻辑研究》的续编。这个说法并非是一个基于笔者个人偏好的杜撰，而是依据了以下明见的事实，即：两者在内容上有本质上的承接性。在两本著作中所作的研究几乎是交错进行的。

胡塞尔本人在 1904/05 年冬季学期所作的题为"现象学与认识论的主要部分"哥廷根讲座中一开始便说明：

> "新近在对我的旧设想的彻底审视中，我便以此方式发现了一些思想序列，它们在我的《逻辑研究》中并未得到应有的对待，我当时已经讨论过的一些本质难题，在我的这部著作中

① 参见本书前面编者 R. 波姆的"编者引论"。

几乎没有被触及并且没有得到进一步的研讨。甚至整个**回忆**领域,因此还有**本原的时间直观现象学**的全部问题,在这部著作中都可以说是处于一种死寂的状态。我当时无法战胜这里所存在的异常的困难,它们也许是整个现象学中的最大困难,而由于我不想事先就束缚自己,因此我便宁可完全保持沉默。"①

此后胡塞尔在 1904/05 年之所以重又回到这一课题上并在讲座中讨论这一问题,原因在于:

"看起来最好的做法是:我们在共同的工作中自己来详细地探讨相关的问题,我们尽我们之所能来追踪这些问题。只要允许,我们就至少要把困难与理解的可能性清楚地表述出来,我们始终要弄清,真正的问题何在,如何纯粹地把握它们,如何将它们一劳永逸地表述出来。在我作为作者保持了沉默的地方,作为教师我却可以做出陈述。最好是由我自己来说那些尚未解决、更多是在流动中被领悟到的事物。"②

一度与胡塞尔走得最近的 M. 海德格尔,也在 1928 年出版的《内时间意识现象学讲座》的"编者前说明"中明确地点出了该书与《逻辑研究》的内在联系:

"这里至关重要的是对时间意识的意向特征的析出和对**意向性**一般的不断增强的根本澄清。仅这一点——撇开个别分析的特殊内容不论——就已经使得下列研究成为对在《逻

① 参见本书前面波姆的"编者引论"。

② F I 9/4a—b,参见前面的"编者引论"。

辑研究》中首次进行的意向性之基本昭示的一个不可或缺的补充。”①

为此提供论证的还有芬克，他在为《哲学家辞典》(柏林，1937年)而替胡塞尔撰写的“自我介绍”条目中写道：

“在《逻辑研究》之后，胡塞尔的研究致力于将现象学系统地扩展为一种普全的意识分析学。从1905年关于直观现象学的哥廷根讲座的更为宽泛之联系中，产生出了1928年才发表的‘内时间意识现象学讲座’(由M.海德格尔编辑出版)。如果《逻辑研究》因其论题而主要将目光朝向自发主动性的意向成就上，那么在这些‘讲座’中所揭示的则是纯粹被动发生的意向成就，在这些成就中，流动中的意识生活在一种隐蔽的连续综合中，按照一种严格的本质规律性，作为在时间上存在的体验流而自为地构造起自身。在这里开启了对意向性本质以及对其构建意向蕴涵的诸方式的全新洞察。在这里已经实施了对所有超越的有效性的彻底排除的方法，但还缺少一种对从纯粹现象学上理解的心理学意义上的主体性和超越论的主体性的原则对照。”②

凡此种种都表明了一个事实：《内时间意识现象学》的内容无论在其问题发生方面，还是在其逻辑展开方面，都是对《逻辑研究》的直接承续。

除此之外，《内时间意识现象学》之所以至关重要的另一个原

① 参见前面波姆的“编者引论”。

② 《胡塞尔全集》，第27卷，第250页。

因在于，胡塞尔生前仅仅发表过两部非引论性的现象学著作，一本是《逻辑研究》，另一本就是《内时间意识现象学讲座》。它们似乎一同构成了在海德格尔代表作《存在与时间》标题中所突显出的两个最纯粹的哲学问题：存在与时间。它们在胡塞尔的哲学意识中就意味着：存在意识或（被意识的存在：Bewußt-sein）与时间意识（Zeitbewußtsein）。

很有意思的是，在1906年完成超越论的转变之后，胡塞尔在公开发表的著作中便忙于对超越论现象学作方法上的引介和论辩，给人印象是他无暇再顾及实事方面（内容方面）的分析了——至少从他发表其他著作的标题来看是如此。

然而实际情况却恰恰相反。从胡塞尔未发表的大量文稿来看，他绝大多数的时间仍然奉献给了现象学的实事性研究。这恰恰符合他所提出的“现象学是工作哲学”的主张。就内时间意识的现象学分析而言，胡塞尔他一生对内时间意识的集中分析主要是在以下三个时期进行的（这里不去考虑他在其他时间对此问题的断续的、零碎的思考）：

第一阶段：1904/05年，也可以说一直延续到1911年；**第二阶段**：1917～1918年；**第三阶段**：1929～1934年。

1) 首先是在1904/05年冬季学期，胡塞尔作了著名的“现象学与认识论的主要部分”的讲座，其中第四部分在“论时间现象学”的标题下，专门分析内时间意识。实际上，他此前已经对此问题做了十多年的思考，而此后在他的现象学分析也对时间意识问题不断地有所涉及，此种情况一直持续到1911年。

1916年，埃迪·施泰因担任胡塞尔的助手，一年后开始加工处理胡塞尔挑选出来的一批文稿，这些文稿以1904/05年“现象学与认识论的主要部分”中时间讲座部分的文稿为主，同时也包含胡塞尔在此前后所写下的研究文稿。胡塞尔本人也参与了这些处理和加工。虽然埃迪·施泰因很想发表处理后的文稿，但胡塞尔本人一直将它们搁置了下来。

直到1926年，在海德格尔准备在胡塞尔主编的《哲学与现象学研究年刊》第8卷上发表其《存在与时间》一书时，胡塞尔才忽然想到，委托海德格尔来编辑出版这些十年前由埃迪·施泰因加工处理并誊写完毕的时间构造研究的文稿。海德格尔只是仔细地阅读了这些文稿并在文字上稍加改动便将胡塞尔的文稿交付出版，于1928年发表在《哲学与现象学研究年刊》的第9卷上。这里翻译出版的《内时间意识现象学》著作的“A编”，便是对1928年出版的《胡塞尔内时间意识现象学讲座》的考证、修订后的重印。

1928年出版的这部《胡塞尔内时间意识现象学讲座》，即这里“A编”的第一部分，是由1905年关于内时间意识现象学的讲座文稿所构成。另一部分，即本书“A编”第二部分，则是“1905～1910年间对时间意识分析的续加和补充”的十三个附录。

但需要注意的是，埃迪·施泰因的加工处理，现在看来并未充分考虑到——无论胡塞尔本人还是埃迪·施泰因都没有顾及到这一点——胡塞尔时间意识研究各个时期的原初语境，而是将它们统一放到了胡塞尔1917年的思考层次上。这样，在经过加工处理后，许多意义关联便被丧失掉，一些真正的问题也没有得到完整的表达。

鉴于此，考证版《胡塞尔全集》，第10卷的编者鲁道夫·波姆在本书中增加了“B编”，即“表明此问题发展的增补文字”，以此来如实地再现胡塞尔1873～1911年期间时间意识思考的历史脉络与原初语境。这部分文字占了全书五分之三的篇幅。

2)另一次集中而有效的时间意识分析是胡塞尔在1917～1918年期间进行的。在1928年发表的《胡塞尔内时间意识现象学讲座》中，海德格尔已经在“编者的前说明”中预告：胡塞尔“关于时间意识还有进一步的研究，尤其是自1917年重又开始的、与个体化问题相关联的研究，它们将留待以后发表”。[①]

胡塞尔在这个时期对时间意识做此集中分析有一个外在的起因，即埃迪·施泰因对胡塞尔时间问题文稿的加工处理。她促使胡塞尔放下其他的工作，专心于时间问题的思考分析。这些思考分析是在胡塞尔1917～1918年在贝尔瑙地区[②]的两次度假期间[③]完成的，因此也被称作“贝尔瑙文稿”。它在胡塞尔遗稿中的编码是L，因此也被称作“L文稿”。这些文稿有两部分，每个部分由21个卷宗组成。它们之中的部分内容已经在1928年发表的《胡塞尔内时间意识现象学讲座》中得到体现，但大部分内容虽经海德格尔预告，在胡塞尔身前却始终保存未发，一直到2001年才作为《胡塞尔全集》，第33卷由R.贝耐特和D.洛玛编辑出版，题为：“《关于时间意识的贝尔瑙文稿》(1917～1918年)”。

在胡塞尔于1927年交给海德格尔编辑出版的文稿中，并不包含1917～1918年的贝尔瑙文稿。海德格尔之所以知道这个文稿

① 参见本书前面波姆的“编者引论”。

② 这是德国南部巴符州黑森林地区的一个度假地。

③ 1917年8月和9月以及1918年2月和3月。

并宣告它即将发表，除了因为胡塞尔此前在1918年致海德格尔的信中便提到这个时期的工作以外[①]，更重要的是因为胡塞尔在1927年9月同时也请R.英加尔登，后来又请E.芬克帮助他出版1917～1918年的贝尔瑙文稿。

胡塞尔本人非常重视这部时间意识现象学的研究，并在给海德格尔和英加尔登的信中将这个贝尔瑙文稿称作“一部巨著”或“我的主要著作”[②]。它在2001年出版后引起了国际现象学研究界的热烈讨论，因为其中包含了许多在1928年出版的《胡塞尔内时间意识现象学讲座》中未曾呈现的内容：一方面，个体如何通过时间意识而产生的问题，亦即被胡塞尔称作在时间意识分析中的“个体化现象学”的问题，在1928年的《胡塞尔内时间意识现象学讲座》之后得到了进一步的展开。另一方面是胡塞尔在此对内时间意识现象学中的“前摄”、“期待”和“未来”有集中的分析，改变了人们对胡塞尔时间意识现象学偏重于分析过去，而海德格尔的时间理解着眼于未来的印象。此外，对“立义形式—立义”模式在时间意识问题上的运用，对本原意识的无穷倒退问题的思考等等，对原河流与自我时间化关系问题的描述等等，也作为贝尔瑙文稿的重要内涵而引起人们的注意。[③]

① 参见贝耐特、洛玛，《胡塞尔全集》，第33卷，“编者引论”，第XXII、XVIII页。

② 同上，第XX页，注1。

③ 还有，在贝尔瑙文稿中，内在时间对象被胡塞尔标识为时间的“发生”（Ereignisse），而关于这些内在时间对象的内意识则被标识为“体验”（Erlebnisse），这个做法也十分值得关注（参见《胡塞尔全集》，第33卷，“编者引论”，第XXXVI页），尤其是如果在这里的“Ereignisse”概念与海德格尔1936年提出的“Ereignisse”概念之间存在某种内在关联的话。

所有这些新的内容加在一起，便赋予了胡塞尔的时间意识现象学以一副新的面孔，以至于该书的编者、卢万胡塞尔文库的主任R.贝耐特可以用“胡塞尔贝尔瑙手稿中的时间意识**新**现象学”来称呼它。[①]

3)胡塞尔对时间问题的最后一次集中深入的探讨是在1929年10月至1934年9月间进行的。现在还很难有把握地确定这次探讨的直接起因是什么。很可能是因为《胡塞尔内时间意识现象学讲座》一书在1928年的出版。对于胡塞尔来说，这只是他早期的研究成果，因此他很可能急于想把他在贝尔瑙的进一步的、更为成熟的思考公诸于世。这样，从1928年起，胡塞尔在他的私人助手芬克的帮助下，对贝尔瑙文稿进行整理加工，以便能够将它们付诸出版。

由于此间一些报告（“阿姆斯特丹报告”、“巴黎报告”）、文章（《大不列颠百科全书》中的“现象学”条目）和著作（《形式的与超越论的逻辑学》、《笛卡尔式的沉思》）的插入撰写，“贝尔瑙文稿”的加工整理工作时断时续。一直到1934年胡塞尔开始撰写《欧洲科学的危机与超越论的现象学》时正式中止。在此期间产生的新文稿被保留在卢万胡塞尔文库中。它们在胡塞尔遗稿中的编码是C，因此也被称作“C文稿”，共有17个卷宗。

胡塞尔在此段时间的时间意识分析工作中曾有过最乐观的时

① R.贝耐特，“胡塞尔贝尔瑙手稿中的时间意识新现象学”，载《中国现象学与哲学评论》，第6辑：《艺术现象学·时间意识现象学》，上海：上海译文出版社，2004年，第116～137页。——关于贝尔瑙文稿中时间意识分析的较为集中的讨论，还可以参见该书中的其他两篇文章（第138～190页）。

期。那时他甚至设想并在信中提到要将“贝尔瑙文稿”与“C文稿”分两卷出版。[①] 但如前所述，胡塞尔身前还是没有能够将“贝尔瑙文稿”公开发表，它们最终是作为《胡塞尔全集》，第33卷出版于2001年。而新产生的“C文稿”则是作为《胡塞尔全集—资料编》第7卷，由迪特·洛玛编辑，新近出版于2006年。

胡塞尔于1929至1934年这段时间就时间意识现象学所做工作的目的在于，“对由《内时间意识现象学讲座》(1905/06年)开始、在‘贝尔瑙文稿’中得到继续的时间构造的所有阶段进行一个全面的分析”[②]。如果说，“内时间意识现象学讲座”和“贝尔瑙文稿”的主要意图是对内时间意识结构的分析，即把握当下的“滞留、原印象、前摄”的形式结构，那么“C文稿”的主要目标和大部分内容就在于：“研究在具体的、活的当下中的自我时间构造，并且澄清在从主体的延展和持续生动流淌着的当下向客观的、共同体地被构造的时间过渡过程中的所有构造阶段”[③]。

现在还不能肯定，这些研究在多大程度上影响了胡塞尔随后在《危机》书中提出的欧洲科学批判以及生活世界理论。但基本上可以肯定的是，这些“C文稿”的内容与在《笛卡尔式的沉思》中讨论的主体间性问题，亦即共同体问题息息相关。

回顾一下胡塞尔一生中的这三个时间意识现象学分析的阶段，我们会发现一个令人诧异又让人深思的事实：在内时间意识或

① 参见洛玛，“编者引论”，《胡塞尔全集——资料编》，第7卷，“编者引论”，第XIV页。

② 同上，第XIV页。

③ 同上。

时间构造这个极为重要的现象学问题的分析上，胡塞尔从未对自己的思考努力感到完全满意过。无论是埃迪·施泰因，还是海德格尔，或是芬克，都没有能够通过自己的努力、通过对文稿的整理和加工而使得胡塞尔相信自己的时间研究可以付诸于公众。若不是海德格尔对待胡塞尔时间意识文稿的"泰然任之"，胡塞尔很可能一生都没有出版一部关于时间意识分析的论著！我们后人所面对的就会是他的三部"未完成交响曲"！

从以上的论述已然可以猜测到，要想对胡塞尔内时间意识现象学理论作一个总体的、系统的介绍，直至今日仍然是一件十分困难的事情，除非我们对他三个时期的思想发展都有深入精到的研究。笔者自忖学力不逮，故未敢造次。至于面前这本《内时间意识现象学》的内容，笔者将另择机会再作一大致介绍，这里便不再继续展开。在一部重要著作中加入自己的长篇引论，这个做法至少有悖于自己的原则。这类引论可能会有助于读者，但更有可能会有害于读者。所以在《现象学的观念》之后，我就放弃了这种做法，自认为把解释的权利留给读者更好。

最后还有一点感想：经常有学生问到胡塞尔现象学与康德"现象学"的区别。我想，如果不只是泛泛地讨论这两个伟人的总体哲学观念与方法，那么从《逻辑研究》和《内时间意识现象学》中便可以看到最为具体的答案。这不仅是胡塞尔有别于前人的(笛卡尔、康德等等)超越论哲学的地方，甚至也是他有别于佛教唯识学的地方——尽管在这些学说之间存在着许多哲学观念和方法方面的相似性甚至相同性。

*　　*　　*

还需要作一些技术方面的说明：

1）本书是根据《胡塞尔全集》，第 10 卷（E. Husserl：*Zur Phänomenologie des inneren Zeitbewußtseins*（1893～1917），hrsg. von Rudolf Boehm，Den Haag，Martinus Nijhoff 1966）译出。除了这个全集本以外，译者还参照了这本书的两个单行本：其一是马丁·海德格尔编辑、1928 年出版的《胡塞尔内时间意识讲座》（E. Husserl：*Vorlesungen zur Phänomenologie des inneren Zeitbewußtseins*，hrsg. von M. Heidegger，Max Niemyer Verlag Tübingen 1980，2. Auflage）。这个版本也就是发表在《哲学与现象学研究年刊》，第 9 卷上的文字。它构成《胡塞尔全集》，第 10 卷的 A 部分。其二是由鲁道夫·贝耐特编辑、1985 年出版的《内时间意识现象学文本》（E. Husserl：*Texte zur Phänomenologie des inneren Zeitbewußtseins*（1893～1917），hrsg. von Rudolf Bernet，Felix Meiner Verlag Hamburg 1985）。这个版本实际上是对《胡塞尔全集》，第 10 卷 B 部分的单独印刷，但在文字和文字考证上做了一些修订，并在正文前加有编者的长篇引论，正文后加有概念索引等等。

此外，译者在翻译时也参考了克劳斯·黑尔德选编并加引论、出版于 1986 年的《生活世界现象学——胡塞尔文选第二部分》（*Phänomenologie der Lebenswelt. Ausgewählte Texte Husserls II*，hrsg. von K. Held，Reclam Verlag Stuttgart 1986）。这个版本是从《胡塞尔全集》，第 10 卷，A 部分中选出的文字，约占 A 编的三分之二篇幅。

2)脚注中未加任何说明的是胡塞尔的原注。加有"——编者"的是《胡塞尔全集》,第10卷编者R.波姆所加的说明。加有"——新编者注"的是《内时间意识现象学文本》编者R.贝耐特的说明(大多是修订说明),也有极少数几个是K.黑尔德所作的说明。加有"——译者"的则均为中译者,即笔者所作的说明。

3)翻译时参考了John Barnett Brough的英译本:*On the phenomenology of the consciousness of internal time*(1893～1917)。英译者对原作的一些改动有些被纳入中译本,并在中译者的译注中得到说明。

4)文中的方括号是编者或译者加入的,也就是说,它们标明的是原先在胡塞尔的文稿中没有的内容。补充的理由一般有两种:或是因为胡塞尔的漏写而需要添加,或是出于修辞的需要而添加。尖括号则都为编者所加,主要用来标明附加的大小章节标题。

5)在书中列出的边码,前面部分(即A部分)加了方括号,这是1928年出版的《胡塞尔内时间意识讲座》的原来页码,即《哲学与现象学研究年刊》,第9卷的页码。《胡塞尔全集》,第10卷也以边码的形式再现了这个页码。后面部分(即B部分)的边码,则是《全集》,第10卷的页码。

*　　　*　　　*

关于时间意识现象学的分析,译者在南京大学哲学系和中山大学哲学系都曾给研究生开设过《胡塞尔内时间意识现象学讲座》原著选读的课程。在这里首先要对参与课程的同学表达诚挚的谢意!

这里要特别感谢我的博士研究生肖德生!他的论文以胡塞尔

时间意识现象学为题。在撰写论文期间，他仔细阅读了我的译稿并指出了其中存在的许多问题，使得其中隐含的差误得以有效地减少。

我的硕士研究生王鸿赫加工合并了几个版本的“人名索引”和“概念索引”，这里也要感谢他为此繁琐工作的付出！

本书为中山大学985二期“马克思主义与当代文明·中西文明源流及其当代融合”项目研究成果。

倪梁康

2007年4月　于广州

图书在版编目(CIP)数据

内时间意识现象学/(德)埃德蒙德·胡塞尔著;倪梁康译.—北京:商务印书馆,2017
(汉译世界学术名著丛书:120年纪念版:珍藏本)
ISBN 978-7-100-14867-2

Ⅰ.①内… Ⅱ.①埃… ②倪… Ⅲ.①胡塞尔(Husserl, Edmund 1859-1938)—现象学—研究 Ⅳ.①B089 ②B516.52

中国版本图书馆CIP数据核字(2017)第160085号

汉译世界学术名著丛书
(120年纪念版·珍藏本)
内时间意识现象学
〔德〕埃德蒙德·胡塞尔 著
倪梁康 译

商务印书馆出版
(北京王府井大街36号 邮政编码100710)
商务印书馆发行
北京冠中印刷厂印刷
ISBN 978-7-100-14867-2

2017年12月第1版 开本710×1000 1/16
2017年12月北京第1次印刷 印张34¼
定价:172.00元